"十二五"国家重点图书出版规划项目
交通运输建设科技丛书·水运基础设施建设与养护

Transportation and Management of
Dangerous Goods on Waterway

水路危险品运输与管理

刘敬贤　谭志荣　邓　健　张　笛　编　著
严新平　主　审

内 容 提 要

本书以国际海事组织关于危险品运输法规的最新版本为基础,紧密结合危险品船舶安全运输的实际经验和技术,吸收了国内外危险品运输过程中航海技术和海事管理的相关内容,是一本集法规、运输、安全技术和管理为一体的综合性交通运输工程教材。本书主要内容包括:海上危险品运输的国际、国内法规,危险货物的分类和标准,危险货物的包装形式和要求,托运程序及国际公约、我国的管理要求,危险货物的积载和隔离,危险货物事故的应急,散装固体危险品、散装油类物质、散装危险化学品以及散装液化气的安全运输的特殊要求等。本书全面阐述了水上危险品运输的相关专业知识,系统地综述了水上危险品安全运输关键技术、关键问题和前沿知识。

本书内容深入浅出、案例图解清晰,可作为交通运输大类相关专业本科生、研究生教材,也可供相关从业人员参考使用。

图书在版编目(CIP)数据

水路危险品运输与管理 / 刘敬贤等编著. —北京:
人民交通出版社股份有限公司,2015.6
(交通运输建设科技丛书·水运基础设施建设与养护)
"十二五"国家重点图书出版规划项目
ISBN 978-7-114-12271-2

Ⅰ. ①水… Ⅱ. ①刘… Ⅲ. ①水路运输—危险货物运输—安全管理 Ⅳ. ①U659.2

中国版本图书馆 CIP 数据核字(2015)第 121093 号

"十二五"国家重点图书出版规划项目
交通运输建设科技丛书·水运基础设施建设与养护

书　　名:	水路危险品运输与管理
著 作 者:	刘敬贤　谭志荣　邓　健　张　笛
责任编辑:	李　喆
出版发行:	人民交通出版社股份有限公司　武汉理工大学出版社
地　　址:	(100011)北京市朝阳区安定门外外馆斜街 3 号
网　　址:	http://www.ccpress.com.cn
销售电话:	(010)59757969,59757973
总 经 销:	人民交通出版社股份有限公司发行部
经　　销:	各地新华书店
印　　刷:	北京虎彩文化传播有限公司
开　　本:	787×1092　1/16
印　　张:	26.25
字　　数:	600 千
版　　次:	2015 年 6 月　第 1 版
印　　次:	2024 年 1 月　第 3 次印刷
书　　号:	ISBN 978-7-114-12271-2
定　　价:	53.00 元

(有印刷、装订质量问题的图书由本公司负责调换)

交通运输建设科技丛书编审委员会

主　任：庞　松
副主任：洪晓枫　袁　鹏
委　员：郑代珍　林　强　付光琼　石宝林　张劲泉　赵之忠
　　　　费维军　关昌余　张华庆　蒋树屏　沙爱民　郑健龙
　　　　唐伯明　孙立军　王　炜　张喜刚　吴　澎　韩　敏

总　　序

近年来，交通运输行业认真贯彻落实党中央、国务院"稳增长、促改革、调结构、惠民生"的决策部署，重点改革力度加大，结构调整积极推进，交通运输科技攻关不断取得突破，促进了交通运输持续快速健康发展。目前，我国公路总里程、港口吞吐能力、全社会完成的公路客货运量、水路货运量和周转量等多项指标均居世界第一。交通运输事业的快速发展不仅在应对国际金融危机、保持经济平稳较快发展等方面发挥了重要作用，而且为改善民生、促进社会和谐做出了积极贡献。

长期以来，部党组始终把科技创新作为推进交通运输发展的重要动力，坚持科技工作面向需求，面向世界，面向未来，加大科技投入，强化科技管理，推进产学研相结合，开展重大科技研发和创新能力建设，取得了显著成效。通过广大科技工作者的不懈努力，在多年冻土、沙漠等特殊地质地区公路建设技术，特大跨径桥梁建设技术，特长隧道建设技术，深水航道整治技术和离岸深水筑港技术等方面取得重大突破和创新，获得了一系列具有国际领先水平的重大科技成果，显著提升了行业自主创新能力，有力支撑了重大工程建设，培养和造就了一批高素质的科技人才，为交通运输科学发展奠定了坚实基础。同时，部积极探索科技成果推广的新途径，通过实施科技示范工程，开展材料节约与循环利用专项行动计划，发布科技成果推广目录等多种方式，推动了科技成果更多更快地向现实生产力转化，营造了交通运输发展主动依靠科技创新，科技创新服务交通发展的良好氛围。

组织出版《交通运输建设科技丛书》，是深入实施创新驱动战略和科技强交战略，推进科技成果公开，加强科技成果推广应用的又一重要举措。该丛书分为公路基础设施建设与养护、水运基础设施建设与养护、安全与应急保障、运输服务和绿色交通等领域，将汇集交通运输建设科技项目研究形成的具有较高学术和应用价值的优秀专著。丛书的逐年出版和不断丰富，有助于集中展示和推广交通运输建设重大科技成果，传承科技创新文化，并促进高层次的技术交流、学术传播和专业人才培养。

今后一段时期是加快推进"四个交通"发展的关键时期，深入实施科技强交战略和创新驱动战略，是一项关系全局的基础性、引领性工程。希望广大交通运输科技工作者进一步解放思想、开拓创新，求真务实、奋发进取，以科技创新的新成效推动交通运输科学发展，为加快实现交通运输现代化而努力奋斗！

2014 年 7 月 28 日

序

目前,已知的经过水路运输的危险化学品达 3 000 余种,水路危险品的运输形式一般分为:包装危险货物运输、固体散装危险品运输和散装液态危险品和气体危险品运输等。水路危险品的运输,除严格执行《水路危险货物运输规则》、《船舶装载危险货物监督管理规则》、《港口危险货物管理暂行规定》和《集装箱装运包装危险货物监督管理规定》外,还有诸多专门规定。

随着社会经济的发展,危险品运输的数量、种类在不断增多,事故风险也不断增大,这就要求建立健全相关管理制度和标准体系,确保各项安全制度真正落实到运输生产全过程和各环节。2014 年 5 月,交通运输部强调,针对危险化学品运输存在的突出问题和薄弱环节,要切实加强制度建设和顶层设计,严格落实安全监管责任和各项措施,坚决遏制重特大事故发生。

近年来,随着水路危险品运输的发展,专业知识不断更新,专业技术不断进步,水路危险品运输事故的应急处置方法也在不断变化,但是专业类参考教材、书籍等存在着知识陈旧、滞后专业发展等问题。为进一步提升水路危险品运输技术和管理的专业水平,武汉理工大学危险品运输与防污染课题组结合近年来的教学实践与科研成果,编写了《水路危险品运输与管理》。该书内容丰富、系统性较强,既强调了危险品运输的法规和基本理论,又重视其实用性,是水路危险品运输技术与管理要求的归纳、总结及提炼。我相信,本书对于完善交通运输学科水路危险品运输的专业知识,培养本科生及研究生等不同层次的专业人才,提高相关工作人员的业务能力,保障水路危险品运输安全与作业安全均将起到良好促进作用。此外,该书也可作为相关从业人员有益的参考书。

2014 年 9 月 10 日

前　言

　　水路危险品运输与管理是一门实践性很强的专业课程,是航海类本科生和交通运输工程学科、环境科学与工程学科研究生的必修课。根据国际海事组织统计,通过海上以包装和散装形式运输的货物中,有50%以上属于危险或对环境有害的物品。其中,一些货物从安全的观点考虑是危险的;一些货物只有在散装运输时是危险的;还有一些认为是对环境是有害的。据统计,近5年来我国水路危险货物运输总量每年以近10%的速度增长,国内港口危险品码头规划逐年增加,导致危险品船舶运输事故险情呈不确定多发趋势,约占水上交通事故险情的10%。海上和内河危险品船舶事故极易导致人身伤亡、财产损毁和重大水域环境污染。

　　近50年来,联合国及下属机构国际海事组织(IMO)等为保障水上危险品运输安全和保护海洋环境,出台了许多相关的国际公约、法规、指南和技术导则,并督促各缔约国政府,结合本国的实际情况,制定与国际规定接轨的本国法律法规。我国作为国际海事组织A类理事国,非常重视船舶危险货物的运输安全,先后颁布了《中华人民共和国海上交通安全法》、《中华人民共和国海洋环境保护法》、《水路危险货物运输规则》、《中华人民共和国船舶载运危险货物安全监督管理规定》等法律和规定,2014年颁布实施的《国内水路运输管理条例》明确将货物运输分为普通货物运输和危险货物运输,危险货物分包装类、散装固体和散装液体危险货物等三个类别。本书以国际海事组织关于危险品运输法规的最新版本为主线,紧密结合危险品船舶安全运输的实际经验和技术,吸收现代航海技术和海事管理的相关内容,融合近年来危险品安全运输与管理研究领域的相关研究成果,全面系统介绍了海上危险品运输的国际、国内法规,重点阐述了危险货物的分类和标准,危险货物的包装形式和要求、托运程序及我国水路运输的管理要求,危险货物的积载和隔离,危险货物事故的应急,散装固体危险品、散装油类物质、散装化学品以及散装液化气的安全运输等特殊要求。本书特别针对散装和包装危险货物的特性及运输风险、散装固体货物危险性和安全技术、LNG及液货船舶靠泊、过驳作业技术方案等生产实践问题,从关键技术和安全管理等层面进行了深入浅出的阐述。此外,本书依托近年来的交通科技项目,在超大型油轮、LNG运输、集装箱与客滚船载运危险品运输等领域进行了开创性工作。

水路危险品运输与管理课程开设是在学生掌握船舶货运、船舶安全管理等专业课程的基础上,针对危险货物水路运输的特殊要求,使学生进一步全面了解和掌握船舶运输危险品、危险货物的有关技术和管理规定,以便适应水路危险货物的运量和种类快速增加的发展趋势,为学生本科毕业后直接从事相关工作打下扎实的理论基础,也为研究生进一步从事船舶与海洋环境保护方向的研究奠定技术基础和分析方法。

本书作为系统阐述水路危险品运输与管理的教材,其学科内容属于"船舶与海洋环境保护"的学科方向。本教材可以作为高等院校交通运输工程、航海科学与技术、环境科学与工程等学科的本科生、研究生的专业教材,也可以作为相关行业管理人员继续教育和危险品从业人员技能培训教材,同时可作为交通运输工程领域学者、研究人员、工程技术人员及交通管理人员等从事相关工作的参考书。

本书由刘敬贤、谭志荣、邓健、张笛编著,严新平教授主审,本书内容依托交通运输部海事局科技项目"渤海海域超大型船舶通航安全标准研究"、"大型油轮通航安全保障研究"、"长江水路运输危险品泄漏事故应急处置技术方案研究"、"内河船舶污染综合防治技术研究"、"三峡库区船舶溢油污染快时模拟技术研究"的研究成果进行编写,共分为15章。其中:第1、2、3章由刘敬贤、谭箭、张笛、朱姣编写;第4章由邓健、陈戈编写;第5章由谭箭、陈戈、朱姣编写;第6、7、8章由谭志荣、陈戈编写;第9、11章由王当利、张笛编写;第10章由杨星、张笛编写;第12章由刘敬贤、谭志荣、田富星编写;第13、14章由刘敬贤、谭志荣、唐成港编写;第15章由谭志荣、吕植勇编写。全书由刘敬贤统稿,谭志荣、张笛等协助完成,研究生李云斌、刘钊、彭振中、许文汇、唐成港、陈戈、朱姣等参与了相关章节的编写和全书的校核工作。

本书在编写中参阅了大量国内外文献资料,未能一一列出,借此向这些文献资料的原作者表示衷心的感谢!此外,本书在编写过程中,得到了交通运输部海事局、上海海事局、天津海事局、长江海事局等海事主管部门的危防处专家的帮助,大连海事大学吴宛青教授在百忙之中对本书的编写提出了宝贵修改意见。武汉理工大学严新平教授对该书的出版给予了大力支持,并对全书进行了审阅,武汉理工大学航运学院危险品运输与防污染课题组的老师们为本书的撰写付出了辛苦的劳动,在此一并致谢!

由于对"水路危险品运输"方面的研究具有探索性,撰写这方面的书籍对作者是初次尝试,也是一个挑战,虽然我们做出了极大的努力,但限于时间和水平,书中错误和不当之处在所难免,恳请同行专家及读者批评指正。同时,希望本书的出版能为广大交通运输工程领域的工作者提供一些切实的帮助。

编　者
2014 年 12 月

目 录

第1章 概述 ………………………………………………………………………… 001
  1.1 水路危险货物船舶运输管理现状 …………………………………………… 001
  1.2 水路危险品运输事故典型案例 ……………………………………………… 003
  1.3 水路危险品运输发展趋势 …………………………………………………… 008
  本章复习思考题 …………………………………………………………………… 009
  本章参考文献 ……………………………………………………………………… 009

第2章 危险货物运输与管理的有关法规和职责 ……………………………… 010
  2.1 国际海上危险货物运输法规 ………………………………………………… 011
  2.2 国内法规及管理要求 ………………………………………………………… 018
  2.3 国际和国内有关规范和标准 ………………………………………………… 022
  2.4 危险品防污染管理规则 ……………………………………………………… 024
  本章复习思考题 …………………………………………………………………… 026
  本章参考文献 ……………………………………………………………………… 026

第3章 危险货物的分类和危害特性 …………………………………………… 027
  3.1 危险货物的分类 ……………………………………………………………… 027
  3.2 危险货物的化学反应特性 …………………………………………………… 042
  3.3 危险货物的燃烧与爆炸特性 ………………………………………………… 044
  3.4 危险货物的毒害、放射和腐蚀特性 ………………………………………… 046
  3.5 危险货物的污染特性 ………………………………………………………… 048
  本章复习思考题 …………………………………………………………………… 049
  本章参考文献 ……………………………………………………………………… 049

第4章 危险货物的包装 ………………………………………………………… 050
  4.1 危险货物包装基本知识 ……………………………………………………… 050
  4.2 包装 …………………………………………………………………………… 056
  本章复习思考题 …………………………………………………………………… 074
  本章参考文献 ……………………………………………………………………… 074

第5章 危险货物的积载与隔离 ………………………………………………… 075
  5.1 积载 …………………………………………………………………………… 075
  5.2 隔离 …………………………………………………………………………… 092
  5.3 《国际危规》在危险货物隔离中的应用 …………………………………… 107
  本章复习思考题 …………………………………………………………………… 108
  本章参考文献 ……………………………………………………………………… 108

第6章 危险货物运输环节 ……………………………………………………… 109
  6.1 危险货物的申报 ……………………………………………………………… 109

6.2　危险货物的托运 …………………………………………………………… 112
　6.3　危险货物的承运 …………………………………………………………… 121
　6.4　危险货物的装卸 …………………………………………………………… 123
　6.5　危险货物的储存与交付 …………………………………………………… 128
　本章复习思考题 …………………………………………………………………… 130
　本章参考文献 ……………………………………………………………………… 131

第7章　集装箱装运危险货物运输与管理 …………………………………… 132
　7.1　集装箱货物运输组件 ……………………………………………………… 132
　7.2　集装箱船舶载运包装危险货物作业 ……………………………………… 146
　7.3　集装箱装运危险货物运输与管理 ………………………………………… 149
　7.4　集装箱开箱检查 …………………………………………………………… 159
　本章复习思考题 …………………………………………………………………… 162
　本章参考文献 ……………………………………………………………………… 162

第8章　固体散货运输与管理 ………………………………………………… 163
　8.1　固体散货运输基本知识 …………………………………………………… 164
　8.2　固体散装货物运输一般要求 ……………………………………………… 165
　8.3　固体散装货物海运安全技术 ……………………………………………… 171
　8.4　易流态化固体散货的基本知识及其界定 ………………………………… 173
　8.5　水路运输易流态化固体散装货物安全管理 ……………………………… 184
　8.6　特定货物的附加要求 ……………………………………………………… 189
　本章复习思考题 …………………………………………………………………… 196
　本章参考文献 ……………………………………………………………………… 197

第9章　散装油类物质的运输与管理 ………………………………………… 198
　9.1　油类物质的定义和特性 …………………………………………………… 198
　9.2　油船上存在的危险 ………………………………………………………… 204
　9.3　油船上与货油安全运输有关的结构和设备 ……………………………… 209
　9.4　油船上与货油运输安全有关的作业 ……………………………………… 219
　9.5　油船的消防 ………………………………………………………………… 225
　9.6　成品油运输 ………………………………………………………………… 228
　9.7　船舶运输散装油类物质的管理要求 ……………………………………… 228
　本章复习思考题 …………………………………………………………………… 233
　本章参考文献 ……………………………………………………………………… 233

第10章　水运散装液体化学品运输与管理 …………………………………… 234
　10.1　散装液体化学品及其特性 ………………………………………………… 234
　10.2　液体化学品的危险性评价 ………………………………………………… 237
　10.3　散装液体化学品船 ………………………………………………………… 243
　10.4　化学品船的安全运输管理 ………………………………………………… 248
　本章复习思考题 …………………………………………………………………… 253

本章参考文献⋯⋯⋯⋯⋯⋯⋯⋯⋯⋯⋯⋯⋯⋯⋯⋯⋯⋯⋯⋯⋯⋯⋯⋯⋯⋯⋯⋯⋯⋯⋯⋯⋯⋯⋯⋯⋯ 253

第 11 章　散装液化气运输与管理⋯⋯⋯⋯⋯⋯⋯⋯⋯⋯⋯⋯⋯⋯⋯⋯⋯⋯⋯⋯⋯⋯⋯⋯⋯⋯⋯ 254
11.1　液化气体基本知识⋯⋯⋯⋯⋯⋯⋯⋯⋯⋯⋯⋯⋯⋯⋯⋯⋯⋯⋯⋯⋯⋯⋯⋯⋯⋯⋯⋯⋯⋯⋯ 255
11.2　液化气船类型⋯⋯⋯⋯⋯⋯⋯⋯⋯⋯⋯⋯⋯⋯⋯⋯⋯⋯⋯⋯⋯⋯⋯⋯⋯⋯⋯⋯⋯⋯⋯⋯⋯ 258
11.3　液化气船舶作业要求⋯⋯⋯⋯⋯⋯⋯⋯⋯⋯⋯⋯⋯⋯⋯⋯⋯⋯⋯⋯⋯⋯⋯⋯⋯⋯⋯⋯⋯⋯ 264
　　本章复习思考题⋯⋯⋯⋯⋯⋯⋯⋯⋯⋯⋯⋯⋯⋯⋯⋯⋯⋯⋯⋯⋯⋯⋯⋯⋯⋯⋯⋯⋯⋯⋯⋯⋯⋯ 273
　　本章参考文献⋯⋯⋯⋯⋯⋯⋯⋯⋯⋯⋯⋯⋯⋯⋯⋯⋯⋯⋯⋯⋯⋯⋯⋯⋯⋯⋯⋯⋯⋯⋯⋯⋯⋯⋯⋯ 273

第 12 章　LNG 运输与管理⋯⋯⋯⋯⋯⋯⋯⋯⋯⋯⋯⋯⋯⋯⋯⋯⋯⋯⋯⋯⋯⋯⋯⋯⋯⋯⋯⋯⋯⋯ 274
12.1　LNG 的定义和性质⋯⋯⋯⋯⋯⋯⋯⋯⋯⋯⋯⋯⋯⋯⋯⋯⋯⋯⋯⋯⋯⋯⋯⋯⋯⋯⋯⋯⋯⋯⋯ 274
12.2　LNG 船舶结构与设备⋯⋯⋯⋯⋯⋯⋯⋯⋯⋯⋯⋯⋯⋯⋯⋯⋯⋯⋯⋯⋯⋯⋯⋯⋯⋯⋯⋯⋯⋯ 277
12.3　LNG 船舶的安全管理⋯⋯⋯⋯⋯⋯⋯⋯⋯⋯⋯⋯⋯⋯⋯⋯⋯⋯⋯⋯⋯⋯⋯⋯⋯⋯⋯⋯⋯⋯ 287
　　本章复习思考题⋯⋯⋯⋯⋯⋯⋯⋯⋯⋯⋯⋯⋯⋯⋯⋯⋯⋯⋯⋯⋯⋯⋯⋯⋯⋯⋯⋯⋯⋯⋯⋯⋯⋯ 294
　　本章参考文献⋯⋯⋯⋯⋯⋯⋯⋯⋯⋯⋯⋯⋯⋯⋯⋯⋯⋯⋯⋯⋯⋯⋯⋯⋯⋯⋯⋯⋯⋯⋯⋯⋯⋯⋯⋯ 294

第 13 章　液货船靠离泊及过驳作业⋯⋯⋯⋯⋯⋯⋯⋯⋯⋯⋯⋯⋯⋯⋯⋯⋯⋯⋯⋯⋯⋯⋯⋯⋯ 295
13.1　液货船靠离泊概述⋯⋯⋯⋯⋯⋯⋯⋯⋯⋯⋯⋯⋯⋯⋯⋯⋯⋯⋯⋯⋯⋯⋯⋯⋯⋯⋯⋯⋯⋯⋯ 295
13.2　液货船靠泊作业安全监督⋯⋯⋯⋯⋯⋯⋯⋯⋯⋯⋯⋯⋯⋯⋯⋯⋯⋯⋯⋯⋯⋯⋯⋯⋯⋯⋯⋯ 297
13.3　液货船过驳作业流程⋯⋯⋯⋯⋯⋯⋯⋯⋯⋯⋯⋯⋯⋯⋯⋯⋯⋯⋯⋯⋯⋯⋯⋯⋯⋯⋯⋯⋯⋯ 301
13.4　液货船作业环境管理要求⋯⋯⋯⋯⋯⋯⋯⋯⋯⋯⋯⋯⋯⋯⋯⋯⋯⋯⋯⋯⋯⋯⋯⋯⋯⋯⋯⋯ 340
　　本章复习思考题⋯⋯⋯⋯⋯⋯⋯⋯⋯⋯⋯⋯⋯⋯⋯⋯⋯⋯⋯⋯⋯⋯⋯⋯⋯⋯⋯⋯⋯⋯⋯⋯⋯⋯ 341
　　本章参考文献⋯⋯⋯⋯⋯⋯⋯⋯⋯⋯⋯⋯⋯⋯⋯⋯⋯⋯⋯⋯⋯⋯⋯⋯⋯⋯⋯⋯⋯⋯⋯⋯⋯⋯⋯⋯ 341

第 14 章　客滚船载运危险货物运输与管理⋯⋯⋯⋯⋯⋯⋯⋯⋯⋯⋯⋯⋯⋯⋯⋯⋯⋯⋯⋯⋯ 342
14.1　基本定义⋯⋯⋯⋯⋯⋯⋯⋯⋯⋯⋯⋯⋯⋯⋯⋯⋯⋯⋯⋯⋯⋯⋯⋯⋯⋯⋯⋯⋯⋯⋯⋯⋯⋯⋯ 342
14.2　客滚船载运危险货物安全运输及管理现状⋯⋯⋯⋯⋯⋯⋯⋯⋯⋯⋯⋯⋯⋯⋯⋯⋯⋯⋯⋯⋯ 343
　　本章复习思考题⋯⋯⋯⋯⋯⋯⋯⋯⋯⋯⋯⋯⋯⋯⋯⋯⋯⋯⋯⋯⋯⋯⋯⋯⋯⋯⋯⋯⋯⋯⋯⋯⋯⋯ 350
　　本章参考文献⋯⋯⋯⋯⋯⋯⋯⋯⋯⋯⋯⋯⋯⋯⋯⋯⋯⋯⋯⋯⋯⋯⋯⋯⋯⋯⋯⋯⋯⋯⋯⋯⋯⋯⋯⋯ 351

第 15 章　船舶载运危险货物应急管理⋯⋯⋯⋯⋯⋯⋯⋯⋯⋯⋯⋯⋯⋯⋯⋯⋯⋯⋯⋯⋯⋯⋯⋯ 352
15.1　船舶载运危险货物事故的应急⋯⋯⋯⋯⋯⋯⋯⋯⋯⋯⋯⋯⋯⋯⋯⋯⋯⋯⋯⋯⋯⋯⋯⋯⋯⋯ 352
15.2　船舶载运危险货物应急处置预案⋯⋯⋯⋯⋯⋯⋯⋯⋯⋯⋯⋯⋯⋯⋯⋯⋯⋯⋯⋯⋯⋯⋯⋯⋯ 356
15.3　危险货物应急处置方法⋯⋯⋯⋯⋯⋯⋯⋯⋯⋯⋯⋯⋯⋯⋯⋯⋯⋯⋯⋯⋯⋯⋯⋯⋯⋯⋯⋯⋯ 388
15.4　危险品事故处置方法⋯⋯⋯⋯⋯⋯⋯⋯⋯⋯⋯⋯⋯⋯⋯⋯⋯⋯⋯⋯⋯⋯⋯⋯⋯⋯⋯⋯⋯⋯ 391
15.5　危险货物应急处置注意事项⋯⋯⋯⋯⋯⋯⋯⋯⋯⋯⋯⋯⋯⋯⋯⋯⋯⋯⋯⋯⋯⋯⋯⋯⋯⋯⋯ 395
　　本章复习思考题⋯⋯⋯⋯⋯⋯⋯⋯⋯⋯⋯⋯⋯⋯⋯⋯⋯⋯⋯⋯⋯⋯⋯⋯⋯⋯⋯⋯⋯⋯⋯⋯⋯⋯ 399
　　本章参考文献⋯⋯⋯⋯⋯⋯⋯⋯⋯⋯⋯⋯⋯⋯⋯⋯⋯⋯⋯⋯⋯⋯⋯⋯⋯⋯⋯⋯⋯⋯⋯⋯⋯⋯⋯⋯ 399

附录　有关危险品运输管理和防污技术的国际公约、规则及国内法律、法规、标准目录⋯ 400
附录 1　有关国际公约或规则⋯⋯⋯⋯⋯⋯⋯⋯⋯⋯⋯⋯⋯⋯⋯⋯⋯⋯⋯⋯⋯⋯⋯⋯⋯⋯⋯⋯⋯ 400
附录 2　有关国内法律、法规和规范⋯⋯⋯⋯⋯⋯⋯⋯⋯⋯⋯⋯⋯⋯⋯⋯⋯⋯⋯⋯⋯⋯⋯⋯⋯⋯ 402
附录 3　有关标准⋯⋯⋯⋯⋯⋯⋯⋯⋯⋯⋯⋯⋯⋯⋯⋯⋯⋯⋯⋯⋯⋯⋯⋯⋯⋯⋯⋯⋯⋯⋯⋯⋯⋯ 403

第1章 概 述

随着世界经济和工业的发展,国际贸易和运输也在快速发展。自第二次世界大战以来,世界海运发展更为迅猛,其中物质性质对人类和环境能造成危害的货物约占海运量的一半。全球海上原油运量从每年不足1亿t,到2007年达到了18.5亿t,2012年更是接近20亿t。改革开放政策的成功实施,促使我国石化工业迅猛发展,石化运输量迅速增加。以石油产品为例,我国过去十几年的石油运量得到了快速增长,自1993年成为石油净进口国到2010年短短17年的时间里已经攀升到2.537亿t,2012年为2.7亿t,2013年达3亿t。据2013年贸易资料统计,中国对外贸易运输量的90%通过海上运输完成,其中油类、化学品及固体散货运输约占80%。

船舶载运具有燃烧、爆炸、腐蚀、毒害、放射性等性质的货物在运输过程中,可能引起人身伤亡、财产毁损以及对环境造成污染等危害,且其种类繁多,危险性质各异。为了保障船舶、港口和人命安全,保护水域环境,便利运输生产,加强船舶运输过程中的安全与防污染管理就显得尤为重要。

1.1 水路危险货物船舶运输管理现状

船舶运输具有载运量大、成本低的特点,在全球海洋覆盖面积达地球表面的71%、世界总人口的一半以上居住在距海岸线50km区域内的条件下,船舶运输无疑是社会生产和工业发展的主要运输途径。早在18世纪,人们就认为所有对人类和环境能造成或易于造成危险的物质均应禁止运输;第二次世界大战以后,随着工业的迅猛发展,生产中应用危险物质的品种和数量大大增加,需要船运的危险货物数量也随之大幅度增长,由于船舶载运危险货物引发的事故时有发生,各国政府普遍开始重视海上运输危险货物的安全管理,制定了相应的管理规定,以消除运输过程中的危险,或使危险降至最低限度,从而使危险货物的运输成为可能。在1960年以前,危险货物的海上运输管理主要是遵照各国政府所制定的原则和规定。由于各国的规定形式多样,习惯做法不尽相同,标准和要求也各异,不仅给所有直接或间接从事危险物物运输的人员带来了困难,而且阻碍了国际贸易的发展。

为了实现危险货物的海上运输和其他运输方式在世界范围内的正常进行,有关国际组织成立了相关专门机构,负责对危险货物运输方式进行研究,通过召开各种相关的国际会议,对各专门机构研究提出的有关危险货物运输管理的建议、规则等予以讨论,并以会议决议形式建议或要求各国政府予以采纳,从而实现危险货物的海上运输和其他运输方式在世界范围内的统一。

目前,国际海运危险货物的管理机构主要有两个:一是联合国经济及社会理事会(简称"经社理事会",Economic and Social Council,简称ECOSOC)下设的危险货物运输专家委员会;二是国际海事组织(International Maritime Organization,简称 IMO)。这些国际组织制定了多个有关海运危险货物管理和防止污染海洋的国际公约、规则、建议书与指南,并不断进行修改和完善,如国际海运危险货物规则(International Maritime Dangerous Goods Code-IMDG Code)、国际散装运输危险化学品船舶构造和设备规则(International Code for the Construction and Equipment of Ships Carrying Dangerous Chemicals in Bulk-IBC Code)等。同时,以不同的国际会议决议形式对各缔约国政府执行国际性规定提出了要求,并督促各缔约国政府结合本国的实际情况,制定与国际规定接轨的本国法律规定,以保证危险货物的海上运输安全和对海洋环境的保护。

1948 年在日内瓦召开了有关建立国际海事组织的外交大会,会上通过了《国际海事组织公约》,并于 1958 年 3 月生效。国际海事组织于 1959 年 1 月成立,原名为"政府间海事协商组织(IMOC)",简称"海协",总部设在伦敦,其主要任务包括制定公约、修订公约、促进履约,与海事管理业务关系较为密切的海上安全委员会(Maritime Safety Committee)、海上环境保护委员会(Marine Environment Protection Committee)和便利运输委员会(Facilitation Committee)等均隶属 IMO。我国于 1973 年 3 月 1 日正式加入 IMO,并于 2013 年 11 月 29 日,在国际海事组织(IMO)第 28 届大会选举中,再次当选 A 类理事国,这是我国自 1989 年起连续第 13 次连选连任,彰显了我国在国际海事界的地位和影响。作为 A 类理事国,我国非常重视船舶危险货物运输管理和海洋环境保护,先后订立了《中华人民共和国海上交通安全法》、《中华人民共和国海洋环境保护法》、《中华人民共和国防止船舶污染海域管理条例》、《危险化学品安全管理条例》等法律法规。

我国的海事危防业务管理工作范围可分为两大类:船舶载运危险货物安全监督管理和船舶污染防治。2003 年 11 月 30 日,原中华人民共和国交通部发布了 2003 年第 10 号令《中华人民共和国船舶载运危险货物安全监督管理规定》,并于 2012 年 3 月 14 日根据中华人民共和国交通运输部令 2012 年第 4 号公布的《关于修改〈船舶载运危险货物安全监督管理规定〉的决定》进行修正。这项规定的发布,加强了我国对水上危险品运输的管理。

我国海事危防业务管理工作开展比较早。为保证危险货物运输安全和保护环境,我国政府逐步建立和完善了对危险货物水路运输的管理体制及有关规章,一方面积极加入有关国际公约及规则,对航行于我国水域的外国籍船舶、国际航线船舶、港澳航线船舶主要按照国际公约进行管理;另一方面根据有关国际规定,结合本国国情,制定相关法律法规,对航行于我国水域的船舶进行管理。

海事行政主管部门统一管理水上船舶运输安全和防治船舶污染工作,主要措施包括:

(1)船舶操作性安全事故控制

实施危险货物船舶进出港申报审批制度,对船舶实施安全检查和港口国检查。

(2)对载运危险货物船舶实施动态监控,运用各种手段,维护船舶通航秩序

巡航监察,现场维持船舶航行秩序;水上交通管理系统(VTS)对重点船舶实施跟踪监控,提供安全信息服务;海上船位报告系统,实施对船舶的航行动态管理,保障船舶航行安全;对进出敏感区域的载运高毒性、强污染、易燃、易爆化学品的船舶等实施安全护航措施。

(3)建立安全管理体系

载运危险化学品船舶的船公司,应当按规定建立并实施安全管理体系;船舶应当遵守有关

海上交通安全法律、法规的规定,加强安全管理,谨慎操作,防止发生因碰撞、触礁、搁浅、火灾或者爆炸等引起的海难事故而造成海洋环境污染。

(4)建立应急反应体系

为应对船舶突发性污染事故,建立应急反应体系,以便在最短的时间内、以最快的速度、用最有效的措施,控制和减少船舶安全事故所造成的损失;制定国家、区域、港口和船舶等不同层次的海上船舶溢油应急计划,在部分地区成立海区溢油应急示范工程,配备相当数量的应急设施、设备和器材。

(5)实施 APELL 计划

APELL 计划是"地区性紧急事故的认识和准备"的简称,是为了帮助决策人员和技术人员提高危险源的社会意识,准备应急计划来针对这些危险源可能危害生命、财产和环境等不可预知的事件。UNEP 编制的 APELL 手册由 5 个章节和 10 个附录组成。其中,5 个章节主要介绍 APELL 计划的背景和应用范围、计划的主要目标和基本概念、解释怎么开始 APELL 计划、论述公共意识、概述实施 APELL 计划的方法;10 个附录列出了附加的指导和信息。

1.2 水路危险品运输事故典型案例

1.2.1 爆炸事故

(1)化学品船"Hilli"爆炸事故

2003 年 10 月 10 日晚,两名化学品船锅炉清洗工作人员,一名为英国国籍,一名为丹麦国籍,准备到化学品船"Hilli"上检查右舷锅炉。晚上 10 点钟,一盏非安全灯被放置在锅炉汽鼓里,随即发生了爆炸,致使英籍锅炉清洗人员死亡,丹麦籍锅炉清洗人员重伤。

(2)化学品船"PUERTO RICAN"轮爆炸事故

1984 年 10 月 31 日 03:24,一艘 660ft❶长、美国注册的液体化学品专用船"PUERTO RICAN"在加州旧金山金门角以西 8n mile 处,准备将一名引航员送下船,在登上引航艇之际,位于船舶中心部位的 6 号空隙舱突然发生爆炸。该空隙舱及邻近几个翼舱上面的主甲板被气浪掀起,抛向前方,掀翻在第 4、5 号中部货舱和邻近几个翼舱上面的甲板上。顿时一团猛烈的大火随着爆炸声喷射出来,大火燃烧持续了几个小时,局面难以控制。在爆炸发生的若干小时后,为了避免沉船可能造成的海岸污染,船舶被拖往了远离大陆的海面。几天以后,该船在汹涌的波涛中裂成两段,艉部沉入大海,依然漂浮在海面的船舶艏部被拖往船厂。事故造成一名引航员与一名船员受伤,一名船员失踪。"PUERTO RICAN"船本身价值为 3 500 万美元。

(3)货船"CASON"轮爆炸事故

1987 年 12 月 5 日,巴拿马籍 12 000t 的货船"CASON"轮从比利时的安特卫普港驶往中国上海,航行到 CAPE FINISTERRE 附近(西班牙的西北方向)海域时,海水渗透引起爆炸。当时船上载有苯胺油、邻甲酚和二苯甲烷、金属钠等危险货物 1 000 多 t,尽管立即采取了应急措施,但全船 31 名船员仅救起 8 名,附近城市的 20 000 户居民撤出,并造成了巨大的损失。

---

❶ 1ft=0.304 8m。

1.2.2 火灾事故

2002年年初,一艘化学品运输船停靠在巴西桑托斯港的某液化品专用码头,当时正在装卸易燃的食用酒精。为了缩短船舶在港时间,经船东要求,这艘化学品船同时在码头上补加燃油。随即,这艘化学品船的内当右舷通过软管装食用酒精,外当左舷从一艘油驳船上加装燃油,两者同时进行。

由于一直在一旁帮助驳船工作的一艘拖船的主机在不停地运转,火星从拖船烟囱里突然冒出,其中几颗落到化学品船甲板的歧路管子上。由于歧路管子进口与岸上装货软管的接头处有少量酒精滴漏,下面有一只托盘里积存滴漏下来的少量酒精,从空中飘落下来的火星立即引发着火,从甲板歧管处燃烧起来。由于当值水手发现及时并进行扑救,火势立刻得到控制,并且迅速地被船员扑灭了。

因为扑火花费了不少时间,加上排队进港的下一艘船使用VHF催促,码头为了加快进度,管理人员要求立即恢复给化学品船装卸食用酒精。由于刚刚扑灭大火的化学品船的歧管甲板还是滚烫的,在码头管理人员的催促下,化学品船在刚才发生火情的地方重新接上原来的那根软管,开始加装酒精,高温立即引起滴漏下来的酒精燃烧,熊熊大火又开始在化学品船的歧管甲板上蔓延,水手们又争先恐后地进行扑救,大火又被扑灭。

第二次火情的发生和侥幸被再次扑灭以后,码头管理当局和港口消防队不敢怠慢,立即派出大批消防人员和专家云集于这艘化学品船甲板,经过调查研究以后,为了消除隐患,决定把裸露在甲板歧路管子里的酒精统统换掉,并对化学品船再次进行联合检查。13个小时后,才重新开始加装酒精。在这13个小时里,临近的液化气码头泊位被迫暂时关闭,停止给其他船舶卸载液化气。

1.2.3 集装箱落水事故——航龙518轮事故

2009年8月10日23点20分,由重庆开往上海的重庆籍航龙518轮下行至石牌水域(长江上游航道里程约23km)处时,由于石牌弯道特殊的水流状态对船舶操纵产生影响,该船有关人员对险情估计不足,船舶在弯道水域盲目加快速度,错误使用大舵角转向,使船舶发生严重倾斜,随即自艉部开始第四层和第三层部分集装箱从右舷滑落入江,包括51个20ft重箱、11个40ft重箱(其中,6个装载高锰酸钾、5个装载氢氧化钾、1个装载高锰酸钠),如图1-1所示。

图1-1 航龙518轮

事故发生后,当地政府部门高度重视,指挥各级机关、相关单位组织开展落江集装箱搜寻救助工作,调集大功率拖轮、滚装船等船舶参加现场救助,通知环保部门对石牌以下水体水质进行监测,采用多波束扫测仪、磁性探测仪探测落江集装箱位置,组织两家打捞公司参加打捞。由于抢险救助及时,加上长江处于汛期,水流量较大,故未造成严重的污染事故,保护了水域环境。

1.2.4 触礁事故——"阿莫科·卡迪斯"号油轮事故

1978年美国油船"阿莫科·卡迪斯"发生海难事故,这是史无前例的惨祸。该船装运轻质原油160.45万桶,共计22万t,由阿拉伯湾开往荷兰鹿特丹港。油轮因方向舵被巨浪损坏导致失控,在法国大西洋沿岸离布勒斯特港不远的地方撞上90ft(约合27.4m)深的岩礁,加上几天的狂风巨浪,船体遭受巨大的破损而折断。结果22万t的原油全部泄漏到海里,并很快扩散成面积2 000nmile² 以上的黑油层,共计有2万只海鸟、9 000t重的牡蛎以及数百万只像海星和海胆这样栖息于海底的动物死亡,毁坏了贝类等水产的繁殖海床,海滨浴场全部被污染,使该地区经济蒙受巨大的损失,如图1-2所示。

图1-2 美国"阿莫科·卡迪斯"号油轮事故

1.2.5 风灾事故——"威望"号油轮事故

2002年11月13日晚,载有7.7万t燃料油的希腊油轮"威望"号,在西班牙西北部距海岸9km的海域遭遇风暴,"威望"号油轮上12个油箱中的一个发生爆裂。船长担心船只沉没,向西班牙救援机构求援,希望他们能将船只拖引回港,然而未能获得求援回应;随后船长又试图向法国和葡萄牙政府求助,同样未能获准让油轮停靠在其海岸。西班牙 4 艘拖船拼命将"威望"号油轮拖向外海,19 日上午拖到距海岸 95km 海面时,船体断为两截沉没,如图 1-3 所示。"威望"号油轮在西班牙海域沉没后,造成大面积污染,泄漏的 2.5 万 t 燃油在海面形成 38cm 厚的油膜,破船内还有 5 万 t 燃油沉入海底。据生态专家确定,这次灾难是世界上最严重的漏油事件,西班牙北部 500km 长的海岸线与 183 处海滩遭到污染,葡萄牙海域的生物也难逃劫难,数万只海鸟死亡,沿海 4 000 多名渔民因渔业资源受到污染而不能下海捕鱼,经济损失达 3 亿欧元,清理费用高达 120 亿美元,当地的生态环境至少要 10 年才有望恢复正常。另外,"威望"号沉船系 20 世纪 70 年代日本生产的单壳油轮,而单壳油轮的事故发生率是双壳油轮的 10 倍。"威望"号油轮出事后,西班牙和法国根据联合国海洋法精神,决定从 2002 年 11 月 27 日开始,严格限制任何载有石油原油、燃料油等易造成海洋污染的危险货物的船只及船龄在 15 年以上的单壳船只通过两国的领海。2002 年 11 月底,欧盟 15 国交通部长开会一致同意,2006 年后禁止成员国运输公司用单壳油轮营运,并不准委托单壳油轮运油;对不顾安全在成员国海域造成生态灾难的船主及船上人员严惩不贷。

图 1-3　希腊"威望"号油轮事故

1.2.6　油船过驳事故

2003 年 3 月 29 日,大鹏湾外海的担杆列岛东南方向 24n mile,马耳他籍油轮"BYZANTIO"和新加坡籍油轮"ASIANPROGRESS II"在进行原油过驳时发生爆炸起火,一船艏炸损,如图 1-4 所示。BYZANTIO 油轮附近仅有少量油污,并没有发生严重溢油。BYZANTIO 船艏物料间被炸后掀起一角,该船艏损坏严重。事故造成 1 人死亡、3 人受伤。

新加坡籍"ASIANPROGRESS II"轮总吨位为 16 万 t,轮上载有约 5 万 t 科威特原油;另一艘受损油轮马耳他籍"BYZANTIO"轮是挪威造的一艘大型运油轮,船重 3 万 t。该两大型油轮在 28 日相遇后,当天 19 时左右,新加坡籍"ASIANPROGRESS II"轮开始向马耳他籍"BYZANTIO"轮接管过驳原油。当原油过驳到 2.8 万 t 左右时,马耳他籍"BYZANTIO"轮在一船员操作压解泵过程中发生爆炸,站在艏楼上的一名油泵工失踪,有 2 名船员被烧伤,一名船员手指弄断。后经确认,失踪船员已死亡。出事海域出现一条宽 120m、长 1.5n mile 的油污带,但油膜较薄,属于轻微污染。事故船上的货油没有泄漏,污染是船爆炸起火后,消防水将甲板等处的污油冲入海中造成的,还有一些液压油和润滑油也流入海中。

图 1-4　大鹏湾油船过驳事故

1.2.7　其他典型事故——大连输油管爆炸事件

2010 年 7 月 16 日晚间 18 时左右,大连新港附近中石油一条输油管道起火爆炸。事故是由一艘 30 万 t 级的利比里亚籍油轮在卸油过程中,违规在原油库输油管道上进行加注"脱硫化氢剂"作业,并在油轮停止卸油的情况下继续加注,造成"脱硫化氢剂"在输油管道内局部富集,发生强氧化反应,导致输油管道发生爆炸,并引发大火和原油泄漏。17 日 2 时 37 分,大连新港港区海面出现明火,面积约有 80~100 m^2。到 17 日 9 时,事故附近海面仍有原油泄漏入海,当地海事主管部门抓紧组织海上油污清除和消防工作:"海巡 021"、"海巡 028"、"海巡 0200"、"海巡 0202"等 4 艘海事执法船赶赴现场,监控油污情况、布设围油栏;交通运输部救捞局的专业救助船"北海救 113"、"北海救 198"及大连港 14 艘消防拖轮和 1 艘消防艇在起火海域铺设围油栏、喷洒消防泡沫,以控制海上火势和油污染。同时通知在附近锚地锚泊的船舶做好疏散准备,防止火势蔓延到锚地引发次生事故。交通运输部还协调邻近各地海事部门调集围油栏、消油剂、吸油毡等清污设备火速支援大连。据统计,该事故导致了 1 500t 原油流入海中,造成巨大经济损失和海洋污染,如图 1-5 所示。

图 1-5　大连输油管爆炸事件

1.3　水路危险品运输发展趋势

随着时代的进步,日新月异的高新科学技术对各行各业都提出了崭新的要求,计算机网络系统的建设与使用促进了社会的信息化和自动化,相关法规的相继出台和生效施行,在立法上给危防业务的执法奠定了基础。面临着需要准确定位、依法行政的新时代,社会经济高速发展和人文素质不断提高,人们的安全和环保意识不断深化,社会环境可持续发展要求进一步提高,国际海事组织也在海洋环保方面日益重视和活跃。这就要求我们海事要发展、要壮大,国家从体制改革的合理化、统一规范化方面会逐步对目前的多头管理、业务重叠、职能交叉的问题进行整合,实现交通跨越式发展,大海事是我们生存和发展的充分必要条件。危防业务涉及危险货物运输安全和防污染两项工作,是海事管理的重要组成部分。这两项工作的顺利进行对促进综合海事的工作程序发展有很大的帮助。

根据交通运输部海事局的规划要求,海事危防业务将按照国家相关法律法规的要求和授权,在行使国家监察职能中,继续强化"预防为主、防治结合"的指导思想,积极探求科学合理、行之有效的海事危防监管模式,维护水域安全稳定,保护生态环境。因此,在一段时间内,海事危防业务发展规划是:加强队伍建设,提高危防执法人员素质和业务技术水平;研究和施行统一科学的监管模式;树立法制管理、诚信管理、责任管理的理念,遵循权由法定、有权必有责、用权受监督、侵权须赔偿的权力运行规律;建立新的管理模式,分类层次管理,现场扁平化管理;提高执行力,使执法运作畅顺,减少中间环节,方便管理相对人,提高管理效能。在系统内部建立清晰的层级管理体系,努力营造宏观调控和社会服务的现代管理氛围,达到政令畅通、执法严明、政务公开、机制完善,监督管理到位,确保行政处罚的应处罚率达到100%,有理行政复议率、投诉率为零,依法行政的行政诉讼败诉率、国家责任赔偿率为零,不发生因海事监管责任而造成的危险货物运输安全和船舶污染损害事故。在污染应急处理方面,继续紧密依靠地方各级政府的支持,加大资金和资源的投入,建立和完善事故应急机制和污染应急反应机制,健全完善各个港口、作业点和与船舶作业相关的溢油应急计划并确保反应快速有效,逐步达到水域内防抗100t以下溢油和重点港区水域抵御200t以下溢油以及中等级别的化学污染事故应急处理的指挥协调能力。

"树立科学发展观,实现交通跨越式发展"的方针,是为海事危防工作深化改革,促进发展指明了方向和提供了更大的发展机遇。《中华人民共和国行政许可法》、《全面推进依法行政实施纲要》对包括危管防污在内的海事管理工作提出更高的要求,对现行的危防管理的模式和手段提出挑战。《中华人民共和国港口法》、《危险化学品安全管理条例》等新法律法规的实施为危防工作提供了法律基础,明确了主管机关的监督管理职能。国家加强全国应急救援体系建设,为防、救、赔体系建设提供了机遇。党中央、国务院最近采取的加强安全生产工作一系列重大举措,进一步加大了海事危防工作责任。

2014年5月27日,交通运输部召开了危化品运输专题会议,研究了危险化学品运输安全管理有关问题。会议要求:针对危险化学品运输存在的突出问题和薄弱环节,切实加强制度建设和顶层设计,严格落实安全监管责任和各项措施;要认真进行查缺补漏,做好危险化学品运输相关标准规范的修(制)订工作;要制定危险化学品运输的清单,有针对性地加强监管;要联合公安、环保等部门,起草加强危险化学品运输应急管理的相关规定,坚决遏制重特大事故发生,积极推进平安交通的建设。

要适应新形势的发展要求,海事危防必须科学定位,用科学的发展观把握危防发展方向,创新执法管理模式,全面履行危防监管职能,求真务实推进海事危防工作。交通运输部提出要"建立一支有知识、有经验、有能力、善思考、敢创新的交通队伍",每个危防业务岗位人员,都应努力提升自身的综合素质,提高专业技术水平和工作能力,牢固树立执法为民、执法为公的理念,爱岗敬业,真正地适岗成才。

本章复习思考题

1. 国际上水路危险货物运输的管理机构主要由哪几个组成?其主要公约有哪几部?
2. 水路危险货物运输过程中油轮容易发生污染事故,其原因主要有哪些?
3. 我国在水路危险货物管理中,海事部门在船舶载运危险货物方面的监管思路有哪些?

本章参考文献

[1] 郭正德.浅析全面提升我国水上运输危险品的监管水平[J].中国水运(下半月),2009,01:43-44.
[2] 王吉靓.海上溢油风险评价及应急响应设备的优化配置[D].大连:大连海事大学,2011.
[3] 卓柏树.分支海事局危防工作指标体系构建和考核机制探讨[D].厦门:厦门大学,2009.
[4] 赵三悦.船舶油污赔偿制度的实效性及现实性作用的研究[D].大连:大连海事大学,2009.
[5] 邢建芬.韩国对"河北精神"号溢油事故的应急处理及其启示[J].中国海事,2013,06:35-37.
[6] 刘敬贤.海上危险品运输与管理[M].武汉:武汉理工大学出版社,2011.
[7] 张硕慧.水上危险品安全运输管理[M].大连:大连海事大学出版社,2003.
[8] 孟于群.国际海上货物运输法律与实务[M].北京:中国商务出版社,2007.
[9] 刘敬贤,刘芳.论船载危险品单证审核和现场监管的一致性[J].航海技术,2008(03):78-80.
[10] 刘敬贤,董连利.长江水域散化码头综合实施APELL计划和OPRC公约的构想[C]//海船进江与航行安全保障论文集.交通科技,2003.

第 2 章　危险货物运输与管理的有关法规和职责

按国际海事组织的统计,现在海运货物的 50% 以上属于危险品,而且有越来越多品种和数量的危险品投入运输。航运本身就是有风险的行业,运输危险货物本身的危险性再加上海上的恶劣环境更增加了其运输的风险。如果处理不好,除了发生货损,还可能导致船舶毁损、人员伤亡及重大环境污染事故。为了避免由危险货物导致的事故发生,就要在整个运输环节中遵从科学的原理,实施严格的预防措施,以保证危险货物运输安全。

对于不同的行业,危险品有不同的定义和所指的物质类别。早期对于危险品的定义,狭义上仅指代包装类危险货物;随着危险品运输的发展,广义上包含了包装危险货物、散装危险货物和海洋污染物。就海运货物来说,可按国际海事组织的《国际海运危险货物规则》(IMDG Code)(简称《国际危规》)对危险货物进行定义:

危险货物是指《国际海运危险货物规则》(IMDG Code)中所列货物类别的性质而准备运输的包装或散装的物品。其中,所述的"IMDG Code 中所列货物类别的性质"包括具有燃烧、爆炸、腐蚀、毒害、放射性辐射以及污染环境等特性的货物。

从包装角度,危险品可以分成两类:包装危险货物(包装形式运输)和散装危险货物(散装形式运输),见图 2-1。

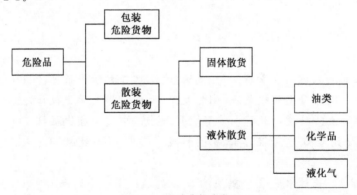

图 2-1　危险货物分类

根据《国内水路运输管理条例》第三条规定:货物运输分为普通货物运输和危险货物运输。危险货物运输分为包装、散装固体和散装液体危险货物运输。

包装危险货物(Dangerous goods)是指容器、可移动罐柜、集装箱或车辆中装载的任何危险货物。本术语包括原来装运过危险货物的空容器、可移动罐柜。但是如果这些容器或罐柜经清洗并干燥过,或在原货物的性质能保证安全的情况下已牢固封闭,则可除外。

散装危险货物(Dangerous chemicals in bulk)是指装载于船舱或船舶载货处所中或永久固定在船内或船上的罐柜中的无任何中间包装的所有危险货物。散装危险货物包括散装固体和散装液体危险货物,散装液体危险货物又包括散装油类、散装液体化学品和散装液化气。

散装固体货物是指除了液体和气体以外,任何粉状、颗粒状或较大片状物质,它们通常由均一组成,直接装入船舶的货舱内或船载驳船,而不需要任何中间的围护形式。

散装液体危险货物运输包括液化气体船运输、化学品船运输、成品油船运输和原油船运输。

2.1 国际海上危险货物运输法规

2.1.1 关于《1960年国际海上人命安全公约》(SOLAS 60)第Ⅶ章的起源及内容

19世纪60年代以前,海上危险货物的运量很少,也没有专门的法规指导这方面的工作。

1894年,英国的商业航运法中第一次提到危险货物,那时由于技术上的局限性,对像炸弹、硫酸和摩擦火柴等危险货物,禁止在船上装运。

由1912年"Titanic"号船失事而直接导致召开的1914年第一次海上人命安全会议,制定了第一个关于海上人命安全多边性条约,其中规定"所载的货物由于其数量、性质及积载方式,被认为有害于旅客的生命或船舶安全,原则上是被禁止的。"至于哪些货物是危险的,这一问题留给缔约国政府来决定。对于能按要求对包装和运输方式采取措施,达到安全运输的目的,是允许运输的。虽然1914年的海上人命安全多边性条约从来就没有实施过,但依靠国家管理的原则以及国家的主管机关决定对危险货物的确认和处理方法的原则被确立。1929年修订的海上人命安全多边性条约,主要内容没有变化,但首次对危险货物做出了定义。

从1929年起到1948年期间,化学工业得到了较大的发展。海上运输危险货物的种类和数量增加很快,相应地由危险货物导致的运输事故也越来越多。这一现状迫使航运业在1948年海上人命安全条约中加入了专门涉及"谷物和危险货物运输"的第Ⅵ章。在此次会议上,人们意识到1948年海上人命安全条约的内容是不够的,同时又正式通过了第22号建议案,强调海运危险货物在安全防范上采取国际统一措施的重要性,并推荐了一些化学品出口贸易大国已经采取的详细规则。大会还指出:决定货物的危险性应根据其性质和特性及使用"标志",即用有区别的符号来表明每种危险货物的危险性。

1956年,由联合国经社理事会成立的危险货物运输专家委员会,完成了一部用于所有运输方式危险货物运输最低要求的报告,即著名的《联合国危险货物运输建议书》(Recommendations on the Transport of Dangerous Goods,简称"橙皮书")。

1960年,IMCO内举行了修改1948年海上人命安全条约的协商会议,产生了《1960年国际海上人命安全公约》(简称SOLAS 60)。其中,涉及危险货物运输的要求是以独立的第Ⅶ章提出的。该章适用于500总吨及以上的从事国际航线运输的船舶。该公约于1965年5月26日生效。

1974年,IMCO又一次对公约进行了大幅度的修改,即SOLAS 74。SOLAS 74扩大了第Ⅶ章的适用范围,包括500总吨以下的国际航线的船舶。

SOLAS 74以后又经过多次修订。在1983年的修正案中,对第Ⅶ章做了较大的改动,内容扩大到包括散装固体和散装液体危险品;1999年的修正案(2001年1月1日生效)又使INF

Code 成为其第Ⅶ章的强制性要求。

到目前为止,SOLAS 第Ⅶ章包括以下 4 个部分:

A 部分——包装危险货物和散装固体危险品的装运;

B 部分——散装运输液体危险化学品船舶的构造和设备;

C 部分——散装运输液化气船舶的构造和设备;

D 部分——船舶安全载运放射性核燃料、钚和高辐射水平的放射性废弃物国际规则。

此外,《国际散装化学品船舶结构和设备规则》(International Code for the Construction and Equipment of Ships Carrying Dangerous Chemicals in Bulk,简称 IBC Code)、《国际散装液化气船舶结构和设备规则》(International Code for the Construction and Equipment of Ships CarryingLiquefied Gases in Bulk,简称 IGC Code)以及《国际船舶安全载运放射性核燃料、钚和高辐射水平的放射性废弃物规则》(International Code for the Safe Carriage of Packaged Irradiated Nuclear Fuel,Plutonium and High-Level Radioactive Wastes on Board Ships,简称 INF Code)分别成为 SOLAS 第Ⅶ章下 B、C 和 D 部分的强制性规则。

SOLAS 公约中涉及危险品运输的还有第Ⅱ-2 章有关消防的内容。在 2000 年 12 月 6 日结束的 IMO 海上安全委员会第 73 届会议上(MSC 73),最终通过了 SOLAS 公约第Ⅱ-2 章(消防)的正式修改文本,并于 2002 年 7 月 1 日起生效。

现行第Ⅱ-2 章分为 4 大部分,即第一部分通则,它包括了定义以及涉及消防系统和设备及消防用品的通用性技术要求;第二~第四部分,则针对客船、货船和液货船的结构和使用特点,分别提出了不同的结构完整性适用要求以及在消防系统和设备方面的特殊要求。全章共 63 条(Regulation)。

第Ⅱ-2 章围绕火灾和爆炸的防止,火灾和爆炸的限制、抑制和控制,脱逃 3 个消防目标,对船舶的防火、探火、结构完整性、灭火、脱险通道的布置等功能提出适用的安全性要求。针对船舶的一些特殊用途,如载运危险货物、设有滚装处所和直升机平台等,提出了特殊要求。为了减少人为因素对火灾发生和发展造成的不利影响,第Ⅱ-2 章还增加了有关消防系统维护保养、船上消防演习和培训、消防安全操作要求的条款。此外,第Ⅱ-2 章依据综合安全评估的理论引入了替代设计和布置的概念。其中涉及的消防系统和设备以及消防用品的具体技术条件被归纳到新命名的消防安全系统规则(Fire Safety System Code,简称 FSS Code)中,并作为与第Ⅱ-2 章配套的强制性规则。

2.1.2 《经 1978 年议定书修订的 1973 年防止船舶造成污染公约》(以下简称《MARPOL 73/78》)

20 世纪初期,人们已经开始重视海上人命安全问题,但对于环境问题并未引起足够重视。直至 1967 年发生在英吉利海峡的"托雷肯尼翁(TORREY CANYON)"油轮的严重油污染事故,人们才认识到保护海洋环境的重要性,并进一步认识到船舶故意或意外排放油类和其他有害物质是造成海洋污染的一个重大来源。为此,1973 年 11 月 2 日召开了国际海上污染会议,通过了《1973 年国际防止船舶造成污染公约》(含议定书Ⅰ、Ⅱ,附则Ⅰ~Ⅴ),但一直未生效,1978 年 2 月 17 日,IMO 通过了《关于 1973 年国际防止船舶造成污染公约的 1978 年议定书》,议定书有两个:Ⅰ——关于涉及有害物质事故报告的规定议定书;Ⅱ——仲裁。另有一个附则Ⅰ——防止油污染规则,于1983年10月生效,我国于1983年7月1日加入该公约,对我国生效日期是1983年10月2日。之后该公约增加制定了:附则Ⅱ——控制散装有毒液体物质污染规则(生效日期为1987年4月6日)、附则Ⅲ——防止海运包装有害物质污染规则(生效日期为1992年7月1日)、附则Ⅳ——防止船舶生活污水污染规则(生效日期为2003年9月27日)、附则Ⅴ——防止船舶垃圾污染规则(1988年12月31日生效,我国1988年11月21日加入,1989年4月6日生效)、附则Ⅳ——防止船舶造成空气污染规则(1997年9月通过,2005年5月19日生效)。

2.1.3 《联合国危险货物运输建议书》

根据运输的需要,1954年联合国经社理事会成立了危险货物运输专家委员会,经过一段时间的工作,1956年提出了第一份工作报告,即《联合国危险货物运输建议书》(Recommendations on the Transport of Dangerous Goods)(以下简称《建议书》),《建议书》在1957年经社理事会的第23次会议上获得通过。为适应危险货物运输的发展,《建议书》在此后历次的危险货物运输专家委员会上进行修订和更新,并根据经社理事会随后做出的决议予以出版。1999年已出版了第11版、2001年出版了第12版《联合国危险货物运输建议书》和第3版《试验和标准手册》(Manual of Tests and Criteria),因其封面颜色为橙色,俗称橙皮书。

《建议书》在国际上极具权威性,涉及各种运输方式和各类运输工具包装危险货物的运输。其中的许多规定被国际上各种运输形式的专业组织、协会以及各国采用或参考,作为制定各种运输工具危险货物运输管理法规或规章的基础。国际海事组织制定的 IMDG Code 就是以《建议书》作为依据,而且其内容有越来越贴近的趋势。

《建议书》制定的原则是尽可能防止发生人身和财产事故,防止所使用的运输工具和货物受损;制定规则必须不妨碍危险货物的运输,但对太危险的货物,可不予受理运输;《建议书》对危险货物运输提出了一个原则要求,国际上和各国的规章制度应在这个基本制度下以统一的形式予以发展;《建议书》适用于各种运输形式的包装危险货物,对于不同的运输形式,可允许有较宽或较严的要求。

新版的橙皮书共有7个部分和2个附录:一般规定、定义和训练;分类;危险货物一览表和限量内豁免的规定;包装和罐柜规定;托运程序;包装、中型散装容器、大宗包装、可移动罐柜和公路罐车的构造和试验要求;运输作业的要求;附录A——通用和未另列明的正确运输名称一览表;附录B——术语汇编。

与《联合国危险货物运输建议书》配套使用的是《试验和标准手册》(简称小橙皮书),其内容有四部分:爆炸性物质和物品的分类试验和标准;测定有机过氧化物和对热不稳定物质的自加速分解温度(SADT)的试验方法;自反应物质和有机过氧化物的分类试验和标准;某些其他危险货物的分类试验和标准。

2.1.4 《国际海运危险货物规则》(IMDG Code)

为了制定船舶运输危险货物的国际规则,在制定 SOLAS 60 公约的同时,成员国就请求 IMCO 负责进行研究,以便制定一个统一的国际海上危险货物运输规则。为了响应这一建议,当时的海上安全委员会指派了一个由在海上运输危险货物方面具有丰富经验的国家组成的工作组。该小组在1961年5月召开了第一次会议,起草了统一的国际海上危险货物运输规则。最初的草案是每个国家的代表团各自编制的,然后由工作组对这些草案进行详细的审查,经过10次会议的修订和讨论,该规则草案于1965年第4次海事协商大会上予以通过,这就是著名的《国际海运危险货物规则》(International Maritime Dangerous Goods Code)的第一版。而该工作组经MSC复审为它的分支机构——危险货物运输分委会(CDG),该分委会每两年召开一次会议,审议危险货物的议题,修改IMDG Code。1995年,集装箱和货物分委会与CDG合并成为危险货物、固体货物和集装箱分委会(简称DSC)。

我国从1982年10月2日起正式在国际航线和涉外港口使用IMDG Code。

虽然IMDG Code最初设计是用于海上运输的,但其条款对从生产到消费、仓储、经营和运输行业都产生了重大的影响。生产商、包装商、船东和装卸经营人都沿用了规则中的分类、定义、包装、标记、标志以及单证等条款,相应的其他行业,如公路、铁路、港口和内陆水域也都遵循了规则中的条款。

自从1965年IMDG Code首次出版到现在,已经有过许多次既有形式上又有内容上的修改,以适合生产和运输的发展。

近几十年来,IMDG Code经历了一系列的重大修改,1989年第25版修正案中,加入了海洋污染物条款及第9类的标志要求;1993年的第27版修正案中加入了高温运输物质、有害废弃物的运输,进入船上封闭处所的危险及注意事项等。2001年1月1日开始使用的是第30版修正案,修正案共有3册,第1册内容有:一般规定、定义和训练;分类;包装和罐柜规定;托运程序;包装、中型散装容器(IBCs)、大宗包装、可移动罐柜和公路罐车的构造和试验;运输作业的规定。第2册内容有:危险货物一览表;附录A——通用和未另列明的正确运输名称一览表和限量内免除的规定;附录B——术语汇编;索引。第3册是补充本,包括危险货物事故应急措施(EmS);危险货物事故医疗急救指南(MFAG);报告程序;货物运输组件的装载;船上杀虫剂安全使用的建议;船舶安全运输罐装辐射核燃料、钚和高强度放射性废弃物规则(INF Code)等。

从2004年1月1日起IMDG Code(第31版修正案)是强制性的规则。要求所有海上人命安全公约(SOLAS)以及国际防止船舶造成污染公约(MARPOL 73/78)的成员国,必须强制执行IMDG法规。法规不仅仅局限于船员使用,所有与航运有关的工业和航运服务业人员都可能使用法规的部分条例。法规由:专业术语,包装,标签,揭示牌,标记,积载,隔离,处理和应急反应组成。国际海事组织每两年对IMDG Code做一次修订。

随着人们生活现代化水平及科学技术进步的不断提高,社会对危险货物的需求量有了显著增加,同时也直接带动了企业必须开发出更多种类的危险货物来满足这些需求。正基于此,国际海运危险货物规则中明确规定,所有从事危险货物岸上操作的人员必须根据法规的相关要求参加培训,例如:危险货物生产商、包装商、仓储商、船东、货运代理人、承运人、船公司管理人员、船舶检验人员、危险货物包装制造及检验单位、危险货物地面操作人员及港口操作和管理人员等。法规主要培训内容一般包括:危险货物的正确分类、危险货物一览表的使用、包装规定、包装性能测试、物质鉴定、标识和贴签、张贴危险告示、编制单证、装载和隔离等方面的标准。从业人员必须持证上岗,并根据法规的更新间接接受培训。

IMDG Code的使用方法如下:

首先应熟悉第 1 册的所有内容,然后查阅第 2 册的危险货物一览表(对 4.1 类中的自反应物质和 5.2 类有机过氧化物,因为只提供了按类型分类的相关内容,所以还需查阅在第 2 章分类中的一览表;对放射性物质,还需查阅第 3.5 章的放射性物质明细表)及相关的附录。例如:可根据正确的运输名称索引(中文翻译版有中、英文两种),也可由联合国编号直接在"危险货物一览表"查出要找的物质。所有的说明和要求在一览表中都清楚地列出,如表 2-1 所示。

危险货物一览表(节选)　　　　　　　　表 2-1

UN No	正确运输名称	类别或分类	副危险性	包装类别	特殊规定	限量	包装		IBC	
							导则	要求	导则	要求
1	2	3	4	5	6	7	8	9	10	11
3011	汞基农药,液体,有毒,易燃,闪点不低于 23℃	6.1	3 PP	Ⅲ	61 223 274	500mL	P001	—	IBC03	—
3012	汞基农药,液体,有毒	6.1	PP	Ⅰ	61 274	无	P001	—	—	—
3012	汞基农药,液体,有毒	6.1	PP	Ⅱ	61 274	100mL	P001 LP01	—	IBC02	—
3013	汞基农药,液体,有毒	6.1	PP	Ⅲ	61 223 274	500mL	P001	—	IBC03	—

2.1.5 《国际油船和油码头安全指南》

《国际油船和油码头安全指南》(International Safety Guide for Oil Tankers & Terminals,简称 ISGOTT)最早由 IMCO 在 1972 年制定。后经过多次修改,1996 年该指南出版了第 4 版。该指南对散装油类船舶在油区装、卸货油及其他作业提出有关安全措施的建议。

指南分为两部分,共 24 章和 9 个附录。第一部分:各种作业,石油的危险性;油船上一般的预防措施;抵港;油船在泊位期间的一般预防措施;货油装卸前油船与码头之间的联络;货油装卸与货油舱作业前和期间的预防措施;货油和压载水的装卸;双壳船的作业;清舱与除气;固定装备的惰性气体系统;封闭场所的进入;多用途运输船;包装货油;应急程序。第二部分:技术资料,石油的基本特征;石油及其产品的毒性;油气的散发与扩散;气体指示仪;电气设备与安装;静电;骤升压;消防原理与设备;自燃性硫化铁;关于渣油燃料在装卸、储存和运输中的可燃性及危险性。附录 A——船/岸安全检查表、导则和信件样本。附录 B——消防须知。附录 C——货油软管。附录 D——标准绝缘法兰接头。附录 E——国际通岸消防接头。附录 F——热工作业许可证。附录 G——冷工作业许可证。附录 H——电气绝缘证书。附录 I——进入封闭场所许可证。

2.1.6 《国际海运固体散装货物规则》(International Maritime Solid Bulk Cargoes Code,简称 IMSBC 规则)

船运固体散货的主要危险是货物分布不均引起的结构损坏、航行期间失去或减小稳性以及货物化学反应的有关危险。因此,IMSBC 规则的主要目的是通过提供船运某些种类的固体散货的危险的相关资料和在完成固体散货船运时采用的程序的有关说明,便利固体散货的安全积载和船运。

适用范围:在1984年9月1日以后但在2002年7月1日之前建造的500总吨或以上的货船;或1992年2月1日以后但在2002年7月1日之前建造的低于500总吨的货船。

规则的前身:《固体散装货物安全操作规则》(BC规则)。

规则的主管机构:国际海事组织危险货物、固体货物和集装箱分委员会(DSC Sub-Committee)。

2008年12月8日,MSC.85通过MSC.268(85)决议,通过强制性的IMSBC规则。

2009年1月1日,IMSBC规则自愿生效。

2011年1月1日,IMSBC规则强制生效。

IMSBC规则包括13节和4个附录:

第1节　一般规定

第2节　装载、载运和卸载的一般性预防规定

第3节　人员与船舶安全

第4节　评定货物的安全适运性

第5节　平舱程序

第6节　静止角的确定方法

第7节　易流态化货物

第8节　易流态化货物的测定程序

第9节　具有化学危险性的货物

第10节　散装固体废弃物运输

第11节　保安规定

第12节　积载因数换算表

第13节　参考相关信息和建议

附录1　各固体散装货物明细表

附录2　试验室测试程序、使用的仪器和标准

附录3　固体散装货物的特性

附录4　索引

2.1.7 《国际散装运输危险化学品船舶构造和设备规则》(IBC Code,简称IBC规则)和《散装运输危险化学品船舶构造和设备规则》(BCH Code,简称BCH规则)

1983年,海上安全委员会根据SOLAS 74公约第7章的有关规定,通过了IBC规则,1986年7月1日以及其后建造的化学品船舶必须执行IBC规则的规定,但是BCH规则仍作为一个建议案保留。1987年4月,MARPOL 73/78附则Ⅱ的生效(MARPOL 73/78 1985年修正案)使IBC规则和BCH规则成为强制性规则,并规定1986年7月1日前建造的散装运输化学品船舶应执行BCH规则。综上所述,在IBC规则生效以后,1986年7月1日以后建造的船舶应符合IBC规则的要求,1986年7月1日以前建造的船舶则应符合BCH规则的要求。1998年7月1日,IMO通过了这两个规则的1996年修正案,在IBC规则的第17和18条中增加了许多新的内容。这些内

容适用于 1986 年 7 月 1 日以后建造的船舶。根据 MARPOL 73/78 和 SOLAS 74 公约有关规定,该修正案是强制性的。

这两个规则对散装运输化学品船舶,包括船型、船舶残存能力、液货舱位置、船舶布置、货物围护系统、机械通风、管系、温控、液货舱透气系统、环境控制、防火与灭火、电气设备、测量设备、人员保护和操作等,都做出了详细规定,是实施 SOLAS 74 公约第 7 章 B 部分的细则。在 IBC 规则第 17 章中还列出了 500 多种散装液态危险化学品对运输船舶的船型、舱型及相关设备的最低要求,更便于规则的执行。

2.1.8 《国际散装运输液化气体船舶构造和设备规则》(IGC Code,简称 IGC 规则)、《散装运输液化气体船舶构造和设备规则》(GC Code,简称 GC 规则)和《现有散装运输液化气体船舶规则》(简称《现有气体船规则》)

这 3 个规则是实施 SOLAS 74 公约第 7 章 C 部分要求的具体细则。其中,IGC 规则是 SOLAS 74 公约的强制性规则,适用于 1986 年 7 月 1 日以后建造或改建的所有船舶,2000 年 12 月 5 日 IMO 以 MSC.103(73)号决议通过了对 IGC 规则的修正案,于 2002 年 7 月 1 日生效。GC 规则是非强制性规则,适用于 1976 年 10 月 31 日以后签订建造或改装合同、无合同的在 1976 年 12 月 31 日以后安装龙骨(或处于相似建造阶段)或开始改装、1980 年 6 月 30 日后建完交货或改装完工的船舶。《现有气体船规则》是非强制性规则,适用于 1976 年 10 月 31 日前交付使用或在此之后,但在 GC 规则[决议 A.328(Ⅸ)]实施之前交付使用的船舶。

2.1.9 《国际船舶安全载运包装辐射核燃料、钚和高强度放射性废弃物规则》(INF 规则)

该规则是实施 SOLAS 74 公约的规则之一,于 2001 年 1 月 1 日生效,适用于符合 SOLAS 74 公约第 7 章 15 条规定的从事运输 INF 货物的船舶。除应符合本规则的要求外,INF 运输还应适用《国际危规》的有关规定。

2.1.10 《1969 年国际油污损害民事责任公约》和《1969 年国际油污损害民事责任公约的 1976 年议定书》(简称 CLC 69)

《1969 年国际油污损害民事责任公约》是 1969 年 11 月 29 日于布鲁塞尔通过,1975 年 6 月 19 日生效,我国于 1980 年 1 月 30 日加入,1980 年 4 月 29 日对我国生效。《1969 年国际油污损害民事责任公约的 1976 年议定书》于 1976 年 11 月 19 日签署,1981 年 4 月 8 日生效,我国于 1986 年 9 月 27 日加入,1986 年 12 月 28 日对我国生效。

2.1.11 《1971 年设立国际油污损害赔偿基金公约》

该公约于 1971 年 11 月 18 日在布鲁塞尔签署,1978 年 10 月 16 日生效,之后 1976 年 11 月 19 日通过了《1971 年设立国际油污损害赔偿基金公约的 1976 年议定书》,但一直没有生效,我国未加入《油污损害赔偿基金公约》。

2.1.12 《1990 年国际油污防备、反应和合作公约》(简称 OPRC 90)

国际海事组织(IMO)于 1990 年 11 月 19 日至 30 日在伦敦召开了国际油污防备和反应国

际合作会议,会议最后通过了《1990年国际油污防备、反应和合作公约》(简称 OPRC 公约)、《国际油污防备和反应国际合作会议》最后文件和10个决议。公约已于1995年5月13日生效,我国于1998年3月30日加入 OPRC 公约,于同年6月30日对我国生效。IMO 从 2000年起,对 OPRC 90 公约进行修正,增加了关于有害有毒物质应急反应的议定书。

2.1.13 《1996年国际海运有毒有害物质损害责任和赔偿公约》(HNS)

1996年4月5日至5月3日,国际海事组织在其总部召开国际会议,审议通过了《1996年国际海运有毒有害物质损害责任和赔偿公约》。

2.1.14 《关于防止船舶压载水引进有害水生物和病原体的指南》和《关于在海上更换压载水安全方面的指导》

国际海事组织海上环境保护委员会(MEPC)在其第31届会议(1991年7月1～5日)上通过了一个自愿性的指导文件《关于防止船舶压载水引进有害水生物和病原体的指南》。1993年,IMO 第18届大会应联合国环境和发展大会(UNCED)的请求,以 IMO A.774(18)决议通过了上述指南。该决议请求 MEPC 和海上安全委员会(MSC)对有关压载水和指南的应用问题继续进行审议,以使该指南进而成为制定 MARPOL 73/78 新附则的基础。自 1993 年以来,MEPC 一直在致力于制定关于压载水管理的具有法律约束性的规定及为有效实施该规定的指南。MSC 应 A.774(18)决议的请求也制定了《关于在海上更换压载水安全方面的指导》。并于1997年6月30日以 MEPC/Circ 329 和 MSC/Circ 806 通函发布。

2.1.15 《国际船舶压载水及其沉积物控制和管理公约》

该公约在2004年2月13日于伦敦签订,目前尚未生效。

2.2 国内法规及管理要求

2.2.1 《中华人民共和国海上交通安全法》

该法于1983年9月2日通过,由国家主席令第7号公布,1984年1月1日生效实施,这是我们国家对海上安全监督管理的一部根本大法。海事管理的绝大部分职能是依据该法授权,海事危防业务中所涉及的是第6章"危险货物运输",要求船舶、设施储存、装卸、运输危险货物必须具备安全可靠的设备和条件,船舶装运危险货物必须向主管机关办理申报手续等。目前,该法正准备进行修订。

2.2.2 《中华人民共和国海洋环境保护法》

第一部《中华人民共和国海洋环境保护法》(以下简称《海环法》)于1983年生效,施行了16年,在保护我国的海洋环境、防止污染损害、保障人民健康、促进我国海洋经济的发展等方面曾发挥了重要的作用。依据原《海环法》,国家颁布了《中华人民共和国防止船舶污染海域管理条例》、《水上安全监督行政处罚规定》等一系列法规和规章,成为我们执法监督管理的依据,使我们水监系统得以行使船舶防污染职能,在海洋环境保护方面做了大量的工作,取得了较大的成绩。随着我国改革开放的不断深入,经济的快速发展,原法已有许多条款不能满足现实情况的需要,从1998年起,全国人大环资委开始着手修订该法,最后,新的《海环法》经第九届全国人民代表大会常务委员会第十三次会议修订通过,江泽民签署了第26号中华人民共和国主席令,于2000年4月1日起生效施行。

经修订的《海环法》是在新形势、新机制要求下的产物,由原来的12章共56条修订为10章共98条。修订后的内容和结构进一步充实和完善,更加明确了从事海洋活动的单位和个人的权利和义务,重新调整了管理海洋环境有关单位的职权和工作范围。其中第8章是"防止船舶及有关作业活动对海洋环境的污染损害"。这将会对我国海洋环境的保护和确保我国海洋产业的持续发展以及对我国水运交通事业的发展起到更加重要的作用。

2.2.3 《中华人民共和国港口法》

《中华人民共和国港口法》(以下简称《港口法》)调整对象是:从事港口规划、建设、维护、经营、管理及其相关活动,主要面向港口区域内的装卸作业安全。《港口法》主要是为了规范港口装卸作业安全而设立的国家大法,是从事港口装卸作业设施的所有人、经营人应严格遵循的法律规定。《港口法》明确了港口装卸作业的安全责任主体及责任,该法于2004年1月1日起施行。

海事危防业务管理工作是依据《中华人民共和国海上交通安全法》、《海环法》和相关的国际公约。《港口法》生效后交通运输部海事局对船舶运输安全与防污染实施监管的职能没有发生变化。

2.2.4 《中华人民共和国水污染防治法》

该法是1984年5月11日通过第六届全国人大常委会,由国家主席令第66号公布,是我国对内水(江、河、湖泊等)防污染的根本大法。该法内容丰富,涵盖了各类污染源的防治和监管要求,我国长江、内河等的防污染监督管理就是依据该法的授权和规定要求开展实施的,该法于1984年11月1日起生效施行。

2.2.5 《中华人民共和国内河交通安全管理条例》

该条例也进行过新修订,于2002年8月1日生效,其中第4章"危险货物监管"明确规定了内河船舶载运危险货物的具体要求。该法在我国的立法史上有新的突破,即第一次在法规中明示和具体了主管机关的责任和处理规定。

2.2.6 《危险化学品安全管理条例》

《危险化学品安全管理条例》已经于2011年2月16日国务院第144次常务会议修订通过,自2011年12月1日起施行。这是一部危险化学品管理的综合性行政法规,具体规定了我国境内生产、经营、储存、运输、使用危险化学品和处置废弃危险化学品等要求。托运人托运危险化学品,应当向承运人说明运输的危险化学品的品名、数量、危害、应急措施等情况。运输、装卸危险化学品,应当依照有关法律、法规、规章的规定和国家标准的要求并按照危险化学品的危险特性,采取必要的安全防护措施等。

2.2.7 《防止船舶污染海洋环境管理条例》

该条例已于 2010 年 3 月 1 日生效,是我国为了防止船舶及其有关作业活动污染海洋环境,依据《中华人民共和国海洋环境保护法》制定的。其内容细化了《中华人民共和国海洋环境保护法》的执行条款,具有较好的实际可操作性。该条例生效后,1983 年颁布的《中华人民共和国防止船舶污染海域管理条例》同时废止。较《中华人民共和国防止船舶污染海域管理条例》,《防止船舶污染海洋环境管理条例》在以下三个方面得到了充实:一是建立了污染预防体系。加强了防止船舶及其有关作业活动污染海洋环境的日常应急能力建设,完善了船舶污染物的排放与接受制度,充实了对船舶有关作业活动的污染防治制度。二是强化了污染处置力度。在借鉴安全生产管理法规有关规定的基础上,确定了船舶溢油量和直接经济损失的双重选择性污染事故等级划分标准,详细规定了事故报告的程序和内容,明确了事故应急指挥机构的地位、作用和成立机制,并对各级相关管理部门应急预案的启动工作提出了要求,进一步完善了事故的调查处理制度。三是全面建立了船舶污染事故损害赔偿制度。

2.2.8 《防止拆船污染环境管理条例》

该条例由国务院国发〔1988〕31 号文发布,1988 年 5 月 18 日施行。这是有关拆船监管方面的一个重要执法依据。

2.2.9 《中华人民共和国船舶载运危险货物安全监督管理规定》

《中华人民共和国船舶载运危险货物安全监督管理规定》(交通部 2003 年第 10 号令,以下简称"10 号令")于 2004 年 1 月 1 日生效。其法律调整对象是:船舶在中华人民共和国管辖水域载运危险货物的活动。权责明确为:交通部主管全国船舶载运危险货物的安全管理工作;交通部海事局负责船舶载运危险货物的安全监督管理工作;交通部直属和地方人民政府交通主管部门所属的各级海事管理机构依照有关法律、法规和本规定,具体负责本辖区船舶载运危险货物的安全监督管理工作。"10 号令"生效后,1981 年交通部颁布的《船舶装载危险货物监督管理规定》(〔1981〕交港监字 2060 号)同时废止。

2.2.10 《水路危险货物运输规则》

《水路危险货物运输规则》(简称《水路危规》)是根据我国的法律、法规、标准和国际公约制定的,体现了我国多年来在水路危险货物运输方面研究的最新理论成果及实践经验,吸取了相关国际公约、规则和建议案的相关内容,既体现了我国管理特点,又实现了我国危险货物运输与国际的接轨。

该规则的主要内容包括水路包装危险货物、散装危险液态化学品、散装液化气体的运输规定及船舶载运危险货物应急措施和危险货物事故医疗急救指南,由 1996 年交通部第 10 号令颁布。目前,1996 年 12 月 1 日生效的仅是该规则的第 1 部分——《水路包装危险货物运输规则》,其他部分尚未颁布,该部分是我国国内包装危险货物水路运输的重要技术依据。

2.2.11 《船舶载运外贸危险货物申报规定》

该规定于 1994 年 1 月 1 日起施行。规定明确了危险货物申报的程序性要求及相关管理规定。其中,将危险货物准单制度改为申报制度是危险货物管理的一大改进,目前也是我国对危险货物船舶运输源头管理的一个重要举措。该规定不仅要求外贸危险货物应按规定申报,而且要求内贸危险货物申报也应参照执行。在没有新的法律法规出台前,危险货物还按规定申报,不同的是,目前的危险货物申报已经与船舶申报合并执行。

2.2.12 《液货船水上过驳作业安全监督管理规定》

该管理规定于 1996 年 5 月 1 日生效,该管理规定是交通部为加强液货船水上过驳作业安全管理,保障水上人命、财产安全,防止船舶污染水域,依据《中华人民共和国海上交通安全法》、《中华人民共和国内河交通安全管理条例》及其他有关规定制定的管理规定。该规定适用于在中华人民共和国管辖水域内从事散装液体货物过驳作业的船舶以及有关单位和人员。

2.2.13 《港口危险货物管理规定》

该管理规定经修订,于 2013 年 2 月 1 日生效,是交通运输部为加强港口危险货物管理,保障人民生命、财产安全,根据《中华人民共和国港口法》、《中华人民共和国安全生产法》、《危险化学品安全管理条例》等有关法律、行政法规制定的管理规定。该规定适用于在港口装卸、过驳、储存、包装危险货物或者对危险货物集装箱进行装拆箱等项作业。

2.2.14 《船舶载运散装油类安全与防污染管理办法》

该办法经修订于 2004 年 1 月 1 日,是船舶载运危险货物监督管理的专门规章。对通航安全和防污染管理、危险品船舶管理、申报管理、人员管理、法律责任等方面做出了规定。

2.2.15 《国内水路运输管理规定》

《国内水路运输管理规定》(以下简称《规定》)经 2013 年 12 月 30 日中华人民共和国交通运输部第 14 次部务会议通过,2014 年 1 月 3 日中华人民共和国交通运输部令第 2 号公布。该《规定》分总则、水路运输经营者、水路运输经营行为、外商投资企业和外国籍船舶的特别规定、监督检查、法律责任、附则 7 章 56 条,自 2014 年 3 月 1 日起施行。2008 年 5 月 26 日交通运输部以交通运输部令 2008 年第 2 号公布的《国内水路运输经营资质管理规定》、1987 年 9 月 22 日交通部以(87)交河字 680 号文公布、1998 年 3 月 6 日以交水发〔1998〕107 号文修改、2009 年 6 月 4 日交通运输部以交通运输部令 2009 年第 6 号修改的《水路运输管理条例实施细则》、1990 年 9 月 28 日交通部以交通部令 1990 年第 22 号公布、2009 年交通运输部令 2009 年第 7 号修改的《水路运输违章处罚规定》同时废止。

2.2.16 其他规定(在符合上述法规和相关公约、规则、指南时适用)

(1)《海运出口危险货物包装检验管理办法(试行)》及补充规定。
(2)交通部《油船安全生产管理规则》(1983 年 4 月 12 日)。

(3)《防止舱、室作业环境中缺氧窒息事故的暂行规定(试行)》(1986年6月1日)。
(4)交通部《拆船管理规则》(1989年12月23日)。
(5)《集装箱装运包装危险货物监督管理规定》(1987年1月1日)。
(6)《港口货物作业规则》(2000年8月28日)。

2.3 国际和国内有关规范和标准

2.3.1 相关国际组织出版物

国际航运公会(ICS)、石油公司国际海事论坛(OCIMF)、国际气体船和码头经营者协会(SIGTTO)、液货船结构合作论坛(TSCF)和国际海事组织(IMO)出版了许多与油类及其他危险品安全运输有关的出版物。主要有：

(1)ICS/OCIMF《油船海上清洗指南》(Clean Seas Guide for Oil Tankers);

(2)ICS/OCIMF/SIGTTO《船对船过驳导则(液化气)》(Ship to Ship Transfer Guide-Liquefied Gas);

(3)ICS/OCIMF《船对船过驳导则(石油)》(Ship to Ship Transfer Guide-Petroleum);

(4)OCIMF/SIGTTO《散装液化气船导则指南》(Inspection Guidelines for Ships CarryingLiquefied Gas);

(5)IMO《原油洗舱系统》(Crude Oil Washing Systems);

(6)IMO《惰性气体系统》(Inert Gas Systems);

(7)IMO《港区内危险品安全运输、装卸与储存建议》(Recommendations on the Safety Transport,Handling and Storage of Dangerous Substances in Port Areas);

(8)ICS《化学品液货船安全》(Safety in Chemical Tankers);

(9)ICS《液化气船安全》(Safety inLiquefied Gas Tankers);

(10)ICS《油船安全》(Safety in Oil Tankers);

(11)ICS《液货船安全指南(化学品)》(Tanker Safety Guide-Chemical);

(12)ICS《液货船安全指南(液化气)》(Tanker Safety Guide-Liquefied Gas);

(13)OCIMF《作业现场软管的操作、储存、检查与试验准则》(Guidelines for the Handling,Storage,Inspection and Testing of Hoses in the Field);

(14)OCIMF《海上码头的防火保护和紧急撤离指南》(Guide on Marine Terminal Fire Protection and Emergency Evacuation);

(15)OCIMF《油船检查指南》(Inspection Guidelines for Bulk Oil Carrier);

(16)OCIMF《油船管汇及辅助设备标准的建议》(Recommendations for Oil Tanker Manifolds and Assosiated Equipment);

(17)OCIMF《散装液化气船码头装卸安全指南》(Safety Guide for Terminals Handling Ships CarryingLiquefied Gases in Bulk);

(18)OCIMF《LNG船管汇及辅助设备标准的建议》(Recommendations for LNG Carriers Manifolds and Assosiated Equipment);

(19)TSCF《双壳液货船结构的检查和维护准则》(Guidelines for the Inspection and Maintenance of Double Hull Tanker Structures)。

其中,《船对船过驳导则(石油)》(Ship to Ship Transfer Guide-Petrdeum,简称 STS)为 MARPOL 73/78 附则Ⅰ新增第 8 章内容。2008 年 10 月召开的 MEPC 第 58 届会议应 BLG 请求讨论其提交的 MARPOL 73/78 附则Ⅰ增加第 8 章防止海上油船之间过驳货油污染的修正案草案。在对该修正案草案讨论时,还参考了两个分别来自 IACS 的提案(MEPC58/10/4) 和来自利比里亚、马绍尔群岛、新加坡、美国、INTER-TANKO、ICS 和 OCIMF 的提案 (MEPC58/10/7)。在对修正案草案广泛深入的讨论后,形成了最新的涉及防止海上油船之间 过驳货油污染的 MARPOL 73/78 附则Ⅰ修正案草案,该修正案草案由 MEPC 秘书长于 2008 年 11 月 20 日以通函的形式发布。2009 年 7 月在伦敦召开的 MEPC 第 59 届会议,经讨论最 终通过了对 MARPOL 73/78 附则Ⅰ有关防止船对船(STS)过驳作业污染的修正案(新第 8 章)。该修正案预已于 2011 年 1 月 1 日起强制实施。《船对船过驳作业导则(石油)》(以下简 称《导则》)是由国际航运公会(ICS)、石油公司国际海事论坛(OCIMF)出版发行,旨在为船长、 海事主管等制订船对船(STS)过驳作业计划的负责人提供相关过驳建议。

2.3.2 国内规范与标准

(1)《国内航行海船法定检验技术规则》(2011)。

主要有关内容包括:

①载运危险货物船舶的特殊要求;

②液货船的消防安全措施;

③船上防污染设施配备要求。

(2)《内河船舶法定检验技术规则》(2011)。

主要有关内容包括:

①油船关于防火结构的补充规定;

②载运危险货物船舶的特殊要求;

③船上防污染设施配备要求。

(3)《散装运输危险化学品船舶构造与设备规范》(1996)。

(4)《散装运输液化气体船舶构造与设备规范》(1996)。

(5)《内河散装运输危险化学品船舶构造与设备规范》(2001)。

(6)《内河装运危险货物船舶适装条件的检验暂行规定》(1992)。

(7)其他相关标准和规范。

主要有:《液化气体船舶安全作业要求》(GB 18180—2010)、《散装液体化工产品港口装卸 技术要求》(GB/T 15626—1995)、《装卸油品码头防火设计规范》(JTJ 238—1999)、《油码头 安全技术基本要求》(GB 16994—1997)、《散装石油、液体化工产品港口储存通则》(GB/T 15626—1995)、《液化气码头安全技术要求》(JT 416—2000)、《船舶污染物排放标准》 (GB 3552—1983)、《危险货物包装标志》(GB 190—2009)、《船舶供受燃油程序及检测方法》 (GB/T 25346—2010)、《油船洗舱作业安全技术要求》(JT 154—1994)、《溢油分散剂技术条 件》(GB 18188.1—2000)、《溢油分散剂使用准则》(GB 18188.2—2000)、《船舶油污染事故等级》(JT/T 458—2001)、《港口工程环境保护设计规范》(JTS 149-1—2007)、《危险货物品名表》(GB 12268—2012)、《水上加油站安全与防污染技术要求》(JT/T 600—2006)、《港口码头溢油应急设备配备要求》(JT/T 451—2009)等。

2.4 危险品防污染管理规则

危险品防污染(以下简称"危防")管理工作是海事管理业务中重要的组成部分,依据有关国际公约和国内法律法规的规定,主要行使以下几方面的职权:

(1)指导危险品船舶运输和防治船舶及相关作业活动污染水域环境的监督管理工作。

(2)指导船舶及相关作业活动污染事故的调查处理工作。

(3)管理、指导违反防治船舶及相关作业活动污染水域环境管理秩序的水上交通违法案件的调查处理工作。

(4)管理、指导船舶油污保险、油污损害赔偿基金的相关工作。

(5)组织船舶溢油和船舶载运危险货物事故应急体系建设规划。

(6)组织、协调、指导辖区内船舶溢油及船舶载运危险货物事故的应急救援。

(7)根据《船上溢油应急计划》,组织或参与地区或国际间船舶污染应急反应协作。

(8)组织港口、码头、装卸站以及从事船舶修造、打捞、拆解等作业活动的单位和船舶防污染作业单位配备防治污染设备和器材的专项验收。

(9)管理、指导水上工程项目的环境影响监督工作。

(10)负责船舶危管防污方面有关报表的整理、汇总及统计上报工作。

2.4.1 具体职能

(1)船舶液体危险货物水上过驳作业许可(依据:《海安法》、《海环法》、交通部2003年10号令、《液货船水上过驳安全监督管理规定》)。

(2)防止船舶污染水域作业许可。

①船舶、码头、设施使用化学消油剂(依据:《海环法》、《中华人民共和国水污染防治法》、《中华人民共和国防止船舶污染海域管理条例》、《中华人民共和国水污染防治法实施细则》、《对外国籍船舶管理规则》);

②船舶在港区内使用焚烧炉(依据:《海环法》);

③船舶洗舱、清舱、驱气(依据:《海环法》);

④排放压载水、洗舱水、残油、含油污水(依据:《海环法》、《中华人民共和国水污染防治法》、《中华人民共和国防止船舶污染海域管理条例》、《防止拆船污染环境管理条例》、《中华人民共和国水污染防治法实施细则》、《对外国籍船舶管理规则》);

⑤舷外拷铲及油漆作业(依据:《海环法》);

⑥冲洗沾有污染物、有毒有害物质的甲板(依据:《中华人民共和国水污染防治法》、《海环法》、《中华人民共和国防止船舶污染海域管理条例》、《中华人民共和国水污染防治法实施细则》);

⑦拆船作业审批(依据:《海环法》、《中华人民共和国防止船舶污染海域管理条例》、《交通

部拆解船舶管理规则》);

⑧沉船沉物打捞作业、修造船厂防污染管理(依据:《海环法》、《中华人民共和国水污染防治法》)。

(3)船舶载运危险货物的适装许可[依据:《国际危规》、《海安法》、《海环法》、《港口法》、《中华人民共和国内河交通安全管理条例》(简称《内河条例》)、《危险化学品安全管理条例》、交通部2003年10号令、《水路危规》、《船舶载运外贸危险货物申报规定》、MARPOL 73/78、SOLAS 74公约、IGC规则、IBC规则等]。

(4)证书及文书审核、审批。

①《船上油污应急计划》审批(依据:《海环法》、《中华人民共和国防止船舶污染海域管理条例》、《内河条例》、《中华人民共和国水污染防治法实施细则》、MARPOL 73/78、《1969年国际油污损害民事责任公约1992年议定书》);

②《船上海洋污染应急计划》审批(依据:MARPOL 73/78、《海环法》、《中华人民共和国水污染防治法实施细则》);

③《油污损害民事责任保险或其他财务保证证书》签发(依据:《海环法》、《中华人民共和国防止船舶污染海域管理条例》、《中华人民共和国水污染防治法实施细则》、《内河条例》、《1969年国际油污损害民事责任公约1992年议定书》);

④《程序与布置手册》审批(依据:MARPOL 73/78、《中华人民共和国水污染防治法》、《中华人民共和国水污染防治法实施细则》、《海环法》);

⑤《船舶垃圾管理计划》审批(依据:MARPOL 73/78、《中华人民共和国水污染防治法》、《中华人民共和国水污染防治法实施细则》、《海环法》)。

(5)《船舶残油接收处理证明》签发(依据:《中华人民共和国水污染防治法》、《中华人民共和国防止船舶污染海域管理条例》、《关于做好港务监督向船舶签发船舶残油接收处理证明工作的通知》、《关于严格执行〈73/78防污公约附则Ⅰ〉的通知》)。

(6)新建/改建/扩建危险品码头、海洋海岸工程项目的评估(依据:《海环法》)。

(7)违章污染事故调查处理(依据:《海环法》)。

(8)相关危管防污业务行政强制措施与行政处罚的提出和实施(依据:《海环法》、《危险化学品安全管理条例》、交通部2003年8号令和2004年13号令)。

2.4.2 未来职能

(1)油污基金的使用操作管理和油污赔偿(依据:《海环法》第18、66条)。

(2)船舶生活污水的监督管理(依据:MARPOL 73/78附则Ⅳ)。

(3)船舶大气污染的管理(依据:MARPOL 73/78附则Ⅵ)。

(4)船舶压载水携带有害生物的管理(依据:IMO大会决议)。

(5)船舶噪声管理(依据:IMO大会决议)。

(6)LNG燃料动力船管理监督管理。

(7)水上液化天然气加注站安全管理。

(8)船舶能效管理。

本章复习思考题

1. 简述国际上关于危险货物运输的主要法规。
2. 海事主管部门在船舶危险品运输过程中有哪些职责？
3. 我国制定《水路危规》的目的和法律依据是什么？其适用范围有哪些？
4. 《水路危规》规定危险货物可按普通货物运输的条件有哪些？
5. MARPOL 73/78 公约到 2014 年 1 月 1 日为止已发展到几个附则，其中已生效的有哪些？

本章参考文献

[1] 鲍君忠.国际海事公约概论[M].大连：大连海事大学出版社,2007.
[2] 联合国经社理事会.危险货物运输建议书[M].第 14 版.纽约和日内瓦,2005.
[3] 联合国经社理事会.试验和标准手册[M].第 5 版.纽约和日内瓦,2011.
[4] 石油公司国际海事论坛(OCIMF).国际油船和油码头安全指南(ISGOTT)[M].第 5 版.2007.
[5] 国际海事组织海上安全委员会.国际海运危险货物规则.第 36 版.2014.

第 3 章　危险货物的分类和危害特性

3.1　危险货物的分类

危险货物在运输过程中，由于具有各种不同的危险特性，因此有可能发生不同的安全事故。从安全管理的目的出发，应该针对各种不同危险特性，对危险货物进行分类。

本章参考国际海事组织(IMO)制定的《国际海运危险货物规则》(IMDG Code,简称《国际危规》)。在《国际危规》中把危险货物分为 9 类。

3.1.1　爆炸品

1)爆炸品的定义

爆炸品是指在外界作用(如受热,撞击)下,能发生剧烈的化学反应,瞬间发生大量的气体和热量,使周围压力急骤上升,发生爆炸,对周围环境造成破坏的物质或物品,也包括无整体爆炸的危险,但具有燃烧、抛射及较小爆炸危险,或仅产生热、光、音响或烟雾等一种或几种作用的烟火物质或物品。

其爆炸性质鉴定的参考数据为:爆发点低于 350 ℃,爆轰速度大于 3 000 m/s,撞击感度爆发率在 2% 以上,满足任何一项指标即可鉴定为爆炸品。

第 1 类包括爆炸性物质、烟火物质和爆炸性物品。该类的具体定义为:

(1)爆炸性物质(Explosive Substance)是指固体或液体物质(或几种物质的混合物),能通过本身的化学反应产生气体,其温度、压力和速度会对周围环境造成破坏,甚至包括不放出气体的烟火物质。

(2)烟火物质(Pyrotechnic Substance)是指一种或几种物质的混合物,设计上通过产生热、光、声、气体或所有这一切的结合达到一种效果,这些效果是通过非爆燃性的、自续地放热等一些化学反应产生的。

(3)爆炸性物品(Explosive Article)是指含有一种或多种爆炸性物质的物品。

2)爆炸品危险性分类

按爆炸的危险性和其在火中的变化,第 1 类爆炸品分为 6 类。

第 1.1 类　具有整体爆炸危险的物质和物品(是指实际上瞬间影响到几乎全部装药量的爆炸)。

第 1.2 类　具有抛射的危险,但没有整体爆炸危险的物质或物品。

第 1.3 类　具有燃烧危险、较小爆炸或较小抛射危险,或兼有两种危险,但无整体爆炸危险的物质或物品。

本类包括的物质和物品有:

(1)产生相当大的辐射热。

(2)相继燃烧,产生较小爆炸或抛射作用。

第1.4类 无重大危险的物质和物品。

本类包括在运输过程中万一点燃或引爆时只有微弱危险的物质和物品。其影响主要限于包件本身,一般不会产生相当大碎片的抛射作用或其作用范围不大。外部火焰不会引起包件中全部货物在瞬间爆炸。

第1.5类 有整体爆炸危险但极不敏感的物质。

本类包括具有整体爆炸危险,但在正常运输条件下引爆或从燃烧转为爆轰的可能性极小的极不敏感的物质。

第1.6类 无整体爆炸危险的极不敏感物品。

3.1.2 气体

1)气体的定义

气体是物质的一种状态,它具体是指:

(1)在50℃时,其蒸气压力大于300kPa。

(2)在标准大气压101.3kPa、温度20℃时,完全处于气态。

2)气体的分类

本类物品包括:压缩气体(Compressed Gases);液化气体(Liquefied Gases);溶解气体(Gases in Solution);冷冻液化气体(Refrigerated Liquefied Gases);多种气体混合物(Mixtures of Gases);一种或多种气体与其他种类的一种或多种物质的蒸气的混合物(Mixtures of One or More Gases with One or More Vapour or Substances of Other Classes);充灌了气体的物品(Articles Charged with a Gas);六氟化碲(Tellurium Hexafluoride);烟雾剂(Aerosols)。

(1)第2.1类:易燃气体(Flammable Gases)

该类气体在温度20℃、标准压力101.3kPa时:

在与空气混合物中所占体积为13%或更低时可点燃。

不管最低燃烧范围(Flammable Range)是多少,与空气混合形成的燃烧范围(即燃烧上、下限之间)至少有12个百分点。易燃性应根据国际标准化组织通过的试验或计算方法(IMO 10156:1996)来确定。当使用该测定方法没有充分数据时,可以使用国家主管当局认可的类似方法进行测定。

(2)第2.2类:非易燃、无毒气体(Non-Flammable,Non-Toxic Gases)

该类气体在20℃时,压力不低于280 kPa,或以冷冻液体运输的气体。其中包括:

①窒息性气体——通常在大气中能释放或置换氧的气体。

②氧化性气体——一般能产生氧的气体,比空气更能引起其他物质燃烧或助燃。

③不被列入其他分项的气体。

例如:氮气、二氧化碳、氧气、空气等。

(3)第2.3类:有毒气体(Toxic Gases)

有毒气体是指其毒性或腐蚀性对人类健康有害的气体,或者气体的半致死浓度(LC_{50})不大于5 000mL/m(ppm)。如果由于气体的腐蚀性符合上述标准,应认为是有毒气体并具有腐蚀危险性。

例如：氨气、氯气、一氧化碳等。

该半致死浓度（LC_{50}）是衡量气体毒性的量度。这一参数是通过对试验动物施毒所得到的结果来推断对人的毒性。对气体或气态有毒或腐蚀性物质的试验具体方法是：使雄性和雌性刚成熟的白鼠连续吸入 1 h，在 14 天内使受试动物几乎半数死亡所施用的气体浓度，结果以每升空气中所含有毒或腐蚀性气体的毫克数（mg/L）表示。

对于含有多种危险性的气体和气体混合物，其危险性按以下顺序排列先后：

第 2.3 类优先于其他所有类别；第 2.1 类优先于第 2.2 类。

对于气体混合物（包括其他类别物质的蒸气）的分类，应遵从下列原则：应该按照国际标准化组织通过的方法（见国际标准化组织 IMO10156：1996）进行试验和计算来确定易燃性。当使用该测定方法得不到足够数据时，可以使用国家主管当局认可的类似方法进行测定。

对于毒性可以按上述进行试验测定，或应用下列公式计算确定：

$$LC_{50} \text{有毒（混合物）} = \frac{1}{\sum_{i=1}^{n} \frac{f_i}{T_i}} \tag{3-1}$$

式中：f_i——混合物第 i 种成分的摩尔分数；

T_i——混合物第 i 种成分的毒性指数（适当时，等于 LC_{50} 值）。

当 LC_{50} 值是未知数时，可以取类似物理、化学反应的物质的 LC_{50} 最低值来确定毒性指数；如果仍不能确定，应通过试验确定。

气体混合物有一种腐蚀性副危险性，当该混合物为人类经验所知，损害皮肤、眼睛或者黏膜；或当混合物腐蚀成分 LC_{50} 值等于或小于 $5\,000\,mL/m^3$（ppm），此时的 LC_{50} 用下列公式计算：

$$LC_{50} \text{腐蚀性（混合物）} = \frac{1}{\sum_{i=1}^{n} \frac{f_{ci}}{T_{ci}}} \tag{3-2}$$

式中：f_{ci}——混合物第 i 种腐蚀成分，摩尔分数；

T_{ci}——混合物第 i 种腐蚀性成分的毒性指数（适当时，T_{ci} 等于 LC_{50} 值）。

氧化能力可通过试验来确定，或用国际标准化组织通过的计算方法确定。

3.1.3　易燃液体

该类别包括易燃液体和液态退敏的爆炸品。

1）定义

易燃液体是在闭杯闪点（Closed-Cup Flashpoint）61℃（相当于开杯闪点 65.6℃）或在 61℃ 以下时放出易燃蒸气的液体或液体混合物，或含有处于溶液中或悬浮状态的固体或液体（如油漆、清漆、真漆等，但不包括由于其他危险性已另列入其他类别中的物质），上述温度通常指闪点。还包括：

（1）交付运输的液体在闪点温度或高于闪点温度。

（2）交付运输的液体物质在加温条件下运输，这些物质在温度等于或低于最高运输温度时会放出易燃的蒸气。

不包括闪点高于 35℃ 不持续燃烧的液体。所谓"不持续燃烧"是指按联合国《试验和标准手册》中"L.2 持续燃烧试验"得到否定结果的液体,或燃点(按 ISO 2592 试验方法)大于 100℃,或其与水混溶的溶液,按质量比含水量大于 90%。

对于黏性物质,闪点高于 23℃且小于或等于 61℃、不具有毒性和腐蚀性、所含硝化纤维素不超过 20%且所含氮元素按质量比不超过 12.6%、包装容器不超过 450L,如果满足下列条件,可不划为该类。

(1)按联合国《试验和标准手册》中"溶剂分离试验",溶剂分离层的高度低于总高度的 3%。

(2)按联合国《试验和标准手册》中"黏度试验",喷嘴直径为 6mm 时物质流出时间等于或大于 60s 或 40s(如所含第 3 类物质不超过 60%)。

液态退敏爆炸品(Liquid Desensitized Explosives)是溶于或悬浮于水或其他液体物质,形成均质的液体混合物以抑制其爆炸特性的爆炸性物质。

2)分类

根据易燃危险性划分的包装类,如表 3-1 所示。

易燃液体包装类分类   表 3-1

包装类	闪点(℃),闭杯(c.c)	初沸点(℃)
Ⅰ	—	≤35
Ⅱ	<23	>35
Ⅲ	≥23 至 ≤61	>35

注:包括交付运输的液体在闪点或高于闪点。还包括闪点低于 23℃的黏性易燃液体。

表 3-1 中包装类Ⅲ中包括的闪点低于 23℃的黏性物质,应满足如下条件:

(1)按联合国《试验和标准手册》中"溶剂分离试验",溶剂分离层的高度低于总高度的 3%。

(2)该混合物或任何分离的溶剂都不满足第 6.1 和第 8 类的标准。

(3)黏度(按联合国《试验和标准手册》中的"黏度试验")和闪点符合表 3-2 中的数值。

黏度和闪点数据   表 3-2

流过的时间 t(s)	喷嘴直径(mm)	闪点(℃),闭杯(c.c)	流过的时间 t(s)	喷嘴直径(mm)	闪点(℃),闭杯(c.c)
20<t≤60	4	>17	32<t≤44	6	>−1
60<t≤100	4	>10	44<t≤100	6	>−5
20<t≤32	6	>5	t>100	6	>−5

(4)所用容器的容积不超过 450L。

3.1.4 易燃固体、易自燃物质和遇水放出易燃气体的物质

1)定义

该类别涉及除划分为爆炸品以外在运输条件下易燃或可能引起或导致起火的物质。

2)分类

(1)第 4.1 类　易燃固体

该类物质是在运输条件下,易于燃烧或易于通过摩擦可能起火的固体;易于发生强烈热反

应的自反应物质(固体或液体);如没有充分稀释的情况下有可能爆炸的退敏爆炸品。该类分为易燃固体(Flammable Solids)、自反应物质(Self-Reactive Substances)和固体退敏爆炸品(Solid Desensitized Explosives)。

①易燃固体

易燃固体是指易于燃烧和经摩擦可能起火的纤维状、粉末状、颗粒状或糊状的物质。这些物质与燃烧的火柴等火源短暂接触时易于点燃且火焰蔓延迅速。为了区别能够点燃的物质和迅速燃烧的物质或燃烧起来特别危险的物质,只有燃烧速率超过某一限值时才被划入该类。此外,该类大部分物质(如赛璐珞)加热或卷入火灾会散发出有毒的气体产物。金属粉末尤其危险,一旦起火难以扑救,而且用二氧化碳或水会增加其危险。

按《试验和标准手册》的确认方法,标准样品燃烧时间低于45s或燃烧率高于2.2mm/s(金属粉末或合金如果可被点燃且覆盖样品整个长度的反应时间等于或小于10min),属于该类。

在类别确认的基础上,再看火焰是否能通过试样的湿润段,火焰能通过湿润段(对金属或金属合金粉末,5min内蔓延到试样的全部长度),划定为包装类Ⅱ;湿润段阻止火焰传播至少4min(对金属或金属合金粉末,5~10min内蔓延到试样的全部长度),划定为包装类Ⅲ。

②自反应物质

该类物质对热不稳定,即使没有氧气(空气)的参与也易产生强烈的放热分解,如有机叠氮化合物、重氮盐和芳族硫代酰肼等。自反应物质的分解可因加热、与催化性的杂质(酸、碱或重金属化合物)接触、摩擦或碰撞而发生。分解温度因物质而不同;分解速度随温度的升高而升高。物质的分解(尤其是在没着火的情况下)可能产生有毒气体或蒸气;还有些自反应物质在限定条件下有爆炸分解的特性。为此,应在控制温度的条件下加入退敏物质或用适当的包装运输。

按《试验和标准手册》的确认方法,对50kg包件自加速分解温度(Self-Accelerating Decomposition Temperature,简称SADT)等于或低于75℃的划定为自反应物质。

因为这类物质的特殊危险性,为了防止过分的包装掩盖其潜在的危险性,第4.1类自反应物质和第5.2类有机过氧化物一律使用包装类Ⅱ。

根据其危险程度,自反应物质分为A、B、C、D、E、F、G共7种类型。对于A型自反应物质,即使包装通过了检验,也不允许在此类包装中运输;对于G类,则不作为自反应物质;对于B~F类自反应物质的划定与允许的单位包件的最大重量有关。分类是通过实验室试验得出的,第4.1类中的自反应物质和第5.2类有机过氧化物类型的分类试验共8个系列:

试验系列A:确定是否传播爆炸;

试验系列B:确定是否在包件中爆炸;

试验系列C:确定是否传播爆燃;

试验系列D:确定是否在包件中迅速爆燃;

试验系列E:确定在封闭条件下的加热效应;

试验系列F:确定爆炸力量;

试验系列G:确定是否在包件中热爆炸;

试验系列H:确定自加速分解温度。

根据试验结果,具体的类型如下:

A型:定为A型的自反应物质是在包装运输中能爆轰或迅速燃爆的物质,禁止以此种包装运输。

B型:定为B型的自反应物质具有爆炸性,但在运输包装中既不爆轰也不迅速燃爆,只可能发生热爆炸的物质。单位包件内自反应物质的净重为25kg或以下。

C型:定为C型的自反应物质具有爆炸性,但在运输包装中不爆轰,不迅速燃爆,也不发生热爆炸。单位包件内自反应物质的最大净重为50kg。

D型:定为D型的自反应物质是下述其一的物质:

a. 部分引起爆炸,不迅速爆燃,在封闭条件下加热不会呈现任何强烈效应。

b. 不会爆炸,只缓慢爆燃,且在封闭条件下加热不呈现任何强烈效应。

c. 不会爆炸或爆燃,在封闭条件下加热呈现中等强度的效应。

在该包件内自反应物质的最大净重为50kg。

E型:定为E型的自反应物质既不爆炸也不会燃爆,在封闭条件下呈现低度或不呈现任何效应的物质。该包件内自反应物质的最大净重为400kg/450L。

F型:定为F型的自反应物质既不会在空化状态下爆炸也不会燃爆,在封闭条件下加热呈现微弱效应或不呈现效应,且爆炸性微弱或没有爆炸能力,可以采用中型散装容器运输。

G型:定为G型的自反应物质既不会空化状态下爆炸也不会燃爆,在封闭条件下加热时不产生任何效应、无任何爆炸性。如果其是热稳定的(在50kg包件的自加速分解温度为60～75℃),不划为第4.1类自反应物质;但如果不是热稳定的,或使用的稀释剂沸点在150℃以下,该物质定为F型自反应物质。

自加速分解温度小于55℃的自反应物质应在控制温度的条件下运输。

自反应物质和有机过氧化物在危险货物一览表中的条目是根据物质的类型(B～F型)、物理状态(固态或液态)以及是否需要控制温度来确定的。具体适用的物质或其配制品,以及相关的包装、稀释剂、控制和应急温度等应查阅 IMDG Code 第2部分中的自反应物质一览表和有机过氧化物一览表。

为确保运输安全,可以用稀释剂对自反应物质退敏。对稀释剂有以下要求:

a. 使用稀释剂,应对含有稀释剂(运输中使用的浓度和形式)的自反应物质进行测定。

b. 不得使用当包装泄漏时能导致自反应物质浓缩到危险程度的稀释剂。

c. 稀释剂应与自反应物质相容。所谓"相容"是指对自反应物质的热稳定性和危险类型没有不利影响的固体或液体。

d. 对需要控制温度的液体自反应物质,加入的液态稀释剂沸点至少为60℃,闪点不低于5℃,并且沸点至少比自反应物质的控制温度高50℃。

③固体退敏爆炸品

固体退敏爆炸品是指被水或酒精浸湿或被其他物质稀释后,形成均一的固体混合物来抑制其爆炸性的爆炸物质。这些物质在干燥的状态下,应是作为第1类爆炸品看待的。

(2)第4.2类 易自燃物质

该类物质是指在运输条件下易于自发升温或遇空气易于升温,然后易于起火的液体或固体物质。

该类包括引火性物质(Pyrophoric Substances)和自热物质(Self-Heating Substances)。

①引火性物质

引火性物质是指即使数量很少,与空气接触 5 min 内即可着火的物质(包括液体或固体混合物和溶液)。

按《试验和标准手册》的确认方法,对于固体,试验的粉末状物质 1~2mL 从 1mL 高处倒向非易燃的表面,如该物质是在下落过程中自燃或在落下后 5min 内自燃即属于该类;对于液体,方法是在直径 100mm 的瓷杯中装入 5mm 高的硅藻土或硅胶,将 5mL 的试样倒入该瓷杯中,如果物质在 5min 内燃烧即为引火性物质,如果结果是否定的,应接着用注射器将 0.5mL 试样注入凹进的烘干的滤纸上,5min 内燃烧或使滤纸变成炭黑的即为引火性液体。所有引火性固体和液体都属于包装类Ⅰ。

②自热物质

自热物质是指除引火性物质外,在不提供能量的情况下与空气接触易于自行发热的物质,这些物质只有当数量大(若干千克)、时间长(若干小时、若干天)的情况下才会着火。物质自热导致自燃,是由于物质与空气中的氧气发生反应所产生的热量不能迅速充分地传导到周围环境中所引起的。当产热的速率超过散热的速率并且达到自燃温度时,物质就会自燃。

按《试验和标准手册》的确认方法,将试样装在边长 25mm 或 100mm 的立方体钢丝网容器内,在温度 100℃、120℃ 和 140℃ 下暴露在空气中来确定物质是否会氧化自热。如果在 24 h 试验时间内发生自燃或试样温度比烘箱温度高出 60℃ 为肯定的结果;否则为否定的结果。具体的包装类标准为:

用 25mm 边长的立方体试样在 140℃ 下试验得出肯定结果的自热物质应划为包装类Ⅱ。

符合下列试验条件的应划为包装类Ⅲ:

a. 用边长 100mm 的立方体试样在 140℃ 下试验得出肯定结果,用边长 25mm 的立方体试样在 140℃ 下试验得出否定结果,并且该物质拟装在体积大于 3m³ 的容器内运输。

b. 用边长 100mm 的立方体试样在 140℃ 下试验得出肯定结果,用边长 25mm 的立方体试样在 140℃ 下试验得出否定结果,用边长 100mm 的立方体试样在 120℃ 下试验得出肯定结果,并且该物质拟装在体积大于 450L 的容器内运输。

c. 用边长 100mm 的立方体试样在 140℃ 下试验得出肯定结果,用边长 25mm 的立方体试样在 140℃ 下试验得出否定结果,用边长 100mm 的立方体试样在 100℃ 下试验得出肯定结果。

(3)第 4.3 类 遇水易放出易燃气体的物质

该类物质与水反应易自发地成为易燃或放出达到危险数量的易燃气体的液体或固体物质。该类物质无论是固体还是液体,与水作用易于自燃或放出危险数量的易燃气体,放出的气体与空气混合将形成爆炸性混合物,很容易被普通的火源点燃。

按《试验和标准手册》的确认方法,凡在试验程序中的每一步都发生自发着火,或产生易燃气体的速率大于每千克该物质每小时 1L 的物质属于此类。具体的包装类标准为:

遇水发生激烈反应且所产生的气体有自燃倾向,或在环境温度下遇水容易起反应,释放易燃气体的速度等于或大于每千克该物质每分钟 10L,应划为包装类Ⅰ。

在环境温度下遇水容易起反应,释放易燃气体的速度等于或大于每千克该物质每小时 20L,应划为包装类Ⅱ。

在环境温度下遇水较缓慢反应,释放易燃气体的速度大于每千克该物质每小时1L,应划分为包装类Ⅲ。

3.1.5 氧化物质和有机过氧化物

1)定义

该类所涉及的物质因在运输过程中会放出氧气并产生大量的热,从而引起其他物质燃烧。

2)分类

(1)第5.1类 氧化物质

该类物质本身未必燃烧,但通常因放出氧气能引起或促使其他物质燃烧。

按《试验和标准手册》的确认方法,氧化物质的确定是通过与可燃物质充分混合时增加其燃烧速度和燃烧剧烈程度的潜力来判断。其中对固体进行试验的物质是待评估的物质与纤维素的混合物(4∶1或1∶1),其燃烧时间等于或小于3∶7标准混合物(溴酸钾与纤维素);对液体氧化物质是待评估的物质与纤维素质量比为1∶1的混合物,自动着火或显示的平均压力提高时间等于或小于1∶1标准混合物(65%的硝酸水溶液与纤维素)即划定为此类。具体的包装类标准为:

①固体氧化物质

试样与纤维素质量比为4∶1或1∶1时,显示的平均燃烧时间小于溴酸钾与纤维素质量比为3∶2的混合物的平均燃烧时间,应划为包装类Ⅰ。

试样与纤维素质量比为4∶1或1∶1时,显示的平均燃烧时间等于或小于溴酸钾与纤维素质量比为2∶3的混合物的平均燃烧时间,且不满足包装类Ⅰ的标准,应划为包装类Ⅱ。

试样与纤维素质量比为4∶1或1∶1时,显示的平均燃烧时间等于或小于溴酸钾与纤维素质量比为3∶7的混合物的平均燃烧时间,且不满足包装类Ⅰ和Ⅱ的标准,应划为包装类Ⅲ。

②液体氧化物质

试样与纤维素质量比为1∶1的混合物试验时自动着火,或试样与纤维素质量比为1∶1的混合物平均升压时间小于50%高氯酸水溶液与纤维素质量比为1∶1的混合物压力上升时间,应划为包装类Ⅰ。

试样与纤维素质量比为1∶1的混合物平均升压时间小于或等于40%氯酸钠水溶液与纤维素质量比为1∶1的混合物平均压力上升时间,且不满足包装类Ⅰ的标准,应划为包装类Ⅱ。

试样与纤维素质量比为1∶1的混合物平均升压时间小于或等于65%硝酸水溶液与纤维素质量比为1∶1的混合物平均压力上升时间,且不满足包装类Ⅰ和Ⅱ的标准,应划为包装类Ⅲ。

(2)第5.2类 有机过氧化物

该类物质属于有机物,在分子结构上含有过氧基(—O—O—可以认为是过氧化氢其中的一个或两个氢原子被烃基取代的衍生物)。有机过氧化物遇热不稳定,在运输过程中可能发热并自行加速分解。此外还具有以下一种或多种特性:

①易发生爆炸性的分解;

②迅速燃烧;

③对碰撞或摩擦敏感;

④与其他物质起危险性反应;

⑤损害眼睛。

除部分物质外,凡含有—O—O—的有机过氧化物都应划归为此类。

与第4.1类中的自反应物质类似,有机过氧化物也分为A～G共7种类型。

3.1.6 有毒物质和感染性物质

1)有毒物质(第6.1类)分类和定义

该类物质如吞咽、吸入或皮肤接触易于造成死亡、严重伤害或损害人体健康。

该类物质毒性的确认,采用三种可能的致毒方式进行动物试验,即经口吞咽、皮肤接触和吸入粉尘、烟雾或蒸气。具体分类标准如表3-3所示。

表3-3 有毒物质包装类的分类标准

包装类	经口吞咽毒性 LD_{50} (mg/kg)	皮肤接触毒性 LD_{50} (mg/kg)	粉尘、烟雾或蒸气吸入毒性 LC_{50} (1 h)(mg/kg)
Ⅰ	≤5	≤40	≤0.5
Ⅱ	>5～50	>40～200	>0.5～2
Ⅲ	固体>50～200 液体>50～500	>200～1 000 >200～1 000	>2～10 >2～10

注:毒性数据相当于包装类Ⅲ的催泪性毒性物质,应将其列入包装类Ⅱ。

2)感染性物质(第6.2类)分类和定义

该类物质包括感染性物质、生物制品和诊断样品。

(1)感染性物质

该类物质已知或一般有理由相信含有病原体。所谓病原体是指已知或有理由相信会使人或动物引起感染性疾病的微生物(包括细菌、病毒、立克次氏体、寄生生物、真菌)或微生物重组体(杂交体或突变体)。

(2)生物制品

生物制品是从活生物体取得的,根据可能有特别许可证发放要求的国家政府当局的要求制造或发放的,并用于预防、治疗或诊断人或动物的疾病,或用于与此类活动有关的开发、试验或调查目的的产品。包括但不限于诸如疫苗和诊断制品等成品或半成品。

(3)诊断样品

诊断样品指的是任何人体或动物体成分,包括(但不限于)排泄物、分泌物、血液及其成分、细胞组织和组织液等成分,运输的目的是为了医学诊断或调查目的,不包括活的被感染的动物。

(4)基因重组的生物和微生物

基因重组的生物和微生物是指一些微生物和生物,其遗传物质不是靠自然改变,而是通过遗传工程,有目的地进行了改变。

感染性物质按危险性有如下分类:

危险类4:通常会使人或动物感染严重的疾病,而且能够很快地直接或间接地从一个个体传染给另一个个体的病原体,并且目前对此没有有效的治疗和预防措施(即个体和群体的危险性)。

危险类3:通常会使人或动物感染严重的疾病,但一般不会从一个被感染的个体传染给另一个个体的病原体,并且目前对此有有效的治疗和预防措施(即个体危险性大,群体的危险性小)。

危险类2:能够使人或动物生病,但不大可能有严重危险性的病原体,虽然接触时能造成严重感染,但对此有有效的治疗和预防措施,而且感染传播的可能性不大(即个体危险性中等,群体危险性小)。

危险类1:包括不大可能使人或动物生病的微生物(即个体危险性和群体危险性几乎没有或非常低),如果只含有这类微生物,不被划定为感染性物质。

3.1.7 放射性物质

1)定义

放射性物质是指所托运的货物中放射性比活度和总活度都超过 IMDG Code 所规定的活度水平数值的任何含有放射性核素的物质。

2)分类

放射性物质是按放射性物质的种类、装入量、活度限值、包件的屏蔽程度、包件的防护程度(即能够承受运输中不同程度事故的能力)、外表面最大辐射水平、是否使用独家使用方式等来分类。在 IMDG Code 中,放射性物质仍使用物质明细表的形式,具体分为下列几种:

(1)例外包件的物质或物品(Instruments or Articles in Excepted Packages)

该类放射性物质是总量不超过表 3-4 限量的非裂变物质。

表 3-4 为例外包件的物质或物品放射性限量值。

例外包件的物质或物品放射性限量值　　　　　表 3-4

内装物的物理状态	仪器或物品		物　　质
	物品限量	包件限量	
固体:特殊形式 其他形式	$10^{-2}A_1$ $10^{-2}A_2$	A_1 A_2	$10^{-3}A_1$ $10^{-3}A_2$
液体	$10^{-3}A_2$	$10^{-1}A_2$	$10^{-4}A_2$
气体:氚 特殊形式 其他形式	$2\times10^{-2}A_2$ $10^{-3}A_1$ $10^{-3}A_2$	$2\times10^{-1}A_2$ $10^{-3}A_1$ $10^{-2}A_2$	$2\times10^{-2}A_2$ $10^{-3}A_1$ $10^{-3}A_2$

其中 A_1(特殊形式放射性物质的活度值)和 A_2(特殊形式放射性物质以外的活度值)是从 IMDG Code 中的表查出或通过公式推算出来的(以 TBq 为单位)。

所谓"特殊形式"放射性物质是指:不会弥散的固体放射性物质,或装有放射性物质的密封盒仅在被破坏时才能打开。该设计应通过冲击试验、振动试验、弯曲试验和受热试验以及渗漏评估试验等验证。

该类包件外表面最大辐射水平为 5μSv/h。该类物质包括例外包件的物质(运输明细表❶)、例外包件中的仪器或物品(运输明细表 2)、天然铀或贫化铀或天然钍的制品(运输明细

---

❶本书中所叙述的运输明细表是指《国际海运危险货物规则》中危险货物分类章节中的运输明细表,以下类同。

表3)以及含有辐射材料的空包装(运输明细表4)。

(2)低比活度放射性物质(Low Specific Activity,LSA)

低比活度放射性物质即本身的比活度有限的放射性物质,或经评估平均比活度低于有关限值的放射性物质。在确定评估平均比活度时,不考虑LSA的外部屏蔽材料。LSA分为以下3类:

①LSA-Ⅰ(运输明细表5)

a.含铀或钍的矿石浓缩物,其他的含有天然放射性核素且对其加工是为了利用这些核素的矿石。

b.未经辐照的固体天然铀,或贫化铀,或天然钍,或它们的固体或液体的混合物或化合物。

c.除未被确认为例外数量的裂变物质外,A_2为无限制的放射性物质。

d.除未被确认为例外数量的裂变物质外,活度分布普遍的其他放射性物质并且评估平均比活度不超过规定的活性浓度值的30倍。

②LSA-Ⅱ(运输明细表6)

a.氚浓度为0.8 TBq/L以下的水。

b.活度分布普遍,固体和气体的评估平均比活度不超过10^{-4} A_2/g,液体的评估平均比活度不超过10^{-5} A_2/g 其他物质。

③LSA-Ⅲ(运输明细表7)

除粉末以外的固体(如压缩了的废弃物、活化了的物质),其中:

a.放射性物质遍布于固体或固体物质的集合体中,或实质上均匀地分布于固体压缩紧固剂(如混凝土、沥青或陶瓷等)中。

b.相对不溶解的放射性物质,或实质上被包含于相对不溶解的基质中,因此即使包件破损,每个包件被置于水中7d,通过渗漏造成的放射性物质损失不超过0.1 A_2。

c.去除其任何屏蔽材料,固体的评估平均比活度不超过2×10^{-3} A_2/g。

(3)表面污染体(Surface Contaminated Object,SCO)(运输明细表8)

表面污染体是指本身不具有放射性,但其表面分布有放射性固体物质。SCO分为两类。
表3-5为表面污染体的放射性数值。

表面污染体的放射性数值　　　　　　　　　　　表3-5

污染类型	射线类型	易接近表面的非固定污染(Bq/cm^2)	易接近表面的固定污染(Bq/cm^2)	不易接近表面的固定和非固定污染总和(Bq/cm^2)
SCO-Ⅰ	β/γ/低毒α辐射源	4	4×10^4	4×10^4
	所有其他α辐射源	0.4	4×10^3	4×10^3
SCO-Ⅱ	β/γ/低毒α辐射源	400	8×10^5	8×10^5
	所有其他α辐射源	40	8×10^4	8×10^4

(4)A型包件的物质(Radioactive Material in Type A Packages)(运输明细表9)

A型包件内装的放射性物质的活度不应大于下列数值:

①特殊形式放射性物质:A_1。

②所有其他的放射性物质：A_2。

③对于各自的和共同的活度已知的放射性核素混合物，符合下列条件也是 A 型包件的物质。

$$\sum_i \frac{B_{(i)}}{A_{1(i)}} + \sum_j \frac{C_{(j)}}{A_{2(j)}} \leqslant 1 \tag{3-3}$$

式中：$B_{(i)}$——特殊形式放射性物质放射性核素 i 的活度；

$A_{1(i)}$——放射性核素 i 的 A_1 值；

$C_{(j)}$——除特殊形式放射性物质外的放射性核素 j 的活度；

$A_{2(j)}$——放射性核素 j 的 A_2 值。

(5) B(U)型包件的物质[Material in Type B(U) Packages]（运输明细表10）

内装的放射性物质活度不超过由单方主管机关批准的限制，且在批准证书中给出。单方批准（Unilateral Approval）是指只需设计的原产国主管机关批准。该包件不应含有：活度大于认可的设计包件；与认可的设计包件不同的放射性核素；或在形式或物理、化学上与认可的设计包件不同的内装物。

(6) B(M)型包件的物质[Material in Type B(M) Packages]（运输明表11）

内装的放射性物质活度不超过由多方主管机关批准的限制，且在批准证书中给出。多方批准（Multilateral Approval）是指需设计的原产国或起运国以及托运货物和途经抵达的每个国家批准。该包件不应含有：活度大于认可的设计包件；与认可的设计包件不同的放射性核素；在形式或物理、化学状态上与认可的设计包件不同的内装物。

(7) C 型包件的物质（Material in Type C Packages）（运输明细表12）

允许空运 C 型包件，所载运的放射性物质数量可以超过 $3000A_1$ 或 A_2[虽然海运这样数量的放射性物质使用 B(U)型或 B(M)型包件就可以了]。但由于有可能海运此类包件，所以规定如下：

①C 型包件总活度限量在包件设计批准证书中给出。

②C 型包件不应含有：活度大于认可的设计包件；与认可的设计包件不同的放射性核素；在形式或物理、化学状态上与认可的设计包件不同的内装物。

(8) 裂变物质（Fissile Material）（运输明细表13）

裂变物质为铀-233、铀-235、钚-239、钚-241 或这些放射性核素的任何组合。适用的话也包括运输明细表 12 中的物质。

(9) 特殊安排（Special Arrangement）的放射性物质（运输明细表14）

特殊安排的放射性物质是指可以在特殊安排下进行船舶运输的放射性物质，包括运输明细表 12 中包括的所有物质，适用的话也包括运输明细表 13 中的物质。所谓"特殊安排"是指经主管机关批准并提出相应的要求，以使那些不完全符合放射性物质适用规定的托运货物可以按照这些要求进行运输。

(10) 低弥散放射性物质（Low Dispersible Radioactive Material）

低弥散放射性物质是指弥散性有限，并且不是粉末形式的固体放射性物质或装在封闭器皿中的固体放射性物质。

低弥散放射性物质在包件中放射性物质全部数量满足下列要求：

①距离未覆盖放射性物质 3m 远处的辐射水平不超过 10m Sv/h。

②进行增强型热性能和撞击试验(每个试验使用单独的试样),100 μm 以下的空气动力学等量直径的气体和颗粒状态的悬浮物不超过 100 A_2。

③如进行渗漏评估试验,水中的活度不超过 100 A_2,在进行该试验时应考虑在增强型热性能和撞击试验中对包件的损坏。

3.1.8 腐蚀品

1)定义

腐蚀品是指通过化学反应能严重地损害与之接触的生物组织的物质,或该类物质从其包件中洒漏亦能导致对其他货物或船舶的损坏。

2)分类

按运输的危险程度,分为以下 3 类包装类。

包装类Ⅰ:是在 3min 或少于 3min 的暴露时间后开始直到 60min 的观察期内能使动物完好的皮肤组织出现坏死现象的物质。

包装类Ⅱ:是在 3～60min 以内的暴露时间后开始直到 14 天的观察期内能使动物完好的皮肤组织出现坏死现象的物质。

包装类Ⅲ:是在 60min 以上直到 4 h 以内的暴露时间后开始直到 14 天的观察期内能使动物完好的皮肤组织出现坏死现象;或虽不会使完好的皮肤组织出现坏死现象,但在试验温度为 55℃时,对 P235 型[ISO P328(Ⅱ):1991]钢或非电镀 7075-T6 型/AZ5GU-T6 型铝的表面年腐蚀率超过 6.25mm,该试验还可用 ASTM-72(1990 年修订)来代替。

3.1.9 其他危险物质和物品

1)定义

该类物质包括:

(1)根据已经表明的具有经修订的《1974 年国际海上人命安全公约》第七章 A 部分规定列出的危险性,但未列入其他类别的物质和物品;还包括运输或准备交付运输的温度等于或超过 100℃仍为液态、温度等于或超过 240℃仍为固态的物质和物品。

(2)MARPOL 73/78 附则Ⅲ规定的有害物质,即按 GESAMP 危害示意表的标准判定为包装有害物质(即海洋污染物)的物质。

2)海洋污染物(Marine Pollutants)

海洋污染物是指由于其对海产品生物积累的潜在威胁或其对水生生物的严重毒性,而适用于 MARPOL 73/78 附则Ⅲ的物质。

按 MARPOL 73/78 附则Ⅲ的标准,一种物质只要满足下列任何一个标准,即被划定为有害物质(海洋污染物)。

(1)被视为具有污染潜在威胁的某种物质如果符合下列情况应判定为海洋污染物(P):

①在生物体内积累达显著程度并对水生生物或人类健康造成危害(A 栏内危害级别为"+")。

②在生物体内积累后对水生生物或人类健康带有伴随性危险,短时间积累一周或更短时

间(A 栏内危害级别为"Z")。

③对水生生物有剧毒性,其 LD_{50} 低于 1mg/L(B 栏内危害级别为"4")。

表 3-6 为海洋污染物的危害示意表。

海洋污染物的危害示意表　　　　　　　　　　　　　表 3-6

A	B	C	D	E
+				
Z				
	4			

(2)被视为具有严重污染潜在危险的物质,如果符合下列情况应判定为严重海洋污染物(PP):

①在生物体内积累达显著程度并对水生生物或人类健康造成危害(A 栏内危害级别为"+"),并且对水生生物具有剧毒性,其 LD_{50} 低于 1mg/L(B 栏内危害级别为"4")。

②对水生生物具有剧毒性,其 LD_{50} 低于 0.01mg/L(B 栏内危害级别为"5")。

表 3-7 为严重海洋污染物的危害示意表。

严重海洋污染物的危害示意表　　　　　　　　　　　表 3-7

A	B	C	D	E
+	4			
	5			

对于在溶液或混合物中含有一种或多种海洋污染物含量占到 10%或以上的属于海洋污染物;在溶液或混合物中含有严重海洋污染物含量占到 1%以上的也属于海洋污染物。根据《经 1978 年议定书修正的〈1973 年防止船舶造成污染国际公约〉》(MARPOL 73/78)附则Ⅲ的确定标准,各类别危险物质还包括判定为对海洋环境有害的物质——海洋污染物。

我国从 1982 年开始,国际航行船舶的危险货物运输(包括港口装卸)适用《国际危规》。而在我国境内从事危险货物国内运输、港口装卸、储存等业务的则适用我国《水路危险货物运输规则》(简称《水路危规》),该规则的第一部分为《水路包装危险货物运输规则》。《水路危规》自 1996 年 12 月 1 日起实施。《水路危规》按物质的特性和运输条件,根据中华人民共和国 GB 6944《危险货物分类和品名编号》和中华人民共和国 GB 12268《危险货物品名表》等有关国家标准,同样也将危险货物分为 9 类。但部分类别的内涵和部分类别的细分方面,与《联合国危险货物运输建议书规章范本》(即"危规橙皮书")和《国际危规》又有所不同。具体来说,《水路危规》的分类是:

第一类　爆炸品

　　第一项　具有整体爆炸危险的物质和物品

　　第二项　具有抛射危险,但无整体爆炸危险的物质和物品

　　第三项　具有燃烧危险和较小爆炸或较小抛射危险,或两者皆有,但无整体爆炸危险的

物质和物品
　　第四项　无重大危险的爆炸物质和物品
　　第五项　非常不敏感的爆炸物质
第二类　压缩空气和液化气体
　　2.1类　易燃气体
　　2.2类　不燃气体
　　2.3类　有毒气体
第三类　易燃液体
　　3.1类　低闪点液体　闭杯闪点-18℃以下
　　3.2类　中闪点液体　闭杯闪点-18～23℃
　　3.3类　高闪点液体　闭杯闪点23～61℃
第四类　易燃固体、自燃物品和遇湿易燃物品
　　第一项　易燃固体
　　第二项　自燃物品
　　第三项　遇湿易燃物品
第五类　氧化剂和有机过氧化物
　　5.1类　氧化剂
　　5.2类　有机过氧化物
第六类　毒害品和感染性物品
　　第一项　毒害品
　　第二项　感染性物品
第七类　放射性物品
第八类　腐蚀品
　　8.1类　酸性腐蚀品
　　8.2类　碱性腐蚀品
　　8.3类　其他腐蚀品
第九类　杂类
　　第一项　磁性物品
　　第二项　另行规定的物品

《水路危规》的分类依据是20世纪80年代编制的国家标准,其中第九类主要是针对民航运输设置的。《国际危规》第九类中所列的19种危险货物显然不宜全部划归我国《水路危规》中的前八类中的某几类。所以干冰和其他将由交通运输部确定的某些危险货物可列在第九类中。《水路危规》对九类危险货物的进一步细分,与《国际危规》有所不同,九大类危险货物共24项。另一个不同点则是我国《水路危规》为了区分危险货物主要危险性的危险程度还将各类危险货物进行分级,其目的是为了确保运输、装卸和仓储的安全,又是为了便于管理,国外某些国家也有类似的做法。我国《危险货物品名表》(GB 12268—2012)和《水路危规》明细表中的每种危险货物皆标有一个5位数字的编号,自左至右第一位表示类别,第二位表示项别,后

三位是顺序号。顺序号小于或等于500号的皆为一级危险品;大于500号的则皆为二级危险品。查表可知,爆炸品、压缩空气、液化气体、感染性物品和放射性物品只可能是一级危险品;其余各类物质则可能是一级或二级危险品。

3.2 危险货物的化学反应特性

危险货物在运输、装卸和储存过程中有燃烧、爆炸、腐蚀、毒害、放射以及污染等有害特性,其中绝大多数危害性是通过化学反应来实现的。只有不燃气体在压缩或液化状态下发生的物理爆炸,以及油类对环境的污染没有伴随明显的和直接的化学反应。

燃烧性——一种氧化还原反应;

爆炸性(除物理爆炸)——燃烧的一种特殊形式;

腐蚀性——腐蚀品对生物组织和无机材料表层的破坏,皆为生物化学或化学作用;

毒害性——毒害品对人类和动物的毒害效应,都是通过生化反应进行的;

放射性——放射性物质的辐射及其对动物体的伤害是核化学和生化作用的综合效应;

污染性——海洋污染物对水体造成的污染和对水生物生态平衡的破坏,也大多是通过复杂的化学和生化作用实现的。

因此,化学反应性是大多数危险货物的一种共性。

有些物品和物质,在运输中的正常条件下,仍易于发生危险反应,爆炸、产生火焰、放热或喷射出有毒性、腐蚀性或易燃的气体。《国际危规》中将这类共19种物质规定为禁止运输并一一列出。而其中几种,例如氯酸水溶液、氰化氢水溶液、高氯酸、苦味酸银等物质,在满足了一定的浓度或其他某些条件后,仍可作为危险货物交付运输。那些被禁止运输的物质都是通过其非常敏感的化学反应特性显示其不适于运输的;同样的,《国际危规》中所列出的数千种危险货物,也大多是通过其化学反应特性而显示它们的危险性的。

危险货物在运输、装卸和储存过程中,可能发生的化学反应主要有氧化反应、分解反应、中和反应、聚合反应等,其中最重要、最常见的是氧化反应。

3.2.1 氧化还原反应

氧化反应最初是指某些物质与氧气发生作用失去电子的反应,后来泛指一切在反应过程中物质发生电子转移(或称电子得失),即化合价发生变化的反应。电子有失就有得,即有氧化就有还原。所以氧化反应严格地说应称作氧化还原反应。

第一类爆炸品的爆炸过程:

爆炸反应的特点在于生成大量气体、产生大量热以及爆炸反应瞬时完成,三者同时出现而产生爆炸效应。如硝化甘油的爆炸反应方程式:

$$4C_3H_5N_3O_9 \longrightarrow 12CO_2\uparrow + 10H_2O + 6N_2\uparrow + O_2\uparrow$$

第二类可燃气体的燃烧:

$$C_mH_n + \left(m+\frac{n}{4}\right)O_2 \longrightarrow mCO_2 + \frac{n}{2}H_2O + 热量$$

不少气体物质还能发生其他一些危险反应,也大多属于氧化—还原反应,例如氨气和氯气的反应：
$$2NH_3 + 3Cl_2 \longrightarrow N_2 + 6HCl + 热量$$
$$NH_3 + 3Cl_2 \longrightarrow NCl_3 + 3HCl$$

(三氯化氮为一种不稳定的黄色液体,受热和振动极易发生爆炸性分解：$2NCl_3 \longrightarrow N_2 + 3Cl_2 + 热量$)

第三类易燃液体的燃烧：

易燃液体多为由碳、氢和氧等元素组成的有机化合物及其混合物。石油及石油产品,许多烷烃、烯烃、炔烃和卤代烃,醇类、酯类、酮类、醚类和苯类等都是易燃液体。易燃液体的燃烧,实际上是易燃液体所挥发的蒸气与空气混合,在一定浓度范围(燃烧上限和燃烧下限之间)内遇明火而引发的,其燃烧的主要产物是二氧化碳和水。

易燃液体遇强酸(例如硫酸、硝酸等)和强氧化剂(如铬酐、高锰酸钾等)会剧烈反应而自行燃烧,以乙醇(酒精)为例：

$$5C_2H_5OH + 4KMnO_4 + 6H_2SO_4 \longrightarrow 5CH_3COOH + 4MnSO_4 + 11H_2O + 2K_2SO_4 + 热量$$

第四类危险货物,无论是 4.1 类易燃固体、自反应物质和固体退敏爆炸品(如硫黄燃烧：$S + O_2 \longrightarrow SO_2 \uparrow$),还是 4.2 类引火物质(自燃点极低)和自热物质(缓慢放热致燃)(如白磷的燃烧：$4P + 5O_2 \longrightarrow P_2O_5 \uparrow$),以及遇水放出易燃气体的物质[如碳化钙遇水：$CaC_2 + 2H_2O \longrightarrow C_2H_2 \uparrow + Ca(OH)_2$],都是通过氧化反应来显示其燃烧特性的。

第五类危险货物参与氧化—还原反应的情况与前四类危险货物不同之处在于,它们是作为氧化剂发挥作用的。常见的无机强氧化剂有一些是高价态的含氧酸或其盐,如高锰酸盐、重铬酸盐、高氯酸及其盐、氯酸盐、硝酸钾、硝酸铵,还有过氧化氢、过氧化钠等。

除了无机氧化性物质,同属第五类危险货物的有机过氧化物也是一种化学活性大,在运输、装卸和储存过程中易发生危险反应的物质。有机过氧化物分子中都含有过氧基团(—O—O—),温度升高(分子之间碰撞加剧)或振动,都容易使双氧基破坏而与周围其他物质的分子发生反应,并释放出大量的热。有机过氧化物本身可燃,燃烧又产生更大的热量,最后导致整个反应体积的爆炸。水路运输有机过氧化物引发的重大事故时有报道。《国际危规》对有机过氧化物的运输往往都提出添加稀释剂和温度控制的要求,以策安全。

3.2.2 分解反应

分解反应是指一种化合物生成两种或多种较简单的化合物或单质的化学反应。在各类危险货物中,第一类爆炸品和第五类氧化物质及有机过氧化物经常发生分解反应。

硝化甘油因其浓度和物理状态不同,分属于第一类、第三类或第四类,易发生分解反应：

$$4CHONO_2 \longrightarrow 4CO_2 \uparrow + 2N_2 \uparrow + O_2 \uparrow + 2H_2O \uparrow$$

该分解反应生成大量的热(可产生 3000℃高温)、大量的气体,并在瞬时完成,所以具有典型的爆炸效应。

高锰酸钾发生分解反应：

$$2KMnO_4 \longrightarrow K_2MnO_4 + MnO_2 + O_2 \uparrow$$

高氯酸铵发生分解反应：

$$2NH_4ClO_4 \longrightarrow N_2 \uparrow + Cl_2 \uparrow + 2O_2 \uparrow + 4H_2O$$

次氯酸钠发生分解反应：

$$2NaClO \longrightarrow 2NaCl + O_2 \uparrow + 热量$$

上述分解反应和有机过氧化物的分解反应一样，都有氧气放出，进而导致燃烧，甚至引发爆炸。有些分解反应则没有电子转移和化学价的改变，而属于非氧化—还原反应。例如：

$$CaCO_3 \longrightarrow CaO + CO_2 \uparrow$$

但大多数分解反应同时也是氧化—还原反应。

3.2.3 聚合反应

聚合反应是简单有机化合物（单体）合成为分子量较高的化合物的反应。聚合反应分为加聚反应和缩聚反应两类，在水运危险货物中较常见并带有危险特性的是指前者。聚合反应一般都是放热反应，释放出来的热量又会加剧聚合反应的进行，它们往往会以链式方式聚合而在储运中造成危急局面。以常见的苯乙烯（单体）为例，苯乙烯在常温常压下是一种无色、油状易燃液体。作为苯的一种衍生物，每个苯分子都带有一个不饱和的乙烯基，从而有发生聚合反应的趋势。在运输和储存中一旦发生苯乙烯的适量聚合反应，不但造成货物的品质下降，还可能因放热而发生危险。所以，交付运输前，适时适量添加抑制剂，以满足《国际危规》中所要求货物"稳定"的条件。

3.2.4 与水反应

元素周期表中第一族和第二、三族中的大部分活泼金属的单质，它们的氢化物、磷化物和某些碳化物，及其他某些物质，具有与水接触发生化学反应而放出易燃气体（如氢气、乙炔气、甲烷气等）和热量的特性：

$$2K + 2H_2O \longrightarrow 2KOH + H_2 \uparrow + 热量$$
$$CaC_2 + 2H_2O \longrightarrow Ca(OH)_2 + C_2H_2 \uparrow + 热量$$
$$NaH + H_2O \longrightarrow NaOH + H_2 \uparrow + 热量$$
$$4Al_4C_3 + 12H_2O \longrightarrow 4Al(OH)_3 + 3CH_4 \uparrow + 热量$$
$$Ca_3P_2 + 6H_2O \longrightarrow 3Ca(OH)_2 + 2PH_3 \uparrow + 热量$$

危险货物的化学反应特性还表现在其他一些方面，但主要的就以上几种。这些化学反应可能是两种或两种以上不相容的危险货物相接触时发生的（如强氧化性的铬酐和还原性的铝粉因混装或漏包而接触）；也可能是某些危险货物与周围的物质相混时发生的（如硝酸铵杂有硫、碳、金属粉末等）；还可能是某些危险货物自身在一定环境条件下发生的（如重铬酸铵在167℃左右分解）。

3.3 危险货物的燃烧与爆炸特性

无论是从种类还是从数量来看，易燃易爆货物都占危险货物很大的比例。而在水路运输涉及的危险货物各类事故中，燃烧与爆炸事故所占比例最大，它不仅对人命、财产造成损失，还往往给环境造成危害。

3.3.1 危险货物的燃烧性

燃烧通常是指物质与氧气发生剧烈作用发出火光、放出热量的过程。从燃烧反应的本质看，它是物质与氧气发生电子转移的氧化—还原反应；从燃烧反应的机理看，固体和液体的燃烧大多是它们受热后分解或挥发出来的气体或蒸气的燃烧。

气体的燃烧有温度和浓度两方面的要求。易燃气体与空气组成混合气体，遇到明火能够燃烧的浓度范围称作易燃气体的燃烧范围（又称燃烧极限）。燃烧范围由燃烧下限和燃烧上限组成。燃烧下限和燃烧上限用易燃气体占混合气体的体积百分数表示。当易燃气体浓度低于其燃烧下限时，初始燃烧产生的热量不能维持持续燃烧；而当易燃气体浓度高于其燃烧上限时，空气中的氧气含量过低，不能维持充分燃烧。可燃气体的燃烧范围是可燃气体运输中必须注意的一项重要指标。燃烧范围越大，发生燃烧、爆炸的可能性也就越大，例如有毒易燃液体二硫化碳（CS_2）的燃烧范围为 1%～44%，在运输中应予以足够的关注。

液体燃烧特性主要通过其闪点和饱和蒸气压得到反映。闪点是易燃液体的蒸气与空气形成可燃混合物遇明火发生闪燃的最低温度，在此温度以下，易燃液体就不会被点燃，因此，闪点是描述液体易燃特性的重要指标。闪点因测试方法不同分为闭杯闪点和开杯闪点，同一物质其开杯闪点要高出闭杯闪点 3～5℃。闪点越低，物质越容易燃烧，在《国际危规》中闭杯闪点低于 61℃ 的液体物质被称之为易燃液体。

蒸气压是某一温度下液体物质蒸发的气体在周围环境所产生的压力。它反映液体物质形成蒸气的能力，蒸气压越大形成蒸气越容易。而饱和蒸气压是指该液体蒸发为气体与气体变回液体达到平衡状态时的蒸气压力。它是描述液体挥发特性的重要指标，由于液体的燃烧实际上是可燃液体所蒸发气体的燃烧，因此，在相同的条件下，物质蒸气压越大越容易燃烧。

大部分易燃液体具有较高的电阻率。这些高电阻率的易燃液体在装卸和运输过程中，与管道、阀件、运输设备、容器和货舱壁的摩擦、撞击而产生的静电可能积聚，并在达到一定的电势差后放电，产生火花。此时，若气相空间的易燃气体浓度在燃烧范围内，则可能引起燃烧或爆炸。除了一些液体化学品外，可能发生静电危险的主要是油类，特别是静电储集性油类。

判断第四类危险货物燃烧特性的指标是其燃点、自燃点和燃烧速度。第四类危险货物主要是固体物质和物品，但不全是，如第 4.2 类中有引火性液体物质，第 4.3 类中也有与水接触释放易燃气体与空气混合形成爆炸性混合物的液体物质。无论是液体还是固体，无论是散装还是包装，第四类危险货物在储运过程中都可能因管理、操作失误，或外部其他不可预知的条件变化而导致燃烧和爆炸。

第五类危险货物中，第 5.1 类本身不一定燃烧，而是它们在一定条件下放出的氧气能引起或促使其物质的燃烧。而第 5.2 类有机过氧化物具有一个共性——热稳定性差。在一定温度条件下，它们自身会发热并自行加速分解。这一特性会导致下列后果中的一种或几种：迅速燃烧；爆炸性分解；对撞击或摩擦更为敏感；与周围货物或物质发生危险反应；损害眼睛。

上述后果都涉及燃烧和爆炸，这些可燃物质甚至包括食糖、食油、面粉、煤炭和矿物油等。它们一旦接触、混合，所形成的混合物易于起火，并可能导致爆炸。第 5.2 类根据其所显示的危险程度分为 A～G 共 7 种类型，并规定了相应的运输条件。联合国危险货物运输专家委员会编制的《危险货物分类试验和标准手册》规定了有机过氧化物等对热不稳定物质、自行加速分解温度(SADT)的试验方法,《国际危规》则进一步规定了根据 SADT,对此类物质在运输中进行温度控制的具体要求。

3.3.2 危险货物的爆炸性

爆炸是一种特殊形式的燃烧。这里所说的爆炸,是指有些物质得到足够的能量即迅速分解,生成大量高温高压的气体,迅速膨胀做功,并伴有声、光效应。形成爆炸的要素是:

(1)能释放大量的热。
(2)能产生大量的气体。
(3)高速进行,瞬时完成。

前面述及燃烧时往往同时提到爆炸,一则是因为从本质上说两者都是剧烈的氧化—还原反应,只是程度上有差异;二则是因为爆炸和燃烧过程往往互为因果,即燃烧有时会导致爆炸发生,爆炸过后有时仍有燃烧延续。前面已经介绍了气体的爆炸、某些易燃液体的爆炸、某些易燃固体的爆炸,以及某些氧化物质或有机过氧化物的爆炸。还有一种爆炸则是由粉尘引起的。以极小的粒度悬浮在气相空间的一些可燃固体的微粒,当达到一定浓度时,遇到明火即可能发生爆炸。这些可燃固体可能是煤粉、面粉、棉麻纤维等。

除了这些能形成爆炸性气体、蒸气或粉尘外,第一类爆炸品本身的爆炸特性更为典型。《国际危规》中的爆炸品包括爆炸性物质、爆炸性物品以及其他用于产生实用爆炸或烟火视觉效果而制造的物质和物品。

3.4 危险货物的毒害、放射和腐蚀特性

3.4.1 毒害性

《国际危规》第六类毒害品包括:
(1)有毒物质:吞咽、吸入或皮肤接触能造成人体健康损害、严重伤害,甚至死亡的物质。
(2)感染性物质:与之接触会使人和动物引起感染疾病的病原体。

在水路运输中更常见的是前者——有毒物质。有毒物质按引起动物中毒的途径(消化道、呼吸道或皮肤),利用小型哺乳动物按规定的试验方法进行致毒试验,即可获得各种有毒物质的半数致死量(LD_{50})或半数致死浓度(LC_{50}),可根据 LD_{50} 或 LC_{50} 来判断有毒物质的毒性大小,并进一步确定其包装类。

影响毒性作用的因素很多,除了受体方面(如年龄、性别、健康状况等)和中毒过程方面(如浓度、剂量、作用时间、环境温度、致毒途径等)外,有毒物质的理化特性包括溶解度、脂溶性、分散度(粒度)、挥发性(沸点)、密度等,都是一些重要的因素。当然,最本质的仍然是有毒物质的毒性大小。值得注意的是,危险货物的毒害性不单单是通过第六类毒害品反映出来的,某些其他类别危险货物也具有毒害性。例如第一类的二硝基苯酚及其盐类,第二类的氯气、氨气,第三类的一些异氰酸酯类、氯甲基乙基醚,第四类的白磷、磷化钾,第五类的次氯酸钡、溴酸钡,第八类的硫化铵、无水肼等,都具有明显的毒性。在《国际危规》中,这些物质有的作了副危险标识,还有些没有作副危险标识。

此外,有些危险货物既不是第六类毒害品,也不是其他有毒性的物质,但当它们发生某些化学反应时都产生有毒物质。例如大多数氧化物质在与酸液作用或遇火时,会放出有毒气体,如次氯酸钙的反应:

$$Ca(ClO)_2 + 4HCl \longrightarrow CaCl_2 + 2H_2O + 2Cl_2\uparrow$$

在水路运输中,可能使人中毒的各种情况都应在防范之中。

3.4.2 放射危害性

在地球上所发现的110多种元素中,有些元素以及它们的化合物能从原子核内部自行放出穿透力很强、而人们的感觉器官不能及时察觉的射线。具有这种放射特性的物质称为放射性物质。

放射性物质所放出的射线主要是三种,即α射线、β射线和γ射线。各种不同的放射性物质可能放出其中一种、两种、甚至三种射线。当原子核裂变时,产生中子流,这也是一种放射线。它们的基本情况如表3-8所示。

放射线的性质和危害　　　　　表3-8

名称	性　　质	危　　害
α射线	带2个正电的粒子流,重量大(为质子的4倍),电离作用强,射程短,穿透力差	外辐射危害不大,但进入人体后使器官在电离作用下严重损害
β射线	带1个负电的电子流,重量小(为α粒子的1/7 000),运动速度快,穿透能力强,电离作用弱	外辐射危害大,内辐射不大
γ射线	波长很短的光子流,不带电,运动速度快,穿透能力很强,比β射线还强	外辐射危害大
中子流	中子源里原子核分裂释放出来的不带电中子,穿透能力很强,比γ射线还强	外辐射危害大

人类生活的环境中就存在一定程度的放射线,由于地壳放射性物质含量因地而异,所以每人每年受天然辐射的剂量也有差异。人们在日常生活中受到的辐射除了地质环境外,还可能因看电视、在医院接受放射诊断(如透视、拍X光片、CT、核磁共振和放射治疗)等受到辐射。一般情况下,上述辐射大多都不会对人体产生异常效应,而放射治疗癌症时,则有可能产生损害健康的副作用。国际原子能委员会制定了每人每天(除天然辐射和医疗辐射外)接受放射性剂量的安全标准。

放射性物质对人体的伤害主要是通过两种途径,其一是射线的带电粒子对人体各组织、器官直接的电离作用,其二则是射线的辐射作用。放射线物质对人体的伤害有急性和慢性之分。短时间内受到大剂量体外辐射使人的机体产生急性放射效应。其临床表现为红细胞突然降低、出血、腹泻、呕吐、失水、脱发、抽筋、休克、生理失调和神经部分瘫痪。在一般情况下,正常的运输环境不易出现急性放射效应。在正常情况下,参与放射性物质运输的工作人员若长期不注意防护,则可能发生慢性放射效应,其临床症状则是白细胞、红细胞减少,头疼恶心,精神不振,食欲减退,睡眠不好,消化不良,疲劳乏力等。

放射性物品对人的伤害还有遗传效应,即可能对受过量辐射人的后代产生健康影响。

高能射线通过人体组织时,会使各种器官组织的细胞发生破坏和病变,除了导致癌症外,还会形成内分泌失调、白内障、肝硬化、糖尿病、不育症和遗传变异等多种严重疾病。

对放射性物质外辐射危害的防护,主要是通过屏蔽防护(包括放射性物质的屏蔽和放射性环境的屏蔽)、距离防护、时间防护来进行。

对放射性物质的内辐射危害的防护,主要是防止放射性物质通过消化系统和皮肤进入人体。

3.4.3 腐蚀危害性

腐蚀性物质的危害,主要存在于运输、装卸和储运过程中,此类物质对人体组织、船舶以及与之接触的其他物质都具有腐蚀损害作用。实际上具有腐蚀作用的并不仅限于第八类腐蚀品,第二类无水氯化氢、二氧化碳等,第三类多氨类、甲醛溶液,第四类甲基二氯硅烷、三氯硅烷,第五类过氧化氢脲、五氧化硼等,第六类二甲肼、氯甲酸乙酯等都具有一定的、甚至是明显的腐蚀特性。

腐蚀性物质对人体的伤害又称化学烧伤或化学灼伤。腐蚀性物质一旦失控,它首先会腐蚀普通衣物和其他非抗腐蚀性的劳动保护用品,进而溅入眼睛造成失明,渗入皮肤造成烧伤,吸入体内灼伤气管和肺泡,进入人体其他器官形成严重损伤。化学灼伤除了伴有剧烈疼痛外,比普通烧伤更不易痊愈。浓硫酸能使有机体严重脱水而碳化;浓硝酸能与动物蛋白发生氧化—还原反应而导致不可逆转的损害;氢氧化钠、氢氧化钾不但能造成灼伤,它们与动物有机体反应生成能溶入水的物质,导致毛发脱落、皮肤和动物体内的器官坏死;甲醛既不显酸性,也不显碱性,但它却能灼伤皮肤、眼睛和黏膜组织。腐蚀性物质对人体的严重腐蚀能导致死亡。

腐蚀性物质泄漏,有可能与船体、船舶部件、其他船载货物的包装材料接触而发生腐蚀反应。腐蚀反应会导致船体或船舶部件的损坏或强度减小,导致包装材料损坏而失去或降低保护功能。腐蚀性物质泄漏,还有可能与其他不相容的物质发生危险反应。即使是耐腐蚀性极好的玻璃、陶瓷器皿,与氢氧化钠长期接触也会发生渗漏事故;氟化氢的水溶液氢氟酸更具有腐蚀溶解玻璃的特性,要引起注意。

3.5 危险货物的污染特性

《国际危规》的危险货物一览表中不少危险货物在其副危险一栏内标有"P"、"PP"或"·"符号,分别表明该危险货物是海洋污染物、严重海洋污染物或P物质含量高于10%和PP物质含量高于1%的物质。《国际危规》把海洋污染物定义为由于其对海洋产品生物积累的潜在威胁或由于其对水生生物的严重毒性,而适用MARPOL 73/78附则Ⅲ的物质。

在《国际危规》的危险货物的英文名称索引中,第一栏"MP"下也在上述这些货物中标明同样的符号。要说明的是,某些海洋污染物或严重海洋污染物仅在该索引中被确认,但它们未被列入一个未另列明条目或通用条目。这些海洋污染物或严重海洋污染物因还具有1~8类危险货物的特性而进行了相应的分类。如果不符合这八大类的特性,则应按第九类的相应条目提交运输,即对环境有害的物质、固体的、另列明的属于UN3077,对环境有害的物质、液体的、未另列明的,属于UN3082。基于海洋污染物对水体环境污染危害,国际海事组织从1989

年开始,将其划入《国际危规》的危险货物之列。

本章复习思考题

1. 简述《国际危规》中危险品的分类。
2. 简述危险货物的反应特性。
3. 探讨危险货物各危险性质的评价指标。
4. 简述易燃固体的燃烧特性。
5. 简述危险货物的危害特性和量化指标值。
6. IMDG Code 将危险货物分为哪几类?

本章参考文献

[1] 国际海事组织海上安全委员会.国际海运危险货物规则.第36版.2014.
[2] 中国海事服务中心.液化气船货物操作[M].大连:大连海事大学出版社,2012.
[3] 中国海事服务中心.化学品船货物操作[M].大连:大连海事大学出版社,2012.
[4] 中国海事服务中心.油轮货物操作(高级培训适用)[M].大连:大连海事大学出版社,2012.
[5] 中国海事服务中心.油船和化学品船货物操作[M].大连:大连海事大学出版社,2012.
[6] 中国海事服务中心.液货船培训合格证知识更新[M].大连:大连海事大学出版社,2012.

第4章 危险货物的包装

4.1 危险货物包装基本知识

危险货物具有不同于其他货物的性质,它们与外部环境接触可能发生变质或因受到碰接、摩擦、振动、撒漏而引起燃烧、爆炸、毒害、腐蚀、放射性污染等事故,所以对危险货物进行严格有效的包装极为重要。通过包装,既要保证货物数量完整,又要防止事故的发生,从而保证安全运输。危险货物的包装是危险货物运输规则的重要组成部分。

4.1.1 包装

包装是指在流通领域中为保护商品、方便储运、促进销售而采用的容器、材料及辅助物的总体名称。包装的首要功能是保护商品。包装形式主要有常规包装、中型散装容器、大宗包装、可移动罐柜、公路罐车、集装箱滚装运输组件和船载驳船等,如图4-1所示。

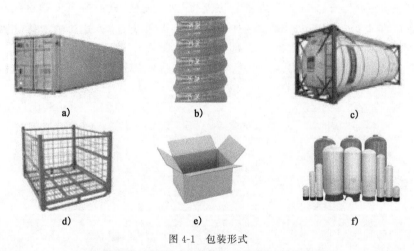

图 4-1 包装形式
a)集装箱;b)钢桶;c)移动罐柜;d)铁箱;e)纸箱;f)罐

(1)内包装
内包装是指运输中其外面需要外包装的包装。
(2)外包装
外包装是指复合包装或组合包装外部保护及为保持和保护内容器或内包装所需的吸附材料、衬垫材料和任何其他组成部分。
(3)包件
包件是指包装作业的最终产物,由包装和所装的用于运输的内装物组成(放射性物质的包件:提交运输装有放射性内装物的包装)。它们通常限制为400kg或450L。

(4)单一包装

单一包装是指直接将货物盛装在包装容器中的包装,如铁桶、罐、箱、袋。

(5)组合包装

组合包装是指由一个或多个内包装按要求摆放在一个外包装内组成的包装组合。如图4-2所示,外包装为纸箱,内包装为袋或瓶子等,它们一起构成了组合包装。

a) b)

图4-2 组合包装

(6)复合包装

复合包装是指由一个外包装和一个内容器在结构上形成一个整体的包装,一旦组装好后,无论在充灌、储存、运输和卸空过程中始终是一个单一的整体。

(7)集合包件

集合包件是指一个单独的发货人将一个或多个包件封起来,形成一个组件形式,以方便运输中装卸和积载。

(8)中型散装容器(IBCs)

中型散装容器是指刚性或柔性可移动包装,但不包括压力容器和装载放射性物质的包装。

(9)大宗包装

由装有物品或内包装的外包装组成的包装,并符合下列条件:①设计上适合于机械装卸;②质量超过400kg或容量超过450L,但容积不大于$3m^3$。

(10)救助包装

为了回收或处理而运输的目的,在其中盛放损坏、破损、渗漏或不符规定的危险货物包件,或溢漏或渗漏出危险货物的特殊包装。

(11)运输组件

运输组件是指公路货车、铁路货车、集装箱、公路罐车、铁路罐车或可移动罐柜。

(12)集装箱

集装箱是指一种永久性的并有相应的强度足以反复使用的运输设备。

(13)可移动罐柜

可移动罐柜是指金属质地,其容量在450L以上,配有减压、隔热、测量、通风、装卸等装置的,可整体装卸的容器,如图4-3所示,这种容器又称为"罐柜集装箱"或"液体集装箱"。

4.1.2 包装标志

包装标志是为了便于货物交接、运输,防止错发错运,在包装上标明的记号。包装标志有以下3种类型：

(1)运输标志

运输标志一般由一个简单的几何图形以及字母、数字组成。

(2)指示性标志

按商品的特点，对于易碎、需防湿、防颠倒，在包装上用醒目图形或文字，标明"小心轻放"、"此端向上"等。

(3)警告性标志

对于危险货物，在外包装上必须贴上醒目标志，以示警告，如图4-4所示。

图4-3 可移动罐柜

图4-4 警告性标志

4.1.3 包装危险货物

包装危险货物是指将《国际危规》和《水路危规》中所包含的装入桶、箱、袋或运输组件等内以包装形式交付船舶运输的危险货物。

4.1.4 危险货物包装

危险货物包装是指经主管机关检验合格，符合装运危险货物的包装。危险货物水上运输与人命、船舶安全有着密切关系。包装直接影响危险货物的安全运输，所以说，危险货物更需要严格的包装。而对危险货物包装的检验，旨在保证装有危险货物的包件能够经受得住船舶运输条件所需安全程度的要求。

按照联合国危险货物运输专家委员会于1956年发布的《关于危险货物运输建议书》(橙皮书)的规定，联合国下属的国际海事组织制定了《国际海运危险货物规则》(IMDG Code)，国际民航组织(ICAO)制定了《国际空运危险货物规则》，欧洲铁路运输中心局(OCTI)制定了《国际铁路运输危险货物规则》(RID)，欧洲经济委员会(ECE)与国际运输委员会制定了《国际公路运输危险货物欧洲协议》(ADR)等有关的危险货物包装及运输管理法规。联合国危险货物运输专家委员会定期召开专家会议，就有关危险货物分类、包装及运输方面的提案进行讨论、研究并提出处理意见，对橙皮书每两年修订一次。

我国于1985年颁布了《海运出口危险货物包装检验管理办法(试行)》，并按照《商检法》第十五条将出口危险货物包装质量列为强制性检验项目。

就包装而言，《国际危规》将除第1类、第2类、第5.2类、第6.2类、第7类和第4.1类自反应物质以外的其他所有物质所呈现的危险性程度分为以下3个包装类：

①包装类Ⅰ——具有高度危险性的物质。
②包装类Ⅱ——具有中度危险性的物质。
③包装类Ⅲ——具有低度危险性的物质。

各物质应属于哪个包装在《国际危规》第3.2章中的危险货物一览表中有列明。

4.1.5 危险货物包装标记

对已经试验合格拟装危险货物的包装容器应在其醒目处标以持久清晰的标记，以示证明。标记的内容包括以下几个方面：

(1)联合国包装符号(图4-5)

该符号证明包装符合联合国的有关规定；对于模压金属容器，可用大写英文字母"UN"作为符号。

(2)包装类型的代码(表4-1)。

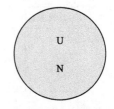

图4-5 联合国包装符号

包 装 类 型 的 代 码　　　　表4-1

形式	材质	类型	代码	拟装物状态	应检验项目			
					跌落	渗漏	液压	堆码
1 桶	钢	闭口钢桶	1A1	液体	+	+	+	+
		开口钢桶	1A2	固体	+			+
	铝	闭口铝桶	1B1	液体	+	+	+	+
		开口铝桶	1B2	固体	+			+
	D		1D	固体	+			+
	G	多层纸或纤维板(密实)	1G1	固体	+			+
	H	闭口塑料桶	1H1	液体	+	+	+	+
		开口塑料桶	1H2	固体	+			+
2 木琵琶桶	C	塞式	2C1	液体	+			+
		非水密型(顶部可拆装)	2C2	固体	+			+
3 罐	A	闭口钢罐	3A1	液体	+	+	+	+
		开口钢罐	3A2	固体	+			+
	H	闭口塑料罐	3H1	液体	+	+	+	+
		开口塑料罐	3H2	固体	+			+
4 箱	A		4A1	固体	+			+
		有内衬或涂层	4A2	固体	+			+
	B		4B1	固体	+			+
		有内衬或涂层	4B2	固体	+			+
	C	普通的	4C1	固体	+			+
	D	箱壁防漏的	4C2	固体	+			+
	F		4D	固体	+			+
	G		4F	固体	+			+
			4G	固体	+			+
	H	发泡的或有波纹的	4H1	固体	+			+
		密实的	4H2	固体	+			+

续上表

形式	材质	类型	代码	拟装物状态	应检验项目			
					跌落	渗漏	液压	堆码
5 袋	H（编织的）	无内衬或涂层的	5H1	固体	+			
		防撒漏的	5H2	固体	+			
		防水的	5H3	固体	+			
	H（薄膜）	H（薄膜）	5H4	固体	+			
	L	无内衬或涂层的	5L1	固体	+			
		防撒漏的	5L2	固体	+			
		防水的	5L3	固体	+			
	M	多层的	5M1	固体	+			
		多层的、防水的	5M2	固体	+			
6 复合包装	H	在钢桶内	6HA1		+	+	+	+
		在钢条箱或钢皮箱内	6HA2		+			+
		在铝桶内	6HB1		+	+	+	+
		在铝条或铝皮箱内	6HB2		+			+
		在木箱内	6HC		+			+
		在胶合板桶内	6HD1		+	+	+	+
		在胶合板箱内	6HD2		+			+
		在纤维箱内	6HG1		+	+	+	+
		塑料桶	6HH1		+			+
		在密实塑料箱内	6HH2		+			+
	B	在钢条箱内	6BA		+			+
	P	在钢桶内	6PA1		+			+
		在钢条或钢皮箱内	6PA2		+			+
		在铝桶内	6PB1		+			+
		在铝条或铝皮箱内	6PB2		+			+
		在木箱内	6PC		+			+
		在胶合板桶内	6PD1		+			+
		在柳条筐内	6PD2		+			+
		在纤维桶内	6PG1		+			+
		在纤维板箱内	6PG2		+			+
		在多孔塑料包装内	6PH1		+			+
		在密实塑料包装内	6PH2		+			+

注：表中"+"号表示应检验项目；凡用于盛装液体的复合包装，均须增加渗漏试验和液压试验。

(3) 表示类别和密度的代码

①一个字母表示包装类别：X——用于包装类Ⅰ、Ⅱ、Ⅲ；Y——用于包装类Ⅱ、Ⅲ；Z——

用于包装类Ⅲ。

②包装允许装载货物的相对密度,对于拟装固体或有内包装的包装,应标以最大毛重。相对密度是按四舍五入取第一位小数,表示拟装液体物质的包装在无内包装时已按该相对密度进行了设计类型试验。如果相对密度不超过1.2,可免除此项。对于拟盛装固体物质或带有内包装的包装则是以千克所表示的最大总质量。

③运输固体或有内包装的包装,如果已顺利通过液压试验,用英文字母"S"表示。

④年代最后2位数字标明包装制造年份、生产国别、生产厂所在地检验机构代号、生产厂代号。

⑤标明包装生产批次。

例如:盛装某种液体危险品的闭口钢桶的包装标记:

UN　　　　1A1/Y1.4/100/99
　　　　　　CN/×××××× 　PI:×××

盛装某种固体危险品的塑料编织袋的包装标记:

UN　　　　5H3/Y26/S/99
　　　　　　CN/×××××× 　PI:×××

4.1.6 危险货物标志

危险货物标志(Label)是指用颜色、符号、数字来表示危险货物所呈现的危险性的图案,《国际危规》给每类危险货物指定了具体的标志。

乙酰溴无色液体危险性为腐蚀性,在《国际危规》中是第8类危险货物,其危险货物标志为腐蚀品标志,并粘贴在包件和运输组件上,如图4-6所示。

图4-6 腐蚀品标志

有的危险货物存在不止一种危险性,如乙酰氯无色液体,其危险性为易燃和腐蚀性。在《国际危规》中确定其主要危险性为易燃,副危险性为腐蚀,因此,该货物有两个危险标志,其中主危险性的为主标志,副危险性的为副标志。即第3类易燃物质主标志和第8类腐蚀品副标志。并将主、副标志粘在危险货物的包件上,如图4-7所示。

图4-7 危险货物包装件主、副危险货物标志的粘贴

4.1.7 联合国编号(UN No.)

联合国运输专家委员会给危险货物指定的顺序号,采用4位编码组成,除"0"号码开头为爆炸品外,其他的联合国编号没有规律,例如丙酮的联合国编号是1090,写成:丙酮(Acetone),UN1090。

4.1.8 正确运输名称

正确运输名称(PSN)指 MARPOL 73/78 和 SOLAS 公约中所指的"正确技术名称"。正确运输名称不同于商品名或俗称。在危险货物运输中必须使用危险货物的正确运输名称。如氢氧化钠又称苛性钠、烧碱,它的正确运输名称是氢氧化钠,因此,在运输中涉及货物名称时,只能使用氢氧化钠,而不能使用苛性钠或烧碱。

4.1.9 限量

规定所涉及运输物质或物品每一内包装认可的最大量,在《国际危规》第二卷危险货物一览表第七栏对需要限量的物质已经列明。

4.2 包 装

常规意义上的包装包括常规包装、中型散装容器和大宗包装。

4.2.1 包装的一般要求

除第2类、第6.2类和第7类以外,危险货物的包装应符合下列要求:

(1)盛装危险货物的包装应质量良好,其强度足以经受在运输过程中通常遇到的振动和各种作业的影响。

(2)包装与危险货物直接接触的部位必要时应经处理或具有内衬,以防止与内装物发生反应或对危险货物造成有害影响。

(3)使用的包装(不包括组合包装的内包装),包括新造的、重复使用的、再生的和修复的包装应通过相应设计类型的各种试验,被证明是合格的。

(4)向包装内充装液体时,应考虑到运输中温度的影响,留有足够的膨胀余位。装运液体的包装应能承受正常运输条件下可能产生的内压力,特别是盛装低沸点液体的包装应有足够的强度。

(5)内包装装入外包装的方法应保证在正常的运输条件下不破裂、不渗漏。内、外包装之间应有适当的衬垫(用惰性材料,起填充、固定、减振或吸收作用)。

(6)对相互之间能发生危险反应的危险货物,诸如燃烧/产生大量的热、生成易燃/有毒/窒息性气体、生成腐蚀性物质或不稳定物质的危险货物,不应装在一个外包装或大宗包装内。

(7)包装的封口或封闭装置应与危险货物性质相一致,牢固封口适用于固体、干燥的物质;有效封口适用于液体或含水、稀释剂的包装(以便其所含的液体百分比不会降至规定的限度之下);气密封口适用于气体物质、在运输中能产生可燃气和蒸气、在干燥情况下有爆炸性、产生有毒气体和蒸气、产生腐蚀性气体和蒸气以及可能与空气发生危险反应的危险货物。

(8)对于盛装液体的包装,如果所盛装的物质会散发气体,在包装内产生压力,可以安装通气孔,但所释放的气体不应因其毒性、易燃性而造成危险,且通气孔的设计应能保证在正常运输条件下防止内装液体的渗漏和外界物质的进入。

(9)用于装载固体的包装,包括中型散装容器,如果该固体物质在运输中有可能因高温变成液态,所用的包装还必须具有装载液体的能力。

(10)盛装液体物质的容器,包括中型散装容器和大宗包装,在第一次使用前和经修复再次使用前应进行渗漏试验,但组合包装和大宗包装的内包装除外。

IMDG Code 给出的适用于第 1~9 类的包装导则,是根据包装形式的不同分别归类的,具体分为:用"P"+"3位阿拉伯数字"针对常规包装的一般要求,用"PP"+"3位阿拉伯数字"针对常规包装装运某一具体物质的特殊规定,阿拉伯数字"1"开头的是爆炸品,"2"开头的是气体,"3"开头的是易燃液体,依此类推。内容依液体还是固体,单层包装、复合包装还是组合包装,各种包装不同的材质和类型,按不同包装类的最大限量等有具体的要求。

用"IBC"+"阿拉伯数字"针对中型散装容器,用"B"+"阿拉伯数字"针对中型散装容器的特殊规定。

用"LP"+"阿拉伯数字"针对大宗包装,用"L"+"阿拉伯数字"针对大宗包装的特殊要求。《国际危规》第30版修正案的3.2章"危险货物一览表"中的第8栏和第9栏所列明的是常规包装和大宗包装要求;第10栏和第11栏所列明的是中型散装容器要求。

4.2.2 常规包装

常规包装(Packings)即传统意义上的包装,与中型散装容器和大宗包装的区别是它的净重在400kg以下,容积在450L以下。从类型上看,有箱、桶、木琵琶桶、罐、袋;从材质上看,有各种金属、木质、塑料、纺织品、纸制品、玻璃和陶瓷等;从结构上看,有单层、复合和组合包装。

1)包装的性能试验

每种危险货物包装的设计类型都必须按主管机关规定的程序进行试验。设计类型包括设计、规格、材质、材料的厚度、生产和包装方式、各种表面处理等。应按主管机关规定的时间间隔对包装产品的样品进行重复试验。对包装的设计、材料或包装制造方法的每一次变动,都必须重复进行试验。如果变动属于包装的次要方面,主管机关可以做选择性包装试验。

一个组合包装的外包装和不同类型的内包装进行试验并被证明合格,该包装可以配用这些不同类型的内包装。

(1)包装试验的准备

包括组合包装的内包装应按准备运输的条件进行试验。内包装、常规包装或复合包装所盛装的液体物质不得少于其容量的98%,固体物质不得少于其容量的95%。

拟装物质可以用物理性质相似的非危险货物代替,且为了达到所要求的质量,可以加入不会影响试验结果的添加物。

纸和纤维板包装应置于控制温度和相对湿度下至少24h。温度和相对湿度可选择下列条件之一:23℃±2℃和50%±2%r.h,20℃±2℃和65%±2%r.h,27℃±2℃和65%±2%r.h。

天然木制造的塞式木琵琶桶在试验前应装满水存放至少24 h。

塑料桶、塑料罐和含塑料材料的复合包装,在进行性能试验前,应长时间(6 个月)盛装拟装物质放置进行预备试验,然后再进行相应试验。对可能会引起塑料桶、塑料罐应力裂缝或强度降低的物质,应对试验样品施加额外的负荷,该负荷等于可能堆码在包装上的总重量。

(2)试验项目

常规包装的性能试验包括跌落试验(Drop Test)、渗漏试验(Leakproofness Test)、液压试验(Internal Pressure Test 或 Hydraulic Test)、堆码试验(Stacking Test)和桶体试验(Cooperage Test for Bung-Type Wooden Barrels)等。不同类型的包装所需要进行试验的项目各不相同(表 4-2)。

不同类型的危险货物运输包装试验的项目 表 4-2

试验项目 包装类型	跌落试验	渗漏试验	液压试验	堆码试验	桶体试验
钢桶	√	√	√	√	—
铝桶	√	√	√	√	—
其他金属桶	√	√	√	√	—
钢罐	√	√	√	√	—
胶合板桶	√	—	—	√	—
木琵琶桶	√	√	—	√	√
纤维塑料桶	√	—	—	√	—
纤维塑料罐	√	√	√	√	—
桶形复合包装	√	√	√	√	—
天然木箱	√	—	—	√	—
胶合板箱	√	—	—	√	—
再生木箱	√	—	—	√	—
纤维板箱	√	—	—	√	—
塑料桶	√	—	—	√	—
钢或铝箱	√	—	—	√	—
组合容器	√	—	—	√	—
袋	√	—	—	—	—

注:"√"表示要试验的项目;"—"表示不需要试验。

(3)试验方法和标准

①跌落试验

a.试验目的

该试验目的是为测定在用人力进行装卸搬运时跌落或者堆装时倒塌等意外情况下,包装的破损情况和安全性。

b.试验方法

将包装提起到一定的高度,然后让其自由落下撞击到坚硬、无弹性、平坦、水平的地面。

• 样品的特殊处理:对于塑料桶、罐、箱和塑料材料的复合包装、组合包装的内包装(袋和多孔聚乙烯箱除外),应降温至 −18℃以下。需要时应添加防冻剂,以防止液体冻结。

• 跌落目标:在一块坚硬、无弹性、平坦和水平的跌落目标上方,将样品提到预定高度,然后让其自由落下与目标相撞。
- 样品数量和跌落方法：表 4-3 为跌落试验的样品数量和跌落方法。

跌落试验的样品数量和跌落方法　　　　　　　　　表 4-3

包　　装	试验样品数量	跌　落　方　法
钢桶 铝桶 除钢或铝桶之外的金属桶 钢罐 胶合板桶 木琵琶桶 纤维塑料桶和罐 桶形复合包装	6 个 （每次跌落用 3 个）	第一次跌落（用 3 个样品）： 须以倾斜的方式使包装的凸边撞击在目标上，如包装无凸边，则应以圆周接缝或边缘撞击 第二次跌落（用另外 3 个样品）： 应使第一次跌落时没有试验到的最弱的包装部位撞击在目标上，例如封闭处理一些圆筒形桶的桶体纵向焊缝处
天然木箱 胶合板箱 再生木箱 纤维板箱 塑料桶 钢或铝箱 组合容器	5 个 （每次跌落用一个）	第一次跌落：以箱底平跌 第二次跌落：以箱顶平跌 第三次跌落：以一长侧面平跌 第四次跌落：以一短侧面平跌 第五次跌落：以一个角跌落
袋——单层，带侧缝的	3 个 （每袋跌落 3 次）	第一次跌落：以袋的宽面平落 第二次跌落：以袋的窄面平落 第三次跌落：以袋的端部跌落
袋——单层，不带侧缝的或多层的	3 个 （每袋跌落 2 次）	第一次跌落：以袋的宽面平落 第二次跌落：以袋的端部跌落

- 跌落高度。

对固体和相对密度不大于 1.2 的液体的跌落高度见表 4-4。

跌落高度 1　　　　　　　　　表 4-4

包装类	Ⅰ	Ⅱ	Ⅲ
跌落高度(m)	1.8	1.2	0.8

对相对密度大于 1.2 的液体的跌落高度见表 4-5。

跌落高度 2　　　　　　　　　表 4-5

包装类	Ⅰ	Ⅱ	Ⅲ
跌落高度(m)	$d \times 1.5$	$d \times 1.0$	$d \times 0.67$

c. 试验合格标准
- 每一盛装液体的包装，当内外压力达到平衡时，不应出现渗漏现象。组合包装的内包装除外，其内外压力不需要平衡。
- 盛装固体的包装，只要内包装或内容器仍能保持对内容物的盛装性能，即使封闭装置已不再防撒漏,受试样品仍可通过试验。

- 包装、复合包装或组合包装或外包装不应出现可能影响运输安全的任何损坏。内容器或内包装不应出现撒漏现象。
- 袋子的最外层或外部包装不应出现可能影响安全的任何损坏。
- 撞击时有少量物质从封闭装置中溢出,只要无进一步撒漏,该包装也被认为合格,但第1类物质不允许有撒漏现象出现。

②渗漏试验

a.试验目的

该试验的目的是检验盛装液体物质的包装封闭装置加工工艺是否达到密封的要求。拟盛装液体物质的包装类型都应进行渗漏试验,但组合包装和大宗包装的内包装不需要进行该试验。

b.试验方法

将试验样品完全浸入水中5min,浸入的方法不应影响试验结果。向包装内充气加压,观察有无气泡产生,或用其他等效的方法。所施加的气压见表4-6。

试 验 压 力　　　　表4-6

包装类	Ⅰ	Ⅱ	Ⅲ
试验压力(kPa)	不小于30	不小于20	不小于20

c.试验合格标准

无任何渗漏现象。

③液压试验

a.试验目的

该试验的目的是检验液体的包装是否能承受其内部气体或蒸气在温度变化时所产生的压力变化。拟盛装液体的金属、塑料和复合包装都应进行液压(内压)试验。组合包装的内包装不需要进行该试验。

b.试验方法

金属包装和复合包装(玻璃、陶瓷和粗陶瓷)包括封闭装置应能承受5min的试验压力;塑料包装和复合包装(塑料材料)包括封闭装置应能承受30min的试验压力。其中包装的支撑方法应保证试验结果有效。对包装所施加的压力应连续并均匀。根据包装材料的不同,对拟盛装包装类Ⅰ物质的包装要求应能承受最小压力为250kPa的试验压力5～30min;对其他所施加的压力应取下列任一数值:

- 不低于55℃时测出的包装内总表压(即盛装物质的蒸气压、空气及其他惰性气体的压力减去100kPa)乘以安全系数1.5。
- 不小于1.75乘以拟运物质在50℃时的蒸气压减去100kPa,但最小试验压力为100kPa。
- 不小于1.5乘以拟运物质在55℃时的蒸气压减去100kPa,但最小试验压力为100kPa。

c.试验合格标准

无任何渗漏现象。

④堆码试验

a. 试验目的

该试验的目的是检验包装在正常的运输条件下并且在规定的时间内是否能承受一定负荷的作用,不改变其形状和盛装性能,也是了解在堆码中包装受挤压变形的效果。除袋以外的所有包装都应进行堆码试验。

b. 试验方法

将样品上面施加运输中可能堆码在其上面全部质量的负荷。堆码的最低高度为3m,试验持续时间为24h;但对于盛装液体的塑料桶、罐和6HH1、6HH2的复合包装,试验时间应为28d,且温度不低于40℃。

c. 试验合格标准

受试样品无渗漏现象。对于复合包装和组合包装,其内容器或内包装所盛装的物质均不得发生渗漏。任何受试样品均不得出现影响运输安全的变化或降低其强度或造成堆码不稳的变形。塑料包装应冷却至环境温度再进行试验。

⑤制桶试验

a. 试验目的

该试验是检验塞式木琵琶桶的盛装性能,测试木质的琵琶桶的制作工艺是否能保证桶能达到必要的强度和液密度。

b. 试验方法

拆下已制造完2d的木琵琶桶中部以上全部桶箍。

c. 试验合格标准

木琵琶桶上部横截面的直径扩张不得超过10%。

(4) 包装试验报告

对包装进行试验后,应向用户出具至少包括以下内容的报告:

①包装试验机构的名称和地址。

②申请试验的人员姓名和单位。

③试验报告的专用标识。

④试验报告签发的日期。

⑤包装的生产厂。

⑥包装设计类型的说明。

⑦最大容量。

⑧试验所使用的模拟物质性质。

⑨试验结果。

⑩试验人员的身份和签字。

我国对于出口危险货物的包装要求由中华人民共和国出入境检验检疫局进行检验,并出具相应的报告(危险货物运输包装使用鉴定结果单和危险货物运输包装性能检验结果单)。

2) 爆炸品包装的补充要求

(1) 除特殊情况外,爆炸品的包装应满足包装类Ⅱ的性能要求。

(2) 除了满足对包装的一般要求外,爆炸品的包装的设计和结构还应符合下列要求:

①对爆炸品具有保护作用。在运输中,包括可能遇到的温度、湿度、压力等改变的条件下

能防止渗漏,而且不会增加其燃烧和爆炸的危险。

②保证盛装爆炸品的包件在运输过程中,可以安全地装卸。

③保证在运输过程中能承受各种应力,不会使包装的盛装功能受损,从而导致危险的发生。

(3)装有液态爆炸品的包装应确保有双重防渗漏保护。

(4)如果金属包装的密封装置带有螺纹,应配置适当的垫圈并防止爆炸物质进入螺纹中,还应防止爆炸物质进入接缝中。

(5)保证在正常的运输条件下,物质和物品装入,内包装以及填充材料都不会松动。防止物品中的金属成分与金属包装接触。

(6)对于大型的军用爆炸品,如果有两种及两种以上有效的保护装置,可以免去包装。如爆炸品带有推进药或装置,应对其点火系统加以保护。

(7)含有水的包件应加入足量的防冻剂,但不能使用有易燃危险的防冻剂。

(8)为防止静电放电引爆内装的爆炸物质和物品,禁止使用塑料包装。

(9)装有水溶性爆炸物质的包装应有防水措施,内装退敏物质的包件应密封以防止运输过程中浓度发生变化。

(10)爆炸物质不能装在由于热或其他因素引起的内、外压力不同的包装内,以防引起包件爆炸或破裂。

3)自反应物质和有机过氧化物包装要求

(1)为了避免不必要的限制,第4.1类自反应物质和第5.2类有机过氧化物的包装,应满足包装类Ⅱ的要求;具有爆炸性副危险性的自反应物质和有机过氧化物的包装,还应满足爆炸品包装的要求。

(2)对于有机过氧化物,所使用的盛装容器应为"有效封口"。但如果所装物质能产生气体,且使包件产生很大压力,可以安装通气装置。该装置的设计应确保包件处于竖直时,液体不会渗漏;当有外包装时,不会影响通风装置的操作。

(3)有机过氧化物和自反应物质的包装方法(表4-7)具体划归成8种,用OP1~OP8表示(阿拉伯数字1~8主要与最大盛装量有关)。

有机过氧化物和自反应物质的包装方法　　　　表4-7

最大装量 \ 包装方法	OP1	OP2①	OP3	OP4①	OP5	OP6	OP7	OP8
固体和组合包装(装液体和固体)的最大质量(kg)	0.5	0.5/10	5	5/25	25	25	50	200②
液体③的量大容量(L)	0.5	—	5	—	30	60	60	225④

注:①有两个数值的,第一个是内包装的最大净重;第二个是整个包装的最大净重。
　　②罐为60kg;箱为100kg。
　　③熔点不确定的黏性物质应根据ASDM4359-90试验或ISO2137:1985试验,符合相应标准的应作为固体处理。
　　④罐为60L。

使用时,应在自反应物质和有机过氧化物各自的一览表列明的通用条目下找到具体的物质名称、浓度、加入的稀释剂种类,确认对应的包装方法。

4)适用于常规包装的包装导则

IMDGCode第四章以包装导则的形式提出了对相应的危险货物类别及某些具体物质的包装要求,具体为:

(1)P001 液体的包装导则。

(2)P002 固体的包装导则。

(3)P101 爆炸品的包装导则。

(4)P200 气体的包装导则。

(5)P300 易燃液体的包装导则。

(6)P400 易燃固体、易自燃物质和遇水放出易燃气体物质的包装导则。

(7)P500 氧化物质的包装导则。

(8)P520 4.1类中的自反应物质和5.2类有机过氧化物的包装导则。

(9)P600 有毒物质的包装导则。

(10)P620 感染性物质的包装导则。

(11)P800 腐蚀品的包装导则。

(12)P900 杂类物质和物品的包装导则。

4.2.3 特殊类别危险货物的包装要求

1)气体容器(ReceptaclesforGases)的要求

盛装气体的是压力容器。根据所承受的压力大小,又进一步分为3种:

低压容器——压力为2MPa或以下;

中压容器——压力大于2~7MPa(含7MPa);

高压容器——压力大于7MPa。

(1)压力容器的一般要求

①容器所用的材料包括封闭器不应与内装物发生反应,而且能承受正常运输条件下所产生的内压力,不会发生爆炸、破裂和永久性变形等危险。

②带有封闭器的容器应经该容器国家的主管机关批准,而且应保证在正常运输条件下封闭器的密封性。

③关闭装置应加以有效的保护以防止其受到振动或碰撞等。

(2)压力容器的标记

对于重复使用的气体容器,应按有关国家主管机关要求的方法通过打印或其他类似的方法,在容器的加强部位或在容器的永久固定的数据牌上,使用清楚明显和耐久的字样至少标记出下列内容:

①制造厂家或所有人的名称或标识。

②注册号。

③试验压力或使用压力。

④初次试验和最近一次定期试验的日期(年、月)。

⑤试验的专业人员印章。

⑥空瓶质量。

对于指定只可以装运一种气体的容器,除以上内容外,还应标示出以下内容:

①气体的正确运输名称。
②对于液化和溶解的气体,标示出在15℃时的最大可充灌率。
③对于压缩气体,标示出在15℃时的最大充灌压力(表压)。
对于非重复使用或一次性钢瓶应使用耐久方法标示出以下内容:
①制造厂家或所有人的名称或标识。
②注册号。
③试验压力或使用压力。
④制造日期(年,月)。
(3)压力容器的试验和检验
对盛装气体的金属容器的试验分为初次试验和定期检验。
①容器的初次试验
对拟试验的容器样品:
a.对容器制造材料的屈服应力、抗拉强度和断裂面永久拉伸率进行试验,试验结果应符合容器批准国的国家标准。
b.容器最薄点的厚度和应力测试。
c.制造材料的均匀度以及内、外部的状况。
对拟试验的所有容器:
a.根据批准国的国家标准进行液压试验。
b.检查容器上的标记。
c.如需要应进行气压试验。
②容器的定期检验
a.液压试验。
b.检查容器内、外部的状况(如称重、测试壁厚等)。
c.检查附件和标记。
2)感染性物质的包装
(1)包装的特殊要求
①除满足包装的一般要求外,第6.2类感染性物质的发货人必须确保所有的包件均以良好的状态抵达目的港,而且在运输过程中不会对人或动物构成任何危害。
②在包件的二级包装和外包装之间,放置一个详细的内容物清单。
③卸空的包装在送还发货人或任何地方之前,应彻底消毒或灭菌,外部的任何感染性物质的标记和标志应予以清除。
(2)包装的标记
①联合国包装符号。
②包装的类型代码,如符合相应的试验条件,对允许在一个二级包装内装入多个内容器的外包装上的标记,随后加入"U"字样。
③"第6.2类"字样。
④包装生产年的最后两位数字。
⑤包装批准国所分配的用于国际交通机动车辆使用的标识。

⑥制造厂名或主管机关规定的其他标识。

例如：(UN) 4G/CLASS6.2/92
S/SP-9989-ERIKSSON

(3)包装的试验

根据包装材料和包装的总质量不同,所进行的试验有所不同,见表4-8。

感染性物质的包装方法和试验项目　　　　　　　　　　　　表 4-8

包装材料					应进行的试验				
外包装			内包装		自由落体跌落试验	喷水试验	低温试验	干冰融尽试验	戳穿试验
纤维板	塑料	其他	塑料	其他					
√			√			√	√	使用干冰时	√
√				√		√	√		√
		√	√			√	√		√
	√	√	√			√	√		√
		√		√	√				√

①试验前的准备

除了运输活的动物或生物外,每一个包装的试样都应像交付运输一样。但对规定在 −18℃下运输的液态或固态感染性物质,用加入防冻剂的水代替。每个主容器都应充灌至全部容积的98%。

虽然试验的项目按包装的材料作了分类,但外包装更容易受外界温度和湿度的影响(像纤维板会吸收潮气、塑料在低温下会变脆,但金属容器则不受影响)。另外,如果内包装的主容器和二级包装是由不同材质制造的,则应由主容器包装的材料来决定试验项目。如果主容器是由两种材料制造的,应由最容易被损坏的材料来决定试验项目。

②试验项目

a.自由落体跌落试验

将试样从9m高处以自由落体的方式跌落到一个刚性、无弹性的平整面上,具体方法见表4-9。

感染性物质自由跌落试验方法　　　　　　　　　　　　表 4-9

容器类型	箱(5个试样)	桶(3个试样)
跌落方法	箱底平面着地 箱顶平面着地 最长的一面平面着地 最短的一面平面着地 以一个角着地	顶部、凸边以对角线方向着地,重心在落点的正上方; 底部凸边以对角线方向着地 侧面水平着地

按顺序进行跌落后,主容器在二级包装吸收材料的保护下,不应有任何泄漏。

b.喷水试验

喷水量模拟试样暴露在降雨量大约为5cm/h的情形下至少长达1h,然后再进行上述的自由落体跌落试验。

c.低温试验

试样在-18℃或以下存放至少24h(如有干冰,存放时间缩短为4h),取出后15min内进行上述的自由落体跌落试验。

d. 干冰融尽试验

如果包装内拟用干冰,在进行上述的喷水和低温试验后,将一个试样放置一段时间,直至干冰融尽,再进行自由落体跌落试验。

e. 戳穿试验

- 对总质量7kg或以下的包装:将试样置于刚性的水平面上,用一根直径不超过38mm、撞击端部边缘半径不超过6mm、质量至少7kg的钢钎,从1m高处垂直自由跌落。用两个试样,一个平放,另一个垂直放置。钢钎每次对准主容器撞击,允许戳穿二级包装,但主容器不得有任何泄漏。

- 对总质量7kg以上的包装:将直径不超过38mm、上端边缘半径不超过6mm的钢钎垂直放置在刚性水平面上,钢钎使地平面凸起的高度等于从主容器到外包装的外表面距离,至少为200mm。使用两个试样,各以垂直方位从钢钎上端向上1m高处自由跌落。钢钎每次对准主容器撞击,允许戳穿二级包装,但主容器不得有任何泄漏。

3) 放射性物质的包装

放射性物质包装的目的是在运输过程中,保护人身、财产和环境免受辐射的影响,具体从以下几个方面做出规定:放射性物质的限制;外部辐射水平的控制;防止达到临界状态;防止热引起的损害。

放射性物质的包装是指能完全包住放射性内容物所必需的各种部件的组合体。具体地说,它可能包括一层或多层容器、吸收性材料、间隔构件、辐射屏蔽层和装填、排空、通风和压力释放等辅助装置,还包括供冷却、吸收机械冲击、装卸、捆扎、隔热用的装置和组成包件的构件,包装可以是箱、桶或类似的容器,也可以是中型散装容器、罐柜或集装箱。

首先根据放射性物质的危险性,通过分级的方法对包件和运输工具的内装物进行限制,并根据包件承受运输事故的能力来设计制定包件的标准,也就是说包件设计和放射性物质都需要认可。

运输条件分为如下等级:常规运输的无事故条件;运输中可能会遇到的轻度事故条件;运输中可能遇到的严重事故条件。

(1) 包件的分类

除LSA-Ⅰ和SCO-Ⅰ可以散装运输外,其他放射性物质都必须以包装形式运输。

- 例外包件(Excepted Package)
- 工业包件(Industrial Package)
    - IP-1型(Type1)
    - IP-2型(Type2)
    - IP-3型(Type3)
- A型包件(Type A Package)
- B(U)型包件[Type B(U) Package]
- B(M)型包件[Type B(M) Package]
- C型包件(Type C Package)

B(U)、B(M)和C型包件应设计成足以承受严重灾害事故而不会发生大量内装物的散失或屏蔽材料的危险性失效。

(2)放射性物质包装的特殊要求

①每一包件中的放射性物质数量不应超过IMDG Code第2章"基本的放射性核素值表"中规定的限制。

②尽可能降低包件外表面的非固定放射性污染,在正常运输条件下不应超过以下限值:

a. 该限值对β和γ辐射源以及低毒α辐射源为$4 Bq/cm^2$。

b. 该限值对其他所有的α辐射源为$0.4 Bq/cm^2$。

这些限值是对于外表面任何部分$300 cm^2$面积上的平均值。

③包件内除装有运输的放射性物质必需的物品以及运输文件外,不应有其他的物品,但并不排除低比活度放射性物质和表面污染体与其他物质一起运输。当某一放射性物品和文件在同一包件内,或低比活度放射性物质和表面污染体与其他物质一起运输时,应保证这些物质之间没有相互作用,并且包装方法和内装物不会削弱包件的安全。

④除了规定的特殊情况,在集合包件、货物运输组件、罐柜、中型散装容器的内、外表面上的非固定污染水平不应超过②中规定的限值。

⑤如果包件、中型散装容器或罐柜内盛装的放射性物质具有其他的副危险性,还应满足针对副危险性的相关运输规定。

⑥有自燃特性的放射性物质应在A、B(U)、B(M)和C型包件中运输,并应适当地惰化。

⑦对在单个IP-1、IP-2、IP-3型包件或放射性物体,或放射性物体的集合中LSA或SCO的数量限制为从无屏蔽的物质或物体或物体的集合3m远处的辐射水平不超过10mSv/h。

⑧属于或含有裂变物质的LSA和SCO应满足关于裂变物质的规定。

⑨属于LSA-Ⅰ和SCO-Ⅰ型包件的放射性物质如满足下列条件,可以非包装形式运输:

a. 除了仅含天然放射性元素矿石以外的非包装放射性物质的运输,应保证在正常的运输条件下不会使放射性内装物从该运输工具中泄漏,以及防护层也不会有任何损坏。

b. 除了运输在易接近和不易接近的表面污染不超过SCO-Ⅰ规定值10倍的表面污染体外,每一运输工具应以独家使用的方式,如果超过规定值,应采取措施以确保放射性物质不会泄漏到运输工具内。

⑩除非另有规定,LSA和SCO应按表4-10的要求包装。

放射性物质LSA和SCO对应的包装形式　　　　表4-10

放射性内装物	工业包件类型	
	独家使用	非独家使用
LSA-Ⅰ		
固体	IP 1	IP-1
液体	IP-1	IP-2
LSA-Ⅱ		
固体	IP-2	IP-2
液体和气体	IP-2	IP-3
LSA-Ⅲ	IP-2	IP-3

续上表

放射性内装物	工业包件类型	
	独家使用	非独家使用
SCO-Ⅰ	IP-1	IP-1
SCO-Ⅱ	IP-2	IP-2

注：满足规定的条件下可以非包装形式运输。

(3)包件的试验

按能够承受外界环境的严酷程度划分如下：

①证明能承受一般运输条件的试验：淋水试验、自由落体试验、堆码试验和戳穿试验。

②为液体和气体设计 A 型包件的附加试验：自由落体试验和戳穿试验。

③证明能承受意外运输事故的试验：机械性能试验（包括跌落试验Ⅰ、跌落试验Ⅱ和跌落试验Ⅲ）、热性能试验和水浸没试验。

④装有 105A2 的 B(U)、B(M)和 C 型包件的增强型浸水试验。

⑤装有易裂变物质包件的漏水试验。

⑥C 型包件的试验：戳穿/撕裂试验、增强型热性能试验和撞击试验。

⑦设计用于盛装六氟化铀包件的液压试验。

4.2.4 中型散装容器

1)定义

中型散装容器（简称 IBCs）是指刚性或柔性可移动包装（图 4-8、图 4-9），在结构上符合下列条件：

图 4-8 刚性中型散装容器

图 4-9 柔性中型散装容器

(1)容积。

①用于包装类Ⅱ和Ⅲ的固体和液体，不应大于 $3.0 m^3$（3 000L）。

②使用柔性、刚性塑料、复合型、纤维板或木质中型散装容器装运包装类Ⅰ的固体，不应大于 $1.5 m^3$。

③使用金属中型散装容器装运包装类Ⅰ的固体，不应大于 $3.0 m^3$。

④用于第 7 类放射性物质，不应大于 $3.0 m^3$。

图 4-10 机械装卸中型散装容器

(2)设计上适合于机械装卸（图 4-10）。

(3)经过检验,能够承受装卸和运输产生的各种应力。

2)中型散装容器的标记

(1)联合国包装符号。

(2)卸货方式和类型代码。

①两位阿拉伯数字表示的卸货方式,见表4-11。

中型散装容器的卸货方式　　　　　　　表4-11

种类	固体,充灌或卸货方式		液体
	重力	使用大于10 kPa的压力	
刚性	11	21	31
柔性	13	—	

②中型散装容器的材质,对于复合型中型散装容器,两个拉丁大写字母依次分别为内容器材质和外包装材质,见表4-12。

中型散装容器的类型　　　　　　　表4-12

材质	类型	代码
A 钢	适用于固体,重力装卸	11A
	适用于固体,压力装卸	21A
	适用于液体	31A
B 铝	适用于固体,重力装卸	11B
	适用于固体,压力装卸	21B
	适用于液体	31B
N 钢和铝以外的金属	适用于固体,重力装卸	11N
	适用于固体,压力装卸	21N
	适用于液体	31N
H 塑料(柔性的)	编织塑料,无涂层或内衬	13H1
	编织塑料,有涂层的	13H2
	编织塑料,有内衬的	13H3
	编织塑料,有涂层和塑料薄内衬的	13H4
	塑料薄膜	13H5
L 纺织品	无涂层或内衬	13L1
	有涂层的	13L2
	有内衬的	13L3
	有涂层和内衬的	13L4
M 纸	多层的	13M1
	多层的,防水的	13M2
H 塑料(刚性的)	适用于固体,重力装卸,配有装置	11H1
	适用于固体,重力装卸,独立的	11H2
	适用于固体,压力装卸,配有装置	21H1
	适用于固体,压力装卸,独立的	21H2
	适用于液体,配有装置	31H1
	适用于液体,独立的	31H2

续上表

材　质	类　型	代码
HZ 带有塑料内容器的复合包装	适用于固体,重力装卸,刚性塑料内容器	11HZ1
	适用于固体,重力装卸,柔性塑料内容器	11HZ2
	适用于固体,压力装卸,刚性塑料内容器	21HZ1
	适用于固体,压力装卸,柔性塑料内容器	21HZ2
	适用于液体,刚性塑料内容器	31HZ1
	适用于液体,柔性塑料内容器	31HZ2
C 纤维板	适用于固体,重力装卸	11C
C 天然木	适用于固体,重力装卸,有内衬	11C
D 胶合板	适用于固体,重力装卸,有内衬	11D
F 再生木	适用于固体,重力装卸,有内衬	11F

(3)表明其设计类型通过试验的包装类字母,如 X、Y 或 Z。
(4)包装制造的年份和月份(最后两位)。
(5)包装批准国所分配的用于国际交通机动车辆使用的标识。
(6)制造厂名或主管机关规定的其他标识。
(7)以 kg 表示堆码试验的负荷。
(8)所允许的最大总重。

中型散装容器标记举例: 11A/Y/02 98
　　　　　　　　　　　　　　NL/VL236
　　　　　　　　　　　　　　5500/1500

3)中型散装容器的试验
(1)中型散装容器的试验准备
纸质和纤维板中型散装容器、具有纤维板外包装的复合型中型散装容器应在控制温度和相对湿度的大气条件下至少处理 24 h。最好的条件是 23℃±2℃和 50%±2%r.h,其他可以选择的条件是 20℃±2℃和 65%±2%r.h,或 27℃±2℃和 65%±2%r.h。

(2)中型散装容器的试验项目
根据包装材质和类型的不同,试验项目不同,有的在试验顺序上也有相应要求,具体见表 4-13。

中型散装容器的试验项目和顺序　　　　　　表 4-13

中型散装容器的类型	底部提升	顶部提升	堆码	渗漏	液压	跌落	扯裂	倒塌	正位
金属:11A,11B,11N,21A,21B, 21N,31A,31B,31N	第一 第一	第二 第二	第三 第三	— 第四	— 第五	第四 第六	— —	— —	— —
所有柔性的	—	√	√	—	—	√	√	√	√
刚性塑料:11H1,11H2,21H1,21H2, 31H1,31H2	第一 第一	第二 第二	第三 第三	— 第四	— 第五	第四 第六	— —	— —	— —
复合包装:11HZ1,11HZ2,21HZ1, 21HZ2,31HZ1,31HZ2	第一 第一	第二 第二	第三 第三	— 第四	— 第五	第四 第六	— —	— —	— —

续上表

中型散装容器的类型	底部提升	顶部提升	堆码	渗漏	液压	跌落	扯裂	倒塌	正位
纤维板	第一	—	第二	—	—	第三	—	—	—
木制的	第一	—	第二	—	—	第三	—	—	—

① 底部提升试验

中型散装容器充灌至其最大允许总重的 1.25 倍，负荷均匀。由叉车升降两次，进叉位置在底部的中央（进叉点固定的除外），进叉深度为 3/4。每一可能的进叉方向均应重复进行该项试验。试验结果：内容器无损失及中型散装容器未出现危及运输安全的永久性变形。

② 顶部提升试验

刚性中型散装容器应充灌至最大允许总重的 2 倍，柔性中型散装容器应充灌至最大允许总重的 6 倍，负荷均匀。

③ 堆码试验

中型散装容器应充灌至最大允许总重且负荷均匀。试验时，中型散装容器底部向下置于坚硬平坦的地面，然后在其上施加拟在运输中堆码的同类中型散装容器数目最大允许负荷总重的 1.8 倍。施加负荷的持续时间至少为：对金属中型散装容器 5min；对 11H2、21H2、31H2 和内外都是塑料的刚性复合中型散装容器 28d（40℃）；对其他中型散装容器 24h。

④ 渗漏试验

对于盛装液体和压力卸货固体的中型散装容器，使用 20kPa 以上的压力至少 10min，确认中型散装容器封口的气密性。

⑤ 液压试验

对于盛装液体和压力卸货固体的中型散装容器，依据不同的类型（金属、刚性塑料或复合型）选择对应的压力且持续至少 10min，以确认中型散装容器的密封程度。

⑥ 跌落试验

中型散装容器应跌落到坚硬、无弹性、光滑、平坦和水平的表面，跌落的方式应使最薄弱的部位为冲击点，跌落高度根据包装类确定。

⑦ 扯裂试验

对柔性的中型散装容器盛装至其容量的 95% 以上、最大允许负荷且分布均匀。将中型散装容器置于地面，在其宽面上与主轴面成 45°处切一完全穿透型 100mm 的刀痕，然后向中型散装容器施加 2 倍于其最大允许的负荷，至少保持 5min。对设计上使用顶部或侧面提升的中型散装容器在施加的负荷撤除后，应能被提升至脱离地面并保持 5min。

⑧ 倒塌试验

对柔性的中型散装容器盛装至其容量的 95% 以上、最大允许负荷且分布均匀。将中型散装容器在一定高度（依据不同的包装类高度不同）推倒，使其顶部的任何部位撞击到坚硬、无弹性、光滑、平坦和水平的表面。

⑨ 正位试验

对于各种从顶部和侧面提升的中型散装容器，盛装至其容量的 95% 以上、最大允许负荷且分布均匀。中型散装容器侧面向下平放在地上，使用一个提升装置以 0.1m/s 的速度提升至直立状态,脱离地面;如果中型散装容器具备两个提升装置,应使用两个提升装置进行试验。

(3)试验报告

为经过试验的中型散装容器所提供的试验报告,至少包括以下内容:

①试验机构的名称和地址。

②试验申请人的姓名和地址。

③专门的试验报告识别标志。

④试验日期。

⑤中型散装容器生产厂。

⑥中型散装容器设计类型的说明(如尺寸、材料、关闭装置、厚度等)、生产方式。

⑦最大容量。

⑧试验所用内容物的特性(黏度、相对密度、粒径)。

⑨试验说明及结果。

⑩签名及署名人的身份。

(4)初次和定期试验和检验

中型散装容器在投入使用前应进行初次试验,确认合格后对每一设计类型颁发证书并在包装上标记,方可使用。在不超过 2.5 年(对外部、附件的功能)和 5 年(对设计类型的符合程度,包括标记、内外部状况及附件的功能)的间隔时间应进行定期检验,每次检验的报告至少应保留到下次检验。

4.2.5 大宗包装

1)定义

大宗包装(Large Packing)是指由装有物品或内包装的外包装组成的包装,应符合以下条件:

(1)设计上适合于机械装卸。

(2)净重超过 400kg 或容积超过 450L,但不大于 3.0m³。

2)大宗包装的标记

(1)联合国包装符号。

(2)大宗包装的类型代码。

①两位阿拉伯数字:50——刚性大宗包装;51——柔性大宗包装。

②拉丁大写字母表示材质。

(3)表明其设计类型通过试验的包装类字母,如 X、Y 或 Z。

(4)生产年、月份(最后两位数字)。

(5)包装批准国所分配的用于国际交通机动车辆使用的标识。

(6)制造厂名或主管机关规定的其他标识。

(7)以千克表示的堆码试验负荷。

(8)所允许的最大总重。

大宗包装标记举例: 50A/X/0596/N/PQRS
2500/1000

(UN) 51H/Z/0697/S/GHD
0/500

3）大宗包装的试验

(1) 大宗包装的试验准备

大宗包装及内包装和物品在运输前应进行试验。内包装应充灌至其容量的98％（对液体）或95％（对固体）以上。

用塑料材料制造或装有塑料内包装的大宗包装,大宗包装和内容物应在－18℃或以下进行试验。

用纤维板制成的大宗包装应在控制温度和相对湿度的大气条件下至少处理24h。最好的条件是23℃±2℃和50％±2％r.h,其他可以选择的条件是20℃±2℃和65％±2％r.h,27℃±2℃和65％±2％r.h。

(2) 大宗包装的试验项目

① 底部提升试验

适用于所有装有底部提升装置的大宗包装。大宗包装应盛装至其最大允许总重的1.25倍,负荷分布均匀。用叉车将大宗包装升、降两次。

② 顶部提升试验

适用于所有装有顶部提升装置的大宗包装。处于装载状态的大宗包装及负荷的质量之和应为最大允许总重的2倍。柔性的大宗包装应盛装最大允许负荷的6倍且负荷平均分布。按设计的提升方法提升大宗包装脱离地面一定高度至少5min。

③ 堆码试验

大宗包装盛装至最大允许总重。大宗包装底部向下置于坚硬平坦的地面,在上面施加相当于运输中拟堆码同类的大宗包装数目最大允许负荷总和的1.8倍,持续5min;对木制、纤维板和塑料的大宗包装,持续时间为24h。

④ 跌落试验

适用于所有的大宗包装。盛装内容物后,跌落到坚硬、无弹性、光滑、平坦和水平的表面,跌落的方式应以大宗包装最易损坏的部位作为冲击点。

(3) 大宗包装的试验报告和发证

对于大宗包装的每一个设计类型均应签发一个证书并做标记,以证明该设计类型符合试验要求。

试验合格应出具相应的试验报告,内容包括：

① 试验机构的名称和地址。

② 试验申请人的姓名和地址。

③ 专用的试验报告标识。

④ 试验日期。

⑤ 大宗包装的生产厂。

⑥ 大宗包装设计类型说明（如尺寸、材料、封闭装置、厚度等）。

⑦ 最大容量/最大允许总重。

⑧ 试验所用内容物的性质。

⑨试验说明及结果。

⑩签名、署名人的身份。

试验报告应包括一个声明,说明拟投入运输的大宗包装已按规定进行了试验,使用其他的包装方法或部件都会使其无效。试验报告的一份副本应送交主管机关。

本章复习思考题

1. 危险货物的运输包装有哪些作用?
2. 危险货物包装的基本要求是什么?
3. 危险货物的运输包装是怎样分类的?
4. 哪些材料可用作危险货物的包装?
5. 桶类包装有哪几种? 箱类包装有哪几种?
6. 写出下列包装的代号和代码的含义:
   1A2;1B1;4C;4G;7A;4C8P;2C3N9P;6PA2;6HB1;6HC4。
7. 写出下图包装标记的含义:

   Ⓤ 50A/Y/0596
   Ⓝ USA/EP

本章参考文献

[1] 国际海事组织海上安全委员会. 国际海运危险货物规则[M]. 第6版. 2014.

[2] 中华人民共和国长江海事局. 长江危险货物应急处置手册[M]. 武汉:武汉理工大学出版社,2013.

第 5 章　危险货物的积载与隔离

除了满足普通货物在船上保证船舶强度、稳性、横倾和纵倾、吃水和吃水差、货物质量这些一般要求外,根据 SOLAS 第Ⅶ章 A 部分第 6 条的规定,危险货物应按其性质安全妥善地予以装载、积载和系固,性质不相容的货物之间应相互隔离。

5.1　积　　载

5.1.1　积载的定义及其基本原则

1) 积载的定义

积载是指货物在船上的配置和堆放。

2) 积载的基本原则

(1) 相互间发生化学反应的物品不能堆放一起积载(图 5-1)。

图 5-1　相互间发生反应的物品不能堆放一起积载

(2) 食品与有毒物质不能堆放一起积载(图 5-2)。

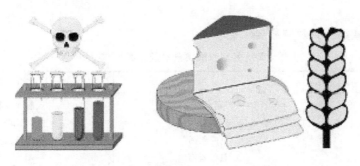

图 5-2　食品与有毒物质不能堆放一起积载

(3)不要把重的物品放在轻的物品上(图5-3)。

(4)避免积载物品时,造成船舶局部受力(图5-4)。

图5-3　不要把重的物品放在轻的物品上

图5-4　积载避免受力过于集中

5.1.2　危险货物的积载

1)积载类

积载类分类的出发点是考虑到由于涉及危险货物的事故可能会迅速影响全船,这对于装运旅客或人员较多的船舶采取诸如安全撤离一类的措施是有一定困难的,所以对这类船舶应限制其装运危险性大或具有特殊危险的货物。因此为了提出适当的积载建议,首先将船舶分成两类。

(1)船舶类别

对装运除爆炸品以外的危险货物的船舶分类如下:

①货船:货船或载客不超过25人或按船舶总长每3m不超过1人的客船(以数额较大者为准)。

②客船:载客超过限制数额的其他客船。

(2)积载类

危险货物积载类分类及装载要求见表5-1。

危险货物积载类分类及装载要求　　　　表5-1

积　载　类	货　船	客　船
A	舱面或舱内	舱面或舱内
B	舱面或舱内	只限舱面
C	只限舱面	只限舱面
D	只限舱面	禁运
E	舱面或舱内	禁运

2) 危险货物积载的一般要求

(1) 船上积载位置的选择

① 舱面

舱面对货物的防护程度不如舱内。但对于某些只允许在舱面积载的危险货物,这是唯一的选择。此外,对于要求运输中经常查看和近前查看的货物,会形成爆炸性混合气体的、产生剧毒蒸气的或对船舶有腐蚀作用的货物,都应在舱面积载。

由于舱面易受外界环境的影响,对必须在舱面积载的纤维板箱及其他遇水会受损坏的包装,应采取严格的防护措施,避免受天气和海水的侵袭。

危险货物在舱面积载时,除了应按"危险货物一览表"的要求外,还应做到:

a. 保证消防栓、测深管及其他类似的设备和通道不受影响,并与之远离。

b. 保证游步通道和所有船舶安全作业必需设备的通道不受影响。

c. 对受辐射热会导致危险的货物应遮蔽包件,防止受到日光直射。

舱面积载有以下几种情况:

a. 在舱面(露天甲板)积载,如图 5-5 所示。

b. 在有遮蔽的舱面积载,如图 5-6 所示。

c. 在有防护的舱面积载,如图 5-7 所示。

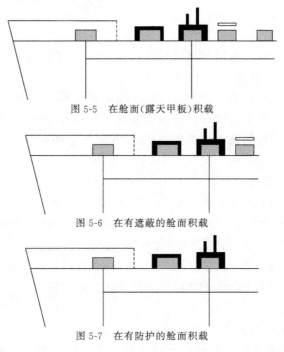

图 5-5 在舱面(露天甲板)积载

图 5-6 在有遮蔽的舱面积载

图 5-7 在有防护的舱面积载

② 舱内

舱内积载对货物的防护程度高,所以,对舱内或舱面积载均可的积载,除《国际危规》中第 1 类中一些主要危险是产生烟雾或毒气的物品建议舱面积载外,其他类别的危险货物应尽量选择舱内。

由于舱内主要是相邻舱室热源(包括火花、火焰、蒸汽管道、热线圈、燃油的加热舱和液货舱侧壁顶,以及 A 类机舱处所的舱壁等)的影响,所以除了对热源有要求,如机舱舱壁应达到

A-60标准以外,应对易受热源影响导致危险的货物采取隔热保护措施。

对于危险货物在舱内可能发生的溢漏,应采取预防措施,以防这些溢漏物质通过机舱处所的污水管路及泵排放。

对于《国际危规》中"危险货物一览表"要求的积载时遮蔽、使其免受辐射热的货物,在舱内积载时应"远离"热源。

(2)盛装危险货物的桶的积载要求

除非专门批准,盛装危险货物的桶只能竖直积载。

(3)对限量内危险货物积载的要求

虽然在《国际危规》中"危险货物一览表"中列明了各种危险货物的积载类,但对于限量内危险货物,一律按表5-1积载类A的要求。

(4)对与生活处所有关的积载要求

如果在《国际危规》中"危险货物一览表"第16栏积载建议中要求避开生活区,应考虑该货物泄漏的蒸气可能会通过舱壁的通道或其他开口或通风管路进入居住处所、机器处所或其他工作处所。有这种可能性的货物有:

①易挥发的有毒或腐蚀性物质;

②遇湿产生有毒或腐蚀性蒸气的物质;

③释放强烈麻痹性蒸气的物质;

④第2类易燃气体。

所有感染性物质的积载应与居住场所"用一整个舱室或货舱隔离"。

(5)海洋污染物的积载要求

考虑到海洋污染物因某种原因会导致海洋环境受到危害,这些物质必须合理装载和系固,将这种危害减少到最小程度。对允许在舱面或舱内积载的,除非在露天甲板能提供等效的防护,应选择舱内积载;对于仅限舱面积载的,应选择在有良好防护的甲板或露天甲板遮蔽处所中积载。

(6)关于食品的积载要求

标有《国际危规》中第6.1类标志包装类Ⅰ和Ⅱ或第2.3类标志的有毒物质和物品的积载应与食品隔离,除非这些物质与食品是分别装在不同的封闭运输组件内,则这些组件间不必隔离。所有感染性物质的积载应与食品"用一整个舱室或货舱隔离"。

标有《国际危规》中第7类标志的放射性材料的积载应与食品"隔离"。

标有《国际危规》中第8类标志的腐蚀性物质和物品以及标有第6.1类的包装类Ⅲ的有毒物质的积载应与食品"远离"。

(7)溶液及混合液的积载要求

如果溶液或混合物中含有一种或一种以上的非危险物质和一种本规则所标明的危险物质,当这类溶液或混合物根据通用条目或未另列明条目进行运输时,它们必须依照有关此类通用条目或未另列明条目所列出的积载类别进行积载。

5.1.3 不同类别危险货物的积载要求

1)第1类危险货物的积载

(1)爆炸品的积载类
①船舶类别
货船:货船或载客人数不超过12人的船舶;
客船:载客人数超过限制的船舶。
②积载类
爆炸品的积载类分类及装载要求见表5-2。

爆炸品的积载类分类及装载要求　　　　表5-2

积载类	货船(不超过12名旅客)	客　船
01	舱面或舱内	舱面或舱内
02	舱面或舱内	在舱面或舱内的封闭式运输组件内
03	舱面或舱内	只限在舱面封闭式运输组件内
04	舱面或舱内	禁运
05	舱面封闭式运输组件内或舱内	在舱面封闭式运输组件内或舱内
06	在舱面封闭式运输组件内或舱内	在舱面封闭式运输组件内或舱内封闭式运输组件内
07	在舱面封闭式货物运输组件或舱内	只限在舱面封闭式运输组件内
08	在舱面封闭式运输组件内或舱内	禁运
09	在舱面封闭式货物运输组件或在舱内封闭式运输组件内	在舱面封闭式货物运输组件或在舱内封闭式运输组件内
10	在舱面封闭式货物运输组件或在舱内封闭式运输组件内	只限在舱面封闭式运输组件内
11	在舱面封闭式运输组件内或在舱内"C"型弹药舱*中积载	只限在舱面封闭式运输组件内
12	在舱面封闭式运输组件内或在舱内"C"型弹药舱*中积载	禁运
13	在舱面封闭式运输组件内或在舱内"A"型弹药舱**中积载	只限在舱面封闭式运输组件内
14	在舱面封闭式运输组件内	禁运
15	在舱面封闭式货物运输组件或在舱内封闭式运输组件内	禁运

注:1."*""C"型弹药舱的积载是指在船上货物运输组件的位置应尽可能在船舶的中心线;不能布置在靠近船侧小于船宽1/8或2.4m的距离,两者取较小值。该类型弹药舱适用于配装类A的爆炸物质。
2."**""A"型弹药舱的积载是指在船上货物运输组件和舱室的内壁和地面应装有密合的地板。舱顶和舱壁应清洁、无锈蚀,无须加板条。积载货物的最高点离舱顶或上层甲板至少300mm。这种积载装有防止从包件撒漏出的内容物与弹药舱壁或船侧舷壁发生摩擦的保护装置。当利用船侧舷壁和舱壁作为该处所的结构部分时,应清洁、无锈蚀,而且应按间距不超过150mm的板条或吸潮板(Sweatboard)加以防护。所有支架和其他未加防护的铁制部同样地应清洁并加装板条。该类型的弹药舱适用于要求避开钢制部件的爆炸物质。

(2)爆炸品积载的一般要求
①第1.4类、配装类为S的货物可以和除配装类A和L以外的其他第1类货物一起

积载。

②属于积载类 09 和 10、在舱内积载的货物如下：

a. 无须对船侧舷壁、舱壁和支架装板条，货物直接积载在甲板的木格护板和垫板上，不应积载在其他的货物上。

b. 应避免与易燃货物同舱积载。

c. 除第 1 类外，不应叠载货物以保持通向舱口的通道畅通。

d. 在所有情况下，舱室或货舱中的所有货物应紧固以免发生移动。凡以整个甲板作为弹药舱的，其积载安排应做到在其中积载的第 1 类货物能够先于同舱上、下层甲板的其他货物卸下。

③第 1 类货物应选择船舶的阴凉处所，在船上尽可能保持阴凉。与热源"远离"，即距热源 3m 以上；为减少着火的危险，舱室应清洁，没有可燃性粉尘。

④凡积载第 1 类货物的货舱应干燥。出现包件中的内容物受潮的情况，应立即征询托运人，未获建议之前不得擅自处理。

⑤第 1 类货物应适当系固，以免在航行中移动。装有第 1 类货物的运输组件或未包装的大型物品应堆码紧固并绑扎以防货物移位。装在舱室、货舱或运输组件内的货物应紧固，防止货物移位。必要时，应采取措施防止货物在船侧舷壁的肋骨之间移动。

⑥与居住处所和机器处所的间隔要求如下：

a. 第 1 类货物应尽可能远离居住处所和机器处所，而且不应直接积载在这样的处所之下或之上。如果本规定不如 SOLAS 及修正案严格，对适用的船舶应按 SOLAS 的规定。

b. 在居住处所和装载第 1 类货物的货舱之间应隔一层永久性的"A"型钢制舱壁。第 1.1、1.2、1.3 或 1.5 类货物与该舱壁应间隔 3m 以上；当在该舱的上、下积载时，至少应在离该舱壁的垂直投影线 3m 远的邻近货舱。

c. 在机器处所和装载第 1 类货物的货舱之间应隔一层永久性的"A"型钢制舱壁。除第 1.4 类、配装类 S 外，第 1 类货物不应积载在与该舱壁 3m 以内；当在该舱的上、下积载时，至少应在离该舱壁的垂直投影线 3m 远的邻近货舱。除非 A 类机器处所和装载第 1 类货物（除第 1.4 类、配装类 S 外）的货舱之间的舱壁是以"A-60"标准隔热的，否则应采取附件 3 中的补充措施。

d. 当第 1 类货物的积载"远离"居住处所或机器场所的舱壁时，介于中间的位置可以装载非易燃的货物。

e. 对于 1984 年 9 月 1 日以前安放龙骨的船舶，如确认这些船舶无法满足这些要求时，船旗国主管机关可以核准使用附件 3 中的替代安排。

f. 第 1 类货物不应积载在距离明火、机械排放口、厨房管路、易燃物品的储藏间或其他有潜在火源处水平距离 6m 以内。这些货物的积载应确保通道畅通并远离船舶其他安全操作必需的设备，并应避开消防栓、蒸汽管道，离步桥、生活区和救生设备水平距离不小于 8m。

⑦电气设备与电缆的要求如下：

a. 一般电气设备不应安装在装载第 1 类货物的货舱内。在安装但航程中并不需要供电处所或它们不满足附件 4 有关的标准处所时，电气设备和电缆应切断电源，使货舱内电路不通电。切断电源的方法可以打开开关或断路器，或从母线上断开或拆除连接系统。在任何情况下，拆线及接线工具或通向这些工具的通道应上锁并由负责人员控制。

b. 航行中由于船舶的操作安全需要使电气设备和电缆通过装载第 1 类货物的货舱时,这些设备应符合附件 4 的规定。所有的电气设备和电缆应由熟悉的人员检查以确保安全,并确认有良好的绝缘电阻和电缆芯线的连续性。金属铠装的连续性和接地也应由熟悉的人员确认。

c. 所有第 1 类货物应积载在对电气设备和电缆安全的位置。必要时尤其是在装卸时,应提供附加的物理防护,使电气设备和电缆可能遭受的损坏减至最低程度。

d. 尽可能避免在货舱内有电缆接头。如果做不到,接头应封闭在符合附件 4 标准的金属外壳内。

e. 所有的照明应采用固定式并符合有关的检验、测试和安装标准。

f. 货舱包括永久性固定的弹药舱,可能会有爆炸性粉尘或积载含有易燃液体物品的情况,对该舱室所需的电气设备和电缆标准列在附件 4 中。在所有情况下,适用于舱室的电气设备和电缆仅在由熟悉的人员检查之后方可使用。

⑧避雷防护要求如下:除非在海水和桅杆或船体结构,即从其末端到整个船体的主体都有效地进行了电连接,否则应在任何桅杆或结构上提供接地的避雷针。全焊接结构船舶上的钢制桅杆符合这一要求。

⑨某些处所要求如下:为了防止未经批准的人员进入,所有的舱室、弹药舱和货物运输组件应上锁或适当地紧闭。上锁和紧闭的方法应是在应急情况下能毫不延迟地进入。

(3)第 1 类货物的特殊积载(Special Stowage)

特殊积载与"A"型、"C"型弹药舱积载都是对第 1 类货物适用的,是指某些第 1 类物质和物品(除了配装类 S 外)在舱内积载时,应采取不同形式的防护,防护程度取决于由货物性质所决定的危险。需要特殊积载的货物在"危险货物一览表"第 16 栏中列明。以下是特殊积载的具体方法:

①当在舱内积载时,属于这种积载的第 1 类货物应积载在远离居住处所和工作区的场所,并且不得叠载。装有这种货物的封闭式货物运输组件不能布置在靠近船侧小于船宽 1/8 或 2.4m 的距离,两者取较小值。

②这种积载适用于主要危险是火灾和内容物泄漏,并伴有浓烟或催泪、有毒的烟雾(配装类 G、H 或 K)的爆炸性物品,以及有特殊危险的物质或物品(配装类 L)。凡建议舱面积载但实际不可行时,这些物质应进行特殊积载。

③配装类 G 或 H 的货物可用钢制的弹药舱或能防止内容物泄漏的钢制货物运输组件或采用主管机关批准的替代方案运输。

④在任一舱室只能积载同一配装类的货物。当无适用的单独货舱时,如果在单独的钢制弹药舱,主管机关可允许在同一舱内、相距 3m 以上装载配装类 G 和 H 的货物。

⑤配装类 K 和 L 的货物应在钢制的弹药舱中运输。

(4)客船装载第 1 类货物的要求

这里的"客船",就第 1 类货物的积载,是按 SOLAS 公约的术语解释的。即载客超过 12 人的船舶。

①第 1.4 类、配装类 S 的货物可以在客船上装载而且没有数量限制,其他的爆炸品不允许在客船上装载,但符合下列限量的某些爆炸品例外:

a. 救生用途的爆炸物品且含有的爆炸物质总净重每船不超过 50kg。

b. 配装类 C、D 和 E 的货物,爆炸物质的总净重每船不超过 10kg。

c. 除需要特殊积载以外的配装类 G 的物品,爆炸物质的总净重每船不超过 10kg。

d. 配装类 B 的物品,爆炸物质的总净重每船不超过 10kg。

②虽然有上述规定,但在具有经主管机关批准的特殊安全措施的客船上,可以增加第 1 类货物的数量和类型。

③配装类 N 的货物仅在除第 1.4 类、配装类 S 外没有其他的爆炸品,而且爆炸物质总净重每船不超过 50kg 的情况下,允许在客船上装载。

④不同配装类的爆炸品在客船上的积载(表 5-3)。

客船上爆炸品的积载 表 5-3

分类	样品	配装类												
		A	B	C	D	E	F	G	H	J	K	L	N	S
1.1	d	c	e	e	e	e	c	e	—	c	—	c	—	—
1.2	d	—	e	e	e	e	c	e	c	c	c	c	—	—
1.3	d	—	e	—	e	—	c	e	c	c	c	c	—	—
1.4	d	—	b	b	b	b	c	b	—	—	—	—	—	a
1.5	d	—	—	—	e	—	—	—	—	—	—	—	—	—
1.6	d	—	—	—	—	—	—	—	—	—	—	—	e	—

注:a-对货船,舱内或舱面;

b-对货船,舱内或舱面,仅限于移动式弹药舱内;

c-禁运,该要求优先适用;

d-按有关国家的主管机关根据 IMDG Code 第 1 类货物积载的一般要求制定的规定;

e-在集装箱或类似的组件中,仅限舱面。

2)第 2 类危险货物的积载

(1)积载的一般要求

①在运输过程中容器应尽可能保持阴凉,容器的积载应"远离"一切热源。

②容器应按下列方式积载:

a. 容器应衬垫,以防止直接接触钢制甲板。除非容器是置于框架中作为组件,否则其积载和楔垫应能防止容器移动。盛装液化气体的容器积载应保证其液相不会接触到容器的减压装置。

b. 容器垂向积载时,应成组积载并用坚实的木制箱或框围蔽、缚牢,并与钢制的甲板之间使用衬垫。

c. 舱面积载时,应防止容器受到光照及其他热辐射。

d. 舱内积载时,应选择有机械通风装置的货舱。

③应采取措施防止泄漏的气体逃逸到船舶的其他处所,尤其是易燃和有毒的气体。

④气体的积载方式应确保在运输时不会通过任何途径进入生活区、机舱和其他工作处所。

(2)易燃或有毒气体的积载

①应采取适当的措施防止易燃气体受热。应配备有效的机械通风装置以排除封闭的货物处所内的易燃气体。

②在客船上,这些气体应远离供旅客使用的甲板或舱室。

(3)未经清洗的空容器

对按规定装满货物仅限舱面积载的容器,其未经清洗的空容器可以在舱面或舱内有机械通风的处所积载,但贴有第2.3类标志未经清洗的空容器只能在舱面积载。

3)第3类危险货物的积载

该类物质的主要危险性是蒸气压高、容易燃烧,而且蒸气有麻醉作用,长时间吸入可能导致神志不清,甚至死亡。对该类物质的积载应按"危险货物一览表"中的要求,但对于使用3H1、3H2、1H1、1H2、6HH1和6HH2包装的闭杯(c.c)闪点在23℃或以下的物质,除非装在封闭式货物运输组件中,否则仅限舱面积载,此外还应:

(1)在运输中尽可能合理地保持阴凉,积载时"远离"一切可能的热源,采取措施防止从舱壁或其他热源受到热辐射的影响。

(2)应配备有效的通风设施以排除货物处所的易燃蒸气。

(3)采取适当的措施防止泄漏的液体和蒸气渗入船舶的其他处所,对装载闭杯闪点在23℃或以下易燃液体的罐柜,其积载不致使蒸气进入生活区、机舱和其他工作处所。

(4)在客船上,这些气体应远离供旅客使用的甲板或舱室。

4)第4类危险货物的积载

(1)本类物质在积载时,应尽可能合理地保持阴凉,而且"远离"一切热源。

(2)对于易散发蒸气和粉尘、与空气形成爆炸性混合物的货物,应积载在通风良好的处所。

(3)航行期间如有卷入火中的危险,可将一个或数个包件投弃;对允许舱内积载的货物同样适用。

(4)在客船上,这些物质的积载应远离供旅客使用的甲板或舱室。

(5)对自反应物质(UN2956、UN3241、UN3242和UN3251)及固体退敏的爆炸品应避开包括阳光在内的热辐射。

(6)未抑制的鱼粉(UN1374、包装类Ⅲ)和抑制的鱼粉(UN2216、第9类)的积载:

①松散的包装(Loose Packagings)

a. 航行期间每天测温3次并做记录。

b. 当温度超过55℃而且继续升温时,应限制向舱内通风,如果自热现象持续,应释放二氧化碳或惰性气体。

c. 货物的积载应避开热的管路和舱壁。

d. 对UN1374使用袋装运输时,为了通风的需要,建议使用双排式积载。

②集装箱装运

a. 货物装箱后,箱门和其他开口处应密封,以防空气进入。

b. 航行期间,应每天凌晨测量舱内的温度并做记录。

c. 如果舱内的温度急剧并持续升高,应急时可能需要大量水,但要考虑由此带来的船舶稳性影响。

d. 货物积载时应避开热的管路和舱壁。

(7)种子饼(UN1386)的积载

①机械压榨的含植物油(a)、含油量10%以上或含油和水混合物20%以上的种子饼的积载。

a. 应有良好的通风。

b. 如果航程超过5d,船舶应配备释放二氧化碳或惰性气体设备。

c. 如为袋装运输,也应按双排式积载。

d. 应定时测量货舱内不同深度的温度并做记录,当温度超过55℃而且继续升温时,应限制向舱内通风,如果自热现象持续,应释放二氧化碳或惰性气体。

②经溶剂萃取和机械压榨、含植物油(b)、含油量不超过10%和当含水量超过10%时,含油量不超过20%的种子饼的积载。

a. 应有良好的通风以去除残存的溶剂蒸气。

b. 如果包装袋积载处所没有循环贯通的通风、航程超过了5d,应定时测量货舱内不同深度的温度并做记录。

c. 如果航程超过5d,船舶的货舱应配备释放二氧化碳和惰性气体设备。

5)第5.1类危险货物的积载

(1)货舱或货物运输组件在装入该类物质之前,应清除一切可燃物质。

(2)应尽可能合理可行地使用非易燃的紧固和防护材料,只能使用尽可能少量的木质垫料。

(3)应采取措施避免氧化物质撒漏到可能有可燃物质的货舱和舭部等处所。

(4)装运过氧化物质的货舱在装入食品等其他物质之前,应进行清扫并检查。

(5)对硝酸铵(UN1942)和硝酸铵化肥(UN2067、UN2068、UN2069、UN2070和UN2072)的积载要求:

应积载在紧急时可以开启的干净的货物处所;对于袋装化肥或装载在货物运输组件内的化肥,应积载在易于接近的位置,并且船上的机械通风有能力排除由于化肥分解产生的气体和烟雾,在火灾应急时应能打开舱盖最大限度地通风和供水,但在随后的装载之前应考虑货舱注水带来的稳性影响。

对于无危险性的硝酸铵混合物与可能在同一处所内积载的其他物质的相容性,应在装货前予以考虑。

6)第5.2类危险货物的积载

有机过氧化物一律按积载类D类的要求积载;有机过氧化物应"远离"生活居住处所或其他通道;"远离"一切热源,积载在阴凉和通风处,防止日光照射;在积载时要考虑应急时可能采取的投弃货物的措施。

7)第6.1类危险货物的积载

装载过该类货物的货舱在卸货后应检查是否受有毒物质的污染,在装载其他货物尤其是食品之前应对货舱进行清洗和检查。

对有易燃危险的有毒物质还要求:在客船上积载应远离供旅客使用的甲板或处所;运输期

间,该类货物应积载在有机械通风的处所,尽可能合理地保持阴凉;一般情况下应"远离"一切热源。

8) 第 7 类危险货物的积载

第 7 类放射性物质的积载除了应按《国际危规》"危险货物一览表"第 16 栏列出的积载类和有关要求外,还应满足以下要求:

(1) 装运 LSA 和 SCO(IP-1、IP-2、IP-3 型或未包装的)货物的内河船舶或其他运输工具上的单一货物处所内,总活度的限制条件如表 5-4 所示。

工业包件或未包装 LSA 和 SCO 物质的活度限值　　　　表 5-4

物 质 特 性	除内河水域以外,运输工具的活度限制	内河船舶货物处所的活度限制
LSA-Ⅰ	无限制	无限制
LSA-Ⅱ 和 LSA-Ⅲ 非易燃固体	无限制	$100A_2$
LSA-Ⅱ 和 LSA-Ⅲ 易燃固体、所有的液体和气体	$100A_2$	$100A_2$
SCO	$100A_2$	$10A_2$

(2) 所托运的货物应积载牢固。

(3) 除了主管机关在批准证书中的特别要求外,只要其表面平均热通量不超过 $15W/m^2$ 且紧靠其周边的不是袋装货物,包件或集合包件可以与其他包装形式的普通货物一起积载而无须采取任何特别措施。

(4) 集装箱的装载以及包件、集合包件和集装箱运输指数的累加值应在如下控制的范围内:

① 除了以独家使用方式外,装在同一运输工具上的包件、集合包件和集装箱的运输指数的总和应不超过表 5-5 列出的限值,但对 LSA-Ⅰ 的运输指数没有限制。

非独家使用方式集装箱和运输工具的运输指数限值　　　　表 5-5

集装箱或运输工具的类型	单个集装箱或运输工具上运输指数总和限制值
小型集装箱	50
大型集装箱	50
车辆	50
客机	50
货机	200
内河船舶	50
海船	
1. 货船、舱室或限窄的处所	
包件、集合包件、小型集装箱	50
大型集装箱	200
2. 全船	
包件、集合包件、小型集装箱	200
大型集装箱	无限制

注:只要在船上任何时候不从车辆上移出,在车辆之内、之上装载的包件或集合包件可以用船舶装运。

②如果所托运的货物是以独家使用(Exclusive Use)方式运输的,对每个运输工具上的运输指数总和没有限制。

③在常规运输条件下,运输工具外表面任何一点的辐射水平不得超过2mSv/h,而且离运输工具外表面2m远处的辐射水平不得超过0.1mSv/h。

④在一个集装箱和运输工具上装运的裂变物质的临界安全指数总和不得超过表5-6列出的限值。

装有裂变物质的集装箱和运输工具的临界安全指数总和限值　　　　表5-6

集装箱或运输工具的类型	单个集装箱或运输工具上临界安全指数总和的限制值	
	非独家使用的方式	以独家使用的方式
小型集装箱	50	n.a
大型集装箱	50	100
车辆	50	100
客机	50	n.a
货机	50	100
内河船舶	50	100
海船		
1.货船、舱室或限定的处所		
包件、集合包件、小型集装箱	50	100
大型集装箱	50	100
2.全船		
包件、集合包件、小型集装箱	200*	200**
大型集装箱	无限制*	无限制**

注:* 只要在船上任何时候不从车辆上移出,在车辆之内、之上装载的包件或集合包件可以用船舶装运。在此种情况下适用于独家使用方式。一托运货物的装卸和积载应使在任一组总的临界安全指数不超过50,而且各组之间相距6m以上。

　** 托运货物的装卸和积载应使在任一组总的临界安全指数不超过100,而且各组之间相距6m以上。各组之间的间隔可以放置其他货物。

(5)任何托运的包件或集合包件如果运输指数大于10,而且临界安全指数大于50,只能以独家使用方式运输。

(6)对以独家使用方式托运的货物,辐射水平不得超过10mSv/h。

①仅在满足下列条件时可以超过2mSv/h:

a.在正常的运输条件下车辆应封闭,以防止未经许可人员进入。

b.采取措施固定包件或集合包件,以使其在正常的运输条件下在车辆内的位置不会移动。

c.在整个运输期间不进行装卸作业。

②在车辆外表面任意一点,或对于开敞式车辆在其外缘垂直投影面上、整件货物的上表面和车辆底部外表面任意一点不应超过2mSv/h。

③在车辆外侧面垂直平面2m外任意一点,或如果整件货物用开敞式车辆运输,在车辆外缘垂直投影面2m外任意一点不应超过0.1mSv/h。

④公路车辆装运粘贴Ⅱ级和Ⅲ级黄色包件、集合包件或集装箱时,车上除驾驶员和助手外,不允许有其他人。

⑤表面辐射水平超过 2mSv/h 的包件或集合包件,应按独家使用方式并且在船上期间不得将其从车辆中移出,否则除特殊安排外不得由船舶装运。

⑥由专用载运放射性物质的船舶装运,对运输指数的总和可以超过限值,但必须满足以下条件:

a. 船舶运输的辐射防护计划已获船旗国批准,如有必要还应经中途停靠港主管机关的批准。

b. 应预先制订积载计划,包括各中途停靠港准备装载的任何货物。

c. 所有货物的装、卸和运输工作都由对放射性物质运输适任的人员进行监督。

⑦装运放射性物质的运输工具和设备应定期检查,以确定受污染水平。

⑧在放射性物质运输中,对于超过表面非固定污染限值(对 β 和 γ 辐射源以及低毒 α 辐射源为 4 Bq/cm^2、对其他所有的 α 辐射源为 0.4 Bq/cm^2,这些限值是对于外表面任何部分 $300cm^2$ 面积上的平均值)或表面辐射水平超过 5μSv/h 的运输工具或设备,应尽快由适任人员清除污染,使其降至限值以下方可使用;对于专门盛装放射性物质的集合包件、集装箱、罐柜、中型散装容器或独家使用的运输工具,只要还继续用于特定的独家使用方式,该要求可以免除。

(7)INF 货物对船舶的要求

运输 IMDG Code 第 7 类物质明细表 10、表 11、表 12 或表 13,作为货物运输的包装放射性物质的船舶应符合 INF Code 的要求。INF Code 是 1999 年 5 月 SOLAS 修正案加入的内容,于 2001 年 1 月 1 日生效。INF 规则(International Code for the Safe Carriage of Packaged Irradiated Nuclear Fuel, Plutonium and High-Level Ra-dioactive Wastes on Board Ships)全称为《船上装载放射性核燃料、钚和高水平放射性废物安全运输规则》,成为公约第Ⅶ章下的强制性内容(D 部分)。

该规则按装运的 INF 货物总活度,将船舶分为以下 3 类:

INF1 类船:经证书规定可运输总活度不超过 4 000 TBq 的 INF 货物的船舶。

INF2 类船:经证书规定可运输总活度不超过 2×10^6 TBq 的辐射核燃料或高强度放射性废弃物的船舶,和经证书规定可运输总活度不超过 2×10^5 TBq 钚的船舶。

INF3 类船:经证书规定可运输辐射核燃料或钚或高强度放射性废弃物的船舶,且无总活度限制。客船不能作为 INF3 类船。

该规则对各类船应满足的破舱稳性、防火安全措施、货物处所的温度控制、结构、货物系固安排、供电、辐射防护、管理和培训以及船上应急计划、发生事故时的通知等方面均提出要求。

9)第 8 类危险货物的积载

①由于本类物质在潮湿时对大多数金属都有不同程度的腐蚀性,有的还与水产生强烈的反应,所以应尽可能保持干燥。

②由于大多数塑料材料在较高温度下强度会降低,所以盛装本类物质的无防护的塑料包装应尽可能保持阴凉。

③对于具有易燃特性的腐蚀品:

在客船上,这些物质的积载应远离供旅客使用的甲板或处所。

本类物质应积载于有机械通风的舱室,运输途中应尽可能保持阴凉。本类物质的积载应"远离"一切热源。

10)第9类硝酸铵化肥(UN2071)的积载

(1)应积载在遇紧急情况可以开启的清洁货物处所。袋装或容器装的化肥应考虑积载在舱口易于接近的位置,而且船上的机械通风装置能将化肥分解产生的气体和烟雾排除。遇到火灾时,应能打开舱室以提供大量的水和通风。在装货前应考虑到因紧急情况舱内淹水可能造成的稳性问题。

(2)如果无法抑制分解,虽不会对船舶结构立即造成危险,但分解后的剩余物仅相当于原装载货物量的一半,这样也可能对船舶稳性造成影响。

(3)该货物不应与机舱的金属舱壁直接接触,对于袋装化肥可用木板使舱壁和货物隔开,短程国际航线的船舶例外。

(4)对于未装有烟雾探测装置或其他适用装置的船舶,应按不超过4 h的间隔定期检查装有这些化肥的货物处所,以确保尽早发现可能的分解作用。

5.1.4 货物运输组件的装载

无论在陆地上还是海上、在车辆上或在船上,装载包件或物品的货物运输组件会经受各种外力的作用。在海上,装载包件或物品的船舶受力如图5-8所示。

图5-8 船舶受力分析

这些外力作用于货物运输组件和其中的货物,使其移动或位移,导致货物或货物运输组件受损,严重的会使货物运输组件翻倒、坠落,甚至使车辆或船舶倾覆。

为了避免货物和运输工具的损毁,保证货物运输组件的安全运输,IMDG Code第7.5章和补充本中的"货物运输组件装载指南"做出如下规定。

1)装载前对货物运输组件进行检查

(1)外部检查

装载前应检查货物运输组件,其外观上应结构完整、状况良好,无任何明显变形。箱门应开关顺利,开门后厢门能固定不动,关门后厢门能锁牢密封,门上的密封件和防雨条应处于良好状态。

对于国际航线的集装箱应有符合 CSC 公约的标牌,其他的货物运输组件也应有相应的标牌。无关的标记和标识应去除。

货物运输组件上还应有能固定在船上的系固点。

(2)内部检查

对内部结构的检查,如是否有破漏处,有无会损坏货物的突出物,紧固货物的结构是否处于良好状态。还应确认货物运输组件内清洁、干燥,无前次货物的残留物和气味。

2)装载前对货物的检查

发货人应提交所托运的危险货物特性和数量的资料(正确的运输名称、类别和分类、配装类、UN 编号、包装类和危险货物的总重),拟装入货物运输组件中的危险货物包件应按规定进行标记和标志。发货人还应确保所选择的运输方式是经过主管机关批准的。

装载货物运输组件的作业人员应检查包件,去掉包件上的雨雪,对有撒漏和溢漏的包件不应装入货物运输组件中,对有污染迹象的包件在确定安全情况下方可装入。

如果是成组装载应设计成规整的形状,侧面成垂直,顶面接近水平。捆扎材料应与货物相容,其强度不受环境的影响。

3)装载和紧固

货物运输组件的装载场地应禁止吸烟,并有适当防火应急措施。整个装载过程应在经认可的负责人员的现场监督下完成。装载人员应经过相应的培训,在装卸过程中,装载人员不得饮食。

应由经培训、考试合格之后,由主管机关签发证书的集装箱装箱检查员监督整个装载过程。在装卸过程中应特别注意防止损坏包件,一旦发现包件有损坏,应立即撤离直至查清其潜在的危险性,必要时采取应急措施。破损的包件禁止装运,应将其运至安全处。

除非主管机关批准,装有危险货物的桶形包装应竖直积载。带有通气孔的包件应使通气孔向上,以防止通气孔堵塞。

不相容的危险货物不应放入一个货物运输组件中,除非能满足等效的隔离要求。

如果所装入的危险货物只占一部分,最好装载在靠近门口处,标记和标志明显可见。

装入货物运输组件内的包件应加以紧固,以防止其在组件内移动。同时,紧固货物的方法本身也不应导致货物或组件的损坏。

4)装载结束

货物运输组件装载完毕,应粘贴标记、标牌和其他标识。由持证的集装箱装箱检查员签署"集装箱装箱证明"或"车辆装载申报单"。

5.1.5 货物运输组件在船上的积载和系固

装载危险货物的货物运输组件在船上的积载和装卸,除了应满足危险货物积载的一般要求外,还应满足以下各项条件。

1)一般规定

(1)装载危险货物的货物运输组件在装船前,应检查外部有无损坏迹象或有无内装物的渗漏或撒漏现象。发现有损坏、渗漏或撒漏情况均不得装运,直至采取有效修理和挑出破损的包件。

(2)货物运输组件的积载处所通风是指对船上积载有货物运输组件的处所的通风。如要打开货物运输组件应防止因货物溢漏而使组件内富氧、缺氧或有易燃、有毒蒸气对人员的伤害。由于货物含水量或环境温差的作用而导致的冷凝作用会使第 4.3 类物质产生危险,所以应选择低含水量的包装和系固材料。

(3)对需要尽可能保持较低温度的货物,在装入货物运输组件后,同样应保持低温。

2)熏蒸状态下的货物运输组件

(1)应选择密封的货物运输组件,或对货物运输组件采取密封处理后,才能作为熏蒸货物运输组件使用。

(2)熏蒸状态下的货物运输组件在装运前应放置一段时间,使气体在货物运输组件中分散均匀。

(3)熏蒸状态下的货物运输组件在装船前应通知船长。

(4)当熏蒸状态下的货物运输组件在舱内积载时,检测熏蒸气体的设备及使用说明应随船携带。

(5)在客船上,熏蒸状态下的货物运输组件不能装载在舱内。

(6)货物运输组件装载在船上期间,不能向其中投放熏蒸剂。

(7)对于已经熏蒸过并进行了彻底通风,残余气体降低到无害程度的货物运输组件,即可作为普通的货物运输组件,应去掉熏蒸警示牌。

3)滚装处所货物运输组件的积载

(1)在车辆甲板装卸作业,船长应指派驾驶员或负责人员进行监督,并且在航行期间对货物处所经常检查,以尽早发现危险迹象。

(2)旅客和其他未经许可的人员不得进入装有危险货物的车辆甲板,所有通向这些处所的门在航行期间应紧闭,并在入口处张贴醒目、禁止进入的通告;在航行期间,只有在经批准的船员陪伴下其他人员方可进入该甲板通道。

(3)在滚装货物处所、机器处所和船员居住处所之间的通道应有防止危险性蒸气和液体进入的封闭装置,当船舶载有危险货物时,通道应能紧密关闭。除非经批准的人员或在紧急情况下才能使用。

(4)滚装船可以载运以货物运输组件形式或以常规方式在车辆甲板、货舱或露天甲板上积载危险货物。这样的情况下,应按其他相关的要求。

(5)要求仅限舱面积载的危险货物不能在封闭的车辆甲板上积载。但可以在主管机关批准的条件下,在开敞式车辆甲板上积载。

(6)易燃气体或闪点 23℃ 以下的易燃液体只能积载在舱面,而且应远离火源。只有满足下列条件才能积载在封闭式车辆甲板:

①货物处所的设计、构造和设备符合经修正的 SOLAS 1974 第Ⅱ-2/54 条,同时通风系统能达到至少 6 次/h 的换气量。

②货物处所的通风系统能达到至少 10 次/h,而且一旦通风系统失灵或其他导致易燃气体聚积情况发生时,该处所未认可为安全的电气系统应能通过其他方式而不是切断保险丝电源予以关闭。

(7)在 SOLAS 通风要求的基础上,只要封闭式车辆甲板货物处所通风是可行的,而且天气允许,应经常通风。在卸货前应能确保货物处所无有害气体。如果不能连续通风,应切断未认可为安全的电气系统。

(8)要求"在机械通风处所积载"的危险货物,当在封闭式车辆甲板或特殊货物处所装运时,应采取机械通风的方式。

(9)在航行期间,对于装载在封闭式车辆甲板或特殊处所的货物运输组件,组件上用于制冷或加热的装置禁止启动。

(10)在封闭式车辆甲板或特殊处所积载装有易燃气体或闪点23℃以下易燃液体的货物运输组件,只有在满足下列条件下,才可以启动组件上电气控制的制冷或加热装置:

①货物处所的设计、构造和设备符合经修正的SOLAS 1974 第Ⅱ-2/54条,而且组件上的制冷或加热装置符合IMDG Code中对温度控制方法的要求。

②货物处所的通风系统能达到至少10次/h,而且一旦通风系统失灵或其他导致易燃气体聚积情况发生时,该处所未认可为安全的电气系统应能通过其他方式而不是切断保险丝电源予以关闭。

4)滚装处所以外其他处所货物运输组件的积载

(1)装有易燃气体或闪点23℃以下易燃液体的货物运输组件应在舱面积载,只有在满足下列条件下,才能与配有制冷或加热装置(可能会成为火源)的货物运输组件在舱内的同一货物处所积载:

①货物运输组件的制冷空间和制冷、加热装置符合IMDG Code中对温度控制方法的要求。

②货物处所的设计、构造和设备符合经修正的SOLAS 1974 第Ⅱ-2/54条的要求。

(2)对于装有易燃气体或闪点23℃以下易燃液体的货物运输组件满足上面要求的,而且是控温的,可以在舱内积载,其他的应舱面积载。

(3)在舱面积载装有易燃气体或闪点23℃以下易燃液体的货物运输组件应"远离"火源。

(4)危险货物仅在下列条件下才能在无舱盖集装箱船的货舱内或其垂直方向的上方装运:

①在"危险货物一览表"中允许舱内积载。

②无舱盖集装箱船的货舱符合经修正的SOLAS 1974 第Ⅱ-2/54条,适用于封闭式货物处所的要求,对所装运的货物是合适的。

5)装有第1类危险货物的货物运输组件的积载

(1)结构要求

①载运除第1.4类以外净重超过5 000 kg的第1类爆炸品的集装箱,长度不能超过6m(20 ft),而且作为A型弹药舱的集装箱应安装密合地板并加上非金属衬里。

②集装箱或车辆的板材符合《国际集装箱安全公约》(CSC)的要求,并在装货前对结构、零件进行仔细检查,确保在结构上适用、没有重要的缺陷。并确认没有上次货物的残余物。

装运1.1C、1.1D、1.1G、1.3C和1.3G的自由流动的粉末状物质以及1.1G、1.2G和1.3G的烟火制品,用集装箱装运时,箱底应有非金属表面或涂层。

③特殊的结构要求,在"危险货物一览表"第16栏列明。

(2)积载要求

①在非集装箱专用船上,货物运输组件仅应在底层积载。

②在船上装卸装有第1类危险货物的货物运输组件应特别小心,应采取IMO《港区安全运输、装卸和储存危险货物建议书》中的防护措施。

5.2 隔 离

5.2.1 隔离的基本要求

1)隔离的定义及其基本原则

隔离要求适用于各类船舶所有的舱面、舱内装载货物处所和货物运输组件。

隔离就是指船舶运输不同包装危险货物时,对于性质不相容的危险货物,在船上积载时,应使它们之间保持一定的间距,隔一个或两个钢制水火密的甲板、货舱舱壁,彼此不相互影响,或这些措施的总和。采取隔离措施的危险货物之间的空间可以装入其他与该危险货物相容的货物。所谓性质不相容就是把它们放在一起会发生化学反应的物质,把它们放在一起会增加货物的运输风险。对于性质不相容物质应将其隔离。

所谓互不相容,是指性质不相容、相互能发生危险性反应,如能引起燃烧和/或产生大量的热,能产生易燃、有毒或窒息性气体,能生成腐蚀性物质或不稳定的物质。此外,还包括一旦发生事故会使另一种物质陷入危险的物质,如易燃物品与遇火可能发生爆炸的物品、爆炸物品与有毒/腐蚀/放射性物质之间。发生火灾事故不易扑救的物质,如有机过氧化物与易燃气体/液体/固体物质之间。消防方法和灭火介质不同的货物之间。

2)隔离类

为了运输安全,具有某些相似化学性质的危险货物按隔离类的划分归在一起,采用相同的隔离要求。

隔离类分为 17 类,具体为:酸类;铵化合物;溴酸盐;氯酸盐;亚氯酸盐;氰化物;重金属及其盐类;次亚氯酸盐;铅及其化合物;液体卤代烃;汞及其化合物;亚硝酸盐;高氯酸盐;高锰酸盐;金属粉末;过氧化物;叠氮化物。这其中的每一类,包括许多物质。在 IMDG Code 中,有些尚未列明条目的运输物质没有列入隔离类,这需要根据具体涉及的物质组成和性质来决定相应的隔离要求,以确保运输安全。

3)隔离的代码和术语

根据货物之间发生危险程度不同,隔离又分为以下 4 个等级:

隔离等级"1":称为"远离",只要在水平垂直投影距离不少于 3m,可以在同一舱室、同一货舱或甲板的不同高度积载,如图 5-9 所示。

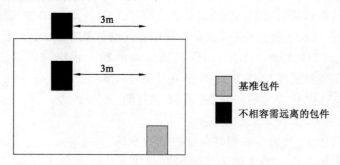

图 5-9 隔离等级"1"示意图

隔离等级"2":称为"隔离",指应装载在不同的舱室(舱室之间的甲板必须是防火防液的)或货舱。若在舱面积载,水平距离应不小于6m,如图5-10所示。

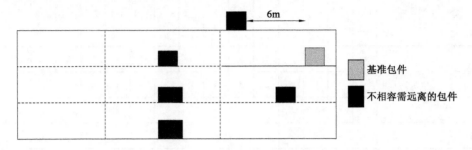

图5-10 隔离等级"2"示意图

隔离等级"3":成为"用一个完整的舱室或货舱隔离",即用一整个舱室或货舱隔离,可按垂直或水平方向隔离一个舱室或货舱,舱室间的甲板应是防火防液的。如舱面积载,水平距离应不少于12m。如果一包件在舱面积载,而另一包件在最上层舱室积载,也要保持上述的同样距离,如图5-11所示。

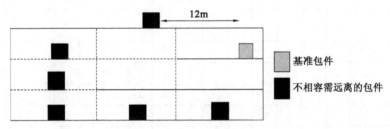

图5-11 隔离等级"3"示意图

隔离等级"4":称为"用一个介于中间的完整舱室或货舱做纵向隔离",即在水平方向隔离一个货舱。单独的垂向距离不符合这一要求。舱面积载时,水平距离应不少于24m,如图5-12所示。

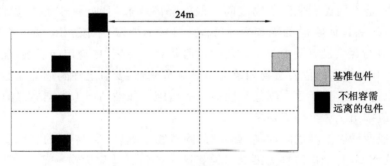

图5-12 隔离等级"4"示意图

4)隔离表

表5-7为危险货物隔离表。

危险货物隔离表　　　　　　　　　　　　　　　　表 5-7

类别		1.1 1.2 1.5	1.3 1.6	1.4	2.1	2.2	2.3	3	4.1	4.2	4.3	5.1	5.2	6.1	6.2	7	8	9
爆炸品	1.1,1.2,1.5	*	*	*	4	2	2	4	4	4	4	4	4	2	4	2	4	×
爆炸品	1.3,1.6	*	*	*	4	2	2	4	3	3	4	4	4	2	4	2	2	×
爆炸品	1.4	*	*	*	2	1	2	2	2	2	2	2	2	×	4	2	2	×
易燃气体	2.1	4	4	2	×	×	×	2	1	2	×	2	2	×	4	2	1	×
无毒不燃气体	2.2	2	2	1	×	×	×	1	×	1	×	×	1	×	2	1	×	×
有毒气体	2.3	2	2	2	×	×	×	2	×	2	×	×	2	×	2	1	×	×
易燃液体	3	4	4	2	2	1	2	×	×	2	1	2	2	×	3	2	×	×
易燃固体	4.1	4	3	2	1	×	×	×	×	1	×	1	2	×	3	2	1	×
易自燃物质	4.2	4	3	2	2	1	2	2	1	×	1	2	2	1	3	2	1	×
遇水时放出易燃气体的物质	4.3	4	4	2	×	×	×	1	×	1	×	2	2	×	2	2	1	×
氧化物质	5.1	4	4	2	2	×	×	2	1	2	2	×	2	1	3	1	2	×
有机过氧化物	5.2	4	4	2	2	1	2	2	2	2	2	2	×	1	3	2	2	×
有毒物质	6.1	2	2	×	×	×	×	×	×	1	×	1	1	×	1	×	×	×
感染性物质	6.2	4	4	4	4	2	2	3	3	3	3	3	3	1	×	3	3	×
放射性物质	7	2	2	2	2	1	1	2	2	2	2	1	2	×	3	×	2	×
腐蚀品	8	4	2	2	1	×	×	×	1	1	1	2	2	×	3	2	×	×
杂类危险物质和物品	9	×	×	×	×	×	×	×	×	×	×	×	×	×	×	×	×	×

注：*-爆炸品之间的隔离适用于另外的要求；1-远离；2-隔离；3-用一个完整的舱室或货舱隔离；4-用一个介于中间的完整舱室或货舱做纵向隔离；×-应查阅"危险货物一览表"。

表 5-7 表示的是不同类别危险货物之间一般的隔离要求，但如果与"危险货物一览表"中第 16 栏列明的对某一具体物质的隔离要求不同，后者的要求优先适用。如：乙炔，溶解的，UN1001，按隔离表与氯气没有隔离要求，但在"危险货物一览表"中规定与氯气"隔离"。

除第 1 类外，其他类别的危险货物如果有一种副危险性，要看这种副危险性是否比主危险性要求更严，如果这样，应选择适合副危险性的隔离措施。如粘贴第 1 类副标志的自反应物质和有机过氧化物应按第 1.3 类隔离要求。

如果有两种或两种以上副危险性，应查询"危险货物一览表"第 16 栏的隔离要求，如：溴氯化物，第 2.3 类，UN2901，副危险性为第 5.1 类和第 8 类，在"危险货物一览表"中列明的隔离要求为按第 5.1 类隔离，并与第 7 类隔离。"与某类隔离"的含义是与"某类"所有物质和粘贴"某类"副危险性标志的所有物质。

如属于同类但有不同副危险性的两种物质，如在一起不会发生危险性的反应，可以不考虑副危险性的隔离要求。

对于由同一种物质构成,但仅因含水量不同而划入不同危险类别的物质之间无须隔离,如第4.2类和第8类的硫化钠。

5.2.2 危险货物包件的隔离

危险货物包件的隔离是指常规形式积载的危险货物包件的隔离;货物运输组件内的危险货物的隔离和常规形式积载的危险货物与货物运输组件中所装危险货物的隔离。

1) 常规形式积载的危险货物包件之间的隔离方法

常规形式积载的危险货物包件按下列方法隔离,如图5-13和图5-14所示。

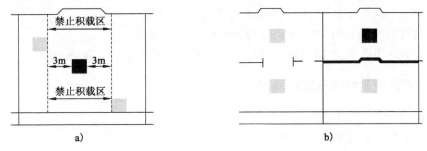

图5-13 常规形式积载的危险货物包件之间的隔离方法一

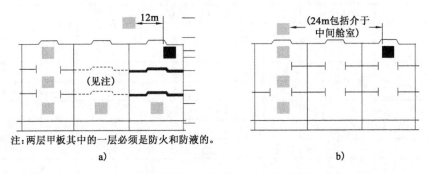

图5-14 常规形式积载的危险货物包件之间的隔离方法二

(1)"远离"。

有效地隔离以使互不相容的物质在万一发生意外时不致相互起危险性反应,但只要在水平垂直投影距离不小于3m,仍可以在同一舱室或货舱内或舱面上积载,如图5-13a)所示。

(2)"隔离"。

在舱内积载时,装在不同的舱室或货舱。如中间甲板是防火防液的,垂向隔离,即在不同的舱室积载,可以看成是同等效果的隔离。就舱面积载而言,这种隔离即不少于6mL的水平距离,如图5-13b)所示。

(3)"用一整个舱室或货舱隔离"。

即垂向或水平的隔离。如果中间甲板不是防火防液的,只能用一介于中间的整个舱室或货舱做纵向隔离。就舱面积载而言,这种隔离即不少于12m的水平距离。如果一包件在舱面积载,而另一包件在最上层舱室积载,也应保持上述同样的距离,如图5-14a)所示。

(4)"用一介于中间的整个舱室或货舱做纵向隔离"仅为垂向隔离不符合这一要求。在舱内积载的包件与在舱面积载的另一包件之间的距离包括纵向的一整个舱室在内必须保持不少于24m。就舱面积载而言,这种隔离应不少于24m的纵向距离,如图5-14b)所示。

2)货物运输组件内危险货物的隔离

需相互隔离的危险货物不应在同一货物运输组件内装运。需相互"远离"的危险货物经主管机关批准,可以在同一运输组件内装运,但必须坚持等效的安全标准。

3)常规形式积载的危险货物与货物运输组件中所装的危险货物的隔离

常规形式积载的危险货物与开敞式货物运输组件中所装的危险货物之间的隔离,应按常规形式积载的危险货物包件之间隔离的方法。

常规形式积载的危险货物与封闭式货物运输组件中所装的危险货物之间的隔离,除下列情况外,应按常规形式积载的危险货物包件之间隔离的方法:

(1)要求"远离"时,包件与封闭式货物运输组件之间无隔离要求。

(2)要求"隔离"时,包件与封闭式货物运输组件之间按"远离"的要求积载。

5.2.3 特殊类别危险货物的隔离

1)爆炸品之间的配装和隔离

表5-8为爆炸品的配装和隔离要求。

爆炸品的配装和隔离要求 表5-8

配装类	A	B	C	D	E	F	G	H	J	K	L	N	S
A	×												
B		×											×
C			×	×⁶	×⁶		×¹					×⁴	×
D			×⁶	×	×⁶		×¹					×⁴	×
E			×⁶	×⁶	×		×¹					×⁴	×
F						×						×	
G			×¹	×¹	×¹		×						
H								×					
J									×				
K										×			
L											×²		
N			×⁴	×⁴	×⁴							×³	×⁵
S		×	×	×	×	×	×	×	×	×		×⁵	×

注:"×"表示可以在同一舱室、弹药箱、货物运输组件或车辆中配装相应的配装类爆炸品。

"1"表示配装类G的爆炸品(除烟火及需要特殊积载的物品外),只要同一舱室、弹药箱、货物运输组件或车辆中没有其他的爆炸性物质,可以与配装类C、D和E的爆炸性物品一起配装。

"2"表示托运的配装类L的爆炸品只能与同一类型的配装类L的货物一起配装。

"3"表示第1.6类的不同种类、配装类N的物品,仅在被证明物品之间没有爆炸共性以外的危险性时,才可以在一起配装,否则应作为第1.1类对待。

"4"表示当配装类N的物品与配装类C、D或E的爆炸品一起配装时,配装类N的物品应作为配装类D对待。

"5"表示当配装类N的物品与配装类S的爆炸品一起配装时,整个装载应按配装类N的标准。

"6"表示配装类C、D和E中爆炸品的任何组合均应视为E类,对于配装类C、D中的任何物质的组合,可以根据组合装载的特点,按配装类的分类,确定最合适的配装类别。

2)放射性物质的隔离

(1)放射性物质应与人员隔离。计算隔离距离或辐射水平应根据下列限值:

①船员经常使用的工作区域,剂量为5mSv/y。

②旅客经常进入的区域,剂量为1mSr/y。

(2)放射性物质应与未冲印的胶卷隔离,计算隔离距离的基准是未冲洗胶卷暴露到运输的放射性物质辐射限制在每件胶卷货物为0.1mSv。

(3)粘贴黄色标志(Ⅱ或Ⅲ级)的放射性物质包件或集合包件,除了批准专门为跟随这些货物的工作人员预留的处所外,不应在旅客使用的处所内装运。

(4)装有裂变物质的包件、集合包件或集装箱,应限制其临界安全指数在50以下,而且与此类其他包件至少有6m的间距。

(5)对于临界安全指数允许超过50的运输工具、集装箱,也应与此类其他包件至少有6m的间距。

(6)放射性物质与未冲洗的胶卷、人员的隔离。

①人员与放射性物质简化的隔离(表5-9)。

人员与放射性物质简化的隔离　　　　　表5-9

运输指数(T1)的总和	旅客和船员与放射性物质隔离的距离			
	普通的货船[1]		渡 船 等[2]	沿海供应船[3]
	零担货船(m)	集装箱船(CTU$_s$)(m)		
10以内	6	1	积载于离生活区和经常有人的工作区较远的船首和船尾	积载于船尾或平台的中点
大于10,但小于20	8	1	积载于离生活区和经常有人的工作区较远的船首和船尾	积载于船尾或平台的中点
大于20,但小于50	13	2	积载于离生活区和经常有人的工作区较远的船首和船尾	不适用
大于50,但小于100	18	3	积载于离生活区和经常有人的工作区较远的船首和船尾	不适用
大于100,但小于200	26	4	积载于离生活区和经常有人的工作区较远的船首和船尾	不适用
大于200,但小于400	36	6	积载于离生活区和经常有人的工作区较远的船首和船尾	不适用

注:"1"船长最少为150m的普通货船、零担货船或滚装集装箱船。

"2"船长最少为100m的渡船或海峡渡船、沿海和岛屿间航行的船舶。

"3"船长最少为50m的沿海供应船(在这种情况下,最大运输指数限制为20)。

②未冲洗的胶卷和底片与放射性物质简化的隔离(表5-10)。

未冲洗的胶卷和底片与放射性物质简化的隔离　　表 5-10

运输指数 (TI)的总和	航行的天数				
	1d 以内[1,2]	1d 以上, 4d 以下[1,2]	4d 以上, 10d 以下[2]	10d 以上, 30d 以下[2]	30d 以上, 50d 以下[2]
10 以内					
大于 10,但小于 20	1/3 船长				1/2 船长
大于 20,但小于 50			1/3 船长(需要屏蔽防护)[3]		
大于 50,但小于 400	3/4 船长				

注:"1"船长最少为 100m 的渡船或海峡渡船、沿海和岛屿间航行的船舶。
　　"2"船长最少为 150m 的普通货船、零担货船或滚装集装箱船。
　　"3"用货物隔离形式的屏蔽防护,即在胶卷和第 7 类货物之间插入一个装满货物集装箱或至少 6m 的货位。

③对人和未冲洗胶片及感光物质的安全距离。

表 5-11 为放射性物质与人员及未冲洗胶卷和底片的安全距离隔离表。

放射性物质与人员及未冲洗胶卷和底片的安全距离隔离表　　表 5-11

货物厚度 (m)(单位 密度)	与生活 区或人 力经常 活动区 的最小 距离(m)	与未冲洗胶片及感光物质的最小距离(m)																					
		1d 航程			2d 航程			4d 航程			10d 航程			20d 航程			30d 航程			40d 航程			50d 航程		
总运输 指数	0　1	0	1	2	0	1	2	0	1	2	0	1	2	0	1	2	0	1	2	0	1	2	0	1	2
0.5	2　×	2	×	3	4	×	6	×	8	2	×	10	3	×	11	3	×	12	3	×
1	2　×	3	×	4	5	×	8	2	×	11	3	×	13	4	×	15	4	×	17	4	×
2	3　×	4	×	5	7	×	11	3	×	15	4	×	19	5	×	22	5	×	24	6	×
3	4　×	5	×	6	9	×	13	4	×	19	5	×	23	6	×	27	7	×	30	7	×
5	4　×	6	×	8	11	×	17	4	×	24	6	×	30	7	×	34	8	×	38	9	3
10	6　2	8	×	11	15	×	24	5	×	34	7	×	42	10	3	48	12	3	54	13	3
20	8　2	11	×	15	4	22	5	×	34	×	48	12	3	59	14	4	68	16	4	76	18	5
30	10　3	13	×	19	5	26	6	×	42	10	3	59	14	4	72	17	4	83	20	5	93	22	6
50	13　3	17	×	24	5	34	×	54	×	76	18	5	92	23	5	110	26	7	120	29	7
100	18　6	24	×	34	8	48	5	×	76	×	110	25	5	130	32	8	150	36	9	170	40	10
150	22　8	30	×	42	13	59	6	×	93	6	2	130	8	×	160	39	10	185	45	11	•	50	12
200	26　8	34	×	48	15	68	6	×	100	7	2	150	30	9	185	43	11	•	51	13	•	58	14
300	32　8	42	10	2	59	6	×	83	23	5	130	32	6	185	44	11	•	55	13	•	63	15	•	70	17
400	36　9	48	12	3	68	16	4	95	23	6	150	36	9	•	55	13	•	63	15	•	73	18	•	81	20

注:1.×表示货物的屏蔽厚度足够,不需要额外的隔离距离。单位密度货物与人隔离 2m,与未冲洗胶片及感光物质隔离 3m,则在以上长度的航行中需远距离遮蔽物。
　　2.如果使用 1 层钢舱壁或钢甲板,将隔离距离乘 0.8。如果使用 2 层钢舱壁或钢甲板,将隔离距离乘 0.6。
　　3."单位密度货物"指装载货物的密度为 1 t/m³,如果密度比这个值小,那么以上货物深度就要按比例相应增加。
　　4."最小距离"是指任何方向上的最短距离,不论水平还是垂直的,从最近包装的外表面算起。
　　5.只有当本类中的相关条款允许其运输指数超过 200 时,才可以使用表中双画线下面的数字。
　　6.包装,第二层包装,装运容器的运输指数。
　　7.不准运输,除非可以根据其他章节安排其他货物和舱壁进行遮蔽。

还可以根据诺谟图(图 5-15)来计算放射性物质与人员或未冲洗胶卷或底片之间没有隔离用的货物时的安全距离。也就是说,诺谟图是表 5-9～表 5-11 隔离要求的替代措施。

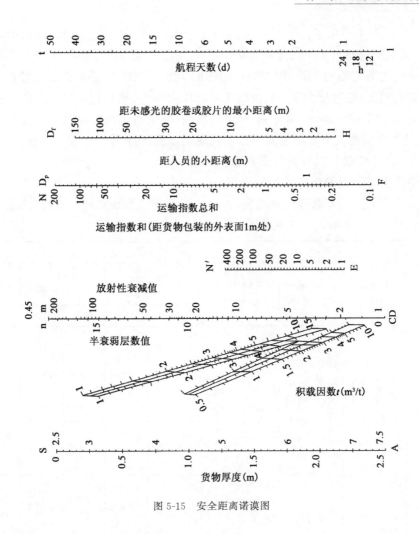

图 5-15　安全距离诺谟图

5.2.4　集装箱船上货物运输组件之间的隔离

1)集装箱船

20 世纪 60 年代,横穿太平洋、大西洋的 17 000~20 000 总吨集装箱船可装载 700~1 000 TEU,这是第一代集装箱船。

进入 20 世纪 70 年代,40 000~50 000 总吨集装箱船的集装箱装载数增加到 1 800~2 000TEU,航速也由第一代的 23kn❶ 提高到 26~27kn,这个时期的集装箱船被称为第二代。

1973 年石油危机以来,第二代集装箱船被视为不经济船型的代表,故而被第三代集装箱船取代。这一代船的航速降低至 20~22 kn,但由于增大了船体尺寸,提高了运输效率,致使集装箱的装载数达到了 3 000TEU,因此,第三代船是高效节能型船。

20 世纪 80 年代后期,集装箱船的航速进一步提高,集装箱船大型船舶的限度则以能通过巴拿马运河为准绳,这一时期的集装箱船被称为第四代船。第四代集装箱船集装箱装载总数

---

❶ 1kn=1n mile/h=1 852/3 600m/s。

增加到 4 400 个。由于采用了高强度钢,船舶质量减轻了 25%;大功率柴油机的研制,大大降低了燃料费,又由于船舶自动化程度的提高,减少了船员人数,集装箱船经济性进一步提高。

作为第五代集装箱船的先锋,德国船厂建造的 5 艘 APLC-10 型集装箱可装载 4 800TEU,这种集装箱船的船长/船宽比为 7~8,使船舶的复原力增大,被称为第五代集装箱船。

1996 年春季竣工的 Rehina Maersk 号集装箱船,最多可装载 8 000TEU,该型船已建造了 6 艘,可以说这个级别的集装箱船拉开了第六代集装箱船的序幕。据有关方面预测,不久的将来,可装载 10 000 个集装箱的巨轮将会在欧洲问世。

2)集装箱船上货物运输组件之间的隔离

表 5-12 为集装箱船上集装箱的隔离表,表 5-13 为无舱盖集装箱船上货物运输组件隔离表。

集装箱船上集装箱的隔离表　　　　　　表 5-12

隔离要求	垂直				水平					
	封闭式与封闭式	封闭式与开敞式	开敞式与开敞式		封闭式与封闭式		封闭式与开敞式		开敞式与开敞式	
					舱面	舱内	舱面	舱内	舱面	舱内
"远离"1	允许1个装在另1个上面	允许开敞式的装在封闭式的上面,否则按开敞式与开敞式的要求处理	除非以一层甲板隔离,否则不许在同一垂线上	首尾向	无限制	无限制	无限制	无限制	1个箱位	1个箱位或1个舱壁
				横向	无限制	无限制	无限制	无限制	1个箱位	1个箱位
"隔离"2	除非以一层甲板隔离,否则不许在同一垂线上	按开敞式与开敞式的要求处理		首尾向	1个箱位	1个箱位或1个舱壁	1个箱位	1个箱位或1个舱壁	1个箱位	1个舱壁
				横向	1个箱位	1个箱位	1个箱位	2个箱位	2个箱位	2个箱位
"用一整个舱室或货舱隔离"3				首尾向	1个箱位	1个舱壁	1个箱位	1个舱壁	2个箱位	1个舱壁
				横向	2个箱位	1个舱壁	2个箱位	1个舱壁	3个箱位	2个舱壁
"用一介于中间的整个舱室或货舱做纵向隔离"4		禁止		首尾向	最小水平距离24m	1个舱壁且最小水平距离不小于24m	最小水平距离不小于24m	2个舱壁	最小水平距离24m	2个舱壁
				横向	禁止	禁止	禁止	禁止	禁止	禁止

注:所有舱壁都应是防火防液的。

无舱盖集装箱船上货物运输组件隔离表　　　　　　表 5-13

隔离要求	垂直			水平					
	封闭式与封闭式	封闭式与开敞式	开敞式与开敞式		封闭式与封闭式		封闭式与开敞式		开敞式与开敞式	
					舱面	舱内	舱面	舱内	舱面	舱内
"远离"1	允许一个装在另一个上面	允许开敞式的装在封闭式的上面，否则按开敞式与开敞式的要求处理	不允许在同一垂线上	首尾向	无限制	无限制	无限制	无限制	1个箱位	1个箱位或1个舱壁
				横向	无限制	无限制	无限制	无限制	1个箱位	1个箱位
"隔离"2	不允许在同一垂线上	按开敞式与开敞式的要求处理	不允许在同一垂线上	首尾向	1个箱位	1个箱位或1个舱壁	1个箱位	1个箱位或1个舱壁	1个箱位且不能在同一货舱上	1个舱壁
				横向	1个箱位	1个箱位	1个箱位	2个箱位	2个箱位且不能在同一货舱上	1个舱壁
"用一整个舱室或货舱隔离"3				首尾向	1个箱位且不在同一货舱上	1个舱壁	1个箱位且不在同一货舱上	1个舱壁	2个箱位且不在同一货舱上	2个舱壁
				横向	2个箱位且不在同一货舱上	1个舱壁	2个箱位且不在同一货舱上	1个舱壁	3个箱位且不在同一货舱上	2个舱壁
"用一介于中间的整个舱室或货舱作纵向隔离"4	禁止			首尾向	最小水平距离24m且不在同一货舱上	1个舱壁且最小水平距离24m	最小水平距离不小于24m且不在同一货舱	2个舱壁	最小水平距离24m且不在同一货舱上	2个舱壁
				横向	禁止	禁止	禁止	禁止	禁止	禁止

3) 货物运输组件之间隔离术语(图 5-16)的定义
基准货物运输组件(CTU)
不允许内装不相容货物的 CTU
允许内装不相容货物的 CTU
横向距离：a. 1 个箱位

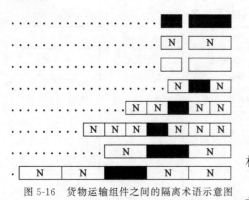

b. 2个箱位

c. 3个箱位

首尾向距离：a. 1个箱位

b. 2个箱位

注：所有的舱壁和甲板均应是防火防液的。

4) 货物运输组件位置的确定

为了确定与内装基准货物运输组件内所装货物不相容货物的货物运输组件的位置，应采用下述方法：

按照适用的隔离规定在基准货物运输组件的正前、正后和正横方向定出箱位（比如：1个箱位、2个箱位），见图5-17。图5-17中显示出占用这些箱位的货物运输组件最外角的连线和基准货物运输组件间的货物运输组件内不应装有与基准货物运输组件所装货物不相容的危险货物。

图 5-16 货物运输组件之间的隔离术语示意图

一个集装箱箱位是指一个前后不少于 6m、左右不少于 2.4m 的空间。

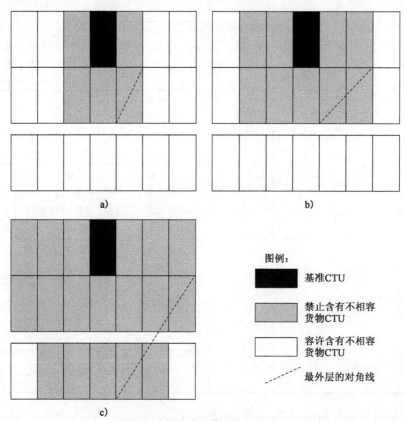

图 5-17 首尾向和横向箱位示意图

a) 首尾向和横向1个箱位；b) 首尾向1个箱位和横向2个箱位；c) 首尾向2个箱位和横向3个箱位

5) 集装箱水平和垂向隔离的具体要求

(1) "远离" 1

① 封闭式集装箱与封闭式集装箱 "远离" 1 的含义见表 5-14。

②封闭式集装箱与开敞式集装箱"远离"1的含义见表5-15。
③开敞式集装箱与开敞式集装箱"远离"1的含义见表5-16。

封闭式集装箱与封闭式集装箱"远离"1的含义　　　　　表5-14

封闭式与封闭式	"远离"1		垂直方向
	水平方向		
	舱面	舱内	
首尾向	无限制	无限制	容许1个装在另1个上面
横向	无限制	无限制	

封闭式集装箱与开敞式集装箱"远离"1的含义　　　　　表5-15

封闭式与开敞式	"远离"1		垂直方向
	水平方向		
	舱面	舱内	
首尾向	无限制	无限制	容许开敞式装在封闭式上面,封闭式应以一层甲板隔离才能装在开敞式上,否则不能装在同一垂线上
横向	无限制	无限制	

开敞式集装箱与开敞式集装箱"远离"1的含义　　　　　表5-16

开敞式与开敞式	"远离"1		垂直方向
	水平方向		
	舱面	舱内	
首尾向	1个箱位	1个箱位或1个舱壁	除非以一层甲板隔离,否则不应装在同一垂线上
横向	1个箱位	1个箱位	

（2）"隔离"2
①封闭式集装箱与封闭式集装箱"隔离"2的含义见表5-17。
②封闭式集装箱与开敞式集装箱"隔离"2的含义见表5-18。

封闭式集装箱与封闭式集装箱"隔离"2的含义　　　　　表5-17

封闭式与封闭式	"隔离"2		垂直方向
	水平方向		
	舱面	舱内	
首尾向	1个箱位	1个箱位或一层舱壁	除非以一层甲板隔离,否则不应装在同一垂线上
横向	1个箱位	1个箱位	

封闭式集装箱与开敞式集装箱"隔离"2的含义　　　　　表5-18

封闭式与开敞式	"隔离"2		垂直方向
	水平方向		
	舱面	舱内	
首尾向	1个箱位	1个箱位或一层舱壁	除非以一层甲板隔离,否则不应装在同一垂线上
横向	1个箱位	2个箱位	

③开敞式集装箱与开敞式集装箱"隔离"2的含义见表5-19。

(3)"用一整个舱室或货舱的隔离"3

①封闭式集装箱与封闭式或开敞式集装箱"隔离"3的含义见表5-20。

②开敞式集装箱与开敞式集装箱"隔离"3的含义见表5-21。

开敞式集装箱与开敞式集装箱"隔离"2的含义 表5-19

"隔离"2			
开敞式与开敞式	水 平 方 向		垂 直 方 向
	舱 面	舱 内	
首尾向	1个箱位	一层舱壁	除非以一层甲板隔离,否则不应装在同一垂线上
横向	2个箱位	2个箱位	

封闭式集装箱与封闭式或开敞式集装箱"隔离"3的含义 表5-20

"用一整个舱室或货舱的隔离"3			
封闭式与封闭式或封闭式与开敞式	水 平 方 向		垂 直 方 向
	舱 面	舱 内	
首尾向	1个箱位	一层舱壁	除非以一层甲板隔离,否则不应装在同一垂线上
横向	2个箱位	一层舱壁	

开敞式集装箱与开敞式集装箱"隔离"3的含义 表5-21

"用一整个舱室或货舱的隔离"3			
开敞式与开敞式	水 平 方 向		垂 直 方 向
	舱 面	舱 内	
首尾向	2个箱位	两层舱壁	除非以一层甲板隔离,否则不应装在同一垂线上
横向	3个箱位	两层舱壁	

(4)"用介于中间的整个舱室或货舱做纵向隔离"4

①封闭式集装箱与封闭式集装箱"隔离"4的含义见表5-22。

②封闭式集装箱与开敞式集装箱"隔离"4的含义见表5-23。

封闭式集装箱与封闭式集装箱"隔离"4的含义 表5-22

"用介于中间的整个舱室或货舱做纵向隔离"4			
封闭式与封闭式	水 平 方 向		垂 直 方 向
	舱 面	舱 内	
首尾向	最小水平距离24m	一层舱壁且最小水平距离24m	禁止
横向	禁止	禁止	

封闭式集装箱与开敞式集装箱"隔离"4的含义 表5-23

"用介于中间的整个舱室或货舱做纵向隔离"4			
封闭式与开敞式	水 平 方 向		垂 直 方 向
	舱 面	舱 内	
首尾向	最小水平距离24m	两层舱壁	禁止
横向	禁止	禁止	

③开敞式集装箱与开敞式集装箱"隔离"4 的含义见表 5-24。

开敞式集装箱与开敞式集装箱"隔离"4 的含义　　　　　表 5-24

开敞式与开敞式	水平方向		垂直方向
	舱面	舱内	
首尾向	最小水平距离 24m	两层舱壁	禁止
横向	禁止	禁止	

无舱盖集装箱船上的隔离要求与集装箱船相比较,因为在垂直方向上没有甲板,所以不能通过以一层甲板满足隔离要求,只能采取在不同的垂线上满足相应的隔离要求;在水平方向上,舱内没有区别,所以两种船的隔离要求是一样的,但舱面的情况有所不同:对于封闭式与封闭式、封闭式与开敞式需要"隔离"3 和"隔离"4 的以及开敞式与开敞式需要"隔离"2、"隔离"3 和"隔离"4 的,还附加"应不在同一货舱上"的要求。

5.2.5　滚装船上货物运输组件之间的隔离

与集装箱之间的隔离要求相比,滚装船上货物运输组件之间的隔离相对要简单。因为滚装船上货物运输组件没有垂向的积载,只有水平的积载。滚装货物运输组件也有封闭式和开敞式、首尾向和横向。

滚装货物运输组件的标准尺寸:长度为 12m、宽度为 2.5m。

表 5-25 为滚装船上货物运输组件的隔离表。

滚装船上货物运输组件的隔离表　　　　　表 5-25

隔离要求		水平					
		封闭式与封闭式		封闭式与开敞式		开敞式与开敞式	
		舱面	舱内	舱面	舱内	舱面	舱内
"远离"1	首尾向	无限制	无限制	无限制	无限制	距离不小于 3m	距离不小于 3m
	横向	无限制	无限制	无限制	无限制	距离不小于 3m	距离不小于 3m
"隔离"2	首尾向	距离不小于 6m	距离不小于 6m 或隔 1 个舱壁	距离不小于 6m	距离不小于 6m 或隔 1 个舱壁	距离不小于 6m	距离不小于 12m 或隔 1 个舱壁
	横向	距离不小于 3m	距离不小于 3m 或隔 1 个舱壁	距离不小于 3m	距离不小于 3m 或隔 1 个舱壁	距离不小于 6m	距离不小于 12m 或隔 1 个舱壁
"用一整个舱室或货舱隔离"3	首尾向	距离不小于 12m	距离不小于 24m 并隔 1 层甲板	距离不小于 24m	距离不小于 24m 并隔 1 层甲板	距离不小于 36m	隔 2 层甲板或 2 个舱壁
	横向	距离不小于 12m	距离不小于 24m 并隔 1 层甲板	距离不小于 24m	距离不小于 24m 并隔 1 层甲板	距离不小于 36m	禁止

续上表

隔离要求		水 平					
		封闭式与封闭式		封闭式与开敞式		开敞式与开敞式	
		舱面	舱内	舱面	舱内	舱面	舱内
"用一介于中间的整个舱室或货舱作纵向隔离"4	首尾向	距离不小于36m	隔2个舱壁或距离不小于36m并隔2层甲板	距离不小于36m	距离不小于48m,包括2个舱壁	距离不小于48m	禁止
	横向	禁止	禁止	禁止	禁止	禁止	禁止

5.2.6 载驳船上船载驳船之间的隔离

船载驳船上装载的危险货物应按包装或散装危险货物的积载和隔离要求。当船载驳船上装有两种或两种以上隔离规定不同的货物时,应按较严格的一种隔离安排。

在专门设计的载驳船上装运危险货物的船载驳船之间,没有"远离"和"隔离"要求。

"用一个完整的舱室或货舱隔离",对具有垂向货舱的载驳船,即是装载在不同的货舱中;对具有水平载驳层的载驳船,即是装载在不同水平的载驳层上,但不应在同一垂线上。

"用一个介于中间的完整舱室或货舱做纵向隔离",对具有垂向货舱的载驳船,即用一个介于中间的货舱或机舱隔离;对具有水平载驳层的载驳船,即装载在不同水平的载驳层上,但纵向距离应大于两个船载驳船的位置。

5.2.7 具有化学危险性的散装物质和包件之间的隔离

表5-26为具有化学危险性的散装物质和包件之间的隔离表。

具有化学危险性的散装物质和包件之间的隔离表 表5-26

散装物质(按危险货物分类)		包 件 危 险 货 物													
		1.1 1.2 1.5	1.3 1.6	1.4	2.1	2.2 2.3	3	4.1	4.2	4.3	5.1	5.2	6.1	6.2	7	8	9
易燃固体(包括自反应及相关物质和退敏爆炸品)4.1	4	3	2	2	2	2	×	1	×	1	2	×	3	2	L	×
易自燃物质	4.2	4	3	2	2	2	2	1	×	1	2	2	1	3	2	1	×
遇水易放出易燃气体的物质	4.3	4	4	2	1	×	2	×	1	×	2	2	2	2	2	1	×
氧化物质(剂)	5.1	4	4	2	2	2	2	1	2	2	×	2	1	3	1	2	×
有毒性质	6.1	2	2	×	×	×	×	×	1	1	1	1	×	1	×	×	×
放射性物质	7	2	2	2	2	2	2	2	2	2	3	3	1	3	×	2	×
腐蚀品	8	4	2	2	2	1	1	×	1	2	2	2	×	3	2	×	×
杂类危险物质和物品	9	×	×	×	×	×	×	×	×	×	×	×	×	×	×	×	×
仅散装时具有危险性的物质(MHB)		×	×	×	×	×	×	×	×	×	×	×	×	3	×	×	×

5.3 《国际危规》在危险货物隔离中的应用

当船舶一个航次要运输几票包装危险货物,如 TNT 炸药、固体氰化钾、油漆、罐装液化气时,要满足隔离安全要求,就要应用到危险货物隔离表和查找危险货物一览表中隔离规定。在《国际危规》中已经规定了危险货物九大类隔离要求,如表 5-27 所示。

隔 离 表 表 5-27

类别		1.1 1.2 1.5	1.3 1.6	1.4	2.1	2.2	2.3	3	4.1	4.2	4.3	5.1	5.2	6.1	6.2	7	8	9
爆炸品	1.1,1.2,1.5	*	*	*	4	2	2	4	4	4	4	4	4	2	4	2	4	×
爆炸品	1.3,1.6	*	*	*	4	2	2	4	3	3	4	4	4	2	4	2	2	×
爆炸品	1.4	*	*	*	2	1	1	2	2	2	2	2	2	×	4	2	2	×
易燃气体	2.1	4	4	2	×	×	×	2	1	2	×	2	2	1	2	4	2	×
无毒不燃气体	2.2	2	2	1	×	×	×	1	×	1	×	×	1	×	2	1	×	×
有毒气体	2.3	2	2	1	×	×	×	2	×	2	×	×	2	×	2	1	×	×
易燃液体	3	4	4	2	2	1	2	×	×	2	×	2	2	×	3	2	×	×
易燃固体	4.1	4	3	2	1	×	×	×	×	1	×	1	2	×	3	2	1	×
易自燃物质	4.2	4	3	2	2	1	2	2	1	×	1	2	2	1	3	2	1	×
遇水时放出易燃气体的物质	4.3	4	4	2	×	×	×	×	×	1	×	2	2	×	2	2	1	×
氧化物质	5.1	4	4	2	2	×	×	2	1	2	2	×	2	1	3	1	2	×
有机过氧化物	5.2	4	4	2	2	1	2	2	2	2	2	2	×	1	3	2	2	×
有毒物质	6.1	2	2	×	1	×	×	×	×	1	×	1	1	×	1	×	×	×
感染性物质	6.2	4	4	4	2	2	2	3	3	3	2	3	3	1	×	3	3	×
放射性物质	7	2	2	2	4	1	1	2	2	2	2	1	2	×	3	×	2	×
腐蚀品	8	4	2	2	2	×	×	×	1	1	1	2	2	×	3	2	×	×
杂类	9	×	×	×	×	×	×	×	×	×	×	×	×	×	×	×	×	×

应用这个大隔离表画出小隔离表。首先要做的工作是找出这四种物质的类别。查阅《国际危规》,找到危险货物一览表中物质类别、积载与隔离要求。查询结果如表 5-28 所示。

查询结果示意表 表 5-28

名称	TNT 炸药	罐装液化石油气	油漆	固体氰化钾
类别	1.1	2.1	3	6.1
积载与隔离	积载类 10	积载 E,避开生活住所	积载 E	积载 B,与酸类隔离

然后照着大隔离表格式,并在大隔离表找到类别交叉点的隔离等级,画出下列小隔离表,如表 5-29 所示。

查询结果细化示意表　　　　　　　　　　表 5-29

类 别	1.1	2.1	3	6.1
1.1	×	4	4	2
2.1	4	×	2	×
3	4	2	×	×
6.1	2	×	×	×

采用这种方式，4种危险货物相互之间的隔离要求就很清楚。在危险货物现场监督管理中，常常采用此种办法来检查包装危险货物有无满足隔离要求。

本章复习思考题

1. 简述危险货物积载的一般要求。
2. 简述爆炸品积载的一般要求。
3. 简述危险货物的隔离原则，并列举船舶运载货物需要进行隔离的条件。
4. 危险货物采用舱面积载的条件有哪些？

本章参考文献

[1] 国际海事组织海上安全委员会国际海运危险货物运输规则.第36版.2014.

第6章 危险货物运输环节

6.1 危险货物的申报

《中华人民共和国海上安全交通法》和《中华人民共和国内河交通安全管理条例》都规定船舶载运危险货物进出港口,应向海事管理机构申报。同时,1993年颁布的《船舶载运外贸危险货物申报规定》(以下简称《申报规定》)第二十四条规定:船舶载运内贸危险货物的申报,参照该规定执行。《国际危规》要求托运人应提供描述所运输危险货物的运输单证,并对单证的具体内容作了规定。危险货物的申报是强制执行《国际危规》中有关危险货物单证方面规定的延伸。对主管机关而言,危险货物申报是一项行政审批制度,是海事部门危险货物管理的一项重要内容。为此,2004年1月1日生效的《船舶载运危险货物安全监督管理规定》专门设置了"申报管理"作为第4章内容,并做了更为具体的要求。

6.1.1 危险货物的含义

危险货物的含义一般是明确的。但在不同法律文件中,可能会有细节上的不同。《申报规定》中危险货物的定义是《1974年国际海上人命安全公约》第VII章和《经1978年议定书修订的1973年国际防止船舶造成污染公约》附则I、附则II、附则III以及我国加入其他国际公约与规则中规定的危险有害物质和物品。

《SOLAS74公约》附则第VII章(1983年修正案的替代文本)涵盖了包装和固体散装危险货物运输、散装液体化学品运输和散装液化气体的运输。它对危险货物的分类与《国际危规》是一致的。

《MARPOL73/78》的附则I、附则II和则III侧重环境污染的危险、有害特性,涵盖了油类、散装有毒液体物质和包装形式的有害物质。

《船舶载运危险货物安全监督管理规定》中危险货物是指具有爆炸、易燃、毒害、腐蚀、放射性、污染危害性等特性,在船舶载运过程中,容易造成人身伤害、财产损失或者环境污染而需要特别防护的物品。

6.1.2 船载危险货物申报的程序和要求

危险货物的申报是安全管理中的一个重要环节,危险货物的托运人(货主)和承运人(船方)有各自的责任和义务。危险货物的申报可以分为两类,一类是危险货物安全适运申报(货物适运);另一类则是船舶载运危险货物适装申报(船舶适装)。

根据《中华人民共和国港口法》的配套法规《港口危险货物安全管理规定》(于2013年2月1日生效),托运人应向承运人提供危险货物安全适运的资料。从事危险货物港口作业的企业在作业开始24小时前将危险货物品名、数量、理化性质、作业地点和时间、安全防范措施等事项报告给所在地港口行政管理部门,港口行政管理部门应及时将有关信息通报海事管理机构。这是托运人向承运人和管理部门做出的一种承诺,承运人和管理部门也据此来检查或监督所交付运输的危险货物是否达到安全适运的要求。《申报规定》中的"三天前"的申报时限要求现已由《港口危险货物安全管理规定》改为"24小时前",为了便利运输,目前仍维持托运人向海事部门预申报的做法。要说明的是"目前仍维持"的含义是依据交通运输部海事局的指导意见的暂时做法。

根据《船舶载运危险货物安全监督管理规定》,船舶载运危险货物进出港口,或在港口过境停留,应当在进出港之前提前24小时,直接或者通过代理人向海事管理机构办理申报手续,经海事管理机构批准后,方可进出港口。国际航行船舶,还应当按照国务院颁布的《国际航行船舶进出中华人民共和国口岸检查办法》第六条规定的时间提前提交报告。这就要求载运危险货物的国际航行船舶在船舶预计抵达口岸7日前(航程不足7日的,在驶离上一口岸时)由船方或其代理人填写《国际航行船舶进口岸申请书》,报请抵达港口的海事管理机构审批,提前进行危险货物的预报告。

定船舶、定航线和定货种的船舶可办理定期申报,定期申报期限不超过一个月。

办理申报手续可采用电子数据处理(EDP)或者电子数据交换(EDI)的方式。

该规定对申报的内容确定为(至少包括):船名、预计进出港的时间,所载危险货物的正确名称、编号、类别、数量、特性、包装、装载位置等,船方还应提供所持有的安全适航、适装、适运、防污染证书或文书的情况。

对于装有危险货物的集装箱,船舶需提供经集装箱检查员签名确认的《集装箱装箱证明书》。

对于易燃、易爆、易腐蚀、剧毒、放射性、感染性、污染危害性等危险品,船舶应当在申报时附具相应的危险货物安全技术说明书、安全作业事项、人员防护、应急急救和泄漏处置措施等资料。

对于载运需经国家其他有关主管部门批准的危险货物,或需经两国或者多国有关主管部门批准的危险货物,应在装货前取得相应的批准文书并向海事管理机构备案。

对于从境外载运有害废料进口或向境外出口有害废弃物,都应事先向海事管理部门提交书面报告及有关各国政府准许的书面材料。

对于核动力船舶、载运放射性危险货物的船舶以及5万总吨以上的油船、散装化学品船和散装液化气体船从境外驶向我国领海的,均应在进入我国领海前向中国船位报告中心通报船名、危险货物名称、装载数量、预计驶入的时间和概位、挂靠中国第一港口或声明过境。挂靠中国港口的上述船舶还应在抵港前提前24小时向海事管理机构正式申报。

对于《国际危规》和我国《危险货物品名表》内未列有,但却又具有危险物质特性的货物,也应按规定办理进出港口申报。

危险货物的申报必须在规定的时限内进行。

危险货物申报单证作为随船文件,填写应正规,外贸申报单证要求中英文对照,除了用中文注明正确运输名称外,其他内容应打印,而不是手写。

凡托运、装载《国际危规》中被列为海洋污染物的危险货物时,应在申报单和其他有关单证上注明"海洋污染物"字样;运输废弃物,则应注明"废弃物"字样。

运输具有化学危险性的散装固体物质和仅在散装运输时会产生危险的货物(MHB),也应按申报规定向海事管理机构办理申报。该 MHB 物质在申报单中联合国编号一栏里,应填写BC 编号。

《船舶载运危险货物申报单》一式三份,经海事管理部门审批或签证后,一份留海事部门存查,一份留申报人保存,另一份申报人(或委托其代理人)转送港口作业单位。

6.1.3 海事部门对危险货物申报的管理

对船载危险货物运输实施全面的安全监督管理是保证船舶运输安全的重要措施,也是国家通过法律赋予海事管理部门的重要职责之一。危险货物申报是船舶运输危险货物安全监督管理的重要环节。根据规定,载运危险货物的船舶、托运人或其代理人应向海事部门办理申报手续;海事部门则应根据申报材料及时掌握、分析和整理危险货物的有关信息,及时向港口行政部门通报;对载运危险货物申报进出港口或过境停留予以核准;对危险货物装卸作业进行核实。

根据《船舶载运危险货物安全监督管理规定》,海事部门接到船舶的申报后,应当及时将有关信息通报港口所在地的港口行政管理部门。船载危险货物运输是由装载、航行、卸载各环节组成。船舶进出港口和作业又与国家多个管理部门相关。要维持国家机器高效、稳妥的运行,各个管理部门的配合不可或缺。申报时限由长期以来的提前 3 天的规定,缩短到现行的提前 24 小时,更要求海事部门在危险货物申报方面加强与港口行政管理部门之间的沟通,并根据实际情况,对"及时"的界定,对信息的内容,对通报的方式以及通报的程序,与港口行政管理部门取得一致。

危险货物申报是一项行政审批制度,海事管理机构作为行政人对危险货物申报所作出的行政决定,与申报人——行政相对人一样,在程序上和实体上必须符合相关法律、法规的要求。《船舶载运危险货物安全监督管理规定》要求海事管理机构在收到船舶载运危险货物进出港口的申报后,在 24 小时内做出批准或者不批准船舶进出港口的决定。

海事管理机构在审查申报材料时,认为船舶处于适航、适装状态,所载危险货物处于安全状态,码头具备安全作业条件,进出港航道水深、宽度和交通现状具备安全航行条件,则应该批准申报船舶的进出港口。

相反,海事管理机构对有下列情况之一的,应当禁止船舶进出港口:

(1)船舶未按规定办理申报手续。

(2)申报显示船舶未持有有效的安全适航、适装证书和防污证书,或者货物未达到安全适运要求,或者单证不全。

(3)按规定尚需国家有关部门或者出口国家的主管机关同意后方能载运进、出口的货物,在未办理完有关手续之前。

(4)船舶所载危险货物系国家法律、行政法规禁止水路运输的。

(5)本港口不具备相应的应急、防污染、保安等措施的。

(6)我国交通运输部规定不允许船舶进出港口的其他情况。

海事管理机构对船舶危险货物申报所做出的批准或不批准进出港口的行政决定,应及时送达行政相对人——船方。

图 6-1 是船舶载运危险货物申报的流程图。

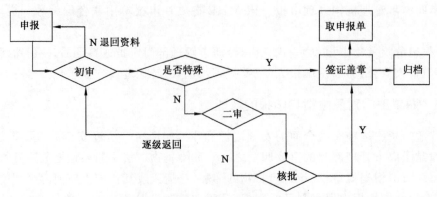

图 6-1 船舶载运危险货物申报的流程图

《船舶载运危险货物安全监督管理规定》要求办理船舶申报手续的人员应当熟悉船舶载运危险货物的申报程序和相关要求。《申报规定》则要求从事危险货物申报的人员经过有关危险货物安全管理规定和专业技能的培训,并经海事部门考核发证。为此,交通运输部海事局还颁布了《危险货物申报员考核发证办法》。《中华人民共和国港口法》于 2004 年 1 月 1 日生效后,危险货物申报的管理职能发生部分变化。基于危险货物申报所具有的较强的专业性,危险货物的特性,特别是国际海事公约以及我国有关海事管理方面的内容和载运危险货物船舶方面的内容应是申报人员所必备的知识,申报人员通过培训掌握相关业务知识十分必要。根据交通运输部海事局"贯彻实施《船舶载运危险货物安全监督管理规定》的指导意见",海事部门仍可根据辖区情况,组织对危险货物申报员进行培训和知识更新,并予以备案。交通运输部海事局还规定:承运人的申报应持由船长签字并加盖船章的申报单;代理人应经过海事管理机构备案的培训机构培训,持有相应的培训证明。

6.2　危险货物的托运

本节的主要内容是托运人或作业委托人在托运危险货物时所应承担的义务和责任。托运人托运危险货物时,除应按照《水路货物运输规则》规定的一般要求办理外,由于危险货物所具有的特殊性质,为了保障运输安全、防止事故发生,还应按照《水路包装危险货物运输规则》(以下简称《水路危规》)中的有关规定办理。另外,国家对某些危险物品的管理有特别规定,托运人在办理托运手续之前,还应详细了解有关规定,以便按照这些规定与承运人、港口经营人签订运输合同和作业委托合同。

6.2.1　单证

1)运输单证的意义和作用

运输单证是表示货物运输资料、明确承托运关系、分清与货物有关的各方责任的凭证。运输单证体现了货物由托运、装载、承运、卸载、交付等各个环节并制约这些环节顺利地转交,保证货物由收受到装船迅速、安全、完整地运抵到达港交付收货人的全过程。

2)几种单证的流转程序

(1)"危险货物运输声明"(或"放射性物品运输声明")

该单证是在托运危险货物时,由托运人向承运人和港口经营人提供的一种货物运输资料。托运人根据《水路危规》规定,将所托运的危险货物的名称、危规编号、类别、包装、件数、质量等项内容填写清楚,并表明上述逐项内容按《水路危规》规定办理得正确无误,货物在一般风险情况下不会发生事故,能保证安全。

"危险货物运输声明"由托运人填写后,递交港航监督部门签认后,一份由港务(航)监督部门存查,一份交港口经营人办理托运手续后转交船方随货同行。

(2)"危险货物包装检验证明书"

《水路危规》规定,危险货物包装都必须经过性能试验和权威机构检验合格后方可使用。该证明书是托运人在托运危险货物时,向承运人和港口经营人提供的证明文件。它必须是经国家商检机构或交通运输部认可的包装检验机构出具的证明书。

"危险货物包装检验证明书",由检验人填写,一式 4 份,一份由托运人留存,一份交港务(航)监督部门存查,一份交港口经营人办理托运手续,一份交船方随货同行。

(3)"压力容器检验合格证书"

"压力容器检验合格证书"是托运人在托运危险货物时,向承运人和港口经营人提供的证明文件。压力容器与危险货物一般包装不同,它所盛装的无论是液化气体或是压缩气体,一旦溢漏,气体将会四处扩散。多数气体具有易燃、易爆、有毒、助燃性,有引起火灾爆炸和中毒事故的危险。为此,国家劳动局曾正式公布过《气瓶安全监察规程》,对气瓶的设计、构造、检验和使用作了明确规定。该证书必须是商检机构或锅炉压力容器检测机构出具的证明文件,其流转程序与"危险货物包装检验证明书"相同。

(4)"放射性物品包装件辐射水平检查证明书"

关于放射性物质,国际原子能机构(IAEA)制定的《放射物质安全运输规则》对运输包件和包装等方面的要求有明确的规定。由于放射性物品发生事故后,危害性大,所以对其包装要求高、结构复杂。它们包括一层或多层容器,吸收性材料,间隔构件,辐射屏蔽层和装填、排空、排空压力释放的辅助设备,另外有的包件还有供冷却、吸收机械冲击、隔热、装卸、捆扎用的装置和组成包件的机件等。

"放射性物品包装件辐射水平检查证明书"必须是卫生防疫部门出具的证明文件。由检查人填写的,一式 4 份,一份托运人留存,一份送港务(航)监督部门存查,一份交港口经营人办理托运手续,一份交船方随货同行。

(5)"集装箱装箱证明书"

该证明书是记载每一个集装箱在装载危险货物时的一切细节情况,表明该集装箱箱体内外、箱内包件、装载垫隔、加固以及有关方面均符合《水路危规》规定要求。

"集装箱装箱证明书"由装箱人填写,一式两份,一份交港务(航)监督部门存查,一份交港口经营人办理托运手续时移交船方随货同行。

(6)"爆炸物品运输证"

2006 年 9 月 1 日起施行的《民用爆炸物品安全管理条例》(国务院令第 466 号)第四章"运输"中规定:

①运输民用爆炸物品,收货单位应当向运达地县级人民政府公安机关申请领取民用爆炸

物品运输许可证方准运输。

②运输民用爆炸物品的,应当凭民用爆炸物品运输许可证,按照许可的品种、数量运输。

3) 填制单证的基本要求

在《国内水路货物运输规则》(发布日期:2000年8月28日,实施日期:2001年1月1日)中,第四章第六十条对托运人填制单证有4条基本要求。即:

(1) 一份运单,填写一个托运人、收货人、起运港、到达港。

(2) 货物名称填写具体品名,名称过繁的可以填写概括名称。

(3) 规定按质量和体积择大计费的货物,应当填写货物的质量和体积(长、宽、高)。

(4) 填写的各项内容应当准确、完整、清晰。

托运人在填制危险货物单证时,除应遵守上述四条基本要求外,还应按照以下几条基本要求填制。

① 货物名称

货物名称,必须使用正确运输名称,即《水路危规》品名表中所列的货物名称。不能只填写商品名、俗名或简称名等。

② 类别

类别,应填写属于《水路危规》9大类中哪一大类,哪一项。若是爆炸品,还应填写配装类。

③ 危规编号

危规编号,应填写《水路危规》品名表中第一品名前的编号。如果是外贸进出口危险货物,还应填写《国际海运危险货物规则》中每一品名的联合国编号,以便查找相关规定。

④ 托运性质相抵触或消防方法不同的危险货物,托运人应分票填写单证。这是因为这些货物如果配积载不当,在一定条件下会发生理化反应,易产生有毒气体、热量、腐蚀作用或可能引起造成其他危险的物理或化学作用。配积载时要考虑这些因素,要按照隔离要求隔离积载或分航次装运。分票填写单证,便于安排各个环节作业操作,确保安全运输。

4) 单证颜色

危险货物运单、危险货物委托单、危险货物交接单及其他有关单证,应使用红色单证,目的是醒目,与普通货物单证区别开来,能引起有关人员警觉和重视,确保运输安全。

6.2.2 装过危险货物的空容器

托运装过危险货物的空容器,在办理托运手续时,根据空容器曾装过的不同类别危险货物区别不同类型包装,分为如下几种情况办理:

(1) 装过有毒气体、易燃气体的空钢瓶,由于不可全部清除所装残留气体(根据有关规定气瓶内气体不得全部用尽,应留有1.96×10^5 Pa余压)故仍具有危险性。为确保安全,在装卸、运输储存时,必须具备相应的安全运输条件。因此,在办理托运手续、承运、装卸、储存、交付、消防和泄漏处理等,仍应按原装危险货物运输条件办理。

(2) 装过液体危险货物、毒害品、有机过氧化物、放射性物品的空容器,取得技术检验部门或卫生防疫部门出具的检验证明书,证明清洁无害,空容器表面无放射性物品污染,并在单证中注明原装危险货物名称、编号和"空容器清洁无害"字样后,可按普通货物办理。

(3) 装过其他危险货物的空容器,经倒净、洗清,并在单证中注明原装危险货物名称、危规编号和"空容器清洁无害"字样,可按普通货物办理。

6.2.3 可按普通货物运输的危险货物

《水路危规》第二十三条规定了某些危险货物,符合规定的条件,虽然它本身属危险货物(这些危险货物在《水路危规》的索引表中品名前标有"*"号),由于规定限制一次托运量少,货物本身危险性小,托运时,只要符合《水路危规》规定要求,可按普通货物办理运输。

(1)托运人办理托运时,仍应按《水路危规》中第十八条、十九条要求办理。

(2)这类危险货物的包装,仍应满足《水路危规》中有关规定要求(不能单独包装者除外)。

(3)这类危险货物包装件上可不标贴危险货物标志。

(4)这类危险货物运价和港口费收按普通货物办理。

(5)这类危险货物储存、装卸、配积载、隔离、运输等可按普通货物办理。但消防、急救、泄漏处理仍需按危险货物有关要求处理。

6.2.4 船舶载运危险品单证审核和现场监督的一致性

1)我国船舶载运危险货物的安全管理模式

船舶载运危险货物按照物理形式可分为包装固体危险货物、散装固体危险货物、液体危险货物和气体危险货物。因此在管理上根据货物性质对船舶的结构和货物的包装、积载都提出了相应的要求,形成了专门的安全技术管理规则,如《国际海运危险货物规则》(IMDG)、《国际散装运输危险化学品船舶构造和设备规则》(IBC Code)、《国际散装运输液化气体船舶构造和设备规则》(IGC Code)等,还有公约和法规也根据不同的需要对危险货物的管理做了规定,如《海上人命安全公约》(SOLAS 1974)和《1973年国际防止船舶造成污染公约1978年议定书》(MARPOL 73/78),它们就从安全和防污染两方面明确了对船舶载运危险货物的要求。国内法规也保持了与国际公约的一致性,如《中华人民共和国海洋环境保护法》、《危险化学品安全管理条例》、《中华人民共和国船舶载运危险货物安全监督管理规定》、《水路运输危险货物规则》等。

鉴于以上有关法律法规和规则的要求,我国现有的船舶载运危险货物管理模式可归纳为8个方面:船舶适装危险货物的管理、危险货物适运的管理、码头装卸危险货物作业管理、船员资质管理、危险货物作业人员管理、船载危险货物申报管理体制、船舶载运危险货物通航安全管理和防污染管理。从目前我国船舶载运危险货物的现状来看,我国的管理模式基本满足危险货物安全运输的要求,但从水路危险品运输迅速发展的需要和国际化要求来看,我国危险品运输的管理体系还需要改进和完善。本书仅从危险货物的单证审核和现场监督两方面加以阐述。

2)目前船舶载运危险品适装许可审批和现场监督存在的主要问题及相互关系

目前,基层海事机构对船舶载运危险货物安全监管工作一般由船舶载运危险货物的适装许可审批(静态管理)和现场监督(动态管理)两部分业务组成。船舶载运危险货物适装许可的申报审批是目前海事机构危管业务中的一项重要内容,这个行政许可项目是包含以往危险货物安全适运申报审批和船舶载运危险货物进出港申报审批两个部分的管理功能。

(1)单证审核中存在的问题

危险品运输的单证审核包括了危险货物安全适装申报审批和船舶载运危险品进出港申报审批两个部分。目前,船舶载运危险货物适装许可申报审批在管理功能上担负着严把船舶载运危险货物进出港口的职责,而在具体形式上,按照《船舶载运危险货物安全监督管理规定》以及《海事行政执法政务公开指南》的相关规定,这个审批仅仅基于书面材料进行,而且要求申报人员提交的材料也有明确限定。

导致目前的审批不能正常进行并且无法实现预期管理功能的原因有以下两个方面:

①审批所依据的信息失真

首先,书面单证材料对事物性质进行的信息表达本身就存在一定程度的失真。例如,某企业通过不正当手段获得某些检验合格证明材料,某些主管机关或检验机构人员玩忽职守签发并不能证明实际情况的证明材料等;再如证书在有效期内其所表达的信息是正确的,但船舶载运危险货物的适装性可能会因为某些船舶结构设备的改变或损坏而发生较大变化,而在有效期内,船舶适装证书关于船舶适装信息表却不会发生变化等。

其次,信息失真问题还表现在企业申报提交的部分单证没有经过主管机关或其他权威机构认可,企业本身就是海事部门的监管对象,出于各种目的,其提供的单证资料有时包含一些错误信息,存在一定的不可靠性。在集装箱装运包装危险货物的申报中提交的危险货物集装箱装箱证明是由各装箱单位现场装箱检查员签发的,虽然申报人员每次都可以提供危险货物集装箱已按规定要求进行安全装箱的证明材料,但在现场开箱检查中往往发现已签发装箱证明的危险货物集装箱存在诸多缺陷,甚至存在非常严重的问题。因此,在未对危险货物集装箱装箱情况进行彻底整治之前,申报人员提供的证明材料实际上并不完全可靠。

②审批所依据的信息缺失

危险品适装许可审批有明确的审批标准和条件,《船舶载运危险货物安全监督管理规定》规定了申报资料应明确显示船舶处于安全适航、适装状态以及所载危险货物处于安全状态3个基本条件,《海事行政执法政务公开指南》对这3个条件给予进一步明确,详细规定了9项条件,只有满足这9项条件,船舶才能被批准载运危险货物进出港。然而在工作中常常会出现因所依据的信息缺失而无法正常审批的情况。

例如,包装危险货物标志是否正确是判断危险货物是否达到安全适装要求的重要内容之一,然而在工作实践中这方面的审查工作实际上没有相关的单证资料可供参考,信息缺失使严格审批变得有名无实。再如,对于1984年9月1日以前建造的营运国际航线的老旧船舶,按《国际海上人命安全公约》要求并不需要配备危险货物适装证书,因此,申报员按规定需要提交的申报资料中就没有可以反映这些船舶适装性能方面的单证资料,在这种情况下,海事部门在书面审批环节中判断船舶是否适合载运某种危险货物就成为一项不可能完成的任务。

(2)现场监管中存在的问题

海事管理部门对船舶载运危险品现场监管的主要形式是登船检查。基层海事管理机构对危险品现场监管是一项重要的日常性工作,但是这项工作的开展往往存在着盲目性和随意性,特别是那些载运危险品船舶艘次多,危险货物种类多、数量大的港口,在海事监管的人力、物力资源都相对有限的情况下,现场监管的盲目性和随意性会直接导致监管效能和水平的降低。

这种盲目性和随意性集中表现为:在现场监管中没有或不可能对拟监管的目标进行合理的选择和确定。然而要搞好现场监管工作,必须开展针对性的重点检查,尤其是在新的海事执法模式下，海事监管工作需要树立重点监管的科学理念。实施重点现场监管的关键在于合理选择和确定需重点监管的目标，监管目标的选择必须以船舶载运危险货物进出港信息为依据，如船舶的名称、靠泊时间和泊位、载运危险货物的种类和数量等。值得注意的是，这些信息只有通过适装许可申报审批时才能够全面了解，因为适装许可的申报具有对后续监督管理工作起到信息掌握和动态监督作用。在申报审批环节，海事管理部门可以了解辖区内船舶载运危险品进出港的有关信息，并根据这些基本信息有针对性地开展现场监督检查。在申报审批过程中，可以按照既定的选择标准对重点危险品和船舶提前进行选择，为下一步重点开展现场监管提供必要的信息支持。

（3）船舶载运危险品适装许可审批和现场监督的相互关系

船舶载运危险品适装许可审批以及现场监管是基层海事管理部门对船舶载运危险货物进行安全监督管理的重要手段，也是监管工作的主要形式，两者都是危险品监督管理工作的有机组成部分。

①适装许可审批是现场监管工作的首要环节

从以上分析可以看出，有效地开展现场监管工作必须以申报审批所掌握的信息为基础，而申报审批可以为重点现场监管提供必要的信息支持。实施现场重点监管的首要环节是对重点监督目标的合理选择和确定。在新模式重点监管目标过程中，除了既定的选择标准外，更重要的是掌握船舶载运危险货物的信息。在适装许可申报审批环节就可以按照一定的标准选择那些需要现场重点监管的危险货物和船舶，更重要的是可以将那些仅通过书面单证材料无法判断是否满足审批条件的项目列为现场重点检查目标以进一步核实。这些信息可以为下一步开展重点现场监管工作提供必要的指导，而且现场执法人员还可以根据这些信息提前做好监督检查的准备工作。因此，开展有针对性的现场重点监管，要从适装许可的审批环节开始，重点监管目标的选择工作是有效实施现场重点监管的第一步。

②现场监管是适装许可审批的必要组成部分

虽然《船舶载运危险货物安全监督管理规定》以及《海事行政执法政务公开指南》都将许可审批的形式确定为对单证资料的审查，但目前这种书面的适装许可审批存在一定的问题和不足。而现场监督可在一定程度上起到完善适装许可审批管理功能的作用，可以为完善审批提供必要的信息支持，是适装许可审批的必要补充。为保证安全监管到位，应将现场监督检查作为适装许可审批的"预审批"，而审批的最终完成要结合现场的监督检查，要积极利用在现场监管环节中直接获取的第一手可靠信息资料，进一步确认危险品及其运输船舶是否真正处于适运、适装的安全状态。这种有针对性的现场监督检查，在一定程度上可弥补现行适装适运许可审批中存在的信息不可靠以及部分缺失的不足，因此，为严把船舶载运危险货物进出港的关口，切实履行海事部门的法定职责，将现场监管作为适装适运许可审批工作的一部分是非常必要的。

③适装适运许可审批与现场监管要相互依靠、紧密结合

如前文所述，目前不论是适装适运许可审批还是现场监管，自身都存在一些问题，这些问题的解决在一定程度上依赖于两者之间的信息交流和互补。虽然适装适运许可审批在形式上规定必须审查申报单证资料，但是出于严格监管的目的，对于某些情况如重点危险货物、重点船舶的许可审批，当审批所依据的信息失真或缺失时，可以结合现场检查进行审批，而且开展

这样的现场监督检查针对性强，监管效能也能大大提高。目前的现场监管内容比较广泛，应担负起对海事行政许可审批条件进行进一步核实的责任。如果在现场监管中发现审批所依据的信息发生实质性改变或实际情况与申报材料信息严重不符，那么按照规定要立即撤销已做出的决定，并重新进行申报。

综上所述，船舶载运危险货物的适装适运许可审批与现场监管不可能是完全独立的，在实际工作中，两者之间应该相互依靠、互相补充并有机结合。

3）实现船舶载运危险品适装许可审批和现场监督有效结合的措施

要真正做到危险品运输的适装审批严格把关、准确无误，现场监督重点突出、可靠有效，并使两者有机结合起来，必须从以下几方面加以完善：

(1) 完善对船舶装载危险货物监督管理的立法和行业标准研制

随着船舶载运危险品种类的增多和船型的增加，目前我国在危险品运输的立法和行业标准上还存在着一定的空白或不够健全完善的地方。如，有关海上危险货物运输中的瞒报、漏报和谎报相关法律问题的制定，港口危险货物流向备案和登记制度，限量类危险货物的运输要求，散装固体危险品的运输标准和管理规定以及 LNG 船舶的运输要求和管理规定等，目前在我国还需要尽快制定相应的技术标准和监管规则，以便使危险货物的适装适运许可审批和监场监督有法可依、有据可查。

(2) 建立和完善港口水域船舶装载危险货物的数据库和专家库

各级主管机关除了做好自身各项管理规章制度的建立和完善工作外，还要对辖区危险品码头、危险品船舶、相关单位从业人员进行全面的调查摸底，建立危险品船舶资料、危险货物流向和特性、码头作业的数据库和专家库，并不断充实和及时更新，以指导危险品安全适装适运许可的审批和现场监督。

(3) 加强培训考核，提高单证审核人员和现场监督人员的素质

在危险货物安全运输管理中，人的因素是主要的。首先，主管机关要定期组织危险管理人员对于有关规定的宣传和学习，及时总结经验，不断创新，逐步提高危险货物安全专业管理人员依法行政的技能和水平，以适应新的管理形势的要求。其次，做好技术培训，努力提高从业人员素质，这是提高危险货物运输安全质量的重要一环，各级交通主管部门应组织制订教育培训计划，组织编写危险货物运输培训教材和举办专业培训班，分级组织落实，对从业人员实行持证上岗制度，并定期对从业人员进行安全知识的更新和实操检查，提高他们对危险货物运输的安全知识和防范意识。

(4) 完善船舶载运危险货物申报制度，严厉打击瞒报、谎报行为，确保货物适载

危险货物瞒报、谎报给水上运输带来了极大的安全隐患，申报管理是船舶载运危险货物管理的重要措施和手段，属于运输过程中的源头管理。管理人员要严格按照申报程序对申报材料的合法性进行审查，把好船舶载运危险货物进出港审批关，重点是危险货物的包装、隔离、积载位置是否与货物特性相符，对放射性物质、感染性物质、新的有机过氧化物在办理船舶载运危险货物进口或过境申报审批时，还应要求船舶或其代理人提供有关货物特性、安全作业注意事项、人员防护及其他的有关资料。加强对危险货物申报、装箱检查人员安全知识培训和专业能力情况的监督检查，提高主管机构对船舶载运危险货物管理的预控能力，同时强化现场监督检查。

(5)加快建立信息网络,实现动态监控,提高危险货物运输的监控效率和水平

充分应用计算机和网络技术,逐步实现全国交通运输主管机关的信息资源共享、实时沟通。采用电子数据处理(EDP)或者电子数据交换(EDI)等方式办理船舶载运危险货物进出港申报,提高工作的准确性和效率。探索与港航单位的信息联网,对进出港载运货物的船舶实施动态监控。

(6)处理好基层海事机构船舶载运危险货物动、静态管理之间的关系

在新的海事监管模式下,要做好基层海事管理部门的危管工作,必须清醒地认识到许可审批和现场监管两者之间不可或缺的互补关系,切不可由于具体业务分属不同的部门而使两者之间出现分离、脱节现象。

①树立危管工作"一盘棋"的思想

虽然许可审批与现场监管业务分属不同的部门,但都是基层海事管理部门危管工作的有机组成部分,两者关系密切,因而应当树立危管工作"一盘棋"的思想,实现信息共享、优势互补。

②保证静态管理与动态管理之间的信息交流和互动

要做好基层海事部门的危管工作,在许可审批与现场监管之间必须保持互相补充、有机结合的关系,这种良好关系的保持要靠两者之间的信息交流和互动机制的建立。信息交流与互动要求工作人员都遵守执行。

③适时进行人员岗位交流

除了用制度来确保静态与动态管理两者之间的互补关系,还要进行岗位业务交流,只有既了解许可审批工作又熟悉现场监督检查的执法人员,才能在实际工作中更好地执行既定的规章制度,增进审批与现场监管实时的信息交流和互动,促进基层海事部门危管工作的顺利开展。

6.2.5 限量内运输危险货物

对于危险性较小、托运量有限的包装危险货物,可以按限量的条款,相应地免除有关运输要求。如为"无"字样,说明该物质不允许按限量内危险货物运输。

对于危险货物允许按限量内运输的有关要求为:

(1)包装

按限量内危险货物运输的物质只能放入内包装,然后放在合适的外包装内。包装应满足盛装危险货物的一般要求,且包装的设计符合危险货物包装规定。每一包件总重不超过30kg;如果内包装易碎或易被戳穿,每一包装总重不得超过20kg。

(2)积载

按限量内危险货物运输的物质,不论其在危险货物一览表中属于何种积载类,一律指定为积载类A。

(3)隔离

限量内危险货物之间或与其他危险货物之间不适用于IMDG Code中的隔离要求。限量内几种危险货物可以装在同一外包装之内。

(4)标记和标志

按限量内运输的危险货物包件免除任何标志和"海洋污染物"标记,只需标记正确的运输名称和联合国编号,或"第××类限量内运输危险货物"字样;对于货物运输组件免除标牌要求,只需在其外表面标明"限量"字样。

(5)运输单证

对于按限量内运输的危险货物单证,既可以在前面所述的运输单证中标明"限量"字样,也可以在运输单证中用"第××类限量内运输危险货物"字样代替正确的运输名称。不超过1 000cm³的烟雾剂(UN1950)、没有确定分类的,在运输单证中的类别应为"第2类"。

对于个人或家庭使用、便于销售而分装的限量内危险货物,其包件免除正确的运输名称和联合国编号。

6.2.6 违章处罚

根据《中华人民共和国行政处罚法》及有关法律、行政法规和现行规章制定的《中华人民共和国水上安全监督行政处罚规定》(交通部1998年7号令),主管机关对违反危险货物运输安全监督管理的行为的船舶、设施及有关当事人将视情节给予警告、罚款、扣留证书、吊销证书、没收船舶和法律、行政法规规定的其他行政处罚。具体违章行为主要包括:

(1)违反《危险化学品安全管理条例》的规定,从事危险化学品运输船舶的船员,未经考核合格,取得上岗资格证。

(2)违反《危险化学品安全管理条例》的规定,有下列行为之一的:

①运输危险化学品的船舶及其配载的容器,未按照国家有关规范进行检验合格。

②船舶运输危险化学品,使用的包装的材质、形式、规格、方法和单件质量与所包装的危险化学品的性质和用途不相适应。

③船舶运输危险化学品,重复使用的包装物、容器在使用前,不进行检查。

④船舶运输危险化学品,使用未经检验合格的包装物和容器包装、盛装、运输。

⑤装运危险化学品的船舶未按有关规定编制应急预案和配备相应救援设备和器材。

⑥装运危险化学品的船舶进出港口,不依法向海事管理机构办理申报手续。

⑦装运危险化学品的船舶擅自在非停泊危险化学品船舶的锚地、码头或其他水域停泊。

⑧船舶所装运的危险化学品,包装标志不符合有关规定。

⑨船舶装运危险化学品发生泄漏或意外事故,不及时采取措施或不向海事管理机构报告。

⑩其他不符合国家有关危险化学品法律、法规、规章的规定和危险化学品国家标准的情形。

(3)违反《海上交通安全法》第三十二条规定,有下列行为之一的:

①装运危险化学品以外的危险货物的船舶,未按有关规定编制应急预案和配备相应救援设备和器材。

②装运危险化学品以外的危险货物的船舶及其配载的容器,未按照国家有关规范进行检验合格。

③船舶装运危险化学品以外的危险货物,所使用包装的材质、形式、规格、方法和单件质量与所包装的危险货物的性质和用途不相适应。

④船舶装运危险化学品以外的危险货物,包装标志不符合有关规定。

⑤装运危险化学品以外的危险货物的船舶,未按规定配备足够的取得相应的特殊培训合

格证书的船员。

⑥使用未经检验合格的包装物和容器包装、盛装、运输。

⑦重复使用的包装物和容器在使用前,不进行检查。

⑧不按规定显示装载危险货物的信号。

⑨未按照危险货物的特性采取必要安全防护措施。

⑩不按照有关规定对载运中的危险货物进行检查。

⑪装运危险货物的船舶擅自在非停泊危险货物船舶的锚地、码头或其他水域停泊。

⑫船舶装运危险货物发生泄漏或意外事故,不及时采取措施或不向海事管理机构报告。

(4)违反《中华人民共和国海上交通安全法》第三十三条规定,船舶装运危险化学品以外的危险货物进出港口,不向海事管理机构办理申报手续。

不遵守国家关于危险化学品以外的危险货物管理和运输的规定的其他行为。

6.3 危险货物的承运

本节主要内容是对装运危险货物船舶本身的要求以及船舶在装卸、配积载、编解队(拖驳船队)、航行期间应负的责任和必须遵守的规定。

6.3.1 船舶应具备的条件

(1)自1982年10月1日起在我国国际航线上(包括港口装卸)执行IMO的《国际危规》后,交通部于1983年颁发了《关于装运危险货物船舶的技术条件的规定》。1984年1月1日起在我国沿海港口装卸货物的国际航行船舶上试行。该规定的适用范围是:在我国沿海港口装卸货物的500总吨以上的国际船舶。

该规定的基本要求为:①验船部门检验合格;②舱室应为钢质结构,并符合防水防火有关规定要求;③对通风及通风机的要求;④对消防系统的要求;⑤对电子设备的要求等。

另外,对装运爆炸品、易燃气体、易燃液体、易燃固体或遇水时放出易燃气体的固体或物质、有机过氧化物等又有补充要求。对航行国内沿海、内河、湖泊的各类装运危险货物船舶的技术条件的要求,目前没有统一规定。由于船舶类型多,管理体制比较复杂,今后制定统一的技术条件还很困难。

目前,国家有规定的按国家规定办,如关于水泥船、木质船、乡镇运输船舶装运危险货物,国务院曾于1987年11月3日发布国发1987(98)文《关于加强内河乡镇运输船舶安全生产通知》。通知中指出:内河乡镇运输船舶,不得载运易燃、易爆、有毒、有害等危险物品,任何单位和个人不得租用和委托乡镇船舶载运上述危险物品。确需载运时,应按国家有关规定办理。装运前向当地港务(航)监督部门办理准运证,尚无规定的由各省、自治区、直辖市交通主管部门制订装运条件和管理办法。

(2)客船、客渡船禁止装运危险货物(凡船舶搭载乘客超过12人的均视为客船)。这主要是考虑到客船上人员密集,又无专供装货的舱室,管理困难,一旦发生事故,施救工作很困难,容易造成人员伤亡和财产毁损。

(3)客货船、客滚船搭载乘客时,原则上不得装运危险货物,确需装运时,船舶经营人应制定限额规定。制定限额规定时应考虑:船型、船舶结构、船舶设备设施、货物种类、特性、各类货物总的数量及各种货类之间的相容性、积载隔离要求等。

6.3.2 船舶在航行、停泊、装卸时应遵守的规定

(1)在《中华人民共和国内河避碰规则》中,对航行避让、号灯和号型、声响信号等均有相应的规定。对装运危险货物的船舶,《中华人民共和国内河避碰规则》第三十五条规定:"装运爆炸、剧毒、放射性、易燃危险货物的船舶,在停泊、装卸、航行中除显示号灯、号型外,夜间还应在桅杆的横桁上显示红光环照灯一盏,白天悬挂'B'字信号旗一面"。规定显示这些信号,都是为了与载运普通货物的船舶区别开来,能引起人们的注意。

(2)装有爆炸品、一级易燃液体和有机过氧化物的船舶,与装运普通货物的船舶混合编队的条件。

《水路危规》第三十条规定:原则规定不允许混合编队。该条一是考虑到许多内河航运企业的船舶在航行条件差、船舶载量小、拖带量小、管理水平低、人员技术水平较低等因素,如有不当,有可能发生事故。为了确保安全,上述情况不允许混合编队。二是考虑到有些航运企业在航行条件较好,船舶技术条件符合要求、船舶载量大、一次拖带量多、人员技术水平较高、运距长、一次装载危险货物量不大,批次和批量不多,无法组成专队拖带,如果单独拖带企业效益又不可行,必须混合编队的条件下,船舶所有人或船舶经营人必须制订相应的船舶装载危险货物拖带混合编队规定。这个规定,一是必须确保安全;二是符合《水路危规》有关规定要求;三是制订规定时,应考虑船型、船舶结构,船舶设备、设施,货物种类、特性,各类货物的数量及总数量,各种货类的相容性、积载与隔离要求、航道条件等;四是制订的规定,部属航运企业报部批准,地方航运企业报省市自治区港务(航)监督部门批准,并报交通运输部备案。

(3)船舶自身的管理要确保船舶运输安全。

船舶要确保自身安全,除对危险货物严格按照《水路危规》有关规定办理外,对可能发生事故的外部条件也必须严格控制。《水路危规》第三十一条"装载易燃、易爆危险货物的船舶,不得进行明火、烧焊或易产生火花的修理作业";第三十二条"除客货船外,装运危险货物的船舶不准搭乘旅客和无关人员"等都是从运输安全考虑,避免由于疏忽大意造成事故发生。

(4)危险货物的积载配装对船舶运输安全的影响。

船舶积载是指在该船确定了装载的货物品种、数量、体积,以及到达港口后,除考虑一般积载要求(确保质量、船体强度不受影响、船舶稳性、吃水适航,充分利用舱容载量以及便于港口卸装等)外,还必须考虑《水路危规》的附件四"积载和隔离"的规定要求,以及各类引言和明细表中的积载配装和隔离要求。另外,对舰艇来说,危险货物所积载的位置,应不影响安全设备正常使用,如救生设备,消防航行信号、泵管系以及系泊设备等,并保证通道正常。

(5)船舶装载完毕后,应做的几项工作。

①编写所装载危险货物清单,清单内容有:船名、航次、起运港、到达港、装船日期、货名、件数、重量、类别,并在积载图上标明货物品名、件数、质量及舱位等。使船舶在航行、停泊及加减载遇有紧急情况时掌握本船的装载情况,做出及时正确地处理。

②向到达港预报到港时间,拍发货电(内容包括:货名、件数、质量、收货人等),以便到达港安排泊位作业,联系有关部门卸装,准备通知收货人提货。这些工作一般由船舶代理机构具体操作。

③备好到达港所需的有关资料:

a. 舱单、积载图表。

b. 随货同行的有关单证。

c. 危险货物准运单等。

6.4 危险货物的装卸

本节规定了对装卸危险货物的场地、必需的单证、专业知识的培训和安全装卸等具体要求。

6.4.1 装卸危险货物的场地

装卸危险货物的场地包括泊位地点、库场和拆箱场地。

(1)《水路危规》第四十二条规定:"装卸危险货物应在港口管理机构批准的码头和泊位进行。"

《交通部港口危险货物管理暂行规定》(交通部 2003 年第 9 号令,2004 年 1 月 1 日起施行)第十二条规定:"从事危险货物港口作业的企业应当在危险货物港口作业认可证上核定的危险货物港口作业范围内从事危险货物港口作业活动。"第十七条规定:"从事危险货物港口作业的企业,在危险货物港口装卸、过驳、储存、包装、集装箱装拆箱等作业开始 24 小时前,应当将作业委托人以及危险货物品名、数量、理化性质、作业地点和时间、安全防范措施等事项向所在地港口行政管理部门报告。港口行政管理部门应当在接到报告后 24 小时内做出是否同意作业的决定,通知报告人,并及时将有关信息通报海事管理机构。未经港口行政管理部门同意,不得进行危险货物港口作业。"

(2)《水路危规》第五十条对没有危险货物库场的港口做了具体要求:"一级危险货物原则上以直接换装方式作业。特殊情况,需经港口管理机构批准,采取妥善的安全防护措施并在批准的时间内装上船或提离港口。"

"一级危险货物"亦曾称为"烈性危险货物",是指中华人民共和国国家标准《危险货物品名表》(GB 12268—2012)中规定的爆炸品、压缩气体和液化气体、一级易燃液体、一级易燃固体、一级自燃物品、一级遇湿易燃物品、一级氧化剂、有机过氧化物、一级毒害品、感染性物品、放射性物品和一级腐蚀品,共 12 种。

(3)《水路危规》第五十七条规定:"危险货物集装箱在港区内拆、装箱,应在港口管理机构(港口公安局)批准的地点进行,并采取相应的安全措施后方可作业。"

(4)《中华人民共和国船舶载运危险货物安全监督管理规定》第三十三条规定:对于擅自在非指定泊位或者水域装卸危险货物的,海事管理机构应当责令当事船舶立即纠正或者限期改正。

6.4.2 必需的单证

《水路危规》第四十一条规定:"承运人应按规定办理申报手续",这里所指的申报手续应视为海事管理机构签发的"船舶装载危险货物准单"。

交通部颁布的《中华人民共和国船舶载运危险货物安全监督管理规定》(自2004年1月1日起施行)第四条规定:"船舶载运危险货物,必须符合国家安全生产、水上交通安全、防治船舶污染的规定,保证船舶人员和财产的安全,防止对环境、资源以及其他船舶和设施造成损害。"

第十二条规定:"载运危险货物的船舶在港口水域内从事危险货物过驳作业,应当根据交通部有关规定向港口行政管理部门提出申请。港口行政管理部门在审批时,应当就船舶过驳作业的水域征得海事管理机构的同意。

载运散装液体危险货物的船舶在港口水域外从事海上危险货物过驳作业,应当由船舶或者其所有人、经营人或者管理人依法向海事管理机构申请批准。

船舶从事水上危险货物过驳作业的水域,由海事管理机构发布航行警告或者航行通告予以公布。"

第十三条规定:"申请从事港口水域外海上危险货物单航次过驳作业的,申请人应当提前24小时向海事管理机构提出申请;申请在港口水域外特定海域从事多航次危险货物过驳作业的,申请人应当提前7日向海事管理机构提出书面申请。

船舶提交上述申请,应当申明船舶的名称、国籍、吨位,船舶所有人或者其经营人或者管理人、船员名单,危险货物的名称、编号、数量,过驳的时间、地点等。"

第二十三条规定:"船舶载运危险货物进出港口,或者在港口过境停留,应当在进出港口之前提前24小时,直接或者通过代理人向海事管理机构办理申报手续,经海事管理机构批准后,方可进出港口。国际航行船舶,还应当按照国务院颁布的《国际航行船舶进出中华人民共和国口岸检查办法》第六条规定的时间提前预报告。

定船舶、定航线、定货种的船舶可以办理定期申报手续。定期申报期限不超过一个月。

船舶载运尚未在《危险货物品名表》(GB 12268—2012)或者国际海事组织制定的《国际海运危险货物规则》内列明但具有危险物质性质的货物,应当按照载运危险货物的管理规定办理进出港口申报。"

第二十四条规定:"载运危险货物的船舶办理进出港口申报手续,申报内容应至少包括:船名、预计进出港口的时间以及所载危险货物的正确名称、编号、类别、数量、特性、包装、装载位置等,并提供船舶持有安全适航、适装、适运、防污染证书或者文书的情况。

对于装有危险货物的集装箱,船舶需提供集装箱装箱检查员签名确认的集装箱装箱证明书。

对于易燃、易爆、易腐蚀、剧毒、放射性、感染性、污染危害性等危险品,船舶应当在申报时附具相应的危险货物安全技术说明书、安全作业注意事项、人员防护、应急急救和泄漏处置措施等资料。"

第二十五条规定:"海事管理机构收到船舶载运危险货物进出港口的申报后,应当在24小时内作出批准或者不批准船舶进出港口的决定。

对于申报资料明确显示船舶处于安全适航、适装状态以及所载危险货物属于安全状态的，海事管理机构应当批准船舶进出港口。对有下列情形之一的，海事管理机构应当禁止船舶进出港口：

(1)船舶未按规定办理申报手续。

(2)申报显示船舶未持有有效的安全适航、适装证书和防污染证书，或者货物未达到安全适运要求或者单证不全。

(3)按规定尚需国家有关主管部门或者进出口国家的主管机关同意后方能载运进、出口的货物，在未办理完有关手续之前。

(4)船舶所载危险货物系国家法律、行政法规禁止通过水路运输的。

(5)本港口不具备相应的安全航行、停泊、作业条件或者相应的应急、防污染、保安等措施的。

(6)交通运输部规定不允许船舶进出港口的其他情形。"

第二十六条规定："船舶载运需经国家其他有关主管部门批准的危险货物，或者载运需经两国或者多国有关主管部门批准的危险货物，应在装货前取得相应的批准文书并向海事管理机构备案。"

第二十七条规定："船舶从境外载运有害废料进口，国内收货单位应事先向预定抵达港的海事管理机构提交书面报告，并附送出口国政府准许其迁移以及我国政府有关部门批准其进口的书面材料，提供承运的单位、船名、船舶国籍和呼号以及航行计划和预计抵达时间等情况。

船舶出口有害废弃物，托运人应提交我国政府有关部门批准其出口，以及最终目的地国家政府准许其进口的书面材料。"

《港口危险货物管理规定》第十五条规定："船舶载运危险货物进出港口，应当将危险货物的名称、理化性质、包装和进出港口的时间等事项，在预计到、离港 24 小时前向海事管理机构报告。但定船舶、定航线、定货种的船舶可以按照有关规定向海事管理机构定期申报。海事管理机构接到上述报告后应当及时将上述信息通报港口所在地港口行政管理部门。"

6.4.3 专业人员

《水路危规》第四十三条主要规定了"装卸危险货物，应选派具有一定专业知识的装卸人员（班组）担任"的要求。

《港口危险货物安全管理规定》（中华人民共和国交通运输部令 2012 年第 9 号）第十三条："危险货物港口经营人应当具备以下条件：

(1)设有安全生产管理机构或者配备专职安全生产管理人员。

(2)具有健全的安全管理制度和操作规程。

(3)企业主要负责人，危险货物装卸管理人员、申报人员、集装箱装箱现场检查员以及其他从业人员应当按照相关法律法规的规定取得相应的从业资格证书。"

交通部 1988 年第 2 号令《港口消防监督实施办法》也做了具体的要求，规定"从事易爆易燃危险货物装卸、运输、管理人员，应了解易燃易爆危险品的物理、化学性能，要经过防火防爆安全知识的培训，并由所在单位安全技术部门考试合格，方可上岗位工作，还应严格执行防火防爆制度,遵守安全技术操作规程"。经培训后的人员要相对稳定。

《危险化学品安全管理条例》第四十四、四十五条规定了"危险化学品道路运输企业、水路运输企业的驾驶人员、船员、装卸管理人员、押运人员、申报人员、集装箱装箱现场检查员应当经交通运输主管部门考核合格,取得从业资格。具体办法由国务院交通运输主管部门制定。运输危险化学品的驾驶人员、船员、装卸管理人员、押运人员、申报人员、集装箱装箱现场检查员,应当了解所运输的危险化学品的危险特性及其包装物、容器的使用要求和出现危险情况时的应急处置方法。"

联合国《关于危险货物运输的建议书》第十六修订版(2009年)中,要求从事危险货物运输的人员应接受与之所承担的责任相符的危险货物规定内容方面的培训。包括:①一般认识/熟悉培训;②具体职能培训(深入细致的培训);③针对出现泄漏情况和履行职责时遭受的风险的安全培训。同时,还应定期给予适当地再培训。

6.4.4 安全装卸要求

1) 对装卸易燃易爆的危险货物,装卸机具要有防爆、防火措施

《水路危规》第四十四条要求装卸机械应安置火星熄灭器,使用防爆型电器机械。在装卸爆炸品、放射性物品、一级毒害品、有机过氧化物时,装卸机械应按额定负荷降低25%使用。工具采用镀铜等措施,防止产生火花。

2) 设置安全网,穿戴相应的防护用品

《水路危规》第四十五条要求设置安全网。为防止装卸过程中毒害品落水造成污染水域,最好系挂两层完好的安全网,网上加铺尼龙布(或帆布),网要绑牢,吊运货物必须从网中央的上空经过。货物一旦掉落网内,应立即收回并采取相应处理,干净后,方可继续作业。

3) 夜间作业应有良好的照明

《水路危规》第四十六条规定要有良好的照明外,还要求应使用防爆型的安全照明设备。通常情况下,应尽量安排于白天作业为宜。

4) 适工环境

《水路危规》第四十七条规定:"船方应向港口经营人提供安全的作业环境。如货舱受到污染,船方应立即说明情况。对已被毒害品、放射性物品污染的货舱,船方应申请卫生防疫部门检测,采取有效措施后方可作业"。"采取有效措施后"应理解为污染程度已降到最低限度,即工人工作地点的空气中有害物质已达到最高允许浓度,作业前,必须对作业处所进行通风,以排除有毒气体。这是提供安全的作业环境不可缺少的有效措施。

5) 船舶装卸易燃易爆的危险货物期间,必须做到"五不得"

《水路危规》第四十八条规定的"五不得"包括:

(1) 不得进行加油、加水(岸上管道加水除外)。

(2) 不得进行拷铲等作业。

(3) 装卸爆炸品时(除1.4项外)不得使用和检修雷达、无线电电报发射机(第1.4项除外)。

(4) 不得使用输出功率超过25 W的VHF发射机。

(5)允许使用输出功率不超过25 W的VHF发射机,但其天线与爆炸品间的距离,不得等于或小于2mL。

6)禁火种,设禁火区

《水路危规》第四十九条规定:作业人员不得携带火种或穿铁鞋进入作业现场,无关人员不得进入。"火种"还应包括使用聚焦的玻璃制品如"老花眼镜"等。

禁火区是指以装卸易燃、易爆危险货物装卸地点为圆心,50mL为半径范围内所划定的面积。内河装卸作业所设的禁火区,没有具体数值,需视具体环境而定,其前提是只要确保安全。

7)雷、闪电、雨雪天、火警情况下停止作业

《水路危规》第五十一条规定:遇有上述情况时,应立即停止作业,并将货物妥善处理,如及时盖好舱盖,将已卸货及时进仓库。

8)配备足够的、相应的消防、应急器材

《水路危规》第五十二条所述相应的消防、应急器材系指危险货物着火后所使用的合适灭火剂,例如:

(1)对水溶性液体的危险货物,可用雾状水、泡沫、二氧化碳、干粉、干砂。

(2)对非水溶性液体的危险货物,可用雾状水、泡沫、二氧化碳、干粉、干砂。相对密度小于1时,用水灭火无效。

(3)与水不发生反应的固体危险货物,可用水、泡沫、二氧化碳、干粉、干砂。但高温熔融状态下的易燃固体,用柱状水会引起沸溅或爆炸。

(4)对自燃和遇湿易燃的危险货物,可用干粉、干砂,禁止用水和泡沫。

(5)对有机过氧化物,可用雾状水、干砂、二氧化碳。

(6)对爆炸品,可用雾状水,禁止用砂土压盖。

9)按配载图装载,稳拿轻放、堆码规范

《水路危规》第五十三条要求装卸人员应严格按计划积载图装卸,配载舱图经港务监督核准后,不得任意改变。如需要改变,应事先征得港务监督同意。监装合格后,由海事管理机构签发危险货物监装证书。装卸时应稳拿轻放,严禁撞击、滑跌、摔落等不安全作业。包括破损、渗漏或受到污染的危险货物禁止装船,应及时清离作业现场,并妥善处理。堆码要规范、整齐、稳固,桶盖、瓶口朝上,禁止倒放。

10)"后装先卸"原则

《水路危规》第五十四条规定了五种货类,即爆炸品、放射性物品、一级毒害品、有机过氧化物、一级易燃液体,原则上应最后装最先卸。对装有爆炸品的舱室,在中途港一般不应加载其他货物。

爆炸品、放射性物品、一级毒害品这三类货物,有其特有的规定,还得遵照有关规定执行。

11)确定高温季节的作业时间

《水路危规》第五十五条对温度较为敏感的危险货物,装卸搬运一般宜在白天进行,并避免阳光直晒。在炎热季节,应在早晚作业,晚间作业应用防爆式或封闭式的安全照明。

12)装卸可移动罐柜应有防静电措施

针对第五十六条要求,凡准备运输闪点低于61℃的易燃液体的罐柜都应具备静电接地条

件,即应安装有静电接地栓或其他合适的装置。

13)装卸过毒害品、放射性物品的工(机)具和防护用品应进行清洗、消毒,并做好保养、维修和更新工作。装卸完毕,要及时清理作业现场。

6.5 危险货物的储存与交付

本节规定了对储存危险货物库场管理的具体要求和危险货物交付中催提以及无主货的处理办法。

6.5.1 储存

1)危险货物专用库(场)管理制度

《水路危规》第五十九条要求经常装卸危险货物的港口,应建有危险货物专用库(场),其专用库(场)必须符合《建筑设计防火规范》要求。应建立健全有关的管理制度,配备经过专业培训的管理人员、安全保卫和消防人员,并且配备相应的消防器材。

《港口危险货物安全管理规定》第五条规定"新建、改建、扩建从事港口危险货物作业的建设项目"(以下简称"港口建设项目")由港口行政管理部门进行安全条件审查。

未经安全条件审查通过,港口建设项目不得开工建设。

《港口危险货物安全管理规定》第二十二条规定"危险货物港口经营人应当根据《港口危险货物作业附证》上载明的危险货物种类和危险特性,在作业场所设置相应的监测、监控、通风、防晒、调温、防火、灭火、防爆、泄压、防毒、中和、防潮、防雷、防静电、防腐、防泄漏以及防护围堤或者隔离操作等安全设施、设备,并按照国家标准、行业标准或者国家有关规定对安全设施、设备进行经常性维护、保养,保证安全设施、设备的正常使用。"

《危险化学品安全管理条例》第二十条规定"生产、储存危险化学品的单位,应当根据其生产、储存的危险化学品的种类和危险特性,在作业场所设置相应的监测、监控、通风、防晒、调温、防火、灭火、防爆、泄压、防毒、中和、防潮、防雷、防静电、防腐、防泄漏以及防护围堤或者隔离操作等安全设施、设备,并按照国家标准、行业标准或者国家有关规定对安全设施、设备进行经常性维护、保养,保证安全设施、设备的正常使用。生产、储存危险化学品的单位,应当在其作业场所和安全设施、设备上设置明显的安全警示标志。"

《危险化学品安全管理条例》第二十一条规定"生产、储存危险化学品的单位,应当在其作业场所设置通信、报警装置,并保证处于适用状态。"

《危险化学品安全管理条例》第二十四条规定"危险化学品应当储存在专用仓库、专用场地或者专用储存室(以下统称专用仓库)内,并由专人负责管理;剧毒化学品以及储存数量构成重大危险源的其他危险化学品,应当在专用仓库内单独存放,并实行双人收发、双人保管制度。危险化学品的储存方式、方法以及储存数量应当符合国家标准或者国家有关规定。"

《危险化学品安全管理条例》第二十六条规定"危险化学品专用仓库应当符合国家标准、行业标准的要求,并设置明显的标志。储存剧毒化学品、易制爆危险化学品的专用仓库,应当按照国家有关规定设置相应的技术防范设施。储存危险化学品的单位应当对其危险化学品专用仓库的安全设施、设备定期进行检测、检验。"

《危险化学品安全管理条例》第二十七条规定"生产、储存危险化学品的单位转产、停产、停业或者解散的,应当采取有效措施,及时、妥善处置其危险化学品生产装置、储存设施以及库存的危险化学品,不得丢弃危险化学品;处置方案应当报所在地县级人民政府安全生产监督管理部门、工业和信息化主管部门、环境保护主管部门和公安机关备案。安全生产监督管理部门应当会同环境保护主管部门和公安机关对处置情况进行监督检查,发现未依照规定处置的,应当责令其立即处置。"

2) 非危险货物专用库(场)存放危险货物应经审批并按危险货物管理

《水路危规》第六十条对非危险货物专用库(场)存放危险货物作了具体的规定,这种情况是会经常出现的,即没有专用库(场),或虽有专用库(场),但场地不够,此时,必须通过港口公安局审批,限期储存并做好一切安全措施。

3) 危险货物包装检查

《水路危规》第六十一条要求危险货物入库(场)前,应严格验收。1984年交通部(84)交海字2518号《海洋运输危险货物包装检查暂行规定》要求:各沿海港口配备危险货物包装检查人员,负责危险货物包装的审核、检查工作;包装检查人员应熟悉危险货物的性质、包装要求和性能试验等有关要求,熟悉《水路危规》等有关规定。包装检查人员的主要职责是:危险货物进港时,应现场检查包装是否与审查的包装检验证书相符,货物的名称、标志是否正确齐全,监督仓库、理货人员严格检查包装内有无破损、渗漏、污染和严重锈蚀等情况,并在现场检查记录单内注明检查结果,签名后同包装检验证书留存备查。对包装不符合要求者,不得入库。

《港口危险货物安全管理规定》第三十二条规定"危险货物港口经营人应当对危险货物包装进行检查,发现包装不符合国家有关规定的,不得予以作业,并应当及时通知作业委托人处理。"

《港口危险货物安全管理规定》第三十三条规定"所在地港口行政管理部门应当根据国家有关规定对危险货物包装进行抽查。不符合规定的,可以责令作业委托人处理。"

《危险化学品安全管理条例》第二十二条规定"生产、储存危险化学品的企业,应当委托具备国家规定的资质条件的机构,对本企业的安全生产条件每3年进行一次安全评价,提出安全评价报告。安全评价报告的内容应当包括对安全生产条件存在的问题进行整改的方案。

生产、储存危险化学品的企业,应当将安全评价报告以及整改方案的落实情况报所在地县级人民政府安全生产监督管理部门备案。在港区内储存危险化学品的企业,应当将安全评价报告以及整改方案的落实情况报港口行政管理部门备案。

质检部门应当对危险化学品的包装物、容器的产品质量进行定期的或者不定期的检查。"

4) 危险货物堆码和隔离要求

《水路危规》第六十二条具体规定如下:堆码要整齐、稳固;垛顶距灯不小于1.5mL,垛与墙间距离不小于0.5mL,垛与垛间距离不小于1mL,消防器材、配电箱周围1.5mL内禁止存放任何物品;堆垛内消防通道不小于6mL。性质不相容、消防方法不同的危险货物不得同库存放,确实需存放时应符合附件四中的隔离要求。此外,最好在每个堆垛醒目的位置设挂1~2个危险货物货牌。货牌用不燃材料制成,注明危险货物名称、联合国编号、危规编号、主要危险特性、消防方法等,以便应急时采取必要措施。

《中华人民共和国船舶载运危险货物安全监督管理规定》第二十一条规定:"船舶载运危险货物,应当符合有关危险货物积载、隔离和运输的安全技术规范,并只能承运船舶检验机构签发的适装证书中所载明的货种。

国际航行船舶应当按照《国际海运危险货物规定》,国内航行船舶应当按照《水路危险货物运输规定》,对承载的危险货物进行正确分类和积载,保障危险货物在船上装载期间的安全,对不符合国际、国内有关危险货物包装和安全积载规定的,船舶应当拒绝受载、承运。"

5)巡查及处理

《水路危规》第六十三条对存放危险货物的库(场)作了需经常进行检查的规定,巡查库(场)内的危险货物有无出现异常。如发热、有异味、暴晒、雨淋等,应及时采取相应的措施,并作好检查记录。

6)清扫洗刷场地

危险货物出运后,应及时清扫库(场),对因存放危险货物而受到污染的库(场)应进行洗刷,尤其是对存放毒害品及放射性物品而受到污染的库(场),必须与卫生防疫部门联系加以洗刷处理和监测。

6.5.2 交付

1)及时发出提货通知,按单发货及催提

《水路危规》第六十五条规定:进口危险货物抵港后,港口要及时向收货人或其代理人发出提货通知,收货人应做好接运准备。仓库员应认真核对提离港口危险货物的品名、标志、标记和数量,按单发货,防止差错。收货人未能在规定限期内提货时,港口公安部门应协助做好催提工作。对残损和撒漏的地脚货应由收货人提货时一并提离港口。

2)无法交付货物的处理办法

《水路危规》第六十六条规定:对无票、无货主或经催提后收货人仍未提取的货物,港口可根据国家经济委员会经交〔1986〕727号文《关于港口、车站无法交付货物的处理办法》的规定处理。对危及港口安全的危险货物如易燃、易爆、放射性、剧毒等货物,港口管理机构有权及时处理。

本章复习思考题

1. 简述船载危险货物申报的程序和要求。
2. 简述海事部门对危险货物申报管理程序。
3. 简述运输单证的意义和作用。
4. 装运危险货物的船舶应具备哪些条件?
5. 危险货物的积载配装对船舶运输安全有什么影响?
6. 危险货物的单证要求包括哪几个方面?
7. 列出集装箱包装证明书的内容,并讨论它是怎样和其他危险货物申报单发生联系的。

本章参考文献

[1] 刘敏文.危险货物运输管理教程[M].北京:人民交通出版社,2008.
[2] 武德春,武晓.港航商务管理[M].北京:机械工业出版社,2009.
[3] 中华人民共和国交通运输部.水路危险货物运输规则[Z].1996.
[4] 中华人民共和国交通运输部.港口危险货物安全管理规定[Z].2013.
[5] 中华人民共和国国务院.危险化学品安全管理条例[Z].2011.
[6] 刘敬贤,刘芳.论船载危险品单证审核和现场监管的一致性[J].航海技术,2008(03):78-80.

第7章 集装箱装运危险货物运输与管理

集装箱这种"门到门"运输改变了传统的"港到港"运输模式,其优势在于降低了运输成本、节省劳力、便于多式联运。当集装箱用于装运危险货物时,《国际危规》将其作为运输组件之一,提出了具体要求,以确保其安全运输。本章介绍了集装箱基本知识、管理依据以及如何做好现场监督管理等知识。

7.1 集装箱货物运输组件

7.1.1 定义

集装箱(Containers)是指一种永久性的并有相应的强度足以反复使用的运输设备。这种设备是为了便于以一种或几种方式运输,中间无须转装而专门设计的,在适用时应根据经修订的《1972年国际集装箱安全公约》(CSC)予以批准。"集装箱"一词不包括车辆,也不包括包装,但装在底盘车上的集装箱包括在内。

运输放射性物质的集装箱是指为了便于以一种或几种方式运输货物(包装或无包装),中途无须转装而专门设计的运输设备。它应具有永久密封性能,刚性的,并有相应的强度足以反复使用,并且备有便于系固和装卸的部件,尤其是便于从一种运输工具转换到另一种运输工具。小型集装箱是指任一外部尺寸小于1.5m或内部容积不大于$3m^3$的集装箱,除此以外,都称为大型集装箱。

集装箱是在箱格式船舶(集装箱船)上运输的。所谓"箱格式船舶"是指在海上运输过程中供集装箱装载在舱内、固定积载而专门设计的船舶。装在这种船舶舱面上的集装箱,是堆码、系固在专门的位置上的。到目前为止,投入使用的最大集装箱船为18 000 TEU,24 000 TEU集装箱船预计于2018年投入使用。

集装箱分为封闭式和开敞式。"封闭式集装箱"是指对内装的货物能完全封闭的集装箱;"开敞式集装箱"是指非封闭式的集装箱。

《1972年国际集装箱安全公约》不适用于在公海上作业的近海集装箱。近海集装箱的设计和试验应考虑到这类集装箱在不利的气象条件、公海上可能遇到动态的举力和冲击力。所以这类集装箱应由认可的主管机关根据MSC/Circ.860《在公海上装卸的近海集装箱批准指南》予以批准。

7.1.2 集装箱的分类

运输货物用的集装箱种类繁多,从运输家用物品的小型折叠式集装箱到40ft标准集装箱,以及航空集装箱等,不一而足。这里仅介绍在海上运输中常见的国际货运集装箱类型。

1)按用途分类

集装箱按箱内所装货物一般分为以下 10 种。

(1)通用干货集装箱(Dry Cargo Container)

这种集装箱也称为杂货集装箱,用来运输无须控制温度的干杂货,如图 7-1 所示。其使用范围极广,据 1983 年统计,世界上 300 万个集装箱中,杂货集装箱占 85%,约为 254 万个。这种集装箱通常为封闭式,在一端或侧面设有箱门。这种集装箱通常用来装运文化用品、化工用品、电子机械、工艺品、医药、日用品、纺织品及仪器零件等。这是平时最常见的集装箱,也是包装危险货物最常用的集装箱。不受温度变化影响的各类固体散货、颗粒或粉末状的货物都可以由这种集装箱装运。

图 7-1　通用干货集装箱

(2)保温集装箱(Keep Constant Temperature Container)

保温集装箱即为运输需要冷藏或保温的货物的集装箱,其箱壁都采用导热率低的材料制成,可分为以下 3 种:

①冷藏集装箱(Reefer Container)。它是以运输冷冻食品为主、能保持所定温度的保温集装箱,如图 7-2 所示。它专为运输鱼、肉、新鲜水果、蔬菜等食品而特别设计。目前,国际上采用的冷藏集装箱基本上分两种:一种是集装箱内带有冷冻机的,称为机械式冷藏集装箱;另一种集装箱内没有冷冻机而只有隔热结构,即在集装箱端壁上设有进气孔和出气孔,箱子装在舱中,由船舶的冷冻装置供应冷气,这种称为离合式冷藏集装箱(又称外置式或夹箍式冷藏集装箱)。

②隔热集装箱。即为载运水果、蔬菜等货物,防止温度上升过大,以保持货物鲜度而具有充分隔热结构的集装箱。通常用冰作制冷剂,保温时间为 72h 左右。

③通风集装箱(Ventilated Container)。即为装运水果、蔬菜等不需要冷冻但具有呼吸作用的货物,在端壁和侧壁上设有通风孔的集装箱,如将通风口关闭,同样可以作为杂货集装箱使用。

(3)罐式集装箱(Tank Container)

罐式集装箱即专用以装运酒类、油类(如动植物油)、液体食品以及化学品等液体货物的集装箱。它还可以装运其他的液体危险货物。这种集装箱有单罐和多罐数种,罐体四角由支柱、撑杆构成整体框架,如图 7-3 所示。

图 7-2　冷藏集装箱

图 7-3　罐式集装箱

（4）散货集装箱（Bulk Container）

它是一种密闭式集装箱，有玻璃钢制和钢制两种。前者由于侧壁强度较大，故一般装载麦芽和化学品等相对密度较大的散货，后者则用于装载相对密度较小的谷物。散货集装箱顶部的装货口应设水密性良好的盖，以防雨水侵入箱内，如图7-4所示。

图7-4　开顶散货集装箱

（5）台架式集装箱（Platform Based Container）

它是没有箱顶和侧壁，甚至连端壁也去掉而只有底板和4个角柱的集装箱，如图7-5所示。这种集装箱可以从前后、左右及上方进行装卸作业，适合装载长大件和重货件，如重型机械、钢材、钢管、木材及钢锭等。台架式集装箱没有水密性，怕水湿的货物不能装运，或可用帆布遮盖装运。

（6）平台式集装箱（Platform Container）

这种集装箱是在台架式集装箱上再简化而只保留底板的一种特殊结构集装箱，如图7-6所示。平台的长度和宽度与国际标准集装箱的箱底尺寸相同，可使用与其他集装箱相同的紧固件和起吊装置。这一集装箱的采用打破了过去一直认为集装箱必须具有一定容积的概念。

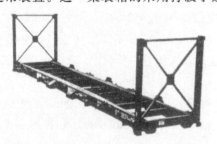

图7-5　台架式集装箱　　　　　　　　图7-6　平台式集装箱

（7）敞顶集装箱（Open Top Container）

这是一种没有刚性箱顶的集装箱，但有由可折叠式或可折式顶梁支撑的帆布、塑料布或涂塑布制成的顶篷，其他构件与通用集装箱类似，如图7-7所示。这种集装箱适于装载大型货物和重货，如钢铁、木材，特别是像玻璃板等易碎的重货，利用吊车从顶部吊入箱内不易损坏，而且也便于在箱内固定。

（8）汽车集装箱（Car Container）

它是一种运输小型轿车用的专用集装箱，其特点是在简易箱底上装一个钢制框架，通常没有箱壁(包括端壁和侧壁)。这种集装箱分为单层和双层两种。因为小轿车高度通常为1.35～1.45m,如装在8ft(2.438m)的标准集装箱内,其容积要浪费2/5以上,因而出现了双层集装箱,如图7-8所示。这种双层集装箱的高度有两种:一种为10.5ft(3.2m);另一种为8.5ft❶尺高的2倍。因此汽车集装箱一般不是国际标准集装箱。

图7-7 敞顶集装箱

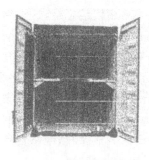

图7-8 双层汽车集装箱

(9)动物集装箱(Pen Container or Live Stock Container)

这是一种装运鸡、鸭、鹅等活家禽和牛、马、羊、猪等活家畜用的集装箱。为了遮蔽太阳,箱顶采用胶合板露盖,侧面和端面都有用铝丝网制成的窗,以求有良好的通风。侧壁下方设有清扫口和排水口,并配有上下移动的拉门,可把垃圾清扫出去,还装有喂食口。动物集装箱在船上一般应装在甲板上,因为甲板上空气流通,便于清扫和照顾。

(10)服装集装箱(Garment Container)

这种集装箱的特点是在箱内上侧梁上装有许多根横杆,每根横杆上垂下若干条皮带扣、尼龙带扣或绳索,成衣利用衣架上的钩,直接挂在带扣上或绳索上,如图7-9所示。这种服装装载法属于无包装运输,它不仅节约了包装材料和包装费用,而且减少了人工劳动,提高了服装的运输质量。

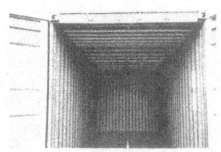

图7-9 服装集装箱

2)按箱体材料分类

集装箱按其主体材料构成可分为4种。

(1)钢集装箱

钢集装箱的外板用钢板,结构部件也均采用钢材。这种集装箱的最大优点是强度大、结构

---

❶ 1ft=0.304 8m。

牢、焊接性和水密性好,而且价格低廉。但其重量大,易腐蚀生锈。由于自重大,降低了装货量;而且每年一般需要进行两次除锈涂漆,使用期限较短,一般为11~12年。

(2) 铝集装箱

通常说的铝集装箱并不是纯铝制成的,而是各主要部件使用轻铝合金,故又称铝合金集装箱。一般都采用铝镁合金,这种铝合金集装箱的最大优点是质量轻,铝合金的相对密度约为钢的1/3,20ft的铝集装箱的自重为1 700kg,比钢集装箱轻20%~25%,故同一尺寸的铝集装箱可以比钢集装箱能装更多的货物。铝集装箱不生锈,外表美观。铝镁合金在大气中自然形成氧化膜,可以防止腐蚀,但遇海水则易受腐蚀,如采用纯铝包层,就能对海水起很好的防蚀作用,最适合于海上运输。铝合金集装箱的弹性好,加外力后容易变形,外力除去后一般就能复原,因此最适合于在有箱格结构的全集装箱船上使用。此外,铝集装箱加工方便,加工费低,一般外表需要涂其他涂料,维修费用低,使用年限长,一般为15~16年。

(3) 玻璃钢集装箱

即用玻璃纤维和合成树脂混合在一起制成薄薄的加强塑料,用黏合剂贴在胶合板的表面上形成玻璃钢板而制成的集装箱。玻璃钢集装箱的特点是强度大,刚性好。玻璃钢的隔热性、防腐性、耐化学性都比较好,能防止箱内产生结露现象,有利于保护箱内货物不遭受湿损。玻璃钢板可以整块制造,防水性好,还容易清洗。此外,这种集装箱还具有不生锈、容易着色的优点,故外表美观。由于维修简单,维修费用也低。玻璃钢集装箱的主要缺点是质量较大,与一般钢集装箱相差无几,价格也较高。

(4) 不锈钢集装箱

不锈钢是一种新的集装箱材料,它具有强度大、不生锈、外表美观、在整个使用期内无须进行维修保养、使用率高、耐蚀性能好等优点。其缺点是价格高、初始投资大,目前一般都用作罐式集装箱。

3) 按结构分类

(1) 内柱式集装箱和外柱式集装箱

这里的"柱"指的是集装箱的端柱和侧柱。内柱式集装箱即侧柱和端柱位于侧壁和端壁之内;反之则是外柱式集装箱。一般玻璃钢集装箱和钢集装箱均没有侧柱和端柱,故内柱式和外柱式集装箱均指铝集装箱而言。内柱式集装箱的优点是外表平滑、美观,受斜向外力不易损坏,印刷标记时比较方便。外板和内衬板之间隔有一定空隙,防热效果较好,能减少货物的湿损。外柱式集装箱的优点是受外力作用时,外力由侧柱或端柱承受,起到了保护外板的作用,使外板不易损坏。由于集装箱内壁面平整,有时也不需要有内衬板。

(2) 折叠式集装箱和固定式集装箱

折叠式集装箱是侧壁、端壁和箱门等主要部件能很方便地折叠起来,反复使用时可再次撑开的一种集装箱。反之,各部件永久固定地组合在一起的称固定式集装箱。折叠式集装箱主要用在货源不平衡的航线上,为了减少回空时的舱容损失而设计的。目前,使用最多的还是固定式集装箱。

(3) 预制骨架式集装箱和薄壳式集装箱

集装箱的骨架由许多预制件组合起来,并由它承受主要载荷,外板和骨架用铆接或焊接的方式连为一体,称之为预制骨架式集装箱。通常是铝质和钢质的预制骨架式集装箱,外板采用铆接或焊接的方式与骨架连接在一起,而玻璃钢的预制骨架式集装箱,其外板用螺栓与骨架连接。薄壳式集装箱则把所有构件结合成一个刚体,优点是质量轻,受扭力作用时不会引起永久变形,所以集装箱的结构一般或多或少都采用薄壳理论进行设计。

4)按外部尺寸分类

目前国际标准集装箱的宽度均为8ft,高度有8ft、8ft6in和小于8ft,长度有40ft、30ft、20ft和10ft。

此外,还有一些国家颁布的各自标准下所使用的集装箱,以及某些集装箱运输的先驱者,主要是美国的海陆公司和麦逊公司,也可根据本公司的具体条件制定本公司使用的集装箱标准。

表7-1为各类集装箱常用技术规范。

各类集装箱常用技术规范 表7-1

(尺寸单位:mm;体积单位:m^3;质量单位:kg)

(1)箱体内部尺寸(Internal Dimensions)

类别	干货箱 Dry			冷藏箱 Reefer			开顶箱 Open Top			框架箱 Flat Rack		
	L	W	H	L	W	H	L	W	H	L	W	H
20′	5 890	2 350	2 390	5 435	2 286	2 245	5 900	2 330	2 337	5 628	2 178	2 159
40′	12 029	2 350	2 390	11 552	2 266	2 200	12 025	2 330	2 337	11 762	2 178	1 896
HC	12 029	2 352	2 390	11 558	2 286	2 505	—	—	—	—	—	—

(2)箱体内容积及载质量(Capacity and Payload)

类别	干货箱 Dry		冷藏箱 Reefer		开顶箱 Open Top		框架箱 Flat Rack	
	容积	载质量	容积	载质量	容积	载质量	容积	载质量
20′	33.1	21 740	27.5	21 135	32.6	21 740	—	27 800
40′	67.7	26 630	58.7	26 580	56.8	26 410	—	40 250
HC	76.3	26 600	66.1	26 380	—	—	—	—

(3)各类箱号首位数字的含义(Meaning of the First Digit of Container Serial Number)

类别	干货箱 Dry					冷藏箱 Reefer				开顶箱 Open Top		框架箱 Flat Rock
20′	0	3	5	6	8	22	23	25	26	52		92
40′	1	4	7	20	21	24	27	54	94			
HC	96					29				—		—

(4)箱门开度尺寸(Door Opening Dimensions)

干货箱 Dry					
20′		40′		HC	
W	H	W	H	W	H
2 340	2 280	2 340	2 280	2 340	2 585

7.1.3 集装箱的结构

集装箱的结构因种类的不同有所差别,但一般由以下部件构成:

1)角配件(图 7-10)

角配件位于集装箱 8 个角端部,用于支承、堆码、装卸和栓固集装箱。

图 7-10 角配件示意图

2)角柱(图 7-11)

角柱位于集装箱 4 条垂直边,起连接顶部角配件和底部角配件的支柱作用。

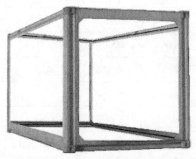

图 7-11 角柱示意图

3)左右两面,前端后端(图 7-12 和图 7-13)

以面对门,人的左手边是集装箱左面,人的右手边是集装箱右面;密面一面为前端,后端即门。

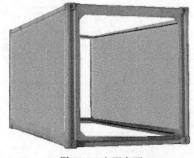

图 7-12 左面右面

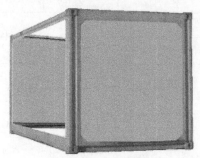

图 7-13 前端后端

4) 其他部件(图 7-14)

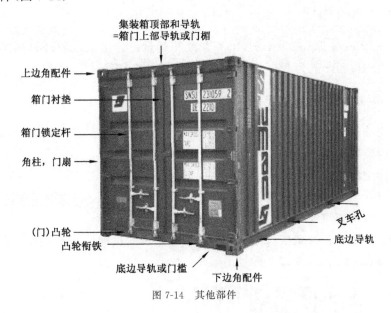

图 7-14 其他部件

7.1.4 集装箱标准

目前使用的国际集装箱规格大多是 ISO/TC104 制定的第一系列的 4 种标准化箱型,即 A 型、B 型、C 型、D 型,其尺寸和质量如表 7-2 所示。

国际集装箱标准尺寸和质量　　　　　　　表 7-2

规格(ft)	箱型	长		宽		高		最大总质量	
		公制(mm)	英制(ft in)	公制(mm)	英制(ft in)	公制(mm)	英制(ft in)	(kg)	(lb)❶
40	1AAA 1AA 1A 1AX	12192	40′	2438	8′	2896 2591 2438 <2438	9′6″ 8′6″ 8′ <8′	30480	67200
30	1BBB 1BB 1B 1BX	9125	29′11.25″	2438	8′	2896 2591 2438 <2438	9′6″ 8′6″ 8′ <8′	25400	56000
20	1CC 1C 1CX	6058	19′10.5″	2438	8′	2591 2438 <2438	8′6″ 8′ <8′	24000	2900
10	1D 1DX	2991	9′9.75″	2438	8′	2438 <2438	8′ <8′	10160	22400

❶ 1lb=0.453 592 37kg。

7.1.5 标准箱(TEU)

TEU(Twenty-Feet Equivalent Unit)系集装箱运量统计单位,以长20ft的集装箱为标准。20ft记为1个TEU;40ft记为2个TEU;45ft记为2.25TEU。

7.1.6 集装箱自身箱体标记

为了方便集装箱运输管理,国际标准化组织制订了集装箱标记方案。根据ISO 790-73,集装箱应在规定的位置上标出以下内容:

1)第一组标记(图7-15)

(1)箱主代码:集装箱所有者的代码,用4位拉丁字母表示。

(2)顺序号:为集装箱编号,用6位阿拉伯数字表示。

(3)核对数字:用于计算机核对箱主号与顺序号记录的正确性。核对号一般位于顺序号之后,用1位阿拉伯数字表示,并加上括号。

MSCU 400871(0)
MSCU 为箱主代码
400871 为顺序号
(0)为核对数字

图7-15 集装箱第一组标记

2)第二组标记(图7-16)

(1)国籍代码(Country Code):用2位拉丁字母表示。

(2)尺寸代码(Size Code):用2位阿拉伯数字表示。

(3)类型代码(Type Code):用2位阿拉伯数字表示。

US 4310
US 为国家代码
43 为尺寸代码
10 为类型代码

图7-16 集装箱第二组标记

3)第三组标记(图 7-17)

(1)最大总重(Max Gross):又称额定质量,是集装箱的自重和最大允许载货量之和。

(2)自重(Tare Wgt):集装箱空箱的质量。

(3)载质量(Max Cargo):集装箱最大载货量。

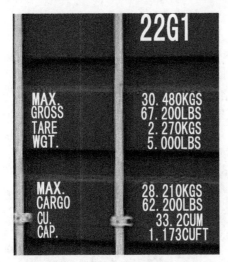

Max Gross 为箱最大总质量 30 480kg

Tare Wgt 为空箱重 2 270kg

Max Cargo 为载质量 28 210kg

最大载质量=自重+载质量

LBS(lb)=0.454KGS(kg)

图 7-17 集装箱第三组标记

7.1.7 集装箱在船上积载位置的表示方法

集装箱在船上的位置用三维坐标来确定,三维坐标用排(或行)(Bay)、列(Row or Slot)、层(Tier)表示。货箱的积载位置以 6 位字符代码表示:前 2 位表示排(行)位,中间 2 位表示列位,后 2 位表示层位。集装箱在船上积载位置示意图如图 7-18 所示。

图 7-18 集装箱在船上积载位置示意图

1)排(行)号的表示方法
(1)从船首向船尾按自然数顺序排列,用编号01,02,03,…表示。
(2)从船首向船尾按自然数的奇数或偶数顺序排列。
装载20ft集装箱时,用奇数顺序编号01,03,05,07,…表示。
装载40ft集装箱时,用偶数顺序编号02,06,10,14,…表示。
2)列号的表示方法
(1)从右舷向左舷按自然数顺序排列,用编号01,02,03,…表示。
(2)以中纵剖面为基准,向右舷或左舷分别用奇数或偶数顺序排列。
当总列数为奇数时,处于首尾线上的箱格的列号为00,右舷箱格的列号为01,03,05,07,…,左舷箱格的列号为02,04,06,08,…,如图7-19所示。

图7-19 集装箱列号(总列数为奇数)

当总列号为偶数时,首尾线上没有箱格,右舷或左舷箱格的列号同上,用编号01,03,05,07,…或02,04,06,08,…表示,如图7-20所示。

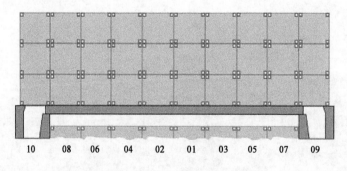

图7-20 集装箱列号(总列数为偶数)

3)层号的表示方法(分舱内层号和甲板层号)
(1)方法1
舱内层号以舱内最下一层为基准,自下而上用顺序号H1,H2,H3,…表示。
甲板层号以甲板为基准,自下而上用顺序号D1,D2,D3,…表示。

(2)方法 2

舱内层号以舱内最下一层为基准,自下而上依次用编号 02,04,06,…表示。

甲板层号以甲板为基准,习惯自下而上依次用编号 80,82,84,…表示,如图 7-21 所示。

图 7-21 集装箱层号

4)积载图

积载图系指在图上用行号、列号与层号来表示集装箱在船上的积载位置,如图 7-22 所示。

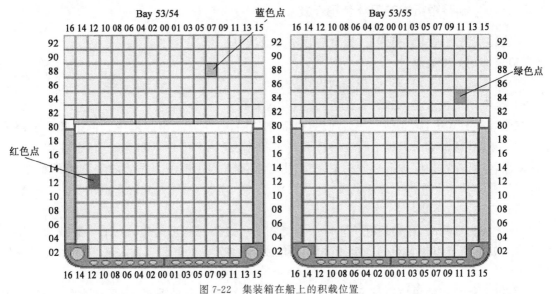

图 7-22 集装箱在船上的积载位置

(红色点位置集装箱 531212;蓝色点位置集装箱 540788;绿色点位置集装箱 551184)

7.1.8 集装箱船上货物运输组件之间的隔离

集装箱船上货物运输组件之间的隔离分为:

(1)集装箱船上集装箱的隔离。

(2)开顶式集装箱船上集装箱的隔离。

7.1.9 集装箱船舶的特点

危险货物包件装在集装箱内不仅不容易破损、撒漏,而且能减少装卸次数,快捷、简便、安全。目前世界上海上运输包装危险货物大多采用集装箱运输方式。载运集装箱的船舶大致有普通货船、散集两用船、半集装箱船、全集装箱船、滚装船和载驳船。全集装箱船有如下的结构特点:

(1)集装箱船的机舱基本上设置在尾部或偏尾部,使货舱尽可能方正,以便更多地装载集装箱。

(2)集装箱船的船体线型较尖瘦,外形狭长,船宽及甲板面积较大,以保证较高的航速和合理的甲板装载,为防止波浪对甲板上的集装箱的直接冲击,设置较高的船舷并在船首设置挡浪壁。

(3)集装箱船为单层甲板,甲板上平直无舷弧和梁拱,不设置起货设备,集装箱直接堆装在舱口盖上,并有专用的紧固件和捆扎装置。

(4)船体由水密横舱壁分隔为若干货舱,货舱口宽度等于货舱宽度,可达船宽的70%~90%,以便集装箱的装卸和充分利用货舱容积。

(5)货舱内装有固定的格栅结构,以便于集装箱的装卸和防止船舶摇摆时集装箱移动。

(6)船体为双层结构,具有两层侧壁和双层底。在双层底和边深舱可装压载水以调整船舶的稳性。

7.1.10 集装箱货物的现场装箱作业

集装箱货物的现场装箱作业,通常有以下3种方法。

(1)全部用人力装箱。

(2)用叉式装卸车(铲车)搬进箱内再用人力堆装。

(3)全部用机械装箱,如货板(托盘)货用叉式装卸车在箱内堆装。

在这3种方式中,第3种方法最理想,装卸率最高,发生货损事故最少。但是即使全部采用机械装箱,装载时如果忽视了货物特性和包装状态,或由于操作不当等原因,也往往会发生货损事故,特别是在内陆地区装载的集装箱,由于装箱人不了解海上运输时集装箱的状态,其装载方法通常都不符合海上运输的要求,从而引起货损事故,甚至是危险事故的发生。集装箱货装箱时应注意以下事项:

(1)在货物装箱时,任何情况下箱内所装货物的质量不能超过集装箱的最大装载量。集装箱的最大装货质量由集装箱的总重减去集装箱的自重求得;总重和自重一般都标在集装箱的箱门上。

(2)每个集装箱的单位容重是一定的,因此如箱内装载一种货物时,只要知道货物密度,就能断定是重货还是轻货。货物密度大于箱的单位容重的是重货,装载的货物以质量计算;反之,货物密度小于箱的单位容重的是轻货,装载的货物以容积计算。及时区分这两种不同的情况,对提高装箱效率是很重要的。

(3)装载时要使箱底上的负荷平衡,箱内负荷不得偏于一端或一侧,特别是要严格禁止负荷重心偏在一端的情况。

(4)要避免产生集中载荷,如装载机械设备等重货时,箱底应铺上木板等衬垫材料,尽量分散其负荷。标准集装箱底面平均单位面积的安全负荷大致如下：20ft 集装箱为 $1330\times9.8\text{N}/\text{m}^2$，40ft 集装箱为 $980\times9.8\text{N}/\text{m}^2$。

(5) 用人力装货时要注意包装上有无"不可倒置"、"平放"、"竖放"等装卸指示标志。要正确使用装货工具，捆包货禁止使用手钩。箱内所装的货物要装载整齐，紧密堆装。容易散捆和包装脆弱的货物，要使用衬垫或在货物间插入胶合板，防止货物在箱内移动。

(6) 装载货板货时要确切掌握集装箱的内部尺寸和货物包装的外部尺寸，以便计算装载件数，达到尽量减少弃位、多装货物的目的。

(7) 用叉式装卸车装箱时，将受到机械的自由提升高度和门架高度的限制。在条件允许的情况下，叉车装箱可一次装载两层，但上下应留有一定的间隙。如条件不允许一次装载两层，则在箱内装第二层时，要考虑到叉式装卸车的自由提升高度和叉式装卸车门架可能起升的高度。这样门架起升高度应为第一层货高减去自由提升高度，这时第二层货物才能装在第一层货物上层。一般用普通起重量为 2t 的叉式装卸车，其自由提升高度为 50cm 左右，但还有一种是全自由提升高度的叉式装卸车，这种机械只要箱内高度允许，就不受门架起升高度的影响，很方便地堆装两层货物。此外，还应注意货物下面应铺有垫木，以便货叉能顺利抽出。

(8) 拼箱货在混装时应注意的事项如下：

① 轻货要放在重货上面。

② 包装强度弱的货物要放在包装强度强的货物上面。

③ 不同形状、不同包装的货物尽可能不装在一起。

④ 液体货和清洁货要尽量在其他货物下面。

⑤ 从包装中会渗漏出灰尘、液体、潮气、臭气等的货物，最好不要与其他货混装在一起，如不得不混装时，就要用帆布、塑料薄膜或其他衬垫材料隔开。

⑥ 带有尖角或突出部件的货物，要把尖角或突出部件保护起来，不使它损坏其他货物。

(9) 冷藏货装载时应注意的事项如下：

① 冷冻集装箱在装货过程中，冷冻机要停止运转。

② 在装货前，冷冻集装箱内使用的垫木和其他衬垫材料要预冷，要选用清洁卫生的衬垫材料，不使它污染货物。

③ 不要使用纸、板等材料作衬垫，以免堵塞通风管和通风口。

④ 装货后箱顶与货物顶部一定要留出空隙，使冷气能有效地流通。

⑤ 必须注意到冷藏货要比普通杂货更容易滑动，也容易破损，因此，对货物加以固定，固定货物时可以用网等作衬垫材料，这样不会影响冷气的循环和流通。

⑥ 严格禁止已降低鲜度或已变质发臭的货物装进箱内，以避免损坏其他正常货物。

(10) 危险货物装箱时应注意的事项如下：

在我国境内，为海上运输目的使用集装箱装运包装危险货物，装卸和承运单位应按照 IMDG Code 有关章节和我国海事部门颁布的《集装箱装运包装危险货物监督管理规定》。用于装运危险货物的集装箱必须符合 IMO《1972 年国际集装箱公约》要求，并经有关检验部门检验合格。罐式集装箱装运散装危险货物时，还须提供罐式集装箱的检验合格证书。此外还应：

① 货物装箱前应了解清楚该类危险货物的特性、防灾措施和发生危险后的处理方法，作业场所要选在避免日光照射、隔离热源和火源、通风良好的地点。

②作业场所要有足够的面积和必要的设备,以便发生事故时能有效地处置。

③作业时要按有关规则的规定执行。作业人员操作时应穿防护工作衣,戴防护面具和橡皮手套。

④装货前应检查所用集装箱的强度、结构,防止使用不符合装货要求的集装箱。

⑤装载爆炸品、氧化性物质的危险货物时,装货前箱内要仔细清扫,防止箱内因残存灰尘、垃圾等杂物而产生着火、爆炸的危险。

⑥要检查危险货物的容器、包装、标志是否完整,与运输文件上所载明的内容是否一致。禁止包装有损伤、容器有泄漏的危险货物装入箱内。

⑦使用固定危险货物的材料时,应注意防火要求和具有足够的安全系数和强度。

⑧危险货物的任何部分都不允许突出于集装箱外,装货后箱门要能正常地关闭。

⑨有些用纸袋、纤维板和纤维桶包装的危险货物,遇水后会引起反应而发生自燃、发热或产生有毒气体,故应严格进行防水检查。

⑩危险货物的混载问题各国有不同的规定,如日本和美国规定,禁止在同一区域内装载的危险货物,或不能进行混合包装的危险货物,不能混载在同一集装箱内。英国规定,不能把属于不同等级的危险货物混载在同一集装箱内。在实际装载作业中,应尽量避免把不同的危险货物混装在一个集装箱内。

⑪危险货物与其他货物混载时,应尽量把危险货物装在箱门附近。

⑫严禁危险货物与仪器类货物混载。

⑬在装载时不能采用抛扔、坠落、翻倒、拖曳等方法,避免货物间的冲击和摩擦。

7.2 集装箱船舶载运包装危险货物作业

7.2.1 装卸的要求

装卸危险货物,应根据货物性质选用合适的装卸机具。装卸易燃、易爆货物,装卸机械应安置火星熄灭装置,禁止使用非防爆型电器设备。装卸前应对装卸机械进行检查,装卸爆炸品、有机过氧化物、一级毒害品、放射性物品,装卸机具应按额定负荷降低25%使用。

装卸危险货物,应根据货物的性质和状态,在船—岸,船—船之间设置安全网,装卸人员应穿戴相应的防护用品。

夜间装卸危险货物,应有良好的照明,装卸易燃、易爆货物应使用防爆型的安全照明设备。

船舶装卸易燃、易爆危险货物期间,不得进行加油、加水(岸上管道加水除外)、拷铲等作业,装卸爆炸品(第1.4类除外)时,不得使用和检修雷达、无线电报发射机。所使用的通信设备应符合有关规定。

装卸易燃、易爆危险货物,距装卸地点50m范围内为禁火区。内河码头、泊位装卸上述货物应划定合适的禁火区,在确保安全的前提下,方可作业。作业人员不得携带火种或穿铁掌鞋进入作业现场,无关人员不得进入。

没有危险货物库场的港口,一级危险货物原则上以直接换装方式作业。

装卸危险货物时,遇有雷鸣、电闪或附近发生火警,应立即停止作业,并将危险货物妥善处理。雨雪天气禁止装卸遇湿易燃物品。

装卸危险货物,现场应备有相应的消防、应急器材。

装卸危险货物,装卸人员应严格按照计划积载图装卸,不得随意变更。装卸稳拿轻放,严禁撞击、滑跌、摔落等不安全作业,堆码要整齐、稳固,桶盖、瓶口朝上,禁止倒放。

包装破损、渗漏或受到污染的危险货物不得装船。

爆炸品、有机过氧化物、一级易燃液体、一级毒害品、放射性物品,原则上应最后装最先卸。

装有爆炸品的船室内,在中途港不应加载其他货物,确需加载时,应经海事机构批准并按爆炸品的有关规定作业。

对温度较为敏感的危险货物,在高温季节,港口应根据所在地区气候条件确定作业时间,并不得在阳光直射处存放。

装卸可移动罐柜,应防止罐柜在搬运过程中因内装液体晃动而产生静电等不安全因素。

7.2.2 托运的要求

托运《水路危规》未列名的危险货物,托运前托运人应向起运港口管理机构和海事机构提交经交通部认可的部门出具的"危险货物鉴定表",由港口管理机构会同海事机构确定装卸、运输条件,经交通部批准后,按《水路危规》相应类别中"未另列名"项办理。

托运装过有毒气体、易燃气体的空钢瓶,按原装危险货物条件办理。

托运装过液体危险货物、毒害品(包括有毒害品副标志的货物)、有机过氧化物、放射性物品的空容器,如符合下列条件,并在运单和作业委托单中注册原装危险货物的品名、编号和"空容器清洁无害"字样,可按普通货物办理:

(1)经倒净、洗清、消毒(毒害品),并持有技术检验部门出具的检验证明书,证明空容器清洁无毒。

(2)盛装过放射性物品的空容器,其表面清洁无污染,或按可接近非固定污染程度 β 或 γ 发射体低于 $4Bq/cm^2$,α 发射体低于 $0.4Bq/cm^2$,并持有卫生防疫部门出具"放射性物品空容器检查证明书"。

托运装过其他危险货物的空容器,经倒净、洗清,并在运单中和作业委托单中注明原装危险货物的品名、编号和"空容器,清洁无害"字样,可按普通货物办理。

符合下列条件之一的危险货物,可按普通货物条件运输:

(1)成套设备中的部分配件或部分材料属于危险货物(只限不能单独包装),托运人确认在运输中不致发生危险,经起运港港口管理机构和海事机构认可后,并在运单和作业委托单中注明"不作危险货物"字样。

(2)危险货物品名索引中注有"*"符号的货物,其包装、标志符合规定,且每个包装件不超过 10kg,其中每一小包件内货物净重不超过 0.5kg,并由托运人在运单和作业委托单中注明"小包装化学品"字样;但每批托运货物总净重不得超过 100kg,并按有关规定办理申报或提交有关单证。

7.2.3 承运的要求

客船、客渡船和川江汽车滚装船禁止装运危险货物。

载运爆炸品、放射性物品、有机过氧化物、闪点 28℃ 以下易燃液体和液化气的船,不得与其他驳船混合编队拖带。

装载易燃、易爆危险货物的船舶,不得进行明火、烧焊或易产生火花的修理作业。如有特殊情况,应采取相应的安全措施。

除客货船外,装运危险货物的船舶不准搭乘旅客和无关人员。

船舶装载危险货物应严格按照规定合理积载、配装和隔离。积载处所应清洁、阴凉、通风良好。

遇有下列情况,应采用舱面积载:

(1)需经常检查的货物。

(2)需要近前检查的货物。

(3)能生成爆炸性气体混合物,产生剧毒蒸气或对船舶有强烈腐蚀性的货物。

(4)有机过氧化物。

(5)发生意外事故时必须投弃的货物。

船舶危险货物的积载,要确保其安全和应急消防设备的正常使用及过道的畅通。

危险货物装船后,应编制危险货物清单,并在货物积载图上标明所装危险货物的品名、编号、分类、数量和积载位置。

7.2.4 积载的要求

(1)就积载而言,除第 1 类爆炸品分为普通积载、A 型弹药舱积载、B 型弹药舱积载、C 型弹药舱积载、特殊积载和舱面积载外,其他各类危险货物按其在船舶上的积载位置分为 A、B、C、D、E 5 个积载类,如表 7-3 所示。

积 载 分 类 表 7-3

积 载 类	货 船	客 货 船
A 类积载	舱面或舱内	舱面或舱内
B 类积载	舱面或舱内	只限舱面
C 类积载	只限舱面	只限舱面
D 类积载	只限舱面	禁止装运
E 类积载	舱面或舱内	禁止装运

(2)危险货物一般应尽可能在舱内积载,但下列货物则应考虑在舱面积载:

①需要经过检查的货物。

②需要近前检查货物。

③有生成爆炸性混合气体、产生剧毒蒸气或者对船舶有强烈腐蚀性的货物。

④有机过氧化物。

⑤发生意外事故时必须投弃的货物。

(3)包装遇水易损坏的货物应在舱内积载。如在舱面积载,应严加防守,使其不受气候和水的侵袭。

(4)危险货物在舱面积载时,应保证游步通道、通向消防栓、测量管(孔)以及所有船舶安全作业所需设备通道的畅通。

(5)在装货状态下要求"只限舱面"积载的空容器在未经清洗前应在"舱面"或"舱内有机械通风的处所"积载。但有有毒性气体标志的未经清洗的空钢瓶则只限"舱面积载"。

(6)凡需要防止压力增大、分解或聚合的货物,应积载在"遮蔽,使其不受辐射热"(辐射热包括强烈阳光,下同)的处所。这些货物在舱内积载时,应离开热源,包括蒸气管道、加热盘管等至少3m。

(7)如货物要求隔热保护,热源还应包括A类机器所在的舱壁,否则这种舱壁应达到A-60标准。但对爆炸品,除该舱壁应达到A-60标准外,货物的积载应与该舱壁至少有3m距离。

(8)下列货物的积载应"避开生活居住处所":
①易挥发的毒害品。
②易挥发的腐蚀品。
③遇潮湿空气产生毒性或腐蚀性蒸气的货物。
④能释放出强烈麻醉性蒸气的货物。
⑤易燃气体。

就积载而言,"避开生活居住处所"的含义是:在确定积载时,应考虑到泄漏的蒸气有可能通过舱壁缝隙或其他开口或通过通风管路进入居住处所、机器处所或其他作业处所。

(9)感染性物质应积载在与"生活居住处所"和食品"用一整个舱室或货舱隔离"的处所。

(10)标有有毒害品标志的货物应积载在与食品"隔离"的处所,如与食品分别包装在不同的封闭式运输组件内,则运输组件相互之间应至少隔开3m。

(11)标有腐蚀性标志的货物和标有有毒害品标志的货物,以及在货物明细表中说明有毒或者有害的货物,其积载应与食品至少隔开3m。

(12)就积载而言,"在舱面(漏天甲板)"、"在有遮蔽的舱面"和"在有防护的舱面"等方式。

7.3 集装箱装运危险货物运输与管理

7.3.1 与集装箱装运危险货物运输与管理相关的国际公约和国家法律法规

(1)SOLAS 74公约第Ⅶ章。
(2)MARPOL 73/78 附则Ⅲ。
(3)《国际海运危险货物规则》。
(4)《1972年国际集装箱安全公约》。
(5)《中华人民共和国海上交通安全法》。
(6)《中华人民共和国危险化学品安全管理条例》。
(7)《中华人民共和国民用爆炸物品管理条例》。
(8)《水路危险货物运输规则》。
(9)《船舶装载危险货物监督管理规则》。
(10)《集装箱装运包装危险货物监督管理规定》。
(11)《船舶载运外贸危险货物监督管理规定》。

7.3.2 集装箱装运危险货物运输检查项目和内容

1)证书审核

(1)船舶载运危险货物申报单

办理船舶载运危险货物集装箱申报手续与第4章危险货物的包装要求相同。

审核时要注意通过查阅《国际海运危险货物规则》,核对货物的技术名称、联合国编号、类别、数量和装载位置等,如果属于放射性物质、感染性物质、新的有机过氧化物或《国际海运危险货物规则》中"未另列明"的物品,应要求申报方提供货物特性的补充资料。

(2)危险货物安全适运申报单

办理集装箱装运危险货物适运申报手续与第4章危险货物的包装要求基本相同。在审核危险货物安全适运申报单时,要注意同一箱号不能有需要相互隔离的物质。

(3)集装箱装箱证明书

出港危险货物集装箱应提交经海事部门考核的装箱检查人员现场检查后签发的集装箱装箱证明书。

审核集装箱装箱证明书时要注意装箱员签名的真实性,如发现冒名签名,或装箱员不在装箱现场检查后签发的,集装箱装箱证明书将不予承认,并可按章处罚。

境外的危险货物集装箱的装箱证明往往与申报单合并在一起,签发人也不要求经主管考核发证。

集装箱装运危险货物装箱证明书用于证明装箱正确且满足以下要求:

①该集装箱是清洁的、干燥的,并且外观上适合于装载货物。

②如果托运除1.4类以外的第1类货物,则集装箱在结构上符合 IMDG Code 第7.4.6章的要求。

③除非得到主管机关按 IMDG Code 第7.2.2.3款的特别许可,否则不相容的货物不应装载在同一集装箱中。

④所有包件外部都做了损坏、泄漏检查,保证所装都是完好的包件。

⑤除非得到主管机关的许可,否则盛装的桶都应竖直积载。

⑥所有包件已经正确地装妥并紧固在运输组件中。

⑦使用散货包装运输的货物,在散货包装中均匀分布。

⑧货物运输组件和包件均正确地进行了标记、标志和标牌。

⑨当使用固体二氧化碳(干冰)作为冷却剂时,在货物运输组件的外表明显处做标记,如在门口附有"内有二氧化碳危险气体——进入前应彻底通风"字样。

⑩任何装载在货物运输组件中的托运货物均已收到按 IMDG Code 第5.4.1章要求的危险货物运输单证。

(4)船舶载运危险货物符合证明

集装箱船舶载运危险货物应具有检验部门签发的构造和设备符合证明。审核时应注意"符合证明"允许载装的危险货物种类和具体的积载位置。

(5)货物舱单

按照 SOLAS 74 公约第Ⅶ章规定,每艘装运包装危险货物的船舶须备有一份特别清单或舱单,该单证要标明船上所载的危险货物及其所处位置。通过对比特别清单或舱单与船舶载运危险货物申报单中危险货物名称,海事部门可以发现船舶载运危险货物有无错报、漏报。

2) 装箱检查

实施装箱检查可到生产厂家的装箱场或专用危险货物装箱场进行,但要注意检查这些装箱场所是否符合危险货物作业的安全要求,装箱员是否持证上岗,消防器材、安全措施是否落实等。

(1) 集装箱的安全合格牌照检查

检查集装箱是否按《1972年国际集装箱安全公约》的要求,在集装箱的箱门上装置安全合格牌照,是否在有效的检验期内。按规定实施定期检验的集装箱从出厂到第一次检验的间隔不应超过5年,重新检验的间隔期不应超过30个月,获准实施连续检验计划(标上"ACEP")代替定期检验的集装箱,检验可结合大修、修整或出租/退租交接时进行,任何情况下每30个月不能少于1次。

(2) 集装箱箱体外部检查

目测外表有无损伤,如有明显的实质性损坏,则不得使用。

(3) 箱体内部检查

箱内用于加固的羊角和吊环应处于良好状态,没有突出的钉子或其他容易造成包件损坏的突出物。对曾修理过的部位要仔细检查,看是否有破漏之处。

(4) 箱门检查

箱门应完好无损,开关顺利,关闭紧密,箱门的防雨条应当水密。

(5) 其他构件检查

集装箱的角件、角柱、端梁、侧梁、门楣、门槛等部件应完好无损,焊接处无裂缝。

(6) 标记、标志和标牌检查

《国际海运危险货物规则》和《水路危险货物运输规则》分别对危险货物的标记、标志和标牌进行了规定。这些规定在具体细节上可能稍有不同,这里仅给出《国际海运危险货物规则》的相应要求。对内贸危险货物集装箱标志、标记、标牌的检查,应根据《水路危险货物运输规则》的具体规定进行。

7.3.3 货物包件的标记和标志

(1) 每个装有危险货物的包件都要显示内装物的正确运输名称的耐久标记,如果有相应的联合国编号(UN NO.),也应加以标记。

(2) 含有海洋污染物的包件还应显示耐久的海洋污染物标记,但下列除外:

① 包件内包装含有海洋污染物的数量为:

a.——5L或以下的液体内装物;

b.——5kg或以下的固体内装物。

② 包件内包装含有严重的海洋污染物的数量为:

a.——0.5L或以下的液体内装物;

b.——0.5kg或以下的固体内装物。

(3) 包件上的标记应做到在海水中至少浸泡三个月其标记仍清晰可辨。

(4)除非在《国际海运危险货物规则》中另有规定,一切装有危险货物的包件应以耐久的特别标志或标志图等清晰地表明该货物。对于第1类的第1.4小类,配装类为S的货物,每一包件可选择标记为1.4S。

(5)包件中装有低度危险且在《国际海运危险货物规则》明细表中免除标记的危险货物,只要求标"CLASS"(类)并在后面加类别编号(如CLASS4.1),便可免除这些包件的标志要求。

(6)在装有危险货物的包件上显示标志或图案,在海水中至少浸泡3个月,标志和图案仍清晰可辨。

(7)具有副危险性的物质,并在《国际海运危险货物规则》明细表中已标明的,也应显示这种危险性的标志。

(8)第8类物质如所具有的"毒性"只是引起生物组织的破坏,则不需要粘贴第6.1类副标志。

(9)包件上的标志不应小于100mm×100mm,包件上的海洋污染物标记三角形,每边也不应小于100mm,除非包件尺寸很小,只能贴较小的标志。

7.3.4 集装箱的标记、标志与标牌

(1)使用封闭式集装箱装运危险货物,无法看到箱内包件的标志或标记,应在集装箱的四侧显示放大的标志(称为标牌)、标记,以警示人们组件内装有危险货物并存在危险性。

(2)张贴在集装箱四侧的标牌应做成:

①不小于250mm×250mm。

②应与集装箱内危险货物标志相同。

③在标牌的下半部的适当位置显示类别号数字高度不小于25mm。

④如集装箱装有处于熏蒸状态下的货物,应当显示熏蒸警告牌,如图7-23所示。

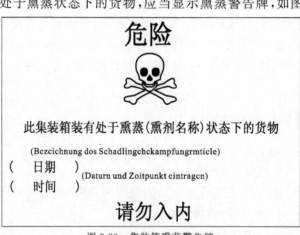

图7-23 集装箱熏蒸警告牌

⑤集装箱内的货物如果运输或交付运输时温度等于或超过100℃时仍为液态,或当运输或交付运输的温度等于或超过240℃时仍为固态,应在集装箱的四侧张贴加温标记,如图7-24所示。

⑥集装箱内装有第1类物质或物品多于1个小类时,可以只显示最具危险性质的标牌。

⑦集装箱张贴的海洋污染物标记三角形每边不应小于250mm,加温标记每边至少250mm,熏蒸警告牌的规格不小于300mm×250mm。

⑧当集装箱所装的危险货物及残余物完全卸掉后,应立即除掉或遮掉那些由于装运此类货物而显示的标牌,橘黄色标签,标记或标号。

⑨集装箱中仅有唯一的包件危险货物,且总重超过4 000kg时,不仅要显示主副标志,还要显示联合国编号,如图7-25所示。

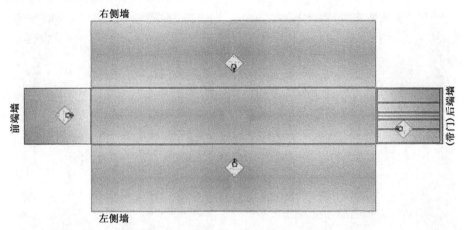

图7-24 集装箱加温标记

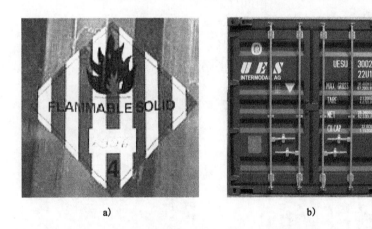 

图7-25 集装箱标志显示

a)一个类别,一个联合国编号且总重超过4 000kg,显示联合国编号;b)一个类别,一个联合国编号且总重不超过4 000kg,无须显示联合国编号;c)同一集装箱内有两种危险货物,即使总重超过4 000kg,也无须显示联合国编号

7.3.5 危险货物装箱的一般要求

(1)装入箱内的包件完好无损。

(2)箱内不能装有不相容的物质。

要求互相"隔离"的危险货物不得同装在一个集装箱内,要求互相"远离"的危险货物,经主管机关批准后方可同装在一个集装箱内。

(3)包件装箱正确,衬垫加固合理。

(4)集装箱的装载量加上集装箱的自重不能超过集装箱最大总质量。

(5)危险货物质量在箱底面上的分布应是均匀的,若货物质量分布不均匀或装箱不满时,尽可能使货物重心置于箱平面重心附近,在任何情况下,都不应使货物质量的60%集中在箱长度一半以内的位置。

危险货物装箱方法以及危险货物质量在箱底面上的分布,如图7-26和图7-27所示。

a) b)

图7-26 危险货物装箱方法
a)不要将液体货物装在固体货物上;b)正确装箱方法

a) b)

图7-27 危险货物质量在箱底面上的分布
a)正确堆装方法;b)错误堆装方法

7.3.6 装箱注意事项

(1)集装箱原有的无关的标记、标志、标牌、橙色标签及海洋污染物标记应去除。

(2)集装箱内必须完全清洁、干燥,没有任何残留物和灰尘。

(3)包装件在集装箱内应堆装紧密、牢固或有足够的支撑及加固,应能适应整个航行的要求,并应做到在运输中尽量减少对集装箱装置的损坏。

(4)如果交运的危险货物只能构成集装箱装载内容的一部分,那么危险货物应按后装先卸的原则装在靠近箱门易卸的地方。

(5)原则上没有规定危险货物不能与一般杂物混装在同一集装箱内,但是如果该种杂货与危险货物互相产生危险或会引起化学反应则应禁止在同一箱内装载。当危险货物与杂货混载时,不能把危险货物装在其他货物的下面或上面。

(6)包装件应加以检查,只有按《国际海运危险货物规则》的要求进行包装和标记、标志的包装件才允许装箱。出现损坏、撒漏或渗漏的包装件,不得装入集装箱内。有水、雪、冰或其他东西黏附在包装件上,应在装箱前加以清除。

(7)集装箱的设计是假定货物平均地分布在箱底平面上,如果出现非标准积载,应考虑积载和受力点的承受能力,在需要时,要采用桥木或其他材料,扩大受力面积,避免货物的重力集中在一个点上。

(8)危险货物装箱前,应清楚该货物的特性、处理方法、防护措施等,应急器材应在最短的时间内可投入使用。作业场所要选择在避光、隔离热源、通风良好的地方。露天作业时,遇有雨、雪、雷电天气应停止作业,及时关闭箱门。货物如果受潮,严禁装入箱内。

(9)集装箱应位于稳固、平整的地面上或公路拖车上。在拖车上装箱时拖车不能倾斜,使用叉车装货时,拖车前端最好使用腿支撑,并增加制动器。

7.3.7　系固和缓冲材料的检查

为了防止集装箱在搬运过程中箱内货物的移动和倒塌,减少货损,减少对集装箱的损坏,杜绝危险,必须对箱内货物进行必要的衬垫和固定。用作衬垫和固定的用具和材料主要有木材、胶合板、绳索、填补器和空气垫等,如图 7-28 所示。

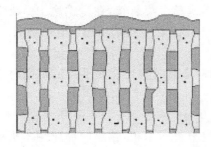 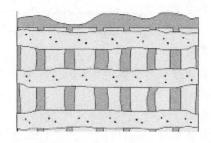

图 7-28　用栅格固定积载面

1)木板

为了防止货物在箱内的滑动、摩擦,与铁器部位有效隔离,或保护包装强度较弱的货物,分散上层货物的负荷,在货物之间加上用木板做的间壁或用木板作衬垫。检查时要注意带有树皮的木板不能使用。

2)木棱和木块

当货物在箱内只构成一部分或留有空隙时,需用木棱或方形木块予以支撑或塞紧,有时使用木棱在货物的端部作支柱或栅栏,防止货物的移动或倒塌。要注意有木节或横纹的木料不能使用。

3）胶合板

胶合板的用途与木板基本相同，要注意不能使用残缺不全的胶合板，胶合板容易断裂，不能承受太大的压力。

4）绳索

绳索只能用作固定货物的辅助用具，为防止货物的前后滑动或摇摆，不能仅用绳索来固定货物。

5）填补器

如果集装箱内积载了同样形状和尺寸的货物，由于箱壁与货物之间留有固定不变的空隙，可以预先用木板制成一个与空隙一样大小的木框架，填入空隙中，这是一种行之有效，既省工又省料的固定用具。

6）空气垫

使用时先把空的气垫插入货物周围的空隙中，再给气垫充气膨胀，这样除固定货物外，还能起缓冲作用。

7.3.8 典型包装货物的装箱

1）木箱货

木箱货装箱时由里向外，由下而上装载，堆码要整齐平稳，不能留有空当。所装的货物在箱内不能铺满一层时，应用木棱或使用填补器填塞牢固，以防货物移动或塌堆。如箱门端留有较大的空隙，则必须利用木板或木棱加以固定和支撑。支撑时不能撑在箱门上，应尽量利用角柱、角件等强力构件。如箱门的空隙不大，可采用木框填补或使用木栅栏，避免与箱门摩擦或开箱时倒下。

2）纸箱货

装载小型纸箱货时，如装载高度较高，又未能装满整个集装箱，在运输途中受震动和摇摆后，容易造成塌堆，应采用纵横交错的堆装法。当箱门端留下空隙，可用木框架加固。

3）袋装货

袋装货在堆装时一般采用砌墙法，堆码要整齐，作业时禁止使用手钩。箱门附近如有空隙，需加以固定。

4）桶装货

桶装货装箱时，应自内向外直立平铺堆靠，桶底要铺垫木板，箱壁四周应用木板或胶合板加以有效隔离，在每层之间使用木板衬垫。当不能装满一层时，应加以有效的紧固，使其不致滚动和移动。如果箱门附近留有较大的空隙，可采用侧壁支撑的方法进行固定。

5）钢瓶货

钢瓶的保护皮圈应齐全，否则不能装入箱内。钢瓶不宜单个散放，最好以每几个为一组或以托盘的形式装箱，这样可以防止钢瓶在箱内滚动。箱的侧壁和两端应用木板与金属隔离。堆放时，箱内钢瓶的安全帽必须朝同一方向。如集装箱内部装满，则不需要特别加固，但箱门端的空隙应使用木板或胶合板使箱门与钢瓶隔离。如钢瓶在箱内拟装两层时，必须在下层钢瓶上铺设足够厚度的木板或胶合板。如上层钢瓶不能铺满一层，箱门附近的货物除用绳索捆扎外,还应施加固定。

钢瓶原则上竖装,但由于尺寸的原因必须横装时,则每垛的前后必须用隔离板隔开。如在纵向留有空隙,则采用木框或增加隔板的厚度来填塞。

7.3.9 各类危险货物装箱检查要点

1)爆炸品

(1)曾装运过强酸、强碱的集装箱,在未彻底清除干净之前,严禁装入爆炸品。

(2)包装应良好,如有破损、水湿、油污、虫蛀等,则不得装入箱内,木板箱不能有钉外露。

(3)由于爆炸品对金属较为敏感,箱壁四周应用衬垫木板使货物与金属部位隔离;不能有钉子撒落在箱内。

(4)所使用的装箱工具或机械,应不致产生火花,排烟管应有消除火星的网罩,同时应降低负荷的25%使用。

(5)作业时防日光暴晒,避免在高温下装箱,夜间作业应使用防爆型照明灯具。

(6)搬运时,必须轻拿轻放,不得在地上滚动,禁止背负。

(7)积载不能超过包装堆积试验的高度,雷管及引信等极敏感的物质应装于货物的表面。

(8)爆炸品有6小类,装箱时要注意它们的配装类。

2)气体

(1)在进行有毒或剧毒气体作业时,作业场所应备有防毒面具;在进行易燃气体作业时,应备有灭火器材。

(2)夏季作业时,要有遮阳设施,防止日光暴晒和高温下作业。

(3)所使用的工具或机械设备,应不致产生火花,严禁穿着沾有油污的工作服和使用沾有油污的手套及工具。

(4)作业时不能手持钢瓶的安全帽,严禁抛掷、碰撞、滚滑。

(5)注意检查钢瓶安全帽是否拧紧,检查钢瓶的保护圈是否齐全,检测有无漏气和异味。

3)易燃液体

(1)检查作业现场是否备好相应的灭火器材。

(2)闪点低于23℃的易燃液体作业现场应选在遮阳的地方,防止日光暴晒,避免在高温下作业。

(3)作业人员不得随身携带火种,夜间作业应使用防爆型照明灯具。

(4)使用机车装箱时,排烟管应有防火装置,并降低其负荷25%使用,进行固定工作时,应使用不致产生电火花的工具,固定用的钉子不能外露。

(5)注意检查容器有无膨胀现象,焊接缝处有无渗漏的渍迹,桶盖有无松动。

(6)盛装的容器不能完全装满,要考虑航行途中可能遇到的最高湿度,应留有足够的膨胀余位。

4)易燃固体

(1)本类中那些对撞击、摩擦较敏感的货物,装箱时箱壁的四周应用木板或胶合板加以有效的隔离和固定,进行铲、叉作业时,要轻拿轻放,防止摩擦、撞击。

(2)对于有温度要求的货物,应按该货物的具体要求配置控制温度的装置。

(3)电石、黄磷、金属钙等如发现容器膨胀、破裂,应更换容器,未经处理或放气前不要搬运、晃动,更不能装入箱内。

(4)发现有湿气或有水渍及污染现象的包件,不能装入箱内。箱内潮湿的集装箱禁止使用。

5)氧化物质和有机过氧化物

(1)所使用的集装箱内部应清洁干燥,没有油污,不得留有任何酸类、煤炭、木屑、硫化物及粉状可燃物质。

(2)认真检查包装件是否完好,桶盖有无松动,关闭环是否卡紧,外表有无裂痕。

(3)作业人员应戴防护手套,必要时需戴口罩和穿着防护服。

(4)忌高热的物质,作业时应有遮阳设施,防止阳光直晒。

(5)所使用的机具应与货物的性质相适应,叉、铲车的排烟管应有防火装置。

(6)有机过氧化物应在《国际海运危险货物规则》规定条件下,考虑到整个航程的情况进行装运。

(7)使用温控集装箱时应事先检查其温控设备是否处于良好状态。

6)有毒物质和感染性物质

(1)作业时禁止肩扛、背负、冲撞、摔碰、翻滚,搬运要平稳,轻拿轻放,防止包装破损。

(2)搬运一般毒品时应穿工作服,戴口罩、手套,搬运会引起呼吸中毒的挥发性流体毒害品时,还应系胶质围裙,穿胶靴,戴防护眼镜和防护帽,外露皮肤应涂上防护药膏。搬运剧毒物质必须戴防毒面具。

(3)进行剧毒品作业应远离生活区,防止有毒气体或粉尘进入生活区。

(4)忌湿、晒的毒害品应避免雨、雪天作业,防止日晒。

(5)撒落在场地上的毒物,应用锯末吸干并及时清扫干净。

7)放射性物质

(1)应认真检查包装,保证装入箱内的包装完好无损,符合《国际海运危险货物规则》对放射性物质的特殊包装要求。

(2)作业时禁止肩扛、背负、翻滚和倒放,要轻拿轻放,无机械设备时,可使用手推车,操作人员作业时间不能太长,要进行轮换。

(3)装箱时要把放射性大的物质装于集装箱中部,放射性小的物质装于周围。如装的数量很少,应装于箱的中间,四周用填料顶紧,这样可起到一定的屏蔽作用。

(4)对于放射性物质应当优先装运,使货物不落地、不积压。

(5)作业完毕,应用肥皂、清水将手脸冲洗干净。

8)腐蚀性物质

(1)搬运时应穿工作服、戴手套,防止皮肤接触到货物。

(2)使用玻璃或陶瓷等容器时,应检查封口是否完好,有无渗漏,装箱时应采取有效的紧固措施。

(3)要注意堆码不能超过积载试验允许的高度。

9)杂类危险货物

本类危险货物性能不一,包装各异,在装箱时要按《国际海运危险货物规则》的具体要求进行作业。

7.3.10 抽箱检查

除了到装箱场所检查出港危险货物的装箱外,还可以将检查重点放在对进出港危险货物集装箱的抽样开箱检查上。具体做法是根据危险货物进出港的申报资料,选定目标箱,通过货主或其代理人,视需要办妥海关开箱检查手续,将目标箱提到适宜开箱检查的场地。开箱时最好有货主、船公司代表、码头操作人员在场,并落实安全防护措施。集装箱经过了陆路或海路的颠簸,箱内包件可能已经受损和倒塌,开箱时要格外小心。检查的方法可参照装箱检查,重点是看标记、标志是否齐全,危险货物是否与申报资料相符,包装件的包装、装箱、堆码、加固是否符合规范的要求,如发现有隐报、瞒报、伪报的行为,可按有关规定进行处罚。对于标记、标志不全,包装、堆码、加固等有缺陷的,要纠正后才能放行,情节严重的也可按章处罚。

中转危险货物集装箱除了有较确切的证据怀疑申报不实或有其他特殊情况外,一般仅限于审核申报资料,不进行开箱检查。

7.3.11 登轮核查危险货物集装箱载运情况

按照规定每一艘载运危险货物的船舶应具备一份危险货物舱单,注明船上所载危险货物及其位置。登轮检查时,可向船长或大副索取船上的危险货物舱单,也可通过船上的电脑查阅,对照该船的危险货物资料和集装箱装箱证明书是否与申报的相符。对不如实申报的,可按章进行处罚。通过调阅危险货物舱单,还可以清楚地知道危险货物集装箱的装载位置,审核是否符合《国际海运危险货物规则》的积载隔离要求。

7.4 集装箱开箱检查

对船舶载运危险货物作业的监督管理是一项综合性的工作,管理的内容包括危险货物适运条件、船舶的适载条件以及码头的安全作业等。货物适运条件主要包括货物的包装、标记、标志以及法律法规中相应的其他一些要求;船舶的适载条件主要包括船舶的舱室条件、船舶构造的设备条件、危险货物的积载和隔离状况等。装卸包装危险货物的码头,虽然尚没有制定规范的规定,但是根据装卸货种的不同特性,对码头的安全作业条件仍制定有一些具体的要求。

7.4.1 开箱检查的确定

(1)单证检查。

根据港区码头调度、船公司提供的近期拟装船出运以及到港的集装箱装箱单、装卸船交接清单,或者通过筛选,选取需要抽检的集装箱,重点为以下几种类型集装箱:

①未采用规范正确的货物品名,无法显示箱内货物实际货况的。

②装箱单品名为大宗货物,但数量很少的。

③装箱单品名与托运形式、件数不符的。

④装箱单显示品名为普通货,但装箱地点是农药厂、化工厂或者危险货物专用堆场的。
⑤货物品名显示为危险化学品或者类似于危险化学品的。
⑥指定的需要进行开箱检查的集装箱。
(2)被举报涉嫌隐瞒危险货物性质运输的集装箱。
(3)货物集装箱箱体或部件有破损、污染、撒漏或者渗漏现象的。

7.4.2 开箱检查过程

1)开箱检查的程序

(1)在确定了需要实施开箱检查的集装箱后,通知装卸单位、承运人代表到现场配合开箱检查,并由2名以上的海事执法人员到现场实施开箱检查。

(2)向承运人签发《船舶载运货物集装箱开箱检查通知书》。

(3)填写开箱检查通知书编号(按次数填入序号)。

(4)填写承运公司名称。

(5)按要求填写载运船舶名、货物运单号、集装箱号、日期等栏目,并由参加开箱检查的执法人员签字,填写执法证号。

(6)由参加开箱检查的承运人代表签字确认。

(7)《船舶载运货物集装开箱检查通知书》一式3份,一份交承运人,一份抄送装卸单位,一份由海事部门留存。

(8)由装卸单位准备机械,并派员协助开箱。

(9)必要时海事部门可以通知托运人或者其代理人到现场配合检查。

(10)对于外贸货物集装箱,必要时可与海关等执法部门联系,由其配合实施开箱检查。

(11)实施开箱检查,检查箱内货物的装载情况,并按要求填写《船舶载运货物集装箱开箱检查记录表》,《船舶载运货物集装箱开箱检查记录表》中所列项目按照实际情况进行填写,其中标明"(签字)"的栏目必须由当事人本人签字确认,箱内货物根据实际情况进行填写,如果不属于危险货物只需要填写货物名称及包装形式/包装类两个栏目。

2)具体检查内容

(1)集装箱箱号应齐全、清晰,不得缺位少号,集装箱标牌(CSC标牌)应完好、有效,有批准国家和批准编号,最新检验日期符合30个月的定期检查要求、有连续检查计划(ACEP)可不标检验日期。

(2)集装箱装入的危险货物是否超重,不得超过箱门上标注的集装箱箱体最大营运装载质量。

(3)箱体外表是否无变形、损伤,对于箱体变形、损伤的集装箱不得装运危险货物。

(4)箱门应完好、密闭,门封条上的橡胶条应完好无损。

(5)箱内应保持清洁、干燥,无其他遗留物。

(6)集装箱外部有无关危险品。

(7)如果系装运危险货物的集装箱,其外部四面应粘贴与货物危险性质相符的危险货物标志。

(8)如果集装箱中装载的货物是危险货物的:

①该批货物是否办理过货物申报,如已办理申报手续,所装危险货物是否与申报单一致。
②包装形式应符合《水路危规》的要求并与申报的包装形式相符。
③危险货物的包装应无损坏,泄漏,渗漏的情况。
④包件危险品的标志、标记应与货物危险性一致。
⑤危险货物应正确堆码,危险货物应有合格的衬垫、货物应按规定进行系固、箱内应无不相符货物拼箱装载、危险货物只占部分货物时,应靠近箱门装载、不同货物装载应符合隔离要求,装入箱内的危险货物如需采取特殊的防护措施,应已经采取特殊的防护措施。
(9)对检查发现结果及处理结果在记录表中进行记录。
3)检查后处理
(1)检查发现系普通货物的由承运人提供铅封号,重新封箱,并在《船舶载运货物集装箱开箱检查记录表》中记录,按正常程序运输。
(2)检查发现系危险货物的:
①由现场执法人员拍照、摄像,做好现场取证工作。
②取证完毕后重新封箱。
③海事执法人员向承运人或托运人出具《海事违法行为证据登记清单》。
④由装卸单位将危险货物集装箱移至危险货物堆场或仓库。
⑤由承运人通知托运人到海事部门接受调查。
⑥转入违法案件调查程序。
(3)检查发现货物性质不明的:
①货物性质不明的情况包括:包装未显示货物名称的、包装显示的货名与运单货名不相符的、包装显示货物名称为商品代号的、《水路危规》目录上查不到的可疑化学品。
②暂时先封箱,对于未排除危险货物嫌疑的,货物承运人不得安排装船。
③由货主(托运人)提供生产厂家编号的货物产品技术说明书。
④货主(托运人)第一次被发现有此类货物危险性质不明缺陷的,应提供国家文献、技术手册、标准等有关该产品安全性质的说明资料或者由国家及海事部门认可的检测机构出具的检测报告。
⑤对于同一货主(托运人)屡次发生货物危险性质不明缺陷,海事部门应要求货主(托运人)对拟运货物进行抽样检测,确定其是否有危险性。
⑥由货主(托运人)书面保证该货物为非危险货物,如为危险货物则由该公司承担由此产生的责任,对与本次运输中出现的造成货物性质不明缺陷,提出整改措施,保证在下次运输前,采取相应措施,改正缺陷,如不改正,可由海事部门进一步审核。
⑦由货主(托运人)提供的资料显示该货物系非危险货物的,按正常程序运输。
⑧经确认系危险货物的参照上述规定执行。
⑨如果有明显证据显示货物系危险货物,而由货主(托运人)提供的资料为非危险货物的,海事部门可通知货主(托运人)或其代理人到现场对货物取样,送国家有关鉴定部门进行鉴定,并根据签字结果对货物集装箱做出处理决定,属于危险货物的进入违法案件调查处理程序,不是危险货物的,予以放行。

本章复习思考题

1. 简述集装箱的分类,并分析保温集装箱的结构特点。
2. 简述集装箱船舶的特点,结合集装箱船舶大型化趋势,论述码头装卸方式变革。
3. 简述与集装箱装运危险货物运输与管理相关的国际公约和国家法律法规。
4. 简述集装箱开箱检查的基本流程。

本章参考文献

[1] 王鸿鹏.集装箱运输管理[M].北京:电子工业出版社,2012.
[2] 周晶洁.危险品运输与仓储[M].大连:大连海事大学出版社,2009.
[3] 广东海事局.船载危险货物申报员和集装箱装箱检查员培训教材[M].大连:大连海事大学出版社,2013.

第8章　固体散货运输与管理

2008年12月,国际海事组织(IMO)海安会通过了SOLAS公约第XI章修正案,使《国际海运固体散货规则》(以下简称《IMSBC规则》)成为强制性规则,规则于2011年1月1日强制生效,替代1965年制定后经多次修正的建议性规则《国际散装固体货物安全操作规则》(以下简称《BC规则》)。我国作为SOLAS公约的缔约国之一,一方面为贯彻和实施《IMSBC规则》,交通运输部海事局发布了《关于执行〈国际海运固体散装货物规则〉有关事项的通知》,通知对A组易流态化固体散装货物办理货物申报和安全适运申报备案工作提出了明确要求和格式标准,同时,对部分固体散装货物的检测的时间、标准、机构资质、货物安全适运性评估等提出明确要求。另一方面,在散装固体运输中由于易流态化固体散装货物运输的特殊性使得其理所当然地成为了工作的重中之重。为此,交通运输部海事局组织制定了《水路运输易流态化固体散装货物安全管理规定》,并于2011年11月9日生效。

固体散装货物(固体散货,Solid back cargo)系指除液体或气体外,无任何中间包装形式,直接装入船舶货物处所的物质,由微粒状、颗粒状或较大片状材料组成,这些物质通常组成部分均一(包括装运在载驳船上的驳船中的物质)。全世界每年有大量的煤炭、精矿、谷物、化肥、动物饲料等固体货物通过船舶以散装形式运输到世界各地。尽管这类运输绝大多数没有发生事故,但由于这类物质本身的特点,货物在船舱的移动降低船舶稳性以及危险货物自身的化学反应等危险性,仍然有一些严重事故,造成船舶损失和人员伤亡。

在1960年国际海上人命安全会议上,各国代表们已经认识到除谷物以外其他的散装固体货物运输潜在的危险,在SOLAS 60的附录D第55条中建议由政府间海事协商组织主持起草一个国际上接受的散装固体货物安全运输的操作规则。国际海事组织的海上安全委员会(MSC)下设的集装箱与货物分委会承担了这项工作,于1965年出版了第1版《散装固体货物安全运输的操作规则》(Code of Safe Practice for Solid Bulk Cargoes,简称BC Code),后经多次修正,现行使用的是1994年修订的版本。最新的版本是2002年通过的。此版本包括海上安全委员会1999年5月和2000年5月通过的对附录A、附录B和附录C的修正(MSC/Circ.921和MSC/Circ.962),同时包括2000年5月通过的对第3节至第9节的修正。该版本也包括散装货物密度测定的操作规程(MSC/Circ.908)。

1997年11月通过的SOLAS第Ⅻ章是涉及固体散装货物安全运输的,并于1999年7月1日生效。内容主要包括对在1999年7月1日以后建造的、船长超过150m、装运密度1 000kg/m^{3}及以上货物的新干散货船的结构要求;还包括对装运密度1 780kg/m^{3}及以上的现有干散货船的特别结构要求,这些货物有铁矿石、生铁、铝土矿和水泥;密度大于1 000kg/m^3、小于1 780kg/m^{3}的货物,包括谷物,例如小麦、水稻等。

2002年的版本包括海上安全委员会1999年5月和2000年5月通过的对附录A、附录B

和附录 C 的修正（MSC/Circ.921 和 MSC/Circ.962），同时包括 2000 年 5 月通过的对第 3 节至第 9 节的修正。该版本也包括散装货物密度测定的操作规程（MSC/Circ.908）。SOLAS 1974 的 1983 年修正案，第Ⅶ章的 A 部分把散装固体危险品包括进去，使其成为"包装和散装固体危险货物的运输"相关的规定。

8.1 固体散货运输基本知识

8.1.1 固体散货定义及常用术语

1）固体散货的基本定义

散装固体货物是指除液体和气体以外的，通常是由质地均一的晶体、颗粒、粉末或片状组成，并且不经过任何中间的围护形式直接装入货舱中。

2）固体散货运输常用术语

（1）流动性。

装入船舶货舱中的散装固体货物在恶劣的天气和海况条件下，舱内货物会移向一侧，影响船舶的稳性，从而使船舶倾斜，这种现象称之为固体散货流动性。固体散货流动性用静止角衡量。

（2）静止角。

即非黏性（自由流动）颗粒状物质的最大斜面角，是该物质的锥体面与水平面的夹角。静止角大的货物流动性差；静止角小的货物流动性好，货物移位的可能性大，降低船舶稳性的危险性大。

（3）易流态化货物。

一般地，易流态化货物（cargoes which may liquefy）定义为：至少含有部分细颗粒和一定量水分的货物，在运输中，如果这些货物的水分含量超过其适运水分限制，会流态化。即至少含有部分颗粒和液体的物质，其中的液体常为水。这种物质看上去并非一定呈潮湿状，而运输中，如果水分含量超过适运水分极限，则可流态化。

（4）适运水分极限。

即船舶未装有任何特殊设备时，易流态化货物所允许的最大含水量。

（5）积载因数。

即每公吨货物所占的立方米数。

（6）平舱。

即对船舶舱内货物进行平整的过程。为减少散货移动的危险，货物应合理地平整到货物处所边界。

（7）MHB 物质。

MHB 物质仅在散装运输时有危险，并需加以注意。如未熟化的石灰在包装时不为危险物，散装运输时存在危险性，为 MHB 物质。

（8）散货密度（bulk density）指单位体积内的固体、空气和水的质量，以千克/立方米（kg/m^3）计。

(9)适运水分极限(LMT)指易流态货物在不满足本标准中规定的船舶运输时认为安全的最大水分含量。

(10)固体散装危险货物,具有爆炸、易燃、毒害、放射性、污染危害性等特性,在船舶载运中,容易造成人身伤害、财产损失或环境污染而需要特别防护的固体散装货物。

8.1.2 固体散货危害特性

(1)粉尘危害

固体散货在装卸作业过程中,易产生粉尘,从而使作业人员暴露于粉尘中,对健康造成慢性危害。

有些货物产生的粉尘具有爆炸性,在装货、卸货和扫舱时尤其如此。在这期间,应进行充分通风,防止空气中充满粉尘,用水龙头冲洗而不用扫帚,使爆炸危险降至最低。如细末硫黄易于发生粉尘爆炸,特别是在卸货和扫舱中,因此细末硫黄不得散装运输。

(2)装载不合理引起船舶结构超负荷

装载积载因数小的高密度散货时,装载之后的状态会与一般情况不同,当货物质量分布不均匀时,有的部位受力多,有的部位受力少,从而会对船舶结构产生过大的应力。通常,船长应根据稳性资料手册中提供的装载资料和配载计算机的计算结果来进行货物质量的分布。船舶载货离港前,船长应能计算航程中最恶劣状态下及离港的稳性,计算结果应表明船舶稳性足够。如:铁铬混合物,仅为 0.18~0.26。积载因数是指每 1t 货物所占用的立方米数(m^3/t)。在货舱中装载时,对船舶结构产生较大的应力,尤其是当货物分布不均匀时,对船舶结构是一种潜在的威胁。

(3)货物流动性危害

易流态化货物含有水分和至少一部分细颗粒。当含水量高于适运水分限时,货物会由于流态化而产生从一侧移到另一侧。如稠液状的货物会随船舶横摇流向一舷,但船舶回摇时货物却不能完全流回,船舶会因此逐渐倾斜乃至倾覆。如潮湿的椰子不得承运,除非证明该物质的最大含水量不超过 5%,否则装运前最好风干不少于 1 个月。

8.2 固体散装货物运输一般要求

8.2.1 固体散装货物的装载

(1)积载不相容货物不应同时装卸。

(2)装完一票货物后应立即关闭装有此种货物的货舱;装其他货物之前和卸货后,应清除甲板上的残渣。

(3)有毒的货物不得装载在能使毒气渗入起居处所、工作区或通风系统的货舱中。卸出有毒货物后应对其货舱的沾染情况进行检查,在装载其他货物特别是食品前,应对受到沾染的货舱进行彻底清洗和检验。

(4)装载腐蚀强度足以损害人体组织或船舶结构的货物,应在采取了充分的预防措施和保护措施后方可装船。卸货后应对船舶进行严格检查,以便在装载其他货物之前将残余物清除。

(5)在紧急情况下,应能将货舱的舱盖打开,货舱的舱盖应保持可随时打开的状态。

(6)在危险区严禁烟火,并应显著标示"严禁烟火"字样。

8.2.2 固体散装货物的隔离

(1)有毒的货物应与食品"隔离"。

(2)当两种或两种以上互不相容物质同时散装运输时,其间的隔离应符合要求。除类别之间的一般隔离之外,某一具体货物也可能需要与增加其危险的其他货物隔离。

(3)如果同一货舱中装有不同隔离等级的货物,则应按适用于各等级的最严格的隔离与其他货物隔离。

(4)不相容的物质隔离,以防火和防液的货舱围蔽。

(5)当固体散装货物和包装危险货物同船运输时,其间的隔离应符合要求。

8.2.3 固体散装危险货物的装卸要求

(1)第 4 类物质

这类货物应尽量保持干燥并远离一切热源或火源。

电气设备和电缆应处于良好状态,并有适当的安全防护以防短路和火花。对于隔离需要而设立的舱壁和甲板的电缆和管线通过孔应密封以防止气体和蒸气通过。

对于能释放蒸气或气体、且与空气混合能形成爆炸性气体的货物,应装载在有机械通风的处所内。

应在危险区域强制禁止吸烟,并张贴醒目的"禁止吸烟"的标志。

(2)第 5.1 类物质

该类物质应尽量保持干燥并远离一切热源或火源。在装载该类物质之前,应特别注意清扫装货处所。尽可能使用不燃的系固和防护材料,最小限度地使用干燥的木质垫舱材料。

应采取预防措施防止氧化物质进入其他货物处所。

(3)第 7 类物质

用于装运过低比活度(LSA-1)和表面污染体(SCO-1)的放射性物质的货物处所不得再次装货,除非在此之前由专业人员进行清污并确保在 300 m^2 面积上的非固定污染不超过如下水平:

β、γ 源和低毒的 α 源:4 Bq/cm^2;

其他所有的 α 源:0.4 Bq/cm^2。

(4)第 8 类物质

这些货物应尽量保持干燥。装货前,应注意货物处所是否清洁和干燥。

应采取措施防止该类货物进入其他货物处所、边舱、污水井和舱底垫板的间隙中。卸货之后,应彻底清扫货物处所,防止其残留物对船舶结构的腐蚀。最好用水冲洗干净并彻底弄干。

具有化学危险性的散装固体货物和包件危险货物之间的隔离(见第 5 章)。

具有化学危险性的散装固体货物之间的隔离(表 8-1)。

具有化学危险性的散装固体货物隔离表 表 8-1

类别		4.1	4.2	4.3	5.1	6.1	7	8	9	MHE
易燃固体	4.1	×								
易自燃物质	4.2	2	×							
遇水放出易燃气体的物质	4.3	3	3	×						
氧化物质（氧化剂）	5.1	3	3	3	×					
有毒物质	6.1	×	×	×	2	×				
放射性物质	7	2	2	2	2	2	×			
腐蚀性物质	8	2	2	2	2	×	2	×		
杂类危险货物	9	×	×	×	×	×	×	×	×	
仅在散装时有危险的物质	MHE	×	×	×	×	2	×	×	×	×

8.2.4 固体散装货物与包装危险货物的隔离

（1）隔离有以下几种方式，其示意图见图 8-1：

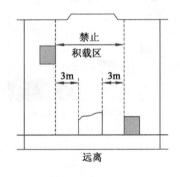 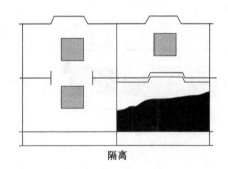

远离　　　　　　　　　　　　隔离

图 8-1　固体散装货物与包装危险货物的隔离

①远离：有效的隔离，以使不相容的物质在万一发生意外时不致产生危险反应。如果垂直投影的最小水平距离间隔不小于 3 m，则可以装在同一货舱或甲板上。

②隔离：在舱内积载时，装于不同的货舱中。如果中间甲板是防火和防液的，垂向隔离，即在不同舱室中积载，可以看成是同等效果的隔离。

③用一整个舱室或货舱隔离：垂向或水平分隔。如果甲板不是防火和防液的，只能用一介于中间的整个舱室作纵向隔离。

④用一个介于中间的整个舱室或货舱纵向隔离：仅垂向隔离不符合这一要求。

（2）散装危险货物与包装危险货物应按表 8-2 隔离。对于包装危险货物的附加要求，应按照《国际海运危险货物规则》中有关积载和隔离的附加要求。

散装危险货物与包装危险货物隔离表　　　　　　　　　表 8-2

散装危险货物	类别	包装危险货物													
		1.1 1.2 1.5	1.3	1.4	2.1	2.2 2.3	3	4.1	4.2	4.3	5.1	5.2	6.1	6.2	7	8	9
易燃固体	4.1	4	3	2	2	2	2	×	1	×	1	2	×	3	2	1	×
易自燃物质	4.2	4	3	2	2	2	1	×	1	2	2	1	2	2	1	×
遇水放出易燃气体的物质	4.3	4	4	2	1	×	2	1	×	1	2	2	×	2	2	1	×
氧化性物质（氧化剂）	5.1	4	4	2	2	2	1	2	2	×	2	1	3	1	2	×
有毒物质	6.1	2	2	×	×	×	×	×	1	×	1	1	×	1	1	×
放射性物质	7	2	2	2	2	2	2	2	2	2	2	2	×	3	2	×
腐蚀性物质	8	4	2	2	1	×	1	1	1	1	2	2	1	1	2	1	×
杂类危险物质和物品	9	×	×	×	×	×	×	×	×	×	×	×	×	×	×	×	×
仅在散装时有危险的物质(MHB)		×	×	×	×	×	×	×	×	×	×	×	3	×	×	×	×

注:1-远离;2-隔离;3-用一整个舱室或货舱隔离;4-有一个介于中间的整个舱室或货舱纵向隔离;×-无一般隔离要求,查阅本标准和《国际海运危险货物规则》的相关要求。

（3）具有化学危险的不相容散货的隔离,隔离有以下几种方式,其示意图见图 8-2:

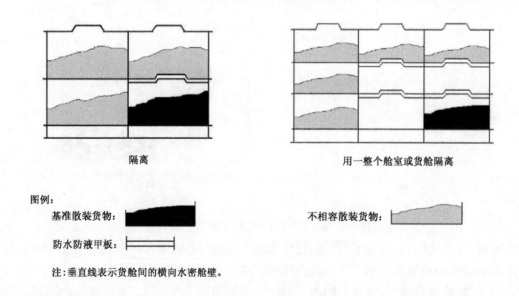

图 8-2　具有化学危险的不相容散货的隔离

①隔离:在舱内积载时,装与不同的货舱中。如果中间甲板是防火和防液的,垂向隔离,即在不同舱室中积载,可以看成是同等效果的隔离。

②用一整个舱室或货舱隔离:垂向或水平分隔。如果甲板不是防火和防液的,只能用一介于中间的整个舱室作纵向隔离。

具有化学危险的不相容散装货物应按表 8-3 隔离。

具有化学危险的不相容散装货物隔离表   表 8-3

固体散装物质	类别	固体散装物质							
		4.1	4.2	4.3	5.1	6.1	7	8	9	MHB
易燃固体	4.1	×								
易自燃物质	4.2	2	×							
遇水放出易燃气体的物质	4.3	3	3	×						
氧化性物质(氧化剂)	5.1	3	3	3	×					
有毒物质	6.1	×	×	×	2	×				
放射性物质	7	2	2	2	2	2	×			
腐蚀性物质	8	2	2	2	2	2	2	×		
杂类危险货物	9	×	×	×	×	×	2	×	×	
仅在散装时有危险的物质	MHB	×	×	×	×	×	2	×	×	×

注：2-隔离；3-用一整个舱室或货舱隔离；×-无一般隔离要求，查阅本标准的相关要求。

8.2.5 固体散装货物运输应急措施

按 IMO《船舶载运危险货物应急反应措施》的要求，根据海上与陆地情况的差异，规定各种物质事故应急行动的应急措施。当固体散装危险货物失火时，船员应采取应急消防措施。船长可根据现场的实际情况，判断并采取有效应急措施。应急措施应按照应急措施表(表 8-4)实施。应急措施表包括四个部分：

(1)应急编号及其应用。

(2)应配备的特殊应急设备。

(3)应急程序及应急行动。

(4)对于在事故中可能需要运用相关医疗急救方面的指南，可参阅 IMO/WHO/ILO 编写的《危险货物事故医疗急救指南》(MFAG)。

8.2.6 固体散装货物通风

(1)货物处所应从外向内交换空气，使处所内积聚的易燃气体或蒸气降低到爆炸下限以下，或使处所内有毒气体、蒸气或粉尘含量维持在安全水平。

(2)货物处所按下列方式通风：

①自然通风：通过空气管道和/或其他适当实际的开口进行空气流通。

②机械通风：通过动力进行通风。

③表面通风：仅在货物表面进行通风。

④持续通风：不断进行通风。

(3)通风条件：

①散装固体危险货物或者托运人提供的货物信息需要持续通风时，应当持续通风。

②如果维持通风可能会危及船舶或货物安全，则可以中断通风，但中断通风可能造成爆炸

或其他危险的情况除外。

应 急 措 施 表

表 8-4

硅铝铁合金粉 ALUMINIUM FERROSILICON POWDER(UN No. 1395)
硅铝粉,无涂层的 ALUMINIUMSILICONPOWDER,UNCOATED(UN No. 1398)
磷铁 FERROPHOSPHORUS(BCNo. 020)
硅铁 FERROSILICON(UNNn. 1408)(BCNo. 022)
硅锰 SILICOMANGANESE(BCNo. 060)

需配备的应急设备
自给式呼吸器

应急程序
佩戴自给式呼吸器
火灾应急行动
关闭货位处所而且若可能还应用 CO_2,不得用水
医疗急救

UN/BC 表号	物质	MFAG 表号
1395	硅铝铁合金粉 ALUMINIUM FERROSILICON POWDER	601 或 605
1398	硅铝粉 ALUMINIUM SILICON	无
BC 020	磷铁 FERROPHOSPHORUS	601 或 605
1408,BC 022	硅铁 FERROSILICON	601 或 605
BC 060	硅锰	无

③用于装载需要持续通风货物的货物处所应当装有在需要时能打开的通风口。

④通风系统应当防止排出的危险气体、蒸气或粉尘到达生活处所。

⑤对于排出的危险气体、蒸气或粉尘可能到达工作处所的情况,应采取有效的防护措施。

8.2.7 各种固体散装危险货物运输的特殊要求

(1)编制固体散装危险货物名称表

①以散装形式运输具有化学危险,并在船上可能导致危险境况的物质应列入固体散装危险货物名称表。

②固体散装危险货物名称表项目包括:货物运输名称、UN 编号、类别、应急措施表号、特性及运输要求、隔离与积载、特殊和附加要求。

(2)货物维护要求

根据货物的危险性,货舱应保持清洁和干燥状态。

货物应尽可能保持干燥,不得在降水期间装卸。

在装卸该货物期间,应关闭装卸或拟装卸该货物的处所的不在使用的所有舱盖。

在该货物装卸期间,应在甲板上和货物处所附近区域张贴"禁止吸烟"标志,并在这些处所禁止烟火。

应配备气体探测仪,用以探测货物产生气体的含量,测量值应做记录并保存在船上。

在航行期间,应定期测量和记录货物温度以检测自热。

在该货物的装卸完成后,用封条将舱口封牢。在航行期间应定时检查运输该货物的货物处所中的冷凝。

装运过此类物质的货物处所和经消除污染不得载运其他货物。

(3)通风要求

航行期间应为载运该货物的货物处所持续进行机械通风。

货舱内至少有两部独立的风机进行通风。总通风量按空舱计每小时至少6次。

通风系统不得使排出的气体进入甲板上或甲板下的居住处所。

船舶在码头期间,如果装有本货物的货舱关闭时,机械通风系统应连续工作。

货物处所和机舱间的舱壁应为气密,并经主管机关检查认可。

在航行期间,应根据需要仅对货物进行自然或机械的表面通风。

在航行期间,不得对载运该货物的货物处所进行通风。

(4)防止货物污染要求

该货物卸货后,货物处所应经两次清扫。

不得使用水清洗存有此种货物的货物处所。

应采取适当预防措施防止该货物的粉尘进入机器处所和起居处所。

应防止货物进入其处所的舱底污水阱。

卸货后,应检查污水井和货舱排水孔,并清除任何阻塞物。

卸货后,货物处所应彻底清洁并冲洗所有货物残余。

应采取充分措施来防止扬尘。

(5)人员防护要求

除按 SOLAS 公约要求配备呼吸器外,还应配备至少两具自给式呼吸器。

可能接触该货物粉尘的人员须佩戴护目镜或其他等效的眼睛防尘保护用品和防尘口罩,应根据需要穿戴防护服。

在对货物处所进行通风并测试氧气含量前,不得进入载有该货物的货物处所。

8.3 固体散装货物海运安全技术

8.3.1 货物安全适运性评定

1)应提供的货物信息

(1)在装载前,托运人应预先向船长或其代表提供装运货物的适当信息。

(2)货物信息应在货物装船前以书面形式通过适当的运输单证予以确认。货物信息应包括:

①散装货物运输名称;货物的组别(A 组代表易流态化固体散装货物。B 组代表具有化学危险性的固体散装货物,包括固体散装危险货物和仅在散装时具有化学危险性的固体散装货物。C 组代表既不流态化又没有化学危险性的固体散装货物)。

②该货物的 IMO 分类(如适用)。

③以字母 UN 开头的该货物的联合国编号(如适用)。
④交运货物的总量。
⑤积载因数。
⑥平舱程序(必要时)。
⑦移动的可能性,包括静止角(如适用)。
⑧以证书形式提供的关于货物水分含量及精矿或其他货物可能易流态的适运水分极限的附加信息。
⑨形成潮湿底部的可能性。
⑩货物可能产生的有毒或易燃气体(如适用)。
⑪货物的易燃性、毒性、腐蚀性以及耗氧倾向(如适用)。
⑫货物的自热特性以及平舱要求(如适用)。
⑬遇水反应释放易燃气体的特性(如适用)。
⑭放射特性(如适用)。
⑮主管当局要求的任何其他信息。

2)安全适运性评定过程

(1)试验证书

托运人应安排货物的妥善取样和试验。在装载港口,托运人应向船长或其代表提供适当的试验证书。

载有适运水分极限的证书中应包括托运人声明,说明就其知识和判断力所及,水分含量证书中所述的水分含量为其将证书提交给船长时的货物平均水分含量。

如果货物拟装入一个以上货舱,则水分含量证书中应载明装入各舱中的每一种细颗粒货物的水分含量。

(2)采样程序

①试样的采集应由受过采样程序培训的人员进行,并在熟悉托运货物特性以及适用的采样原则和实践的人员的监督下进行。

②在采样前,应对将要装船的托运货物进行外观检查,对看上去受到污染或者性质或水分含量与大宗散货明显不同的部分予以分别采样和分析。

根据这些测试取得的结果,对不适于运输的那部分货物可拒绝装运。

③采集试样所用方法应考虑以下因素:

a.货物的种类。

b.颗粒大小的分布。

c.货物的组成成分及其差异。

d.货物的储存方式,货物的装运或装在方式。

e.需测定的特性。

f.由于天气和自然排水条件等以及货物冻结,在整批货物中水分分布的差异。

④在采样过程中,必须特别注意防止品质和特性的变化。采样后,试样应立即存放在合适的密封容器中,并妥善做出标记。

关于易流态化散装货物的采样程序的要求将在第 8.5 节介绍。

8.3.2 固体散装货物海运安全技术基本要求

(1)平舱的一般规定

①应对货物进行合理平舱,以减少货物移动的可能性并最大限度减少空气进入货物。

②货物处所应尽量装满并合理的散布到货物处所的边界,以防止固体散装货物的移动,但不得超过底舱或二层甲板的强度。

(2)多层甲板船的特殊规定

①当固体散装货物仅装入底舱处所,应进行充分平舱以便货物重量均匀分布在舱底结构上。

②在二层舱中装载固体散装货物时,应关闭二层舱盖。货物应合理平舱并将货面平至两舷,或者利用具有足够强度的纵向隔板进行稳定。

③如果二层舱中装载煤,每一二层舱应紧紧封闭以防空气从货舱中上升到二层舱中的煤中。

8.4 易流态化固体散货的基本知识及其界定

8.4.1 易流态化固体散货基本知识

1)固体散货流动性概念

货舱中的散装固体货物在航行中,尤其是在恶劣的天气和海况条件下容易发生货物移动,一方面会降低船舶稳性,另一方面对局部船体结构造成破坏。

散装固体货物的流动性用静止角来衡量。静止角是指能够自由流动的、非黏性颗粒物质的最大斜面角,即这类物质的圆锥形斜面和水平面之间的夹角。对于装入货舱中的货物,静止角就是在装舱过程中,自然形成的锥形体其斜面和舱底水平面之间的夹角,如图8-3所示。

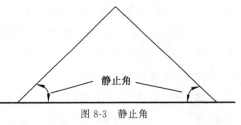

图8-3 静止角

静止角的大小决定了货物的流动性。静止角大的货物流动性差;静止角小的货物流动性好。从运输安全的角度来衡量,静止角越小的货物危险性越大。当船舶在海上航行遇到风浪发生摇晃时,舱内的货物就会流向一侧,从而使船舶倾斜,严重的甚至倾覆。静止角大的货物相对就安全些。

货物的静止角并不是一个固定的常数,如滑石的静止角为20°~45°,煤的静止角为30°~65°。散装固体货物的静止角受很多因素的影响,如货物颗粒的大小、形状、表面状态、含水量、杂质等,凡能增加货物表面摩擦力的因素,都会降低货物的流动性。

2)易流态性

这里所说的"流态"并非指固体变成液体,而是某些货物从外观上看似干燥,实际上含一定量的水分,当含水量超过一定的限度时,在船舶运动或震动条件下会析出水分,形成泥浆状的表层,从而具有流动性,产生类似于液体的自由液面效应,降低船舶的稳性。

"流态"是具备以下两个条件才能发生的:一是货物的含水量超过一定限度,而且至少有一定比例的小颗粒。完全干燥或完全由大颗粒、大块物质组成的货物不会"液化"。二是船舶的运动和震动。后者是无法避免的,所以只能通过限制货物的含水量来确保运输安全。

货物易"流态"的性质用流动湿点或流动水分点来表示。流动湿点是指散装固体货物发生渗水开始处于流动状态时的含水量。不同的货物有不同的流动水分点,即使同一类货物,因为成分或性质的变化也会对流动水分点的数值有很大的影响。

流动的货物可能随船舶的横摇从一侧流向船舶的另一侧,但当船舶又摇向另一侧时,货物不会完全流回来,船舶可能因此逐渐地倾斜以至于倾覆。

3) 流态化形成机理分析

流态化是相对散体而言的,散体又分为理想散体和非理想散体两种。

对于理想散体来说,它不存在颗粒间的黏聚力,因此它只能承受压力和切力而不能承受拉力。其力学性质与流体相比较,仅是能承受一定的切力这一区别。散体之所以能承受切力,究其根本原因,在于理想散体内存在着静内摩擦力。如果散体克服静内摩擦力或消去、减小其内静摩擦系数,就可以使散体流态化。

对于非理想散体,散体的颗粒之间具有一定的黏聚力,使其能承受极小的拉力。但是对于由矿岩所组成的散体,其黏聚力是很小的,它远比散体颗粒本身的强度要小很多,要克服或减小、消去内聚力的方法是可能的,如果具有这一条件,与理想散体一样,可以使这种介于固体与流体间的介质趋于流体,形成散体的流态化或流化状散体。

流态化及运动按其有无载能体的情况,可以将其分为两大类:

(1) 单相散体流态化及运动:在散体中无载能体介质,或者散体中有其他介质存在,但并不起载能体的作用。例如散体中含有水,但它本身不具有超过散体本身具有的功能,即无装载能,此时仍然认为是单相散体流态化。

单相散体流态化亦即是纯散体无载能体作为介质的流态化运动。对于理想散体,实现流态化唯一的方法是要克服散体内的静摩擦力,或者减小、消除内静摩擦系数。如果实现这一点,就可以使理想散体成流体状,形成流态化运动。

(2) 两相散体流态化及运动:这是具有载能体的散体流态化。按载能体的不同,又可将两相流分为气—固两相散体流态化及流动,液—固两相散体流态化及流动。在气—固两相流中,其载能体为气体;在液—固两相流中,其载能体为液体。

载能体的提供有利于散体发生流态化,对于船舶运输易流态化固体散装货物,为保障运输安全,需降低货物流态化的发生,应避免提供额外的载能体。

4) 流态化力学分析

在一定外荷载(外力)及其本身重力的作用下,使散体颗粒间产生的切应力到达某个面上极限平衡时的切应力(即这个面上正应力所产生的摩擦力)时,散体在这个面上将要产生滑移,产生连续不断的变形,形成流体状运动,亦即是散体流态化运动。在达到极限平衡时,所产生滑移的速度较小,即可用一般散体静力学问题的讨论来解决。对于船舶运输易流态化固体散装货物时,货物发生流态化运动的速度也较低,因此具体的理论研究可参考散体力学中的静力学问题。

在理想散体中加入一定量的其他介质(这种介质不是载能介质),如极细小的某种粉体或液体,让其均匀地渗入散体内,以减小或消除原散体内的静摩擦力。这样散体所产生的切力就将减小或消失,使散体的力学性质几乎与流体相同,形成流态状。在外力作用或自身重力的作用下就会形成单相固状散体流态化运动。

在运输易流态化固体散装货物时,当货物的含水量达到或大于一定的限量时,就会失去原来的稳定状态,进入流态状,达到或超过极限平衡时,产生滑移而流动。要说明的是,这里增加的水并不是以载能体的功能出现在散体的流态化运动中,所以易流态化固体散装货物流态化应看作单相的散体流态化运动。

影响散体流态化(单相)的因素,除了外部因素外,就散体自身的性质而言,可归纳为以下几点:

(1)散体的块度,单个颗粒的块度越大,流态化状的形成就越困难。

(2)散体的容量,容量小的比容量大的易流态化。

(3)散体的松散性(或空隙率),散体越松散,流态化就越容易形成,即散体的空隙率越大则流态化的形成越容易。

(4)散体的湿度,散体的湿度超过一定的限度就会形成流态化。但并不是湿度越大就越易形成流态化,在一定范围内,相反会降低流态化的形成,其主要原因是:湿度在这个范围内散体内摩擦系数反而比干燥的增加。

(5)散体的形状和表面粗糙度也要影响散体流态化形成的难易;对于同一粒级,颗粒圆滑的形成流态化较易。而多种粒级组成的颗粒为不等轴尖角的散体,其流态化形成要困难些,其主要原因是前者内摩擦角小,后者内摩擦角大。

(6)非理想散体,由于黏结力的存在,其作用相当于颗粒间预先存在有一种压力而产生了摩擦阻力,从而增大了非理想散体到达极限平衡时所需要的剪切力,因而非理想散体的流态化形成要比理想散体要难些。

另一方面,外部因素的影响指的是某些特殊形式的外力的影响,货物亦可形成单相散体流态化。例如具有一定频率的振动,它使得散体颗粒产生一定频率的跳动或振动,从而减小了颗粒间的黏聚力和内摩擦力。像分子受热而增加热振动(运动)一样,使其从一个状态向另一个状态转化。这样一种振动力的作用,使散体形成流化状。

船舶在航行过程中,由于船舶主机、辅机等机械设备的运行而产生振动,由于振动能量的传递,船舶产生的振动会作用于紧贴船舱底的货物上。由于货物颗粒间是相互堆积接触的,颗粒便会将具有的振动能量传递给周围紧贴的颗粒,引起颗粒间相互的摩擦碰撞及自身振动的趋势,但由于颗粒自身的质量、颗粒间相互紧贴的制约以及颗粒间的黏附力,使得当振动强度 $K<K_0$ 时,其振动传递的能量不足以克服上述因素的影响与制约,致使振动波每向上冲击一次就使得颗粒之间碰撞压缩一次,导致货物的压实,货物密度增大;随着振动强度 K 的增大,振动传递的能量效应逐步超过颗粒自重及颗粒间的相互制约力,并逐步克服上述因素的影响,使得振动有足够的能量向上进一步传递,并引起该颗粒周围颗粒的摩擦碰撞且伴有自振,这种振动效应逐步向上扩散,但由于振动能量的扩散传递过程中,颗粒间的相互摩擦碰撞需消耗一定的能量(如克服粒间黏附力),这就导致振动效应变得越来越弱,如图8-4所示,图中箭头的长短、疏密表示振动传递效应的变化规律,振动效应向上传递由于受货物总自重的影响,最终形成循环流动层。在一过程中,船舱底层货物整体强度减小,流动性增加,当 K 达到一定值

时，底部货物便具有了相当的活性，可以认为是处于流态化状态。

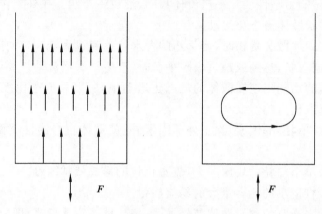

图 8-4　船舱中振动能量的传递

8.4.2　易流态化固体散装货物相关标准及规则

《IMSBC 规则》对固体散装货物中的易流态化固体散装货物进行了分类，国内相关规定依据《IMSBC 规则》附录中的货物目录也进行了详细列举，但是对于易流态化固体散装货物的界定在业界却产生了几种不同的意见和理解。

(1) 只有容易发生流态化的固体散装货物才是易流态固体散装货物。

这一观点的重点在于"易流态化"中的"易"字，认为易流态化货物不仅仅能够流态化而且比一般会流态化的固体散装货物更易流态化。例如：《IMSBC 规则》中的钛铁矿砂，当货物含水量为 1%～2% 时，为 C 组无流态化无危险货物，而含水量大于 2% 时，该货物则为 A 组易流态化货物。这种观点看起来有一定的道理，但是实际操作中，货物虽然暂时没有达到 A 组易流态化货物的要求，但是不代表货物在运输过程不会因为外界条件的影响而产生流态化，从货物的安全运输角度来说，这种界定方法没有起到关键的作用，货物运输风险的防治仍需考虑极端条件下货物可能发生的情况。

(2) 易流态化货物主要与其黏性、颗粒大小有关，而与含水量无关。

这一观点认为易流态化是易流态化货物的固有物理性质，货物的含水量多少与会不会流态化没有直接关系。例如：白英石，由于尺寸大小成块状，最大可达 150 mm，《IMSBC 规则》明确把该种货物列为了 C 组货物；碳化硅，一种硅和碳的坚硬黑色晶体化合物，无水分含量，由于没有水分含量，失去了流态化产生的必要条件，货物本身自然不会发生流态化，因此，《IMSBC 规则》也明确地把该种货物列为了 C 组货物；经煅烧的氧化铝本身不含水分，且不溶于水，《IMSBC 规则》也明确地把该种货物列为了 C 组货物。这种观点虽然接近《IMSBC 规则》关于易流态化固体散装货物的描述，但是也存在着片面性。含水量的多少对于某一些货物来说没有直接影响，但是对于某一些货物当含水量不断增加时，由于分子间的物理引力受到破坏，物质结构发生了变化从而直接导致货物本身发生了变化。例如：《IMSBC 规则》中的黄铁矿，当货物含水量为 0%～7% 时，为 C 组无流态化无危险货物，但货物含水量超过 7% 时，该货物须归类为 A 组易流态化货物。

(3) 关于易流态化货物的划分应根据航运经验以 8% 作为界定标准。

这一观点把经验值作为衡量货物是否可能会发生流态化的标准,主要是总结以往的航运经验和事故教训。8% 的标准曾经也一度成为业界《海运精选矿粉及含水矿产品安全管理暂行规定》和《海运精选矿粉及含水矿产品安全检验方法》的检测标准。但是随着《IMSBC 规则》的实施和国内相关规定颁布,《海运精选矿粉及含水矿产品安全管理暂行规定》和《海运精选矿粉及含水矿产品安全检验方法》的废止,8% 的标准也随之被废除,取而代之的是比较模糊的指标:易流态化固体散装货物的平均含水量不得高于货物的适运水分极限(适运水分极限通常按其流动水分点的 80%~90% 确定)。另外一方面,8% 的标准的适用范围显然不适用于所有易流态化固体散装货物,例如:钛铁矿黏土,非常重的黑色黏土,水分含量为 10%~20%;草泥饱和时,含水量在 90% 以上。

综上所述,业界对易流态化固体散装货物的理解看法不一,但是都是基于《IMSBC 规则》引申或联系实际情况进行解释和确定的。《IMSBC 规则》作为易流态化固体散装货物运输最高等级的国际法,其得以形成并生效实施,付出的代价是巨大的,尤其是海事事故中血的教训。经过多年的实践和完善,《IMSBC 规则》对指导各缔约国完善本国法律体系提供了很好的范本。

8.4.3 易流态化固体散装货物特征参数

为准确理解《IMSBC 规则》中关于易流态化固体散装货物的界定标准,根据规则第 1.7.12~1.7.14 条关于 A、B、C 组货物的规定:A 组包括在超出适运水分极限进行船运时可能会流态化的货物;B 组包括会使船舶产生危险局面的具有化学危险的货物;C 组包括既不易液化(A 组),也不具有化学危险(B 组)的货物。将 C 组货物列为参考对象,基于货物的理化性质,并参照国际运输货物分类方式进行分类,通过单因素控制法对比分析 A 组与 C 组货物的不同特征,从而可以明确易流态化固体散装货物的界定范围。

1) 金属矿石类(非精矿)

金属矿石类(非精矿)货物流态化分组如表 8-5 所示。

金属矿石类(非精矿)货物流态化分组　　　　表 8-5

序号	货物名称	货物特征					组别
		含水量	尺寸	密度(kg/m³)	积载因素	静止角(°)	
1	钛铁矿砂	>2%	≤0.15mm	2 380~3 225	0.31~0.42	不适用	A
2	钛铁矿砂	1%~2%	≤0.15mm	2 380~3 225	0.31~0.42	不适用	C
3	黄铁矿,煅烧	—	粉尘至粉末	2 326	0.43	不适用	A 和 B
4	黄铁矿(含铜和铁)	—	细粉或块状,≤300mm	2 000~3 030	0.33~0.50	不适用	C
5	锆砂	—	细粉,≤0.15mm	2 600~3 000	0.33~0.36	不适用	C
6	铁燧岩颗粒	2%	颗粒,≤15mm	599~645	1.53~1.67	不适用	C
7	锰矿	≤15%	细粉尘至250mm	1 429~3 125	细粉至0.32 块状至0.70	不适用	C
8	菱镁矿,天然	—	3~30mm	1 429	0.7	不适用	C

续上表

序号	货物名称	货物特征					组别
		含水量	尺寸	密度(kg/m³)	积载因素	静止角(°)	
9	石灰石	≤4%	微粒至90mm	1 190~1 493	0.67~0.84	不适用	C
10	铅矿	—	粉末(重、软固体)	1 493~4 167	0.24~0.67	不适用	C
11	拉长石	—	块：50~300mm	1 667	0.60	不适用	C
12	铁矿石	1%~2%	75mm	2 564	0.39	不适用	C
13	铁矿小球	0%~2%	球形块,≤20mm	19 000~2 400	0.45~0.52	不适用	C
14	铁矿(非精矿)	0%~16%	≤250mm	1 250~3 448	0.29~0.80	不适用	C
15	铜砾	1.5%	含铜75%,碎末≤10mm,渣块<50mm	4 000~4 545	0.22~0.25	不适用	C
16	铬矿石		块状,≤254mm	2 222~3 030	0.33~0.45	不适用	C
17	铬矿颗粒	≤2%	颗粒状;8~25mm	1 667	0.6	不适用	C
18	铝土矿	0%~1%	块占70%至90%,粒径为:2.5mm至500mm,粉末占10%至30%	1 190~1 389	0.72~0.84	不适用	C
19	锑矿和锑矿渣	—		2 381~2 941	0.34~0.42	不适用	C

注：关于粒级的范围,至今尚无明确的界定,在不同的工业场合有着不同的规定。其具体分类如下：块状粒度为50mm以上；渣块粒度为10~50mm；碎末粒度为5~10mm；粗粒粒度为2~5mm；粗粉末粒度为0.074~2mm；细粉粒度为0.044~0.074mm；粉尘或粉末粒度为0.001~0.044mm；细粉尘粒度为10^{-8}~0.001mm。

由表8-5对比分析可得出以下结论：

(1)对比1号A组货物与2号C组货物可知,金属矿石类(非精矿)货物含水量过大时,需考虑按易流态化货物运输。

(2)对比1、3号A组货物与5号C组货物可知,金属矿石类(非精矿)货物特征参数不明显,存在其他原因。

(3)对比3号A组货物与4号、16号C组货物可知,金属矿石类(非精矿)货物粒径达到块状或更大尺寸时,可作为非易流态化货物运输。

2)金属矿石类(精矿)

金属矿石类(精矿)货物流态化分组如表8-6所示。

金属矿石类(精矿)货物流态化分组 表8-6

序号	货物名称	货物特征					组别
		含水量	尺寸	密度(kg/m³)	积载因素	静止角(°)	
20	精矿	≤8%	不同	1 754~3 030	0.33~0.57	不适用	A
21	硫化金属精矿	≤8%	不同	1 790~3 230	0.31~0.56	不适用	A

续上表

序号	货物名称	货物特征					组别
		含水量	尺寸	密度(kg/m³)	积载因素	静止角(°)	
22	黄铁矿精矿(含铜、细粉、浮选或含硫)	≤8%	不同	1 754~3 030	0.33~0.57	不适用	A
23	滑石	—	粉末至100mm/块	1 370~1 563	0.64~0.73	不适用	C
24	矿粒(精矿)	≤6%	6mm	2 128	0.47	不适用	C

由表8-6对比分析可得出以下结论:

(1)对比20、21、22号A组货物与23号C组货物可知,精矿石类货物粒径达到块状或更大尺寸时,可作为非易流态化货物运输。

(2)对比20、21、22号A组货物与24号C组货物可知,当精矿石类货物含水量较小时,不容易发生流态化。

3)非金属矿石类

非金属矿石类货物流态化分组如表8-7所示。

非金属矿石类货物流态化分组　　　　表8-7

序号	货物名称		货物特征					组别
			含水量	尺寸	密度(kg/m³)	积载因素	静止角(°)	
25	氟石	干	—	粗粉末	1 429~1 786	0.56~0.70	不适用	A和B
		湿	—		1 786~2 128	0.47~0.56	不适用	A和B
26	蛭石		6%~10%	3mm	730	1.37	不适用	C
27	碎石块		—	粉末至25mm	1408	0.71	不适用	C
28	砂		—	0.1~5mm	1 020~2 000	0.50~0.98	不适用	C
29	盐岩		0.02%	小颗粒	943~1 020	0.98~1.06	不适用	C
30	金红石砂		—	细颗粒状至沙粒,≤0.15mm	2 500~2 700	0.37~0.40	不适用	C
31	斜方硼砂(无水的)		—	颗粒状、晶体,≤2.36mm	1 282~1 493	0.67~0.78	不适用	C
32	硼砂(无水合物原矿)		—	粉末或颗粒,≤2.36mm	1 087	0.92	不适用	C
33	石英岩		—	10~200mm	1 563	0.64	不适用	C
34	石英		—	块:50~300mm	1 667	0.60	不适用	C
35	叶蜡石		—	细粉至块(块占75%,碎石占20%,细粉占5%)	2 000	0.50	不适用	C
36	浮石		—	粉末至块状	308~526	1.90~3.25	不适用	C

续上表

序号	货物名称	货物特征					组别
		含水量	尺寸	密度 (kg/m³)	积载因素	静止角 (°)	
37	磷酸盐岩石(未煅烧)	0%～2%	粉末至块状	1 250～1 429	0.70～0.80	不适用	C
38	磷酸盐岩石(煅烧)	—	碎石或小球状	794～1 563	0.64～1.26	不适用	C
39	珍珠岩	0.5%～1%	黏土状	943～1 020	0.98～1.06	不适用	C
40	卵石(海中)	—	圆形 30～110mm	1 695	0.59	不适用	C
41	大理石碎片	—	块、颗粒或粉末,混有砾石和卵石	654	1.53	不适用	C
42	石灰石	≤4%	微粒至90mm	1 190～1 493	0.67～0.84	不适用	C
43	拉长石	—	块:50～300mm	1 667	0.60	不适用	C
44	长石块	—	晶体,0.1～300mm	1 667	0.60	不适用	C
45	白云石	—	≤32mm,坚硬并密实	1 429～1 667	0.6～0.7	不适用	C
46	水晶石	—	球团状,6.4～12.7mm	1 429	0.70	不适用	C
47	重晶石	1%～6%	80%块:6.4～101.6mm 20%细粉:<6.4mm	2 941	0.34	不适用	C

由表 8-7 对比分析可得出以下结论:

(1)对比 25 号 A 组货物与 31 号 C 组货物可知,非金属矿石类货物含水量较小时,不容易发生流态化。

(2)对比 25 号 A 组货物与 33、34、35、38、40、43、44、45、46 号 C 组货物可知,非金属矿石类货物尺寸为块、球团状、碎石等形状,粒径在 10mm 以上时,可作为非易流态化货物运输。

4)有机化合物和无机化合物

有机化合物和无机化合物流态化分组如表 8-8 所示。

有机化合物和无机化合物流态化分组　　　表 8-8

序号	货物名称	货物特征					组别
		含水量	尺寸	密度 (kg/m³)	积载因素	静止角 (°)	
48	不含硝酸盐的化肥	0%～1%	1～3mm 粉末状和颗粒状	714～1 111	0.90～1.40	不适用	A
49	尿素	<1%	1～4mm 颗粒	645～855	1.17～1.56	28～45	C
50	过磷酸盐(三重晶体)	—	2～4mm	813～909	1.10～1.23	不适用	C
51	过磷酸盐	0%～7%	颗粒、细粉和粉末,≤0.15mm	1 000～1 190	0.81～1.00	30～40	C
52	硫酸钾和硫酸镁	0.02%水溶性为中性	颗粒状	1 000～1 124	0.89～1.00	不适用	C

续上表

序号	货物名称	货物特征					组别
		含水量	尺寸	密度 (kg/m³)	积载因素	静止角 (°)	
53	纯碱(重质和轻质的)	溶于水	粉末状:细粒和粉末组成	599~1 053	0.95~1.67	不适用	C
54	芒硝(硫酸钠)	—	颗粒状:10~200mm	1 052~1 124	0.89~0.95	不适用	C
55	硫酸钾	—	晶体或粉末	1 111	0.90	31	C
56	氯化钾	溶解于水	粉末状,≤4mm	893~1 235	0.81~1.12	不适用	C
57	钾碱(碳酸钾)	—	细粉至 4mm	971~1 299	0.77~1.03	不适用	C
58	磷酸盐(脱氟)	无	颗粒状	893	1.12	不适用	C
59	磷酸一铵(M.A.P)	—	晶体	826~1 000	1.0~1.21	35~40	C
60	氧化镁(僵烧)	—	块状:细粉至 30mm	2 000	0.5	不适用	C
61	磷酸二铵(D.A.P)	—	晶体或粉末,直径:2.54mm	833~999	1.10~1.20	30~40	C
62	水泥烧结块	—	块,≤40mm	1 190~1 639	0.61~0.84	不适用	C
63	水泥	—	粉末,0.1mm	1 000~1 493	0.67~1.00	不适用	C
64	碳化硅	无	坚硬的晶体,大块占75%:<203.2mm;小块占25%:<12.7mm	1 786	0.56	不适用	C
65	硝酸钙化肥	≥12%	1~4mm	1 053~1 111	0.90~0.95	不适用	C
66	硝酸钙 UN145	<12%溶解于水	固体	893~1 099	0.91~1.12	不适用	B
67	硫酸铵	0.04%~0.5%溶于水	晶体:2~4mm	943~1 052	0.95~1.06	28~35	C
68	硝酸铵基化肥(无危险的)	全部或部分溶于水	1~4mm	1 000~1 200	0.83~1.00	不适用	C
69	硅酸铝,粒状	无	长度:6.4~25.4mm 直径:6.4mm	1 190~1 282	0.78~0.84	不适用	C
70	硅酸铝	1%~5%	结块 60%,粗粒粉末 40%	1 429	0.70	不适用	C
71	氧化铝,经煅烧的	无	小颗粒和块	1 639	0.61	不适用	C
72	氧化铝	0%~5%	细粉	781~1 087	0.92~1.28	不适用	C

由表 8-8 对比分析可得出以下结论:

(1)对比 48 号 A 组货物与 51 号 C 组货物可知,有机化合物和无机化合物货物存在静止角,即货物为非黏性颗粒时,可作为非易流态化货物运输。

(2)对比 48 号 A 组货物与 52 号 C 组货物可知,有机化合物和无机化合物货物粒级较小,尺寸不一时,容易发生流态化。

(3)对比 48 号 A 组货物与 53、56 号 C 组货物可知,有机化合物和无机化合物货物溶解于水时,货物不易发生流态化现象。

(4)对比 48 号 A 组货物与 65 号 C 组货物可知,有机化合物和无机化合物货物含水量过大时,存在不容易发生流态化现象。

5)单质及成品散货

单质及成品散货流态化分组如表 8-9 所示。

单质及成品散货流态化分组　　　　　　　　表 8-9

序号	货物名称	货物特征					组别
		含水量	尺寸	密度（kg/m³）	积载因素	静止角（°）	
73	不含硝酸盐的化肥	0%~1%	1~3mm 粉末状和颗粒状	714~1 111	0.90~1.40	不适用	A
74	木薯淀粉	—	粉末和颗粒	735	1.36	32	C
75	硫黄（成形的、固态的）	—	小球、颗粒、锭、片	900~1 350	0.74~1.11	不适用	C
76	糖	0%~0.05%	颗粒,≤3mm	625~1 000	1.00~1.60	不适用	C
77	盐	水分各异,可达 5.5%,易溶解	晶粒,≤12mm	893~1 235	0.81~1.12	不适用	C
78	石膏	1%~2% 非水溶性物质	粉状、块,≤100mm	1 282~1 493	0.67~0.78	不适用	C

由表 8-9 对比分析可得出以下结论:

对比 73 号 A 组货物与 76 号 C 组货物可知,单质及成品散货特征参数不明显,存在其他原因。

6)不规则及大宗散货

不规则及大宗散货流态化分组如表 8-10 所示。

不规则及大宗散货流态化分组　　　　　　　表 8-10

序号	货物名称	货物特征					组别
		含水量	尺寸	密度（kg/m³）	积载因素	静止角（°）	
79	鱼（散货）	—	各种各样	不适用	不适用	不适用	A
80	废金属	—	各种各样	各种各样	各种各样	不适用	C
81	不锈钢研磨粉	1%~3%	块;75~380mm	2 381	0.42	不适用	C
82	生铁		550cm×90cm×80cm	3 333~3 571	0.28~0.30	不适用	C
83	颗粒轮胎橡胶		颗粒状,≤10mm	555	1.8	不适用	C
84	花生（带壳）	不定	—	304	3.29	不适用	C
85	轮胎粗碎块		约为 15cm×20cm	555	1.8	不适用	C

续上表

序号	货物名称	货物特征					组别
		含水量	尺寸	密度 (kg/m³)	积载因素	静止角 (°)	
86	块状橡胶和塑料绝缘体	—	颗粒1～4mm	500～570	1.76～1.97	不适用	C
87	镍铁合金	—	≤300mm	4 167	0.24	不适用	C
88	铁锰合金	—	≤300mm	3 571～5 556	0.18～0.28	不适用	C
89	铁铬合金,放热的	—	≤300mm	3 571～5 556	0.18～0.28	不适用	C
90	铁铬合金	—	≤300mm	3 571～5 556	0.18～0.26	不适用	C
91	冰铜	—	由75%的铜和25%杂质构成的小圆球,3～25mm	2 875～4 000	0.25～0.35	不适用	C

由表 8-10 对比分析可得出以下结论:

对比 79 号 A 组货物与 80、81、82 号等 C 组货物可知,不规则及大宗散货特征参数存在较大区别,一般作非易流态化货物运输,而鱼(散货)的界定标准存在争议,在此不作深究,考虑运输鱼(散货)在目前还未发生过水上重大交通事故,且我国相关规定未把鱼(散货)列入易流态化固体散装货物的名单。

7)煤炭制品及泥类散货

煤炭制品及泥类散货流态化分组如表 8-11 所示。

煤炭制品及泥类散货流态化分组 表 8-11

序号	货物名称	货物特征					组别
		含水量	尺寸	密度 (kg/m³)	积载因素	静止角 (°)	
92	煤	—	<50mm,<5mm细粉煤占75%会流态化	654～1 266	0.79～1.53	不适用	B和A
93	钛铁矿黏土	10%～20%	<0.15mm	2 000～2 500	0.40～0.50	不适用	A
94	焦炭渣	—	<10mm粉末	556	1.80	不适用	A
95	煤泥	—	<1.00mm	870～1 020	0.98～1.15	不适用	A
96	草泥	90%以上(饱和)	细粉	80～500	2～12.5	不适用	A和B
97	粉状炉渣	<1%	≤5mm	1 111	0.90	不适用	C
98	飘尘		轻粉末	794	1.26	不适用	C
99	焦炭	—	块,含有粉末,≤200mm	341～800	1.25～2.93	不适用	C
100	黏土	可达25%	包含10%软块和90%软晶粒,≤150mm	746～1 515	0.66～1.34	不适用	C

续上表

序号	货物名称	货物特征					组别
		含水量	尺寸	密度 (kg/m³)	积载因素	静止角 (°)	
101	耐火黏土	—	碎石状,达10mm	667	1.50	不适用	C
102	生物淤泥	3%~5%	非常细的颗粒	654	1.53	不适用	C
103	苜蓿		粗粉,丸粒运输,细粉	508~719	1.39~1.97	不适用	C

由表 8-11 对比分析可得出以下结论:

(1)对比 92 号 A 组货物与 97 号 C 组货物可知,煤及泥类散货含水量较小时,不容易发生流态化。

(2)对比 95 号 A 组货物与 100 号 C 组货物可知,煤及泥类散货粒级较大,包含不同尺寸时,含水量较大也不容易发生流态化。

8.4.4 易流态化固体散装货物简明界定标准

结合《IMSBC 规则》7.2.2 和 7.2.3 的规定,如果满足以下条件则不会出现流态化:

(1)货物含有非常细的颗粒。在这种情形里,颗粒的运动受到黏性的限制,货物颗粒间的空隙的水压不会增加。

(2)货物由大颗粒和块体组成。水通过颗粒间的空隙,不导致水压的增加。完全由大颗粒组成的货物不会流态化。

(3)货物内含空气的百分比高,水分含量低。抑制了任何水压的增加。干燥货物不易流态化。

当水分含量超过适运水分极限(TML)时,可能出现流态化造成的货物移动。即使平均水分含量低于适运水分极限,有些货物也易于出现水分渗移,形成危险的湿底。尽管货物表面可能呈干燥状,导致货物移动的不被察觉的流态化也可能出现。高水分含量的货物易于滑动,尤其是当货物很浅且遇到较大倾斜角时。

综合分析可得易流态化固体散装货物简明界定标准如下:

(1)货物含水率极低或货物为干燥货物时,不易发生流态化。

(2)货物由大颗粒和块体组成或完全由大颗粒组成时,不会发生流态化。

(3)货物粒级为细粉尘时,不易发生流态化。

(4)货物为非黏性货物时,不易发生流态化。

(5)货物易溶解于水时,货物不易发生流态化现象。

(6)货物粒级较小,但存在尺寸不一时,容易发生流态化。

(7)不规则及大宗散货不易发生流态化。

8.5 水路运输易流态化固体散装货物安全管理

8.5.1 技术措施

1)货物的适动性鉴定

(1) 提供货物的资料

为了散装固体货物的运输安全,在装运前应确保货物处于适运状态。同时,货主或托运人应向船舶提供有关货物性质的详细资料,包括毒性、腐蚀性、流动水分点、积载因数、含水量、静止角等,以便采取安全预防措施。

(2) 采样程序和试验方法

① 一般要求

货主应视需要,会同生产商对货物进行正确的采样和试验。必须测定的货物特性有含水量、流动水分点、散装密度/积载因数、静止角等。

采样之前,应对货物在外观上检查,确认整个货物在含水量上没有明显的差别。如有明显不同,应分别采样并根据结果剔除不宜装运的部分。

采集的样品应具有代表性。为此,应考虑物质种类、粒径、性状及可变性,装卸方法,化学危险性及由于气候条件或其他因素可能导致的水分分布的变化。

为防止采集的样品发生质量和性质变化,样品应立即装入合适的封闭容器内,并予以标记。

② 确定静止角的方法

确定非黏性物质的静止角有各种方法,BC Code 列出了两种通用方法。

斜板箱方法——这是试验室使用的方法,适用于粒径不大于 10mm、非黏性、松散的颗粒状物质。该方法不适用于黏性物质(潮湿的货物和某些干燥的货物)。

船上试验方法——这是一种确定近似静止角的替代方法。

这两种方法的具体内容和所使用的设备在 BC Code 附录 D.2 中列明。

③ 含水量、流动水分点和适运水分极限的试验方法

a. 试验的时间

测定货物含水量的采样应尽可能靠近装货时间,采样试验与装货时间的间隔最长不能超过 7d,而且必须确保在这 7d 内,货物的湿度不发生变化。如果在采样试验和装货时间间隔期内遇到雨、雪天气,应重新测定货物含水量。对冻结的货物应在其完全融化后再测定含水量。

对含水货物流动水分点的测定,即使是长期承运的同一种货物,也应定期测定,至少每隔 6 个月试验一次;对于易变化的货物,必须经常试验,间隔应缩短为 3 个月;在某些情况下应在每次装运时采样测定。

b. 采样程序

为了保证所采集的样品具有代表性,BC Code 建议采用如下程序:

根据货运量将货堆分成每份约 125t、250t 或 500t 的若干个区域。每个区域采样数目和样本的大小由主管机关确定或者按下述的比例:

装运的货物少于 15 000t 时,每 125t 采集一个 200g 的样本;

装运的货物超过 15 000t 但不超过 60 000t 时,每 250t 采集一个 200g 的样本;

装运的货物超过 60 000t 时,每 500t 采集一个 200g 的样本。

用于测定含水量的样本应装在密封的容器中并尽快送实验室,在实验室内将所有采集的样本混合,也可以在采样场地将样品混合后,装入密闭容器中送实验室测定。

c. 测试方法

BC Code 附录 D.1 列出了在实验室测定待运货物的含水量、流动水分点和适运水分极限的具体试验程序和方法。

如果不能在实验室测定,船上如有干燥炉和天平,可以按 BC Code 附录 D.1 中建议的方法做货物含水量的辅助核对试验,也可采用主管机关批准的其他测定方法。

易流态化货物的适运水分极限即公认为安全运输的最大含水量。目前,测定适运水分极限(TML)有 3 种通用方法:流盘试验、沉降试验和葡氏/樊氏试验。由于各种方法各有特点和适用范围,应按实际情况或由主管机关选择测试方法。具体的易流态化货物的适运水分极限应根据 BC Code 附录 D 中适用的方法试验并算出数值,或按港口国有关当局认可的等效试验所得数据算出。

另外,还可以用简单地核对试验,大致确定是否超过适运水分极限。具体是用容积为 0.5～1L 的圆筒或类似的容器,装入半罐的货样,一手持罐,从约 0.2m 的高度猛力摔在一个坚硬的表面上。这样重复 25 次,每次间隔 1～2s。之后,检查货样表面游离水分或流动情况。如出现游离水分或流动情况,应在装货前安排实验室试验测定。

④含硝酸盐化肥的自续放热分解试验

能够发生自续放热分解的化肥,其危险性由于局部发生的分解可以扩散到整个货物范围。用专门设计的试验槽试验可以测定化肥发生自续放热分解的倾向。具体试验方法是,装在一个水平的试验槽中待运输的化肥,先使其在试验槽中发生局部分解,然后移去引发热源,测量分解扩散速度。具体的试验方法和所用设备在 BC Code 附录 D.4 中列明。

⑤抗爆性试验

对硝酸铵化肥还应按 BC Code 附录 D.5 要求或等效的抗爆试验,以满足起运国主管机关的要求。

⑥炭的自热试验

只有属于 MHB 的木炭才能散装运输,所以,对炭应按 BC Code 附录 D.6 进行自热试验,证明其不属于第 4.2 类。

(3)货物的适运证书

在装货港货主应向船长提供说明货物性质的证书,包括:可液化货物的"适运水分极限证书";属于附录 B 的物质,应按该清单中对每类物质的具体要求,出具适用的"化学危险性证书"、"风化证书"等。

2)事故预防措施

(1)货物分布均匀

为了避免船舶结构受力过大,并使船舶具有足够的稳性,应在全船范围内使货物均匀分布。为此,货主应向船长提供有关货物的积载因数、货物发生移动的记录等详细资料。

①防止船舶结构受力过大

一般情况下,普通货船的设计和建造在满舱、满载时每吨 $1.39\sim1.67m^3$ 的货物,由于积载因数小的货物密度高,如果货物分布不均匀可能会使承载负荷的船舶结构和/或全船处于非常大的受力状态。所以当装载积载因数等于或小于 $0.56m^3/t$ 的散装固体货物时,应特别注意使货物分布均匀,以避免船舶结构局部或全船受力过大。应根据船舶稳性手册计算出的结果均匀装载货物。

如果没有高密度散装货物的详细资料,建议采取以下方法:

a. 货物按质量在船舶前后部位的分布与一般货物的正常分布不应有明显的区别。

b. 任何货物处所货物的最大吨位不得超过 $0.9LBD(t)$。其中 L 为货舱的长度(m);B 为货舱的宽度(m);D 为夏季载重吃水(m)。

c. 凡没有平舱或仅部分平舱的货物,货物处所底板上的货物堆垛高度不应超过 $1.1D \times$ 积载因数(m^3/t)。

d. 如果货物经过完全平整,则装载在下层舱货物处所的最大吨数可以按 b 中公式计算的总数增加 20%,前提是必须完全符合 a 的条件。

e. 由于船舶底部轴隧的加强作用,位于机舱后面的底层舱货物处所可以装载比 b、c、d 规定的数值超过 10% 的货物,前提是必须完全符合 a 的条件。

② 稳性要求

按经修订的 SOLAS 1974 第 Ⅱ-1 章第 22.1 条的规定,所有执行这一公约的船舶都应备有稳性资料手册。船长应根据货主提供的货物资料,计算出开航时和航行中预计出现的最不利情况下的稳性,并保证装载状况是合适的。

一般情况下,高密度的货物不应装载在甲板货物处所而应该装载在底层舱货物处所。然而,如果必须在甲板间或上层货位处所装载高密度的货物时,应确保甲板受力不至于过大,船舶稳性不会降至船舶稳性资料中规定的最小允许水平。

在装载高密度货物时,应考虑过高的初稳性高度 GM 值,由于航行中海上剧烈摇摆引起的后果,凡在甲板间货物处所或仅用货物处所的一部分装载可能移动的散装货物时,应安放具有足够强度的防移动挡板和储存斗。

(2) 装卸

在装货前,应对货物处所进行检查并做好装货准备。

船长应确保货物处所内的舱底水管、测深管和其他工作管线处于良好状态。为防止某些高密度货物装货时产生的冲击力,应注意保护货物处所的设备不受损伤。装完后还应对舱底水测深。

船长应采取措施尽量防止粉尘与甲板机械的运转部分和外部导航设备接触。如有可能,应在装卸期间关闭或遮蔽通风系统;如有空调系统应调至循环位置,尽量减少粉尘进入船舶的生活区或其他处所。

(3) 平舱

平舱系指在货舱内对部分货物或全部货物进行平整的过程。平整中可利用装货喷管或滑槽,也可利用可移动机械、设备或人工进行。

为了防止货物移动及降低具有氧化性货物的氧化作用,不论静止角大小,这类货物在装货后都应进行合理平舱。

① 一般要求

为了使散装货物的移动风险减至最小,装入货舱中的货物应尽可能平整,并一直平整到货舱的四周舱壁。在底部或二层甲板不超载的情况下货位处所应尽可能装满。

平舱的效果要根据货物的特性来决定。货物的有关信息、平舱的方法,应在装货前由货主以书面形式交给船长。

②特别要求

a.船长100m及以下的船舶

平舱作为减小货物移动可能性的有效措施,对船长100m及以下的船舶尤其重要。

b.多层甲板的船舶

当货物只装载在下层货舱时,应充分地平舱以使货物均匀地分布在底部结构上。

当散装货物装载在上层甲板时,如果因下层舱口开敞会导致底部结构的应力水平过大,应关闭甲板间的舱口。装载在上层甲板的货物应平舱至合理的水平,或从一侧平至另一侧,或用有足够强度的附加纵向隔板分隔。同时应注意甲板的安全承载能力以保证甲板结构不超载。

c.黏性散装货物

所有潮湿货物和某些干燥货物具有黏性。黏性散装货物按平舱的一般要求。

d.非黏性散装货物

非黏性散装货物具有流动性,静止角是表示非黏性货物稳定性的参数。这类货物的平舱应根据静止角的大小进行。

静止角小于或等于30°的非黏性散装货物应按谷物积载的要求,并且应考虑货物的密度,以确定挡板和舱壁的尺寸和固定措施,保证散装货物表面的稳定效果。

静止角介于30°～35°的非黏性散装货物的平舱应满足下列标准:

从货堆表面最高点量至最低点的垂直距离得到的货堆不平整度(Δh)不应超过$B/10$,其中,B为船宽(m),但最大允许值$\Delta h=1.5m$;

如Δh无法测定,但使用了经主管机关认可的平舱设备,则认为符合要求。

静止角大于35°的非黏性散装货物应小心装载,货物的分布应使在货物边界之内的平整表面上消除宽的、陡斜的空隙。货物平整后的堆角应大大小于静止角。

(4)适运水分极限

含水量超过适运水分极限的货物可用特殊结构的船舶运输。这种船舶上设有永久性特殊舱壁构件,可将货物的移动限制在允许的范围内。也可以用安装有专门设计的可移动挡板的货船装运,这类结构能将货物的任何移动限制在允许的范围内。这两种船舶应携带其主管机关的批准证书。船舶为获得主管机关批准,应提交有关的船舶资料。除了特别建造和特别装备的船舶外,其他船舶仅限装运含水量不超过适运水分极限的货物。

货物的含水量超过适运湿度极限时,货物会由于水分渗出变成流态而发生移动。而且即使含水量不超过适运水分极限,航行中也有可能发生水分转移而形成危险的湿底层,这种货物应尽可能合理地平舱并尽量深装。

8.5.2 易流态化固体散装货物海运安全技术要求

(1)概述

①除专门建造或装有专用设备外,船舶只限装载水分含量不超过适运水分极限的货物。

②除罐装或类似包装的货物外,不得将含有液体的货物配装在相同货物处所的易流态化固体散装货物的上部或与之相邻。

③在航行中应采取足够的预防措施防止液体流入载有易流态化货物的货物处所,特别是某些接触海水会对船体或机械产生严重腐蚀问题的易流态化货物。

④当船舶在海上时,用水冷却易流态化货物会产生危险,会使这些货物的水分含量极易达到流动状态。在必要时,可使用喷洒的方式。

⑤应确定货物的水分含量和适运水分限制。船舶货舱污水井应清洁、干燥并用粗麻布盖好防止货物进入,载运时应密封舱盖。

⑥应定期对货物进行检查,避免货物形成流态。

(2)一般要求

如果货物不是在专门建造或装有专用设备的船舶中运输,须遵守以下规定:

①航行期间应将货物的含水量保持在适运水分极限以下。

②不得在降水期间装载。

③在货物装卸期间,应关闭装载或拟装载该货物的处所的不在使用中的所有舱盖。

④如果货物的实际含水量小于适运水分极限,足以使实际含水量不会由于降水而超过适运水分极限,则可以在降水中装卸。

⑤如果货物处所的全部货物将在一港口卸完,可在降水中卸下货物处所中的货物。

(3)专门建造或装有专门设备的货船

①水分含量超过适运水分极限的货物应用专门建造或装有专门设备的船舶运输。

②专门建造的货船应设有永久性结构限界,其布置可将货物的移动限制在允许的范围内。

③装有专门设备的船舶应安装专门设计的可拆卸的分隔,以将货物的移动限制在允许的范围内。这种专门设备应不仅能抵御高密度散装货物的流动所产生的强大冲击力,而且能满足将货物在舱内流动所产生的潜在横倾力矩减少到允许的安全水平内的要求。这种防移分隔不得由木材制作。船舶结构中围闭这种货物的构造必要时应加强。

(4)取样/试验的间隔和适运水分极限和水分含量的确定

①适运水分极限的测定试验应在装货之日前 6 个月之内进行。如果货物成分或性质因任何原因发生了变化,应再次进行测定适运水分极限的试验。

②测定水分含量的采样和试验应在装货前进行,如果试验到装货期间遇到大的雨雪,则应进行核对试验。采样/试验与装货的时间间隔不超过 7d。

③冻结的货物试样,应在全部解冻后测定其适运水分极限或水分含量。

(5)测定流态化可能性的补充测试程序

船长可在船上或岸边利用下述辅助方法近似测定货物的流态可能性:

取一圆筒或类似容器(0.5~1L),将物质的试样盛到容器的一半。用一只手提起容器,从高度约 0.2m 处砸向一硬表面,如硬桌面。

以 1~2s 为间隔,重复 25 次。观察货样表面是否出现游离水分或呈流动状态。如果出现游离水分或呈流动状态,则在装货前应进行附加的试验室试验。

8.6 特定货物的附加要求

8.6.1 装运硅锰合金

由于该货物密度极高,除非货物在舱底均匀铺开以使质量平均分布,否则舱底可能会受力过度。在航行和装卸期间,应当注意确保不要把货物堆起而使舱底受力过度。

船上只要装有该货物时,须严禁在甲板上和货物处所内吸烟,并在甲板上张贴"禁止吸烟"的明显标志。

电气设备和电缆须处于良好状态,并有妥善的保护,避免短路和产生电火花。

如果要求舱壁适合于用作隔离的目的,则穿过甲板和舱壁的电缆及导管处须作密封处理,以防有害气体和蒸气通过。

在可能时,在装载和卸货期间,应关闭的遮蔽通风系统并将空调系统(如果有)调至内循环模式,以便最大限度地减少粉尘进入起居处所或船舶的其他内部处所。

须采取措施最大限度地降低粉尘可与甲板机械可移动部分及外部航行设备(例如航行灯)接触的程度。

除非经过测试证明所有处所内的氧气含量已恢复到正常水平,不存在有毒气体,且货物上面的空余处所进行了足够通风和空气循环,否则禁止人员进入封闭的处所。

在航行期间,须根据需要仅对运载该货物的处所进行自然或机械的表面通风。

为了定量测量货物产生的氧气和易燃气体,须配备测量货物处所内每种气体或混合气体的适当设备。该设备须适合在无氧的空气中使用,属经鉴定的可以在爆炸气体中使用的安全型设备。在航行期间,须定时测量货物处所中的气体浓度,须记录测量的结果并保存在船上。

8.6.2 载运硅铁

在装载前,须检查机舱舱壁的气密性并经主管机关认可,污水排放设备的安全性也须经主管机关认可。须避免无意中通过机器处所排放污水。如果货物处所的污水吸入阀位于机器处所,则须检查阀门并必要时将阀盖和底座扣接密合。在重新安装后,须锁闭阀门,并在阀门旁边贴上提示,警告,须经船长允许才能打开。

所有穿过货物处所的管路均处于良好状态。货物处所空气取样设备须有效地封好。不适合在爆炸性气体中使用的货物处所设备的电路须隔离,去掉该系统中除保险丝外的连接。

货物处所须至少由两部独立的风机进行通风,风机须属防爆型,其布置须使排出的气体与电缆和电气设备隔离。总通风量按空舱每小时换气6次确定。通风机管路须处于良好状态,其布置须防止货物处所内空气与其他货物处所、起居处所或工作区域连通。

在装载或卸货期间,在货物处所附近的甲板上或货物处所中禁止吸烟或使用明火。任何便携式照明器具须能够在爆炸性气体中安全使用。

货物须保持干燥,在潮湿的天气里须停止作业并关闭货物处所。须存放有几套自给式呼吸器,能立即与救生索和一个气体探测仪同时使用。

开始卸货前,须检测有关货物处所中的空气是否存在毒性和易燃气体。当有人员在货物处所时,须每隔30min检测一次污染气体。当气体含量超过建议阈值时,即磷化氢含量(0.3ppm)、胂含量(0.05ppm)或氧气含量低于18%,禁止进入货物处所。

8.6.3 载运褐煤砖

装载前,托运人或其指定的代理人须向船长提供相应的书面材料,包括货物的特性、建议性的货物安全装载及运输程序。在货物合同中应至少列明水分含量、含硫量及型号。

该货物在装载前须存放 7d。这样能大大降低其在以后运输、积载和装卸过程中发生自燃的危险性。

该货物装载前,船长须确保做到:应对货物处所的露天甲板关闭装置进行检查以确保其完好;货物处所和毗邻处所内的所有电缆和电气设备应无缺陷。这些电缆和电气设备在易燃和/或粉尘环境下或在完全隔离时能够安全使用。当机舱与货物处所之间的舱壁为无直接通道的气密舱壁时,上述规定不适用于该机舱。

在货物区域及毗邻的处所内禁止吸烟和使用明火,并在明显的位置张贴适当的警告标示。禁止在货舱附近或其他毗邻的处所进行燃烧、切割、铲凿、焊接或其他构成火源的作业。

为了尽量减少灰尘和粉尘的产生,在装载期间不得在超过 1m 高处向下投放该货物。

如可能,须在独立货舱中进行连续的装卸作业。舱口敞开超过 6d(或在 30℃ 以上的天气里少于 6d),舱内有可能形成热场。

离港前,须对货物表面进行合理平舱,直至延伸到舱壁,并达到满意的水平,以免产生气穴并防止空气渗入砖体。进入货物处所的通道应充分密封。

船舶须适当装有并配备仪器设备以便不进入货物处所就能测定下列数据:

(1)货物的上部空间和密封的开敞处所空气中甲烷的浓度。

(2)货物上部空间氧气的浓度。

(3)货物上部空间一氧化碳的浓度。

(4)舱底污水井样品的 pH 值。

上述仪器设备须定期保养和校准。应对船上的工作人员进行这些仪器使用方法方面的培训。

如可行,货物产生的任何气体须确保不会积聚在毗邻的封闭处所内,例如:储藏室、木工房、通道、管隧等。这些处所须充分通风并定期监测甲烷、氧气和一氧化碳的含量。

在航行途中,除非在紧急情况下,任何情况下均禁止将舱盖打开或进行货舱通风。

须对每个货舱中货物上方空间的空气中的甲烷、氧气及一氧化碳的浓度进行定期监测。

监测的频率须根据托运人提供的数据及对货物处所内空气的分析获得的数据确定。至少每天须进行测量,且尽可能在每天的相同时间。测量的结果须进行记录。托运人可要求测量频率更加频繁,尤其有证据证明航行途中货物出现了明显的自热时。

出现下列问题时,应引起足够的重视,并采取相应的措施:

①封闭货物处所内的氧气浓度在几天内从最初的 21% 下降并稳定在 6% 至 15% 的水平中。如果氧气浓度没有降到 20% 以下,或者最初下降之后又迅速上升,则货物处所可能没有充分密封且存在自燃的危险。

②在一个安全并封闭良好的货物处所内,一氧化碳将会上升到一定的浓度并在 200 至 2 000ppm 之间波动。如果在 24h 内,该货物的货物处所内一氧化碳的含量迅速增加约 1 000ppm,尤其是伴有甲烷含量的增加,则表明可能发生了自燃。

③甲烷成分在褐煤砖货物中所占比例通常很低,不到 5ppm 且不会构成危险。但是,如果出现甲烷含量突然增加,浓度高于 10ppm,则表明可能发生了自燃。

④在封闭完好的货物处所中该货物的温度通常保持高于海水温度 5~10℃,这一温度的增加是由于通常货物处所内吸入少量的空气,使该货物产生一定的热量而致。检查货物处所封条

以尽量减少空气渗入非常关键。在24h内温度迅速增加大约20℃,可证明货物已自燃。

⑤通常须系统地对舱底水进行定期试验。如果pH值监测表明存在腐蚀性危险,船长须确保在航行途中所有的舱底保持干燥,以避免内底和舱底污水系统内可能积聚酸液。

如航行途中货物的某些变化情况与货物信息上所列内容不同,则船长须将不同之处通知托运人。这些报告将使托运人能够对该货物的变化情况做出记录,从而根据运输经验,重新审查向船长提供的有关信息。当船长担心货物有自热或自燃的迹象,例如上述甲烷、一氧化碳或氧气的浓度增加或温度升高,则须采取以下措施:

①咨询装货港船方的代理人。立即通知公司指定的岸上负责人。

②检查货物处所封条,必要时重新加封。

③除非船长认为事关船舶及人员生命,否则禁止人员进入货物处所内以及打开舱盖。在人员从货物处所出来后,应立即将货物处所重新加封。

④增加气体成分及货物温度的监测次数,如可行。

⑤有可能,将下列信息送达船舶所有人或装货港代理人,以便获得专家的建议:

——所涉及货物处所的数目;

——一氧化碳、甲烷和氧气含量的监测结果;

——如可能,货物的温度、位置和取得结果所用的测量方法;

——进行气体分析的时间(日常监测);

——所涉及的货物处所内货物的数量;

——托运人声明中提供的货物描述及声明中列名的特别注意事项;

——装载日期及在预计到达下一个卸货港口的时间(ETA);

——船长认为必要的其他注释或资料。

在卸货前及卸货过程中应按下列规定进行操作:

①货物处所的舱盖须在卸货开始时才能打开。可用细雾状水喷洒货物以减少粉尘。

②在未对货物处所内的空气进行检测前,人员不得进入货物处所。如果空气中的含氧量低于21%,人员应佩戴自给式呼吸器。还应测试货物处所内的二氧化碳和一氧化碳的含量。一氧化碳的建议阈限值(TLV)为50ppm。

③在卸货过程中,应注意货物中出现的热场迹象(如蒸气),如果出现热场,须用细雾状水喷射热场,以便立即除去热场,以防止其扩散。将产生热场的货物在码头上远离其他货物铺散开。

④暂停卸下该货物超过8h之前,须关闭舱盖和货物处所内的所有其他通风设备。

8.6.4 黑色金属钻屑、削屑、旋屑或切屑

在装载期间,应尽可能频繁地使用滚压机或其他手段将货物压实。存放货物的每个货物处所的舱底应尽可能保持干燥。装货后应平舱,消除堆尖并压实。货物装载前应将货物处所内的木质防潮护板和衬垫料消除。

装载前和装载期间均应测量货物温度。应在货堆内200~350mm之间的深处测量温度。装载前,货物的温度不得超过55℃。装载期间,如果任何货物处所的温度超过90℃,应停止装货,在温度下降到85℃以下之前不得继续装货。除非货物温度在65℃以下并保持稳定或在8

个 h 内呈下降趋势,否则船舶不得开航。

在航行期间,应每天监测和记录货物表面温度。温度的读取应不进入货物处所即可进行,或者,如果为此目的的需要进入,除了 SOLAS 公约所要求提供的安全设备外,还应提供至少两套自给式呼吸器。

卸货前,将主舱口打开并经充分通风后,才允许佩戴自给式呼吸器的经过培训的人员进入装有该货物的处所,或允许使用合适的呼吸器的人员进入。

卸货后,在冲洗该货物的残留物之前,须清除舱底和货物处所舱底污水阱的任何溢油。

8.6.5 载运硫黄

装货前,应对货舱进行彻底清扫并用清水冲洗。

该货物遇到火时会产生有毒、强烈刺激性和窒息性的气体,与大多数氧化剂形成具有爆炸性和敏感性的气体。该货物易于发生粉尘爆炸,特别是在卸载后和扫舱中。

货物处所的平舱板和内底应涂刷石灰水或涂上油漆以防止腐蚀。上部应完整涂漆。

货物处所内不适合用于爆炸性空气中的电路,应通过拆除系统内保险丝以外的连接予以绝缘。应注意隔离货物处所的相邻处所内不适合用于爆炸性空气中的任何电路。任何通风机上均应装设防火星网。

在航行期间,应根据需要仅对运载该货物的处所进行自然或机械的表面通风。

须定期抽取货物处所的污水,以防水/酸溶液聚集。

与该货物或粉尘接触过的货物处所和其他结构不能清扫。卸货后,如有必要,货物处所和其他结构应用清水清洗,除去所有货物的残留物。然后,应使货物处所充分干燥。湿粉尘或残余物将形成高度腐蚀的硫酸,对人极度危险并腐蚀钢板。参与清洗的人员应穿戴防护服、护目镜和口罩。

8.6.6 载运木球团、木片

该货物应尽可能保持干燥。该货物不得在降水期间装卸。在装卸该货物期间,应关闭装载或拟装载该货物的处所的不在使用中的所有舱盖。这种关闭之后,先前通风的邻近处所中氧的损耗和一氧化碳的产生使再次启动风机具有很高风险。

在测试并确定氧气含量和一氧化碳浓度恢复到下面水平前,禁止人员进入货物或毗邻限制处所:氧气含量为 20.7% 且一氧化碳浓度不超过 100ppm。如果这些条件达不到,应对货舱或毗邻限制处所进行附加通风,并在合适时间间隔后进行重新测量。

进入货物和毗邻封闭处所的所有人员应携带并使用氧气和一氧化碳监测仪器。

在航行期间,不得对载运该货物的货物处所进行通风。毗连货舱的封闭处所在进入前需要通风,即使这些处所与货舱之间明显密封。

运载该货物的货物处所的所有舱门应达到风雨密,以避免水进入货舱。

8.6.7 载运石油焦炭

在装有燃油或其他闪点低于 93℃ 的物质的液货舱之上的货物处所装货时,应先向整个货物处所装入一层厚 0.6m,温度不超过 44℃ 的货物。然后才可向货物处所装入温度为 55℃ 或以上的货物。

按照上述要求装载温度为55℃或以上的货物且装入的货物厚度大于1.0m时,须先装入一层后0.6~1.0m的货物。

如果货物温度超过107℃,则不得装载。船长须在货物处所附近张贴货物高温警告。

8.6.8 各种固体散装易流态货物运输的特殊要求

(1)载运草泥

草泥是从淤泥、泥塘、沼泽、泥苔沼泽和沼泽地带开采出来的表层物质。类型包括:藻类草泥、芦苇草泥和草本草泥。物理性质取决于有机物质、水和空气含量、植物的分解和分解程度。

范围可包括在自然状态挤压时流出清水至略带颜色水的植物残留物的高纤维黏合体,至在挤压时几乎不流出液体或分离不出液体的充分分解的泥团物质。典型的风干草泥密度低、可压缩性大并水分含量高;在其自然状态下,饱和时水分含量按重量计可达90%以上。

在货物处所和邻近处所造成缺氧和二氧化碳的增加。装载时有粉尘爆炸的危险。在未经压缩的草泥表面走动或停放重机械时应小心。按质量计,水分含量超过80%的草泥只能用装有特殊设备或专门建造的船舶运输。

舱底污水井应保持清洁、干燥并适当遮盖以防止货物进入。应采取适当预防措施防止该货物的粉尘进入机器处所和起居处所。应防止货物进入其处所的舱底污水阱。应适当考虑设备的货物粉尘保护。可能接触该货物粉尘的人员应佩戴护目镜或其他等效的眼睛防尘保护用品和防尘口罩。那些人应根据需要穿戴防护服。应提醒运载该货物的船舶上的所有人员以及参与该货物装卸的所有人员,在进食和吸烟前洗手,需要迅速处理接触过该货物粉尘的划伤和擦伤。

在完成测试并确定氧含量已恢复到正常水平之前,人员不得进入货物处所。在航行期间,须根据需要仅对运载该货物的处所进行自然或机械的表面通风。

(2)载运氟石

氟石是呈黄色、绿色或紫色的晶体或粗粉末。如果装运时水分含量超过适运水分极限,货物可能流态化。吸入粉尘有害并有刺激性。

载运时须与食品和所有第8类物质(包括包装和固体散装物质)隔离。

应采取适当预防措施防止该货物的粉尘进入机器处所和起居处所。应防止货物进入其处所的舱底污水阱。应适当考虑设备的货物粉尘保护。可能接触该货物粉尘的人员应根据需要佩戴护目镜或其他等效的眼睛防尘保护用品和防尘口罩。必要时这些人员应穿戴防护服。对机器、起居处所和舱底污水井采取防尘措施。

(3)载运焦炭渣

焦炭渣为灰色粉末。如果水分含量足够高,焦炭渣可流动,在载运时应做到:

①应确保污水井清洁、干燥并适当盖好,以防止货物进入。

②在航行期间,不得对载运该货物的货物处所进行通风。

③在航行期间,须定期检查货物的外表。如在航行期间观测到货物上面的自由液体或流态货物,船长应采取适当措施以防货物移动和船舶的倾覆危险,并考虑寻求进入避难地。

④卸货后,须检查污水井和货舱排水孔,须清除污水井和货舱排水孔的任何阻塞物。

（4）载运精矿粉

精矿是精炼矿石，有价值的成分已通过清除大部分废料而增加。如果装运时含水量超过适运水分极限，精矿粉货物可能流态化。这类货物会使遮盖舱底污水井的粗麻布或帆布腐烂。长期连续运载这些货物可能会对结构有破坏作用。

在装货过程中，应对该货物进行平舱，从而使货物表面峰谷之间的高度差不超过船舶宽度的5%，且货物从舱口的边界均匀坡向舱壁。在航行途中不出现剪切面坍塌现象，尤其是长度为100m或以下的小船。

由于该货物密度极高，除非货物在内底均匀铺开以使重量平均分布，否则内底可能会受力过渡。在航行和装卸期间，应适当注意确保不要把货物堆起而使内底受力过度。

舱底污水井应保持清洁、干燥并酌情遮盖以防止货物进入。测试装载该货物的货物处所的污水系统，以确保其工作正常。

在航行期间，不得对载运该货物的货物处所进行通风。

在航行期间，须定期检查货物表面的情况。若在航行期间观察到货物上面有自由液面或流态货物，船长应采取适当措施以防止货物移动和船舶倾覆危险，并考虑寻求紧急进入避难地。

（5）载运硫化金属精矿

硫化金属精矿是精炼矿石。一些含硫化物的精矿易于氧化并有自热的趋势，同时引起缺氧并产生毒气。某些物质可产生腐蚀问题。

该货物应按照《国际海运危险货物规则》中第4.2类物质的要求隔离，与食品和所有第8类液体物质"隔离"。

在对货物处所通风和测量空气含氧量之前，不得进入货物处所。应采取适当预防措施防止该货物的粉尘进入机械处所和起居处所。应防止货物进入其处所的舱底污水井。应适当考虑设备的货物防尘保护。可能接触该货物粉尘的人员应佩戴护目镜或其他等效的眼睛防尘保护用品和防尘口罩，这些人员应根据需要穿戴防护服。

为测量氧气和该货物可能散发的有毒气体，在载运货物期间应在船上装有每种气体和混合气体的探测器。探测器应适合在无氧气的空气中适用。在航行期间，应定期测量载运这些货物的处所中这些气体的含量，并应记录并在船上保存测量结果。

（6）载运煤

煤（烟煤和无烟煤）是一种包含非晶质碳和碳氢混合物组成的天然和固体易燃物质。煤可能产生易燃的气体，可能自热，可能消耗氧气浓度，可能腐蚀金属结构。如果小于5mm的细粉煤占75%，能流态化。

在载运时应进行合理的平舱，否则煤体中会形成垂直裂缝，使氧气可以循环并可能自热。

（7）载运煤泥

煤泥是一种细颗粒的煤水混合物，在海上运输期间易于流态化。如果煤干透可以自燃，但在一般条件下不会发生。

货舱污水井应保持清洁、干燥并适当盖好，以防止货物进入。

因该货物一般会释放甲烷，货物处所应用适当的气体探测器定期测试并且在必要时对货物表面进行通风。

在航行期间,须定期检查货物的外表。如在航行期间观测到货物上面的自由液体或液态货物,船长应采取适当行动以防货物移动和船舶的倾覆危险,并考虑寻求进入避难地。

(8)载运钛铁矿砂

钛铁矿砂是密度非常大的黑色矿砂,可作为研磨剂,可产生粉尘。

由于该货物密度极高,除非货物在内底均匀铺开以使质量平均分布,否则内底可能会受力过度。在航行和装载期间,应适当注意确保不要把货物堆起而使内底受力过度。

舱底污水井应保持清洁、干燥并适当遮盖,以防止货物进入。

在航行期间,应定期检查货物表面的情况。若在航行期间观察到货物上面有自由液面或液态货物,船长应采取适当措施以防止货物移动或船舶倾覆危险,并考虑寻求紧急进入避难地。

(9)载运钛铁矿黏土

钛铁矿黏土是非常重的黑色黏土,有腐蚀性,可产生粉尘。水分含量为10%～20%。

由于该货物密度极高,除非货物在内底均匀铺开以使重量平均分布,否则内底可能会受力过度。在航行和装载期间,应适当注意确保不要把货物堆起而使内底受力过度。

舱底污水井应保持清洁、干燥并适当遮盖,以防止货物进入。

在航行期间,应定期检查货物表面的情况。若在航行期间观察到货物上面有自由液面或液态货物,船长应采取适当措施以防止货物移动或船舶倾覆危险,并考虑寻求紧急进入避难地。

(10)载运散装的鱼

散装的鱼为冷冻后散装运输的鱼,可能流态化。

在装载该货物前,应适当注意与主管当局协商。对此种货物,可免除去确定适运水分极限和含水量声明的要求。舱底污水井应保持清洁、干燥并酌情遮盖以防止货物进入。卸货完成后,应注意货物残留物。货物残留物易于分解并释放有毒气体,并可消耗氧气。

(11)对具有化学危险的固体散装易流态化货物的特殊要求

本标准中列出的固体散装易流态化货物中,煤、氟石、硫化金属精矿、草泥、煅烧黄铁矿等同时具有化学危险性。载运这些货物时,还应符合各种固体散装危险货物运输的特殊要求的规定。

本章复习思考题

1. 名词解释:散装固、体货物、流动性、静止角、易流态化货物、适运水分限、积载因数、平舱和MHB物质等等。

2. 请简述货物流动性的危害。

3. 散装危险货物运输的安全措施主要有哪些?

4. 简述与散装危险货物管理相关的法规,并详细介绍BC Code。

5. 海事主管机关在对船舶载运危险货物实施监督管理过程中,对单证审核的内容包括哪些?

6. 散装固体货物的定义和危险特性,并解释静止角、MHB物质及适运水分限。

7. 试述固体散装规则的内容及适用对象。

本章参考文献

[1] 国际海事组织.国际散装固体货物安全操作规则[Z].1965.
[2] 国际海事组织.国际海运固体散货规则[Z].2011.
[3] 中华人民共和国交通运输部.水路运输易流态化固体散装货物安全管理规定[Z].2011.
[4] 中华人民共和国交通运输部.海运精选矿粉及含水矿产品安全管理暂行规定[Z].1988.
[5] 中华人民共和国交通运输部.海运精选矿粉及含水矿产品安全检验方法[M].北京:人民交通出版社,1989.
[6] 唐星球.易流态化货物特性研究及其对运输的影响[D].大连海事大学,2000.
[7] 王洪亮,董庆如.船舶载运易流态化货物的风险和对策[J].中国航海,2011,6(2):101-104.
[8] 黄晓伟.新规范下内河海事对易流态化固体散货船舶的安全监管[J].学术园地,2012(1):80-81.
[9] 何三岚,周明耀.固体散装危险货物运输的监管[J].世界海运,2012(199):24-26.

第9章 散装油类物质的运输与管理

水上石油运输始于19世纪中期。1861年,双桅帆船"瓦茨·伊丽莎白"号首次用整船运送桶装石油横渡大西洋到达英国。此后用帆船运输木桶装石油持续了一段时期。石油因日益广泛地用作能源而在世界贸易中的地位日益重要,从而石油的运输问题也日益为人们所关注。大批量运输桶装石油既不能充分利用船舶载重量和舱容,也难以缩短装卸时间,因而运输成本不能进一步降低。加上当时船舶的消防设施非常简陋,不少运油船舶在海上发生失火事故。这些都要求改变桶装石油运输,于是出现了运输散装石油的船舶。起初,人们把普通货船的货舱改装成或装设圆筒形金属罐,用以盛装散装石油。经过不断改进,19世纪80年代成功地设计建造了第一艘装运散装液体的现代油船。它是以船体作为装载石油的庞大容器。为解决分票与自由液面效应问题,又用纵向和横向隔壁将货舱分隔成许多专门的金属槽——油舱。自此,桶装石油运输逐渐为散装石油运输所取代。

改革开放政策的成功实践,使得我国石油化工行业迅猛发展,石化产品进口量快速增长,海上油运业蓬勃发展。继1993年我国首次成为石油净进口国之后,2010年原油进口量已超过2亿t,2013年达到3亿t。

伴随着石油运输的蓬勃发展,安全和污染防治问题不容忽视。1978年美国油船"阿莫科·卡迪斯"发生海难事故,22万t的原油全部泄漏到海里,造成了2万只海鸟、9 000t重的牡蛎以及数百万像海星和海胆这样栖息于海底的动物死亡,毁坏了贝类水产的繁殖海床,海滨浴场全部被污染,使该地区经济蒙受巨大的损失;2002年油轮"威望"号在西班牙海域沉没后,造成大面积油污,使得西班牙北部500km长的海岸线与183处海滩遭到污染。

9.1 油类物质的定义和特性

9.1.1 原油及成品油的定义

1)石油

石油是埋藏在地层深处的油状黏稠液体。目前大家公认的一种理论解释为:远古时代,地壳变迁时把动、植物埋入地下,这些动、植物的遗骸在地下经过长期的高温、高压和厌氧细菌的作用逐渐形成石油。

2)原油

原油是指从地下开采出来而未经炼制加工的石油。

3)成品油(石油制品)

成品油即原油经炼制加工,如分馏、裂解、重整等方法获得的各种产品。

9.1.2 油类物质的组成和分类

1)元素组成

原油共由 20 多种元素构成。除了构成烃类的主要元素碳和氢以外,烃类的衍生物是含氧、氮和硫的化合物,其含量虽少,但对原油的性质有很大的影响。此外,原油还含有许多微量元素,如氯、碘、砷、磷、钾、钠、钙、镁、铜、铁、镍、铅、钒等。这些元素在世界各地原油中的含量各不相同,也就构成了种类繁多、性质各异的原油品种。

2)物质组成

(1)烃类

原油的主要成分是碳氢化合物(烃类)。原油中含有 1~60 个碳的烃类化合物及其衍生物,共 500 多种化合物的混合物。

原油的主要烃类组成可分为烷烃、环烷烃和芳香烃三类。

①烷烃

烷烃又称为石蜡烃或饱和脂肪烃。烷烃中的碳和氢是以单键相连接的。最简单的烷烃是含 1 个碳原子的甲烷。当碳原子数为 4 时,就出现了带有侧链的烃类化合物,它们的组成相同,但空间排列的结构不同,彼此称为同分异构体,如:丁烷就有正丁烷和异丁烷之分。碳原子数目越多,同分异构体也越多,这就是原油组成复杂的原因。

②环烷烃

环烷烃是一种饱和烃。原油中的环烷烃通常为五元环和六元环,如:环戊烷和环己烷。

③芳香烃

芳香烃是一种环状烃,但含有共轭双键。最简单的芳香烃是苯,具有高毒性。

原油中除了简单的烃类外,还有许多复杂结构的烃类分子,而且有时在一个分子中可以同时存在各种烃类的结构。

(2)非烃类

原油中除了烃类物质以外,还有非烃类物质,如:含氧、含硫和含氮化合物以及胶质和沥青质,它们都是烃类的衍生物。这些物质的存在对原油的颜色、气味、凝点、稳定性、腐蚀性和毒性都产生一定的影响。

①含硫化合物

原油中除了溶解有硫化氢和少量的硫单质外,硫元素主要以有机硫化物的形式存在。按其性质又分为三类:

酸性硫化物,如:硫醇(RSH)、硫酚(ArSH)、硫化氢;

对热不稳定硫化物,如:硫醚(R—S—R′)、二硫醚(R—S—S—R′),这类硫化物在 130~160℃时开始分解,生成硫、硫化氢和硫醇等;

对热稳定硫化物,如:噻吩、烷基噻吩、苯并噻吩等。

硫化氢和低分子量硫醇有毒,并且有难闻、不易去除的臭味。

含硫化合物的另一个危害是具有腐蚀性,尤其是硫、硫化氢、硫酚、硫醇等,对金属的腐蚀性很强,对铜和铜合金则更加严重,其反应举例如下:

$$2Cu + O_2 + 2H_2S \longrightarrow 2CuS + 2H_2O$$

$$4Cu + O_2 + 4RSH \longrightarrow 4RSCu + 2H_2O$$
$$Fe + 2RSH \longrightarrow (RS)_2Fe + H_2$$

这些腐蚀性硫化物会造成管道、储罐和货舱的腐蚀,其腐蚀性产物往往还是油品氧化的催化剂,所以危害性很大。

②含氧化合物

原油中的含氧化合物大都以胶质、沥青质的形态存在于高沸点的馏分和渣油中,主要以石油酸的形式,而且多数是环烷酸,其在250~350℃的馏分中含量最高。

环烷酸是一元酸,环上还可能带有烃基,通常以五碳环居多,也有六碳环以及双环、多环、芳环等分子量较大的环烷酸。此外,还有脂肪酸等。这些酸类物质对金属,尤其是有色金属和合金的腐蚀性更为严重。

原油中的含酸量用"酸值"表示。所谓酸值是指中和1g石油中的酸所消耗的氢氧化钾的毫克数,单位是"mg(KOH)/g"。

③含氮化合物

原油中的含氮化合物主要存在于高沸点的馏分中,是分子量较大的中性氮化合物,如脂肪胺、吡咯、喹啉、咔唑等。在加热条件下,这些化合物能分解成分子量较小的氮化物和氨,分布在低沸点的馏分中。

非烃类组分中的分子量大、结构复杂的含硫、含氧和含氮化合物,与一些金属元素大都存在于胶质和沥青质中。

④胶质

胶质是棕黄色或黑色的黏稠液体或半固体。在馏分油中以双环稠合系为主,在渣油中以高稠环系为主。比重为1~1.1,碳氢比为8~9,平均分子量为500~1 500。

胶质的化学稳定性和热稳定性较差,在230~360℃时能聚合成沥青质。

⑤沥青质

沥青质是以"胶粒"存在的,直径10~30mm。"胶粒"是由微粒与金属卟啉化合物构成。微粒是片状的,由沥青分子叠成。沥青分子与胶质分子不同,主要是稠环芳香烃和杂环化合物。沥青的碳氢比为10~11,比胶质重,分子量为500~800,而胶粒的分子量可达37 000~10^6,在300℃以上时分解成胶质并放出气体。

胶质和沥青质在溶剂中的溶解性不同。胶质可溶于各种石油馏分、苯、氯仿、二硫化碳中,形成真溶液,但不溶于酒精;虽然沥青质也可溶于苯、氯仿、二硫化碳中,但溶解过程是不同的,是先吸收溶剂而溶胀,再逐渐分散形成一种胶体体系。沥青质在原油中的分散状态,部分是胶态,部分是悬浮态。处于悬浮状态的沥青质是不稳定的,在运输过程中,会以油渣形式沉淀。一般芳香烃含量多时易形成胶态;饱和烃含量多时易形成悬浮态。与胶质相同的是,沥青质也不溶于酒精;与胶质不相同的是,沥青质不溶于石油醚和正庚烷中。所以,可以用石油醚和正庚烷等溶剂将胶质和沥青质分离。

9.1.3 油类物质的特性

1)危险特性

(1)挥发性

原油和成品油本质上都是碳氢化合物组成的混合物,这些化合物的沸点从－162～400℃以上,其挥发性主要取决于其中的低沸点成分。

石油的挥发性通常用饱和蒸气压、雷德蒸气压和真蒸气压来表征。

①饱和蒸气压(Saturation Vapor Pressure,简称 SVP)

向油舱或容器中装入油品时,就会挥发出油气,油气同时也会凝结回到液相。如果是在密闭的容器中,油气挥发到一定量时,挥发与凝结的速度相等即达到了动态平衡状态。此时油挥发出来的气体所具有压力称为饱和蒸气压,简称蒸气压。纯净化合物的饱和蒸气压只取决于液体的温度;但混合物的饱和蒸气压除取决于液体的温度以外,还和成分、气相空间的大小(气/液体积比)有关。

②雷德蒸气压(Reid Vapor Pressure,简称 RVP)

雷德蒸气压是在 37.8℃、气液比为 4∶1 条件下测得的蒸气压。雷德蒸气压的测定是测量石油液体挥发性的简便而又常用的方法。它采用标准仪器按严格限定的方法进行。雷德蒸气压因为在固定的温度、气/液体积比,所以能准确地反映混合气的挥发性。在各种石油挥发性比较时,雷德蒸气压是很实用的。

③真蒸气压(True Vapor Pressure,简称 TVP)

真蒸气压是某种混合物在其气/液比实际为零时的平衡蒸气压,即在某一限定温度下所能达到的最高蒸气压。石油混合物的真蒸气压是检测挥发性的很好的指标。但这一数值很难测定。如果石油混合物的成分很清楚,可以通过计算得出真蒸气压。如果是成品油,由于 RVP 和 TVP 之间存在着定量关系,可以从 RVP 推导出 TVP。

石油及其制品的气化、挥发既有易燃、毒害等化学危险性,又有损坏货舱的物理危险性。

(2)易燃性

石油是碳氢化合物,是易燃液体。石油及其制品挥发出来的油气很容易被火源点燃。在燃烧过程中,油气与空气中的氧气发生反应生成二氧化碳和水。反应放出的热量使液体加热,继续挥发出油气,使燃烧持续进行。

只有油气是无法燃烧的。当油气和空气混合到一定程度时,也就是当油气在空气中占有一定的体积百分比情况下才能燃烧,这个"一定程度"或"一定的体积百分比"就是"可燃范围"。可燃范围的下限称为"可燃下限";可燃范围的上限称为"可燃上限"。

虽然不同的油品可燃范围有差别,但从安全的角度而言,有时可以笼统地使用 1%～10% 的可燃范围。

易燃液体的可燃下限与温度有密切的关系。温度升高时蒸气压随之增大,当温度达到某一定值时,易燃液体的蒸气在空气中的体积比达到可燃下限,其标志是用明火点燃混合气会发生闪火现象。这一温度可以看成是发生火灾的危险信号,用闪点来定义。"闪点"的具体定义为:易燃液体的蒸气和空气形成的混合物与明火接触时可以发生闪火的最低温度。由此可见,闪点相当于蒸气达到可燃下限时液体的温度。

对于一种给定的液体,闪点不是一个精确的物理常数,它在一定程度上取决于所使用的测试仪器构造和测试程序。

闪点的测试方法,根据所使用的仪器是打开的容器(开杯方法)或者仅在放入火焰时才打开的封闭容器(闭杯方法)分为两类,即开杯闪点和闭杯闪点。同一种易燃液体的开杯闪点比闭杯闪点高。

《国际油船和油区安全指南》从安全管理的角度出发,对油类根据闪点和蒸气压进行分类,具体如下:

非挥发性油类——闪点为60℃或以上的油品,这类油品在常温下蒸气浓度低于可燃下限,如重柴油、渣油和润滑油等;

挥发性油类——闪点为60℃以下的油品。

挥发性油类按蒸气压又进一步分为:

低蒸气压油——液温低于闪点的挥发性油品,蒸气压较低,如煤油;

中蒸气压油——液温超过闪点,但雷德蒸气压低于$3.04×10^4$Pa的油品,如低闪点煤油;

高蒸气压油——液温超过闪点,而且雷德蒸气压高于$3.04×10^4$Pa的油品,在这类油品中,根据装卸条件下的油品蒸气压是否高于大气压力又分为沸腾型和非沸腾型。

(3)毒性

①液态油类

吞咽时会引起剧烈的难受和恶心;呕吐时可能将液态石油吸入肺部造成严重后果,尤其是像汽油和煤油这类挥发性高的油类。

多数油类,尤其是挥发性较强的油类,可刺激皮肤、使皮肤脱脂而导致皮炎;重质成品油类如果长期反复接触可能导致严重的皮肤病。

②油气

吸入少量的油气会引起如醉酒状反应迟钝、昏迷,伴随着头疼和眼睛刺痛等症状。吸入足够数量时则可导致麻痹乏力、失去知觉,甚至致命。

石油混合气的气味是多变的,在某些情况下这类气体会麻痹嗅觉。当混合气含有硫化氢时,尤其能严重损坏嗅觉。

不同的油类气体毒性差别很大,毒性主要取决于占主要烃类的成分,也可能由于某些化合物如芳香烃、硫化氢的存在而使毒性大大地增加。对于不含苯和硫化氢的油类,其毒性的临界限值(又称阈限值,Threshold Limit Value,简称TLV)约为300ppm,相当于可燃下限的2%。

油类中的芳香烃主要是苯、甲苯和二甲苯,在多种油品中都含一定量的这类物质。反复、过度地暴露于高浓度的苯蒸气中,可导致血液和骨髓病变;暴露于超过1 000ppm的浓度中,可引起昏迷,甚至死亡。苯也能通过消化道、皮肤接触被人体吸收。应特别注意,苯的气味阈限值高于其容许暴露极限(PEL),也就是说能闻到苯的气味时,其浓度已经超过了容许暴露极限。

某些产地的原油含有大量的硫化氢。一种情况是在产地进行脱硫处理;另一种情况是未经处理。除原油外,其他油品像石脑油、燃料油、石油沥青和柴油中也可能含硫化氢。硫化氢的TWA-PEL(以时间加权平均浓度表示的容许暴露极限)为10ppm,超过该浓度对人身会产生危害,甚至有生命危险,具体见表9-1。

应注意的是,液态油品中所含的硫化氢浓度不能用来表示油气中的硫化氢浓度。液态油品中对所含的硫化氢是用重量比表示的;油气中的硫化氢应该用体积比表示,两者的数值有很大的不同,例如:一种含70ppm(重量比)硫化氢的原油,其液面上方的油气中的硫化氢浓度可达7 000ppm(体积比)。

另外，含硫原油还有腐蚀性。

硫化氢中毒症状　　　　　　　　　　表 9-1

硫化氢浓度	症　状
50～100ppm	暴露 1h 后，眼睛和呼吸道受刺激
200～300ppm	暴露 1h 后，眼睛和呼吸道严重受刺激
500～700ppm	暴露 15min 内，头晕目眩、恶心；30～60min 后丧失知觉并可能死亡
700～900ppm	立即昏迷，数分钟后死亡
1 000～2 000ppm	即刻虚脱并停止呼吸

(4) 易生静电性

油品中的重要成分都是有机化合物，没有导电性。但因为油品中有杂质所以又有一定的导电性，但导电性较差，这是油船由于货油导致静电积累的原因。一般情况下，含杂质少的轻质成品油比原油和重质成品油的导电性差，所以容易导致静电积累，潜在的火灾危险更大一些。容易产生静电积累的油品有：汽油、煤油、石油溶剂、石脑油、轻柴油等。原油在洗舱和装卸造成的喷溅也会有静电积累的危险。

2) 其他与运输管理有关的特性

(1) 胀缩性

油品的体积因温度变化发生膨胀或收缩的性质叫作油品的胀缩性。其胀缩程度由体积温度系数(膨胀系数)所决定。

体积温度系数是当油温变化 1℃ 时油的体积变化百分比，又称膨胀系数。由于胀缩性，油品会随温度变化发生体积变化，在对油品包装或装舱时应留有一定的膨胀余位。应根据航程中预计的最高温度查表得出可能的最大体积膨胀，来考虑应预留的膨胀余位。

(2) 黏结性

油品的流动性差，是因为油品的内摩擦力即分子之间的阻力较大。衡量流体内摩擦力大小的物理量用黏度。油品的黏度通常以动力黏度、运动黏度、恩格勒黏度和雷氏黏度、赛氏黏度等来表示。

① 动力黏度 η

又称绝对黏度，是指两液层相距 1cm，其面积各为 $1cm^2$，相对移动速度为 1cm/s 时所产生的阻力。单位是帕·秒($Pa·s$)。

② 运动黏度 υ

又称相对黏度，是国际标准化组织推荐使用的。具体为动力黏度与同温度下的液体密度之比。单位是平方毫米每秒(mm^2/s 或 cst)。

③ 恩格勒黏度 E

又称条件黏度，是在某一温度下，从恩氏黏度计中流出 200mL 油品所需时间与在 20℃ 时流出同体积蒸馏水所需时间之比，温度常用 20℃、50℃、80℃ 和 100℃。

④ 雷氏黏度

又称商用黏度，是将 50mL 的油品在某一温度下，从雷氏黏度计中流完所需要的时间。单位是秒(s)。

⑤赛氏黏度

指一定体积的油品在 t℃时,从赛玻特黏度计流出 60mL 所需要的时间,以 s 表示。赛氏黏度分为赛氏通用黏度(以 SUS 表示)和赛氏重油黏度(以 SFS 表示)。

温度对黏度有很大的影响,一般来说,油品的黏度会随温度的升高而降低。有些产地的原油属于高黏度甚至是凝固状态,用加温的方法可以降低黏度,有利于装卸和收舱,但温度太高会使油品中的轻质成分大量挥发,还能造成气阻而影响装卸。

(3)凝结性

降低油品的温度就会使其失去流动性。油品失去流动性的温度称为油品的凝点。油品的凝点与纯物质的凝点不同,油品的凝点是油品在一定条件下失去流动性的最高温度。油品的凝结有两种原因:一种是含石蜡较多的油,当温度逐渐下降时石蜡先凝结,形成网状结构,从而将某些仍处于液态的成分包围在其内部,使油品失去流动性,这种凝结方式称为结构凝结;另一种是在温度下降时,油品的黏度不断增大,到一定程度时油品失去流动性,这种凝结称为黏度凝结。油品的凝结特性可以用"凝点"来表示,也可以用"倾点"表示。

凝点是指在规定的仪器中,按一定的试验条件,将油品冷却至使它失去流动性时所测得的最高温度,用℃表示。我国的试验条件是油品在试管内倾斜 45°时,能使油品的水平面在 1min 内保持不流动的某一温度;美英各国是把装有石油的规定瓶子转成水平的位置,经过 5s 后油品不再移动的最高温度定为"凝点"。

倾点是指油品能从标准形式的容器中流出的最低温度,即指在规定条件下,被冷却了的石油开始连续流动时的最低温度,以℃表示。由于倾点比凝点更能反映油品在低温下的流动性,因此我国参照国际标准化组织的规定,更多的是采用倾点来表示油品的低温流动性。一般倾点比凝点高 3~5℃。

(4)稳定性

原油中含有胶质和沥青质,这些物质在储存过程中会析出,在油品中产生沉淀,这样会在储罐和货油舱中产生难以卸出的残余物。

(5)相容性

相容性主要是指两油品相互掺混时是否会产生大量沉淀。油品之间的相容性符合一般溶解规律,即"相似者相溶"。原油洗舱的效果好于水洗,就是这个道理。

9.2 油船上存在的危险

9.2.1 石油气

油船装载的货物是油品,尤其是装卸挥发性油品时、载油航行时以及在未经清洗的压载舱内压载航行时,都会有大量的油气产生或存在,也就是说,在油船的某些区域不可避免会出现可燃油气的积聚。

1)油气的挥发

蒸气压高的油品进入货油舱时,油气就会迅速挥发,但因为油气比空气重,所以最开始是在舱底紧贴着液面形成一层油气层。随着货油装入量的增加,油气层与油面一起上升,并逐渐分布在整个货舱的上层气相空间,油气由最初的分层到最终形成平衡的混合气体。

装油之初形成的油气层,油气数量和浓度取决于多种因素:
——货油的真蒸气压(TVP);
——货油装舱时喷溅的程度;
——货油装舱花费的时间;
——装油管路中发生局部真空的现象。

油气层中油气浓度随着液面以上的高度而变化。在紧贴液面处,油气浓度值几乎与紧邻的油液 TVP 一致。例如:油液 TVP 为 0.75bar,液面正上方油气浓度值按体积比大约为 75%。假如油舱原来不含油气,在离液面较高的空间,油气浓度就会很低。

2)油气的排出

(1)装油

由于油气挥发使油面上方形成油气层,舱内的液面上升,油气层也随着上升。在油气层之上是原来货舱存在的气体。所以在装油刚开始时,从货舱开口处排出的气体是装油前货舱内的气体。随着装油的继续,如果原来货油舱含有油气,货舱出口排出的都是油气,只是浓度不同而已;但如果原来不含油气,在装油的某个时刻会排出所装油品挥发出的油气,而且浓度会越来越高。

(2)压载

卸完货油的货舱,如果直接用于压载,此时货舱气氛处于油气和空气混合或油气和惰气混合的情况。随着压载水的装入,油气和空气混合物或油气和惰气混合物会排放出来。

(3)用惰气对货油舱驱气

用置换法对货油舱驱气时,由于受到惰气向下的压力,初始阶段排出的是舱底浓度大的油气,接下来是其余的气体。如果整个货舱存在浓度同样高的油气,例如在原油洗舱之后,在整个驱气过程中排出的油气浓度是同样的,直到惰气达到舱底。

用稀释法对货油舱驱气时,排气口排出的油气在作业开始时最高,随后逐渐降低。

(4)除气

除气作业是将空气送入货油舱。如果是惰性化的货油舱,舱内的油气含量在2%以下;如果是非惰性化的货油舱,除气作业之初排出的是浓度最高的油气,此后油气浓度逐渐降低。

3)油气的扩散

从油舱开口排出的油气,离开排放口立即就会与空气发生混合。对于处于可燃下限以下浓度的油气,不会被点燃,所以没有危险;但处于燃烧范围或可燃上限以上浓度的油气,和空气混合就会产生危险。排出的油气总会有可能在某一时刻或时间段在油舱开口上方某一高度正好处于燃烧范围。

如果该危险区有可以点燃油气/空气混合物的火源,就会发生火灾事故。

4)影响油气扩散的因素

(1)扩散过程

从排气竖管垂直排出的油气、油气与空气混合物或油气与惰气混合物,借助自身的动能在排气口上方形成一股羽状气流。在无风时,羽状气流保持垂直;有风时,向下风方向弯曲。因为密度大于周围空气的密度,油气趋于下沉。

气体通过排气口时流速最高,随着空气卷入,流速降低、油气浓度降低而且密度降低,加上风速等气象因素的影响,导致了羽状气流形状的变化,也就决定了危险区域的范围。

(2)风速

根据经验,风速大约在5m/s以上时,油气就可以充分扩散而避免燃爆的危险。风速小或无风会影响油气/空气混合物的扩散。

(3)油气气流的速度

气流的流速越高,气体的混合效应越好,羽状气流没有沉降的趋势(图9-1);气流的流速越低,气体的混合效应越差,羽状气流有沉降的趋势(图9-2)。

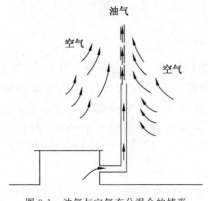

图9-1 油气与空气充分混合的情形

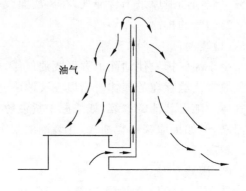

图9-2 油气沉降示意图

(4)油气浓度

在油气气流速率不变的情况下,当油气浓度增加时,从排放口排放出来的混合气体的初始密度大,羽状气流下沉的趋势也越大;在油气气流速率变化的情况下,影响就复杂些。

(5)排出口的横截面积

在一定的气流体积速率的条件下,油气/空气混合物排放口的面积决定了排出气流的线速度,因而也决定了羽状气流与大气的混合效应。

(6)排气口的设计

油船透气系统的排气口有多种形式,有的是简单的开口,使气体得以畅通无阻地垂直排出;有的设计成装有百叶窗或通风筒的形式,起到向两边或向下改变气流方向的作用。

(7)排气口的位置

如果排气口位于甲板舱室之类的建筑物附近,在气流经过这些建筑物时,由于涡流的作用会使油气逆着下风被推回并靠近建筑物,这样对油气的扩散产生不利的影响。但如果油气的排放速度快,就会克服涡流的作用。

9.2.2 空气(氧气)

氧气是燃烧的必要条件之一,正常的空气中有接近21%的氧气。油船上凡是与大气连通或接触的场所一定存在着空气,处于负压或真空的场所都有空气进入的可能性。另外,如果没有空气或空气含量过高或过低对于在场的人员是一种危害。所以,对于人员来说,空气是必需的;但从防火、安全上来说,空气又是有危险的。

9.2.3 油气和空气的混合

油或油气自身都不能燃烧或爆炸。石油气只有以一定的比例与空气混合时,遇明火才能燃烧和爆炸。石油气太少或太多,即使与空气混合也不能燃烧。这个石油气与空气混合的一定比例是以石油气在空气中所占的百分比来表示的,称为燃烧极限或燃烧范围。

不同的油品,燃烧范围不同,但一般而言为1%~10%。在闪点温度时挥发出来的石油气在空气中所占的百分比作为燃烧极限的下限。

油船的货舱冒出的油气在甲板上会与空气混合,在非惰性化的货舱内也有可能发生油气和空气混合。也就是说,在正常作业中,在油船的某一区域或某一时刻会有油气和空气的混合,也可能恰好处于燃烧范围;在事故或非正常作业中,更是不可避免地发生油气和空气的混合。

9.2.4 火源

油气和空气混合到一定程度并与火源接触时,才能发生火灾。火源有以下若干种情况:

1)明火

明火包括吸烟、火柴和打火机、厨房用火、热工作业。所谓"热工作业"是指涉及进行焊接和燃烧的任何作业和会产生火花的其他作业,包括某些钻孔和研磨作业、电工作业,还有非本质安全型电气设备的使用。

2)机械火花

油船上的修理工作会产生机械火花。所以在可能有易燃气体的场所进行的任何修理工作都必须经过批准。

货油舱内用于阴极防护的镁质、铝质阳极与生锈的钢材撞击时容易产生火花,所以这种阳极不应安装在可能存在易燃气体的舱内;锌质阳极与生锈的钢材撞击不会产生火花,所以应使用锌质阳极。

3)自燃

某些受潮或被油浸,尤其是植物性油浸过的材料,在未经外部加热的情况下由于氧化作用引起材料内部逐渐发热,继而导致起火燃烧。石油类物质自燃起火的危险性比植物油小,但仍能发生。因此棉纱、碎布、帆布、卧具或其他类似的吸收性材料不应储存于靠近油类、油漆等处所,也不应随便弃置于码头、甲板、设备、管路上或其周围处。这类材料如受潮,应晾干后再收藏;如被油污染,应去油或销毁。

充分加热的油类无须明火也能燃烧。燃料油和润滑油喷射到热表面上也能燃烧。

4)电气设备

电气设备包括便携式和固定式电气设备。如果电气设备不是经认可在易燃气体存在场所使用的类型,或未妥善维护,或在使用前未经仔细检查可能的缺陷,尤其是未确认绝缘完好、电缆连接牢固并使设备在整个使用期间保持这种状态,电气设备会成为引发火灾的火源。

5)静电

由静电引发火灾事故经过三个基本阶段:电荷分离、电荷积聚和静电放电。

(1)电荷分离

当两种不同物质相互接触时,接触的界面就发生电荷分离。界面既包括两种固体之间也包括两种不相溶的液体之间。在界面处,一种电性的电荷(+或-)从物质A移动到物质B,结果物质A和B分别带上了不同电性的电荷。如果两种物质只是接触而不产生相对移动,异性电荷之间相距很近,电压差很小,也就不存在危险;但如果异性电荷分离,在异性电荷之间就会形成电压差,在邻接的整个空间也形成一种电压分布,即静电场。能导致异性电荷分离的过程有:油类在管路中通过细密的过滤器流动;固体物质、液体在不相溶的另一种液体中沉降;微粒或液滴从喷嘴中喷射出来;液体冲击固体发生的喷溅;某些化学合成物质互相剧烈摩擦后分开等。

如果有一个不带电的导体出现在静电场中,它会具有与所在部位差不多相同的电压。同时,该电场还会引起导体内部的电荷转移,一种电性的电荷被电场吸引到另一端,而同等数量的、电性相反的电荷被留在导体的另一端。以这种方式分离的电荷称为感应电荷。

(2)电荷积聚

分离了的电荷总是趋向于重新结合、相互中和,这个过程称为电荷重合。但如果带有电荷的两种分离开的物质中一个或两个是不良导体,这就妨碍了电荷的重合,这种物质就将电荷积聚起来。物质的导电性是用该物质的电导率来衡量的,电导率越低,电荷重合就越困难;电导率越高,电荷重合越容易,这样就抵消了电荷的分离,电荷就不能积聚起来。实际上,影响电荷重合的重要因素是该两种分离物质的电导率以及两种物质分离后介于它们之间物质的电导率。

(3)静电放电

在发生放电任意两点之间的静电击穿能力,取决于该两点间空间的静电场强度(电压梯度)。3 000 kV/m的静电场强度足以在空气和油气中引发电击穿现象。

靠近尖锐突出物的电场强度总是大于邻近的总电场强度,因此放电现象总是在突出物处。放电可以发生在突出物与其邻近空间之间而不触及其他物体,但这是单极放电,很少见。另一种是在相邻两电极间的放电,这种情况较为常见,例如:放入油舱中的取样器具与带电油液面之间;漂浮于带电液面的未接地物体与邻近的油舱结构之间等。

如果满足一定条件,两极间就会放电。这些条件包括:
①放电间隙足够小,使放电能够发生,但还没有小到能够阻止发生任何火焰的程度。
②放电能量足以供给开始燃烧所需的最低能量。
③能量几乎是瞬间释放到放电间隙中。

其中最后的这个条件是否能够满足,在很大程度上取决于两个电极的电导率。

9.2.5　油船上防止火灾的措施

油船上采取的防火措施,是根据不同的场所采取相应的措施,以保证运输安全的。

(1)防止油气和空气的混合

在货油舱这样无法控制油气产生的场所,可以采用控制氧含量的方法,油船上的惰性气体系统就是为此目的而设计的。

为了减少空气与油气接触,货油舱驱气时,先用惰气驱除货油舱中的油气,达到防火的目的;再用空气去除惰气,达到人员安全的目的。这样可避免空气和油气混合的机会。

为了防止静电点燃油气和空气的混合物,要求洗舱时货油舱必须惰性化。

在油船甲板这样无法控制氧含量的场所,一方面要求油气应安全地排放到大气中,将油气引到高处并以一定的速度与外界空气迅速混合;另一方面限制火源,装油期间禁止动火来达到防火的目的。

机舱内在正常情况下存在火源和空气,所以只能通过限制油气的方法防止火灾。对于燃油,严格规定必须是非挥发性油类,闪点在 60～65℃ 以上。

(2) 预防静电引发火灾

防止静电危险最重要的对策是将所有的金属物体跨接在一起。通常还包括对地跨接,即接地。跨接可以排除金属物体之间、导体对地的放电。实际在船上,有效接地是通过将所有的金属物体与船体金属结构连接起来,船体通过海水自然地接地。例如船/岸软管接头和法兰通过导线连接起来;便携式洗舱机通过导体与船体相连;使用导电性设备人工测量膨胀余位和取样装置与船体连接等。

最好的跨接和接地方法是用金属材料连接各个导体,凡有可能都应采取这种方法。还可以通过添加导电性物质即防静电添加剂,提高油品的导电性(一般使电导率提高到 50ps/m)以防止积聚静电。

(3) 杜绝火源

油船一般只允许在船上专门的处所吸烟。船上使用的火柴和打火机必须是安全型的。

9.3 油船上与货油安全运输有关的结构和设备

9.3.1 油船的结构特点

油船的动力装置以及大多数辅机都集中在机舱内,现代油船又大多将机舱布置在船尾(图 9-3)。在航行中即使有火星从烟囱中冒出,也不会撒落到甲板上,对防火有利。

图 9-3 现代大型油船

在机舱和货油舱之间设置的油密隔离舱,宽度约1m,也有的用泵舱代替尾隔离舱。在船首上层建筑之下的各舱室与货油舱之间设置首隔离舱。

货油舱是由纵向和横向的油密舱壁分隔而成。通常采用双道纵向隔舱壁,以减少自由液面对船舶稳性的影响,以及缓冲油浪对舱壁的冲击。为了加宽中央舱的宽度,在主甲板下焊一个深度为2.5~3m的纵梁,这是构成减少自由液面效应的又一有效结构。油船的载货容积是按运输比重为0.68~0.70的轻质油设计的。当装载重质油时,油舱的上部就会有较大的空间,此时更显出双道纵向隔舱壁和从甲板向下延伸纵梁的优越性。

一般中央油舱的容积大,占船宽的60%~70%;船侧翼舱的容积小,占船宽的15%~20%。这种布置的优点在于:

(1)中央舱可以装载更多的重质油,增加船舶的稳性,两舷翼舱可以装载轻质油或作为压载舱用。

(2)中央舱一般不用作压载,这样可减少洗舱工作,也可避免由压载海水造成对货舱和管路的腐蚀。

(3)中央舱由于保温性能好,减少了加热带来的油料消耗。

油船由于舱口密封性好,纵向强度大和抗沉性好,最小干舷比一般干货船小,满载时仅1.5~2m。因此在主甲板上设置了高度为2.5~3m的步桥,作为上层建筑之间的连接通道。在步桥下设置蒸汽管线、淡水管线、消防管线、排气管线、泡沫管线以及电缆等。20世纪90年代以来,油船从防污染角度设计,还要求采用双层壳或中高甲板作为防止事故溢油的强制措施。

9.3.2 典型油船的布置

典型的油船首尾分为三个区域:首部操作区、中部货油区、尾部机舱及生活区。

(1)首部操作区

典型油船的首部,在紧靠首柱后面都有一个首尖舱,一般用于装压载水,有时也为空舱。常见的船型是首尖舱包括一个球鼻形首,这样可改善操纵性能。首尖舱的后侧有一道特别加强的防撞舱壁,以防发生碰撞,造成海水进入货油舱。防撞舱壁后面有一个附加的燃油舱。

在首尖舱和附加燃油舱上面的平台上,常设置储藏室、锚链舱、首部泵舱等。某些小油船还设置一个气密干货舱,用于储存油漆及其他物料。

储藏室的上面为首楼,在那里设置系泊用的机械设备。

首部与货油舱间为隔离空舱,其横向一直伸展到整个船舶宽度,垂直方向则从龙骨板一直到主甲板。设置该舱的目的是为了防止货油漏入首部操作区。

(2)中部货油区

油船的中部主要是货油舱。现代油船的中部除货油舱外还有压载舱。货油舱分为中央舱、左边舱和右边舱。在紧靠货油舱的后方设置了污油水舱。在货油舱与尾部之间是泵舱。

(3)尾部机舱及生活区

尾部主要是机舱和炉舱。在机舱前方紧接泵舱或后隔离舱设有燃油舱和燃油沉淀柜。主机下的双层底为燃油舱、润滑油舱和淡水舱。机舱后部是尾尖舱,常作为辅助的压载水舱或生活用水淡水舱。

尾部上方为生活设施和某些服务工作区,下方为舵机室、冷库等。

现代油船在生活设施的前端设有货油控制室。操作时可以从前舷窗观察,监视整个甲板上的货油输送和分配管系。

驾驶台及其所属的工作场所等都设在生活区的最高层。

主机的排气管和锅炉的烟囱设置在尾部的最后端,以避免排出的火星或烟灰落到装卸作业区。

9.3.3 透气系统

液体油类具有挥发性和膨胀性。由于昼夜、航程中温差的变化,货油舱中的油品体积和压力都会发生变化。当油品体积和压力增大时对货油舱产生正的压力,当油品体积和压力降低时对货油舱产生负的压力,无论哪种情况都对货油舱的结构产生有害的影响。油船的透气系统就是针对这一危险而设计的。

1) 透气系统的功能

一个设计合理的透气系统必须具有以下三种功能:

(1) 能释放货油舱内过剩的压力,还能防止货油的急剧蒸发。

(2) 能使货油舱内过量的气体安全地散放到大气中。

(3) 当舱内油气收缩时,能补充气体,克服负压。

2) 透气系统的类型

透气系统有三种类型:

(1) 公用总管型。

(2) 分组型。

(3) 独立型。

3) 透气系统的组成

透气系统是由透气管、呼吸阀和防火网组成的。

(1) 透气管

在独立型的透气系统中,透气管是货油舱在甲板上直接引出的透气管。为了有利于油气尽可能迅速地排出,透气管口应该是简单、垂直、畅通无阻的开口形式。这种形式的透气管能保证当油气离开管口时,管口周围空气会被混入油气中,并且油气很快会被稀释至可燃范围以下,对于有毒气体的稀释效应也是同样的。如果装油速度加快,油气会更快地离开透气管,其稀释效应将会使管口周围空气吸入油气中的速度更大;但如果装油速度慢或处于无风、低气压环境中,有可能在甲板附近积聚危险浓度的油气,为了安全起见,油船的透气口应尽可能离开甲板高一些,一般在无风、低气压天气不进行装卸作业,也可以在透气管口装设最小射流速度阀,以保证油气离开透气管时具有一定的速度。

公用总管型透气系统,从每个货油舱引出的透气管连接到纵贯全船公用的透气总管上,透气总管沿着垂直向上的方向高出主甲板一定的高度,经常与主桅杆并行,有时又叫透气桅管。这样使排出的油气在沉降到甲板之前,能与空气充分混合。

分组型的透气系统用于装运不同品种货油的油船。装载相同品种货油的货油舱透气管汇集成一组。这样不会因共用一个透气系统带来油气串通以至于货物混杂污染。

(2) 呼吸阀

在油船装载航行中,随着温度的变化,货舱内的压力会随之变化。货油舱的设计既不能承受过度的正、负压,又不允许货油无限制地蒸发逸出。透气系统的呼吸阀就是起这样作用的结构。

呼吸阀又称为压力/真空阀(P/V 阀),它在调定的压力范围内工作。当油舱里的压力升高到高于调定的压力范围上限时,压力阀动作,释放多余的压力;当油舱内的压力降低到低于调定的压力范围下限时,真空阀动作,补充压力。由此来使货油舱内的压力维持在一定的范围内,如图 9-4 所示。

(3) 防火网

为了防止外界火焰由透气管进入货油舱,在透气管开口处应设置防火网,当火焰通过散热良好的金属网时就会熄灭。

火焰通过可燃混合气的传播速度叫作火焰速度。当油气在空气中的浓度约为 7% 时,火焰速度达到 3m/s 的最大值,如图 9-5 所示。所以,如果从透气管排出的油气速度大于 3m/s 时,不论是否设置防火网,火焰都不会通过管子进入货油舱;但是如果油气排出的速度小于 3m/s,防火网就显得特别重要。

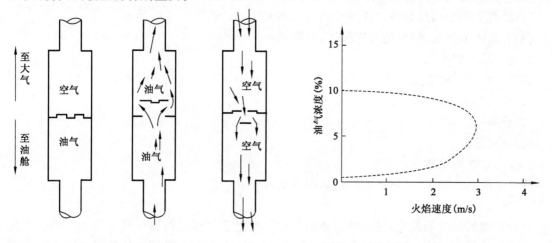

图 9-4 呼吸阀动作示意图　　　　图 9-5 不同油气浓度下的火焰传播速度

防火网可以是钢丝网、褶皱板、挡板、扁钢丝网及打孔的金属板。这些材料的导热性很好,能从火焰中吸收相当多的热量,使火焰不会成为防火网下面油气的火源。防火网能将热量消散到船体结构上。

防火网只能装在透气管的管口上,且应与管口接触良好,使用时注意经常清洗和检查。

9.3.4 电气设备

油船上始终存在着油气和用于各种操作的电气设备,如果电气设备不是专门设计制造的,很可能成为火灾的潜在起因。在船上和油码头危险区域内使用的任何电气设备都必须是安全型的。

1) 油船的危险区划定

油船上的危险区可以由主管机关或船级社确定,通常分为三个区:

甲板空间和甲板半封闭区——这部分可以划出确定的空间范围,如:自货舱和危险气体空间开口的 3m 范围内;可拆卸管线接头和货油管线的阀门周围 3m 范围内;货泵房和透气管出口 4.5m 范围内;货油舱气体出口 9m 范围内;以及货舱区甲板空间和该空间前后 3m、高 2.4m 范围内。

危险气体区——这类空间基本上是封闭和半封闭场所,包括:货油舱和货油舱邻近的场所、隔离舱、货泵室、安装有货油管或软管的封闭或半封闭场所,以及有通入其他危险气体空间开口的封闭或半封闭场所。

其他危险区——任何不能始终保持其气氛安全的场所都是危险区。在货油舱以外,能进入危险区或有开口通入该区的封闭或半封闭场所,以及货油管线通过或达到的场所,都属于这一范围。但如果该区遵守透气、气锁和对电气设备的要求,则可认为是安全区。

2)油区的危险区划定

油区的危险区域是根据易燃气体存在的可能性进行分级的,也分为三级:

"0"级——长期和连续存在易燃气体混合物的区域;

"1"级——在正常操作条件下能产生易燃气体混合物的区域;

"2"级——可能在短时间内产生易燃气体混合物的区域。

3)危险区内使用的电气设备

油船和油区的电气设备应符合船级社和国家规定的标准,或根据国际电工委员会建议的四种类别配置:

(1)本质安全型(Intrinsically Safe)

在这类设备中,线路释放的能量极低,不会产生能够点燃易燃混合气的火花。实际上,这类电气设备的设计就是使设备中线路产生的超过易燃气体最小点火能量的部分耗散到其他处所而不产生高能量的火花。

(2)防火防爆型(Flame Proof and Explosion Proof)

这类电气设备主要设计成封闭式,使产生的火花限制在设备内部,不会对外部产生有害的影响。如:防火电机、接线盒和断路器属于此类。

(3)增加安全型(Increased Safety)

这种类型的设备普遍用于电动机和照明装置。它能消除过热和火花。在液化气船上使用的增加安全型电动机,还将其置于防火的外壳中。

(4)加压或驱气型(Pressurized or Purged)

这类设备中的空气被清除并充满惰性气体,而且维持一定的压力。

油船上的电气设备类型与安装方法,必须符合船级社或国家规定的要求,或者符合国际电工委员会的有关建议。对于临时装设的电气设备或便携式电气设备的使用应符合《国际油船和油码头安全指南》有关章节的建议。

油码头的电气设备类型和安装方法应依据国家的规定,适用时也可依据国际电工委员会的建议。

所有的电气设备、系统和装置,包括电缆、导线等都应保持良好状态,为保证达到此要求应定期地进行维护和检查。

9.3.5 惰性气体系统

油船上使用的惰性气体是指那些性质不活泼、不支持燃烧的气体,如:氮气和二氧化碳以及这些不活泼气体的混合物。

1)惰性气体

油船上使用的惰性气体,主要来源于储存在高压容器中的氮气及惰性气体发生装置或主、辅锅炉的烟道气经过处理而制得。

烟道气的主要成分是 N_2 和 CO_2,还可能因为燃料的种类和燃烧器的性能,含有其他一些种类的气体,具体见表9-2。

烟道气的主要成分 表9-2

成 分	处理前	处理后
N_2	77%	81.5%
CO_2	13.5%	14.2%
H_2O(蒸汽)	5%	饱和
O_2	4%	4.2%
SO_2	0.3%	0.02%
CO	0.1%	—
$NO+NO_2$	0.02%	0.01%
固体烟垢和颗粒	300mg/m³	5~30mg/m³
温度	450℃	27~30℃

在油船操作中,惰性气体主要用于消除油气燃烧和爆炸的可能性,其作用原理可以从烃-氧体积变化图(图9-6)得到解释。

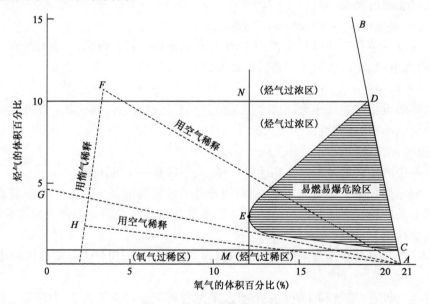

图9-6 油舱烃-氧体积变化图

2) 油舱烃-氧体积变化图

图9-6显示了油气和氧气浓度的关系。该图中的每一点都代表一种油舱的气氛组成,从中可以分析惰性气体的稀释效应。图中A点代表纯净的空气,此时油气浓度为零;C点是爆炸下限,D点是爆炸上限。沿AB线表示油气浓度上升,氧气浓度略有下降,因此,AB线向氧气浓度减少的方向倾斜。AB线的左方表示由于充入惰性气体,使混合气体中的氧含量减少,爆炸范围也不断缩小,最后使C和D相交在E点。E点表明,含氧量为11%是一个临界点,NEM线的左方为缺氧区,无论油气浓度多大,都是安全的。ED以上为油气过浓区,EC以下为油气过稀区,这些都是安全区。只有CED阴影区为易燃易爆的危险区。操作时的任何时刻都要避免油舱气氛落入这一区域。

例如:当油舱内气氛处于F状态,即油气过浓和缺氧状态时,此时若用空气清除油舱内的油气,则会沿着FA线向A点演变,可以看出,在此过程中可能进入危险区域。

图9-6中GA是一条临界线,只有在这条线以下,用空气稀释时,才不会进入危险区域。若在F状态时,用惰性气体来驱除油气,则油气浓度将沿着FH线下降,因为H点位于GA线以下,所以此时用空气来清除油舱内的气氛,就不会进入图中CED阴影区,也就没有燃烧和爆炸的危险了。这就是惰性气体的防护作用。

通过以上分析,理论上油舱内含氧量小于11%情况下,无论油气浓度为多少都不会有火灾发生的危险。但从安全角度出发,留有一定的安全余量,通常规定油舱内含氧量应小于8%。有的还从防腐蚀的观点出发,要求含氧量应小于5%。还有的要求含氧量更低。

3) 惰性气体系统

(1) 系统的典型布置

惰性气体系统的典型布置如图9-7所示。按有无油气大致上可分为两个区域,即安全区和危险区。

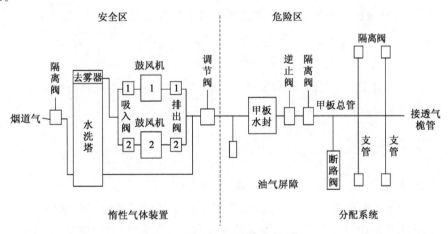

图9-7 惰性气体系统的典型布置

在安全区内主要是惰性气体的发生装置,包括烟道气的隔离阀、去雾器、鼓风机及其进出口阀,以及压力调节阀和控制阀等。来自锅炉的烟道气,首先通过隔离阀,进入水洗塔和去雾器,使气体冷却并得到净化,然后由鼓风机吸入和排出,并通过压力控制阀和调节阀,进入屏障和分配系统。

危险区内是油气屏障和分配系统。油气屏障包括透气阀、甲板水封、逆止阀和隔离阀,防止油舱内的油气倒流至安全区。惰性气体分配系统包括充液式的压力/真空断路器(P/V Breaker)、惰性气体甲板主管和通往各货油舱的支管以及每个支管上的隔离阀。

(2)主要设备和作用

①水洗塔和去雾器

水洗塔的作用在于冷却烟道气,去除大部分的二氧化硫和烟垢颗粒,使烟道气直接与海水接触就可以达到这样的目的。

气体在进入水洗塔的塔底前,在管线内进行喷雾,或让气体通过水封鼓泡,都可以起到冷却作用。通常采用鼓泡的方法或喷雾、鼓泡相结合的方法。因为水封装置能防止气体倒流回烟囱中,所以水封可以作为附加的安全装置。

气体从塔底自下而上流,与自上而下的海水进行充分的接触,在顶部气体中的水滴由一个或几个去雾器除去。塔底还设有液面高低位报警器。

②鼓风机

大多数采用由电或汽轮机驱动的离心式鼓风机。风箱用软钢制造,并用橡胶做衬里,以防止腐蚀。风机转速为 3 500r/min,容量为 25 000m³/h。根据规定,必须配备 2 台以上,而且送风量应为货油泵总容量的 1.25 倍。

③甲板水封

甲板水封和逆止阀共同构成货油舱内油气倒流的隔离屏障。由于逆止阀对气体不可能完全封闭,水封可以起到补充作用。

甲板水封有三种形式:湿式、半干式和干式。

湿式水封装置(图 9-8)是最简单的一种。气体通过水封、去雾器和逆止阀,到达惰性气体的甲板总管。当发生逆流时,首先逆止阀关闭,同时压迫水进入进气管。只要水封有效,就可以防止油气倒流至安全区。由于惰气中含有水分会腐蚀管线,应予以去除。

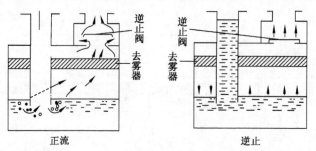

图 9-8 湿式水封示意图

半干式水封(图 9-9)是对湿式水封的改进,可防止惰气中携带过多的水滴。

在干式水封(图 9-10)中,当惰性气体装置操作时,水被排空;当油舱压力大于鼓风机排气压力或在装置关闭时进气,管中的水会充满。充水和排水是根据鼓风机的操作状态,以及水封和水箱中的液面,由自动阀控制。这种形式的优点是可以防止带出水,通过的惰性气体是干的;缺点是一旦控制阀失灵,就会使水封失效。

④呼吸阀

呼吸阀又称为压力/真空阀,在油船的透气系统中已经提到。

在安装惰性气体系统的船上,呼吸阀有三种布置,如图 9-11 所示。

——当压力超过时,直接排入大气中[图 9-11a)];

——通入惰气总管中[图 9-11b)];

——通入透气桅管中,这种形式最常见[具体见图 9-11c)]。

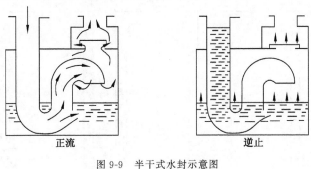

图 9-9　半干式水封示意图

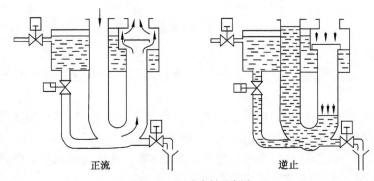

图 9-10　干式水封示意图

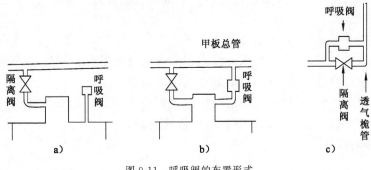

图 9-11　呼吸阀的布置形式

⑤充液式压力/真空断路器

如果呼吸阀能正常工作,就能防止因压力变化给货油舱带来结构上的有害影响。但是通常由于透气系统操作不正常或者惰性气体发生故障,使呼吸阀难以起到应有的作用。因此在惰性气体总管上应装设压力/真空断路器。

充液式压力/真空断路器只有在充装适当密度的液体时才能正常工作,在冬季或低温航区就要选用油或乙二醇防冻液。其作用原理如图 9-12 所示。

当惰性气体不工作时,或总管内压力等于大气压时,液面保持水平状态;当总管内惰气有一定的压力时,管内液面下降,维持正常操作时的平衡状态;当总管内惰气为超压时,吹出液体,释放过剩的压力;当惰气总管呈负压时,吸入液体及外界的空气,克服负压。这一装置除要维持一定的液面外,还要防止蒸发、凝结、进入海水和腐蚀。

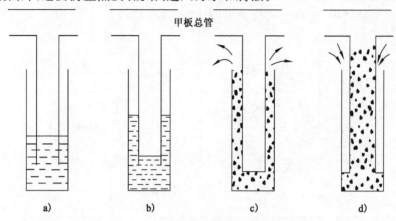

图 9-12 充液式压力/真空断路器工作原理

(3) 控制装置

惰性气体系统的正常运行还要靠监测仪表、警报器和速闭装置进行自动控制。其中包括以下几个方面:

① 当水洗塔供水不足时,应有低流量和低压报警装置发出信号,并由相连的自动装置关闭鼓风机。在水洗塔的水封中也应有低位和高位报警装置。

② 鼓风机排气温度过高时,应有高温报警装置,并能自动关闭鼓风机。鼓风机排气压力应由压力表显示,当鼓风机发生故障时应能发出警报。

③ 应在鼓风机的排气一侧安装惰性气体含氧量的监测装置和连续记录装置。含氧量超过 8% 时应能发出警报。

④ 甲板水封应有低水位、低流量或低压报警装置。

⑤ 在甲板隔离阀的前端,应安装压力监测和连续记录装置,监测甲板总管中惰性气体的压力。压力降低时应能自动报警,并由自动装置关闭货油泵。

⑥ 在自动控制系统中,任何动力不足时应由报警装置显示。所有的指示和报警装置应安装在合适的场所,以便有关值班人员能迅速、方便地看到。

(4) 惰性气体的操作

① 装油前

装油前用惰性气体驱除货油舱中的油气,使货油舱内含氧量低于 8%。

② 装油/装压载水时

此时,惰性气体系统处于关闭状态,随着货油进入货舱,舱内的惰性气体和油气的混合物从透气管的旁通阀排入大气中。

③ 装油后

装油后启动惰性气体系统,维持货油舱在调定的压力范围内。当货油舱呈负压时,补充惰气。

④ 卸油/卸压载水时

此时要开启惰性气体系统,补充因货油舱内油位下降呈现的负压状态。如果系统难以维持正压,应降低卸油速度,必要时应停止卸油。

⑤卸油后

卸油后要打入压载水。在航行途中,用惰性气体维持货油舱的压力。

⑥洗舱时

此时应保持惰性气体系统正常运行,维持货油舱正压。洗舱结束后货油舱仍应充满惰气。

4)惰性气体的使用

无论是装卸、压载、洗舱或驱气作业中都要使用惰性气体,目的是为了防止封闭处所存在油气和空气的混合物。具体如下:

(1)在卸油和排放压载水时,货舱或压载舱的负压需要用惰性气体补充。

(2)压载航行时油舱或压载舱上部空间需要填充惰性气体。

(3)洗舱时需要货舱内维持惰性化的气氛。

(4)装油前,对货舱的惰性化处理。

(5)装油后,在货舱上部填充惰性气体。

9.4 油船上与货油运输安全有关的作业

9.4.1 装卸与压载

1)装卸前的联络

(1)码头和船方的通知

装卸前码头和油船应相互交换有关的资料。码头向船方提供货油的数据、装卸顺序、对油舱排气的要求、装卸设备和作业的条件等。船方向码头提供货油舱、压载舱和燃油舱的情况,上一次载货的情况,船上现有的货油情况,可接受的装货速率和数量以及温度、压力等。

(2)商定装卸计划

在交换有关资料的基础上,双方共同拟定装卸作业的书面协议。内容涉及拟装卸的油品、货油舱或油罐,所使用的管线,有关的操作、作业限制条件等。最好使用条形图,使计划一目了然。

(3)规定通信方式

为了能在整个装卸过程中确保安全作业,杜绝事故的发生,船岸双方应建立一个可靠的通信联系并就此达成书面协议。内容包括:相互识别、准备、开始装卸、减速、停止、紧急停止等,应通过试验确认彼此明白无误。

(4)船/岸安全检查表

为了保证船舶和码头及其全体人员的安全,在装卸作业前应由双方负责人或代表共同核对有关的安全措施并完成船/岸安全检查表的填写。《国际油船和油码头安全指南》的附录A提供了船/岸安全检查表的格式、填写导则等。

船/岸安全检查表中的有些项目需要在作业期间多次核对,甚至需要连续监督。

2)装卸和货油舱其他作业前、作业期间的预防措施

(1)为了防止在装卸过程中产生的油气进入生活区,应关闭油船生活区的所有开口,包括舱

门、舷窗和窗口,调整通风设备,在可能的情况下,可将通风系统改为封闭空间内的循环方式。

(2)货油舱和专用压载舱在作业和洗舱时应关闭舱盖,未除气的货油舱也应关闭。观察孔和空位测量孔在装卸和压载时应关闭。排气口应使用防火网加以保护。

(3)在货油作业时应对泵房进行定时检查。

(4)货油系统报警、关闭保护装置和舱底液位报警装置必须定期试验,确保处于完好状态。

(5)船岸间货油管路的法兰接头应符合石油公司国际航运论坛(OCIMF)出版的《油船管汇及辅助设备标准的建议》中的规定。

(6)货油软管应定期进行压力试验。在使用前应进行检查,在使用时应避免扭曲和受损。

(7)金属输油臂设计上应有一定的活动范围,不过度受力。

(8)在不利的天气条件下应停止或降低装卸速率。

(9)为防止意外溢油和泄漏造成安全和污染危害,应备有清除溢油的工具。一旦发生险情应及时报告。

(10)为防止在油管对接或拆开时产生电弧,在货油软管和输油臂之间安装一个绝缘法兰或单独一段不导电的软管,以中断船岸之间的电连续性。该绝缘端向海一侧所有的金属件应与船体保持电连续性;在向岸一侧与码头的接地装置保持电连续性。对于这一目的,船岸之间的跨接电缆不是一种有效的安全措施。

3)装卸与压载作业

(1)装卸时自始至终应有一名值班驾驶员负责监督作业与安全,码头的代表应不间断地与油船上值班驾驶员联系。有关作业人员应明确作业内容与程序,认真履行岗位职责。

(2)作业开始和进行中,值班驾驶员应经常、反复核实货油入/出的货舱;定时核对管路中的压力,及时查明异常情况。

(3)对于有挥发性和/或毒性的货油,在测量油舱空位或取样时应尽量避免油气逸出,最好使用封闭式的测量与取样设备。测量油舱空位或取样的操作应由专门指派的人员进行,而且应采取特殊的防护措施。

(4)对于非惰性化的油舱,当进行测量空位或取样时可能会产生静电的危险,应采取相应的预防措施。

(5)泵和阀门如果操作不当,会在管路中引起压力骤升,从而导致管路、软管或输油臂严重损坏,所以在装卸作业计划中应就流量控制、阀门关闭速度和泵的转速达成书面协议,作业时严格按此协议的规定执行。

(6)在装卸过程中,对非载货舱和压载舱应进行常规测量以确认没有来自货油舱的任何泄漏,包括油气和油类。

(7)扫线作业必须按为具体船舶预先制定的操作步骤进行。

(8)在两艘油船之间船对船的驳载作业中,双方都应完全遵守所要求的各项安全措施。如果出现一方不遵守的情况应立即停止作业。

(9)压载作业应经船方与码头共同协商并以书面形式约定,在作业时采取安全措施。

4)双层壳油船的作业

(1)双层壳概念

双层壳是指油船需设有非用于装载油类的双层底和边舱或夹层。这主要是防止事故导致的溢油的新结构要求。

(2) 双层壳船的安全作业要求

① 由于双层壳船油舱的设计、形式与数目,其自由液面的影响会导致横稳心高度显著地降低。在作业中最危险的阶段,就是在卸油的同时向双层底压载舱装压载水或在装油时双层底压载舱处于排空状态。如果有相当多数量的货油舱和双层底压载舱同时处于不满舱或半舱情况,整个自由液面效应就能使横稳心高度降低到船舶横稳性处于危险的临界状态,最终会导致船舶突然发生严重的横倾,所以应严格按照船舶的装载手册进行作业。

② 应定期对双层壳空间监测油气、舱深/空位以确认内壳板的完整性。压载后应用目视观察核实是否有油迹。

③ 因为双层壳的分隔结构比普通油船的充惰、通风和除气更为复杂,所以应制定充惰、通风和除气导则和程序。在进入前必须遵守有关规定,并在进入期间始终保持连续通风。

9.4.2 洗舱

一般来说,洗舱的目的有:进坞修理或对货油舱内部检验;控制货油舱内沉积物量;为了满足防污的要求;装载清洁压载水;为了更换货油品种。

洗舱的介质有:水、清洗液或原油。

1) 不同舱内气体下的洗舱

按含有的油气情况,舱内气体分为以下几种:

(1) 不加控制的舱气

既可能在爆炸范围内,也可能在爆炸范围之外。在这种气氛下洗舱潜伏着火灾的危险,洗舱时应避免一切火源,包括静电火花。应采取一切必要的安全措施。

(2) 过贫舱气

即油气浓度在爆炸下限的50%以下,这种舱气如能一直保持,还是安全的。但关键是能否保持这种气氛,如该环境继续挥发油气,或通过管路有油气进入,很可能会超过爆炸下限。所以要经常检测货油舱内的气氛,当油气超过爆炸下限的50%时,应立即停止洗舱作业。

(3) 惰化舱气

即油气浓度在2%以下、含氧量在8%以下,这是最安全的洗舱环境。在整个洗舱过程中,要一直维持这种舱气,维持货油舱处于正压,防止空气进入货油舱。同时要注意惰性气体对人员的窒息危险。

(4) 过浓舱气

即油气浓度超过爆炸上限。如果在整个洗舱过程中都能维持油气浓度在15%以上,洗舱也是安全的,但这种舱气很难维持。

2) 洗舱作业

(1) 用水或清洗液洗舱

即为了一定的目的而使用泵将一定压力的水或清洗液经由洗舱机喷射到货油舱内壁,以将舱壁及船体结构表面的污垢清除掉。

洗舱作业的全过程包括:蒸舱、通风、冲洗和擦净等步骤,并按顺序进行操作。

蒸舱是利用蒸汽将油垢软化并脱落,以便用水冲洗时容易洗净。通常蒸舱约需10h。视油垢沉积程度,可以用苛性苏打水装于多孔吊罐内,也可以用化学溶剂和蒸汽混合蒸舱。所用的蒸汽可以由蒸汽灭火系统或加热系统供给。蒸汽输入货油舱后,应关闭货油舱的孔盖。

蒸舱后继续用蒸汽将油气排出,然后将吸油干管与鼓风机连通,启动鼓风机将货油舱内残存的气体排出。进行强制通风后,再用帆布风斗进行自然通风。最后,用泵将舱底存留的污水排净。

经过通风的货油舱,可以使用高压热水进行冲洗,一般压力约 9.8×10^5 Pa,水温约 $80℃$。有时根据情况,用海水冲洗就能满足要求。如果装汽油的货油舱改装柴油时,在洗舱前必须测定货油舱内的油气。

洗舱后应将洗舱水排净,然后清除舱底残垢,最后将舱壁和舱底抹拭干净。

对于装轻质成品油的货油舱,洗舱要求高,以防止不同的油品之间掺混,也是为了保证作业的安全。

不同的油品之间换装有不同的要求,但是大致上可以分为五种情况,用数字1~5表示,其中:

"1"——不用清洗,只要将垫水泄放干净;

"2"——冲洗货油舱的底部,并泄放干净(用海水或压载水冲洗,不应在甲板上用软管冲洗);

"3"——与"2"同样的操作并驱气;

"4"——除去积油并驱气,挖出油垢和油渣,排净管路,最后擦拭干净;

"5"——无特别清洗说明的不许换装。

油品之间更换时的洗舱要求见表9-3。

油品之间更换时的洗舱要求 表9-3

待装油品 \ 原装油品编号	1	2	3	4	5	6	7	8	9	10	11	12	13
1 航空汽油	1	2	2	1	2	2	2	2	2	2	2	2	5
2 航空透平煤油	4	4^g	4	4	4	4	4	4	4^g	4^g	4	4^g	5
3 航空透平汽油	4^g	4^g	4^g	4^g	4^g	4^g	4^g	4^g	4^g	4^g	4^g	4^g	5
4 车用汽油	1	1	1	1	1	1	1	1	2	1	1	2^a	
5 车用汽油混合料	1	1	1	1	1	1	1	1	1	1	1	1	2
6 化工原料	2	2	2	2	2	2	2	2	2	2	2	2	5
7 重整原料	5^c	2	2	5^c	2	2	1	2	2	2	1	2	5
8 蒸发油	3	1	3	3	3	3	1^h	1	2	1	2	1	1
9 煤油	3	1	3	3	3	3	2^h	1	1	1	1	1^e	1
10 轻柴油	3	1	3	3	3	3	2^h	1	1	1^j	1	1	1
11 特殊沸点溶剂	5^c	2	2	5^c	3^b	2	2	5	2	5	2^d	2	5
12 石油溶剂	3	2	3	3	3	3	2^h	2	2	5^f	3	2^d	5
13 润滑油	4	4	4	4	4	4	4	4	4	4	4	4	4

注:a-对某些优质和普通级车用汽油采用5。

b-对某些车用汽油混合料采用5。

c-除非原装油品无铅,可采用2。

d-若装载相同品级可采用1。

e-对某些石油溶剂采用2。

f-除非不能用其他的方法积载,此时原装轻柴油的油舱必须彻底机械清洗才能装石油溶剂。

g-若能保持无水,可采用1。

h-若初馏点低于 $71℃$,可采用3。

j-当装载特殊重柴油后装载某些柴油,则应按照黑油清洗方案4清洗油舱。

(2) 原油洗舱

原油洗舱是指以船舶所载货油中的一部分原油作为洗舱介质,在卸货的同时或两个卸货港之间的航行途中,通过洗舱机以较高的压力喷射到货油舱的内表面,依靠机械冲击和原油本身的溶解作用,将附着在舱壁、舱底以及各构件上的油渣清洗掉,并同货油一起卸到岸上。如果该舱拟装清洁压载水,在原油洗舱之后只要少许的水清洗即可。

为了防止由静电导致火灾的危险发生,应在每一货油舱和污油水舱设置惰性气体系统。

原油洗舱主要有两种方式:一段式和多段式。选择何种方式应以卸油时间延迟最短为前提,考虑卸货港的接货能力、卸货港数目、卸货顺序和原油洗舱机的形式来决定。

① 一段式

在货油舱卸空后,由舱顶预洗到舱底,即上部和底部一起连续进行清洗的方式为一段式清洗方式。

② 多段式

在卸油作业的同时,随着油舱内油位的下降,同时从上部向下部进行清洗的方式。即货油舱内还有 1/2、1/3 或 1/4 货油情况下,清洗货油舱液面以上的部位,通常称为上部清洗,这可以是一次或几次来完成。当货油卸空时,再进行底部清洗,称之为底部清洗。

原油洗舱既可以增加卸货量,为货主带来利益,又可满足国际公约防污要求,再装入的压载水属于清洁压载水,满足某些条件后可以排放。

设有原油洗舱系统的原油油船,原油洗舱装置及其附属设备与布置应符合 MARPOL 73/78 附则Ⅰ第 13 条和经修订的《原油洗舱系统设计、操作与控制技术条件》的有关要求;惰性气体系统应符合经修订的 SOLAS 74 第Ⅱ-2 章的有关规定。满足要求的船舶应持有经主管机关批准的《COW 操作和设备手册》。

交通部《油船安全生产管理规则》中的第五节要求原油洗舱的船舶应预先向港口(港监或航政)提出申请书及办理必备的手续,由合格的持证人员操作并采取相应的安全措施。中华人民共和国海事局颁布的《船舶载运散装油类安全预防污染监督管理办法》第五章也作了相应的要求。

9.4.3 货油舱的驱气和除气

货油舱卸油和污压载水排放后或经清洗后,其中充满了危险的易燃蒸气。为了更换货油品种、进坞修理或检验等,必须驱除货油舱中原有的油气或惰气或各种有害气体的混合物。按货油舱中原有气氛的主要成分不同,拟达到的货油舱气氛驱除气体的操作有所不同,如果使用惰性气体驱除货油舱中的油气,达到安全防火的目的,只需驱气即可;如果要达到人员进入安全的目的,还需除气作业才满足要求。

1) 驱气

驱气作业即使用惰性气体驱除货油舱中的残留气体,这一步又称为惰性化。根据烃-氧体积变化图,我们只需使货油舱中油气浓度降至 2% 以下就能达到防火的目的,这也是驱气作业应达到的指标。

2) 除气

驱气作业完毕,货油舱中油气浓度已降至 2% 以下,此时已经满足货油舱防火要求。但如果还要满足人员进入的要求,必须进一步对货油舱除气,即用空气置换惰气为主的气氛。除气作业是用某种设备向货油舱内注入新鲜的空气,使货油舱气氛达到人员可以进入的标准,即油气浓度小于1%和氧气浓度接近21%。

3)驱气和除气作业的方法

(1)置换法

置换法是指通过抽吸货油舱中的气体造成舱内负压,使惰气或空气进入货油舱,见图9-13a)。

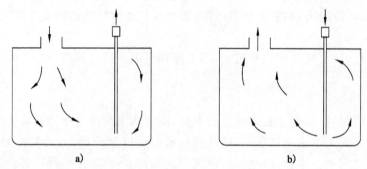

图9-13 驱气和除气方法的示意图

(2)稀释法

稀释法是向货油舱鼓入惰气或空气造成货油舱内正压,使油气或惰气从货油舱排出,见图9-13b)。

所有的油类作业,包括:油类装卸、排放压载水和洗舱水、洗舱和驱气、除气作业都应向主管机关提出申请,并采取相应的安全和防护及防污染措施。所有作业方除了熟悉国家、地方和港口的有关规定外,还应熟悉《国际油船和油码头安全指南》的内容。

9.4.4 维修作业

1)冷工作业

冷工作业是指作业中产生的温度不足以点燃作业场所以及附近的可燃气、油气或造成液货起火的任何作业。

在相关的电气设备或线路断开电源之前,不得对该设备或线路进行任何冷工作业,不得打开防火防爆外壳,也不得损坏相关联的设备所具有的特定安全性能,在作业完成之前不得恢复供电。此类作业,包括换灯泡,都应由指定人员作业。为了冷工作业的安全,封闭处所内的气氛应满足人员安全进入所需的全部条件,而且必须签发冷工作业许可证。

2)热工作业

热工作业是指涉及进行焊接和燃烧的任何作业以及会产生火花的其他作业,包括某些钻孔和研磨作业、电工作业,还有非本质安全型电气设备的使用。也就是可能造成作业场所以及附近的可燃气、油气或液货起火的任何作业。

主要机器处所外部和关系到燃油舱和燃油管路时主要机器处所内部的热工作业,都必须考虑到环境中可能出现的油气和潜在的火源,如有可能应采用冷工作业或将机件卸下移至内部修理的替代办法。

主要机器处所外部的热工作业应符合国家和国际规则的要求,获得主管机关的批准后方可进行。

进行装卸、压载、洗舱、驱气、除气和充入惰性气体作业期间应禁止所有的热工作业。冷工作业许可证和热工作业许可证的证书格式见《国际油船和油码头安全指南》的附录 G 和 F。

3)我国对维修作业安全的有关规定和要求

交通部交水监字〔1983〕860 号文发布的《油船安全生产管理规则》的第二章、交通部令〔1988〕2 号发布的《港口消防监督实施办法》第 17~20 条、交通部交公安发〔1995〕137 号文发布的《运输船舶消防管理规定》第二章都对明火作业做出了具体的规定。

4)进入封闭处所的安全措施

无论哪种作业,凡需要进入封闭处所应采取相应的安全措施。"封闭处所"是指未经连续通风且其中由于存在烃类气体、毒性气体、惰性气体或缺氧而可能有危险,因此限制人员进入的处所,包括货油舱、压载舱、燃油舱、水舱、润滑油舱、污油水舱和废油舱、污水舱、干隔舱、箱形龙骨通道、非载货空舱、各种围蔽通道、管道或连接以上处所的任何装置,包括惰性气体洗涤塔和水封装置以及某些不常通风及进入的如锅炉和主机曲轴箱等设备。

(1)进入前对内部的气体成分检测

应在进入前,在封闭处所的外部、用近期校准过的适用设备对封闭处所内的气氛进行全面检测。

(2)进入封闭处所的条件

允许人员进入某一封闭处所前,应由负责的高级船员签发封闭处所进入许可证,该证书格式见《国际油船和油码头安全指南》的附录 I。

人员在封闭处所内时,在入口处应备有救生设备,设专人照看、连续通风,并定时检测封闭处所内的气氛。

如在紧急情况下,未确认封闭处所内是否安全,应使用维护良好的呼吸保护设备。

9.5 油船的消防

9.5.1 油船上火灾的类型及适用的灭火剂

油船上的火灾按着火物质的种类分为四种。

1)可燃物质失火

可燃物质失火即普通的可燃物质如被褥、衣物、抹布、木材、帆布、绳索和纸张等的起火。对这类物质灭火的方法是使用大量的水或含有大量水的灭火剂进行冷却。

2)液体石油失火

液体石油失火即油船上载运的油类物质发生的失火。

对液体石油的火灾使用泡沫是最有效的。使用时应将泡沫均匀地施加到燃烧表面,避免过分扰动液面。最好将泡沫直接对着火焰附近的垂直表面喷射,这样可以分散冲击力并能形成完整的窒息覆盖层。如果没有垂直表面可利用,泡沫的喷射可以从上风摆动着喷扫并顺着风向逐渐推进。

对于有限范围内的挥发性油类可以用水雾灭火,也可以用干粉灭火剂或二氧化碳灭火剂;对于燃烧时间不长的非挥发性油类,用逐渐推进的水雾或水花冷却液体的方法也是有效的。

但对于已经燃烧了相当长时间的任何油类火灾,因为油液已经加温到一定的程度,不容易被水冷却到停止挥发油气的温度,而且水的喷射还会产生喷溅使油扩散开从而导致火势蔓延。但如果是货舱内油类着火,在货舱的外部可以使用水柱来降低温度和压力。在货舱内部最好使用窒息的方法,即使用窒息法的灭火剂或封舱。窒息法的灭火剂有泡沫、二氧化碳和干粉灭火剂。

应注意油类火灾灭火后继续看守,以防复燃。

3) 液化石油气失火

液化石油气失火即逸漏的石油气引起的失火。

对液化石油气灭火的最好方法是切断气体的供应。如果无法切断气体供应,应使用冷却的方法以降低容器或货舱的压力并控制火场的温度,还应使用干粉灭火剂以及采取封舱的措施。与液体石油火灾的灭火后一样,应继续看守以防复燃。

4) 电气设备失火

电气设备失火即因为短路、过热或由别处起火蔓延引起的失火。

对这类火灾,首先应以最快的速度切断电源,之后使用二氧化碳、卤族灭火剂或干粉灭火剂等非导电性的灭火剂进行灭火。

9.5.2 油船和油码头的灭火设备

1) 油船上的消防设备

(1) 冷却型

按 SOLAS 公约的要求,所有的油船都装有消防水系统。该系统包括:消防泵、带有消火栓的消防总管、配有结合装置的消防水带、喷嘴(最好是水柱/水花或水雾两用喷嘴)。消火栓的数目和分布位置应保证两条消防水带喷射的水柱能达到船上的任何部位。某些处所还应装有固定的喷水管路。

油船上应配备国际通岸消防接头,以使船外部的消防水供给能与船舶消防总管上任何一个消防栓对接。

(2) 窒息型

油船上装备的窒息型消防设备,可以是下述的一种或多种:

① 二氧化碳灭火系统

二氧化碳灭火系统用于机舱、锅炉舱和泵房的火灾。该系统通常由一组大型二氧化碳钢瓶组成。二氧化碳气体通过管路从钢瓶管汇处通到装有喷嘴的适当地点。施放二氧化碳前应启动相关舱室中的报警装置,告知人员迅速撤离。

② 泡沫灭火系统

泡沫灭火系统用于货油舱内、货油舱甲板、泵房内或机舱内的火灾。该系统有泡沫储藏柜,由消防泵提供的消防水通过比例分配器时从储藏柜抽吸合适比例的泡沫浓缩液,按一定比例混合的泡沫溶液通过固定的泡沫管路输送到喷射口。

③ 水雾

水雾是由高压水管路和水雾喷嘴组成的。环绕油舱开口的内侧有多个形成一圈的喷嘴,能有效地覆盖货油舱口的火焰。有的船舶还安装固定的高压水雾系统用于锅炉舱、机舱和泵房的灭火。

④水幕

有些船舶在货油舱甲板与上层建筑之间装有可以形成保护性水幕的固定装置。

⑤惰性气体系统

惰性气体系统原本是用于防止货舱由于油气和空气混合发生燃烧和爆炸的,但在发生火灾时该系统有助于灭火。

2)油码头的消防设备

油码头消防设备的类型和数量,与该码头的规模、所处地点及使用频率有关,还应考虑油码头的布局及装卸油品的类别。所以每个油码头应参阅石油公司国际海事论坛(简称OCIMF)出版物《海上油码头的防火保护和紧急撤离指南》,并根据码头的具体情况决定消防设备的类型、设置地点和使用条件。

(1)便携式消防设备

每一个泊位都应备有便携式灭火器供随时使用,使码头人员能够在突然起火时立即采取措施。便携式消防设备的种类有:

①泡沫灭火器

最好是100L的预混型泡沫灭火器。使用时能产生1 000L的泡沫量和12m的射程。

②化学干粉灭火器

有许多种类与泡沫兼容的化学干粉灭火器可以选择。主要是保证软管在使用过程中保持一定的喷出速度。

③二氧化碳灭火器

位于码头区的配电站应配备足够数量的二氧化碳灭火器,必要时应是二氧化碳灭火系统。

(2)油码头固定消防设备

①消防水总管和消防泵

海水或淡水的消防水管路应尽可能覆盖到泊位的两端并有一定数量的消火栓。管路应装有隔离阀以便在发生破裂时保持管路的完整性。消防水管路应有足够的水压,并配备与船舶国际通岸消防接头合适的接头和转换器,需要时能将消防水提供给油船上的消防总管。

②消防泡沫总管

供应泡沫或浓缩液的管路应有一定数量容易接近的消火栓。每个消火栓应装有两个具有单独出口阀连通消防龙头,并能与当地使用的特定型号消防水带对接。管路应装有隔离阀以便在发生破裂时保持管路的完整性。此外,管路还应备有适当的泄放阀和冲洗设备。

③消防水枪和消防炮

消防水枪和消防炮可以用于喷射泡沫或水,可以架设在固定架上或移动车上。主要应考虑的问题是消防水枪和消防炮喷射的液柱能达到的高度。

④固定的水雾或喷淋装置

固定的水雾或喷淋装置是用于防火安装的固定设备。

(3)水上消防设备

有条件的话可配置专门装置的消防船,消防船应备有可以与国际通岸消防接头对接的接头,用于向油船的消防水总管增压或供水,也可以用合适的转接器达到这样的目的。此外,也可以是由装有包括泡沫装置的消防设备的作业拖船。

9.6 成品油运输

9.6.1 成品油定义及其分类

1)成品油的定义

成品油又称为石油制品,是原油经分馏、二次加工后制得的各种中间产品或石油产品原料,再经过精制过程而得到的一系列精炼产品。

2)成品油的分类

海上散装运输的成品油,大致上以轻柴油为界限,凡是在轻柴油之前、包括轻柴油的轻馏分称为白油(White Oil)或清洁油(Clean Oil);比轻柴油重的馏分称为污油(Dirty Oil)或黑油(Black Oil)。润滑油比较特殊,虽然它比重大,与黑油的比重接近,但由于商业上要求的纯度很高,所以运输上按清洁油类的要求。

9.6.2 成品油油船

成品油油船与原油油船的主要区别是对货油的隔离要求。成品油油船在设计时最主要的依据是拟装货油的种类、相对密度、挥发性、黏度以及是否为持久性油类。一般成品油油船可以载运多种不同类别的货油,而且每种货油都不应受其他油品和蒸气的玷污。它按成品油油船的适货情况分为两类。

1)清洁油油船

清洁油油船的货油舱通常采用金属喷砂或涂敷环氧树脂基涂料。这样,一方面可以防止货油对油舱的腐蚀,另一方面可以防止舱壁上锈蚀的颗粒影响油品的质量。

2)污油油船

与清洁油相比,污油的腐蚀性较小,而且对货油的质量要求也相应地低一些,所以货油舱内部一般无须涂层。但污油的比重大、黏度高,所以需要有加热装置,在装卸时对货油加热。另外,装过污油的货油舱会残留许多残余物,再加入压载水会使其含油量超标,所以在某些防污要求上有别于清洁油油船,而与原油油船相同。

9.7 船舶运输散装油类物质的管理要求

国际海上人命安全会议从1913年第一届开始,每隔十几年即形成一个新的SOLAS公约文本,直到第五届形成的现行的SOLAS 1974公约。SOLAS 1974公约之所以经历整整30年,基本框架保持至今的原因之一就是历年的不断修正。仅1994年就通过五个修正案,对公约附则中的某些章节作了修改,并新增了第九章、第十章和第十一章。第九章是船舶安全营运管理,仅6条。这一章的设置,使1993年SOLAS大会通过的《国际船舶安全营运和防污染管理规则》(ISM 规则),成为强制性的国际法文件。ISM 规则要求船公司建立实施和保持一个具有法定功能的安全管理体系,船公司还应保证船长对实施安全保障的责任和权力。ISM 规则于 1998 年 7 月 1 日起对包括 500t 及以上油船在内的一些船强制执行。我国也制定了相应的安全管理规则(NSM 规则),从安全管理的角度规范中国籍国内航行的油船和其他一些船舶。新增第十一章是加强海运安全的特别措施,其中提出了加强对油船和散货船的检验和加强港口国对船舶(包括油船)安全的操作性要求的监督。可见油船的安全要通过油船营运人的安全管理以及船旗国政府和港口国政府主管机关的安全监督共同努力来实现。

9.7.1 油船的安全营运

《1978 年海员培训、发证和值班标准国际公约》(STCW 1978)规定了对油船船长、高级船员的安全培训和资格的强制性最低要求:熟悉油船,货油特性、危害性及控制,安全设备和人员保护。STCW 公约提出了油船培训纲要,内容包括相关规则及实施细则、油船设计和设备、货油特性、船上操作、修理和保养、应急操作。STCW 公约还提出了对油船船员培训和资格的指导。我国根据国际标准,结合我国实际情况,于 1997 年颁布了《中华人民共和国散装液体货船船员培训、考试和发证办法》(简称《办法》),《办法》分别对油船所有船员、油船船长、驾驶员、轮机长、轮机员、值班水手和机工以及装有原油洗舱设备油船船长、驾驶员、轮机长和货泵操作管理人员,提出了培训和取得培训合格证书的具体要求。

油船船长和其他油船船员应熟悉、掌握的有关油船安全知识和安全操作的内容,同样应为海事人员,特别是从事危险货物安全监督的海事人员所了解。除了上述有关静电危险、惰气系统、消防设备等安全知识外,还应包括安全操作管理方面的内容。

国际海运公会(ICS)、油公司国际海事论坛和国际港口协会三个国际海运界的权威民间组织,1978 年在深入分析 20 世纪 70 年代多起油船爆炸案例的基础上编写了《国际油船和油码头安全指南》(ISGOTT,简称《指南》),并于 1984 年修改成第二版,1988 年为第三版。现行版本是 1996 年修正的第四版。每次再版和重印,内容不断增删、更新,及时反映了 20 多年来油船(甚至其他种类液货船)有关安全操作和安全管理方面的变化和进步,一直受到海运界的重视和国际海事组织的推荐。该《指南》不是强制性的文件,但由于其内容的权威性和实践性,也一直是各国海事部门所建议的指导性文件。多年来,无论是油船、化学品船,还是液化气体船,甚至大多数油气码头或化工码头都以此作为安全管理和操作的依据。我国 20 世纪 80 年代起先后翻译了《指南》的几个版本。1999 年,交通部海事局正式要求油船、油码头和装卸设施及其所有人、经营人均应配备《指南》,所有有关人员均应熟悉和掌握《指南》的全部内容。交通部海事局还要求有关人员在各个生产、运输环节均应遵守《指南》所提出的安全技术要求。

本小节仅侧重安全操作论述下面几个问题:

1)油船防静电危险的措施

(1)原油和石油产品因不同的导电率,分静电储集性油和非静电储集性油,因而各具不同程度的静电危险。静电储集性油多为石油蒸馏产品,如汽油、柴油、溶剂油、石脑油、润滑油、航空汽油等,俗称"白油类",具有较低的导电率(小于 50ps/m);非静电储集性油则为含有各种杂质的"黑油类"(包括原油、黑柴油、渣油、热沥青等),具有较高的导电率($1 \sim 10^6$ ps/m)。为了减少白油类的静电危险,应在白油中加入一定量的防静电添加剂,使之导电率提高到

100ps/m 以上。即使加了防静电添加剂，仍应采取防静电措施。

(2)静电的产生在所难免，应将船上金属结构和物体跨接(Bonding)，船上的有效跨接以及船体与海水的自然"接地"能及时消除产生的静电，阻止静电的储集和放电。船上有些物体易产生静电或感应电，又处于绝缘状态，应特别注意跨接，如：船/岸软管接头、洗舱机、金属人工空距测量和取样器具、固定或浮子液面计。还应避免能储集静电但不易跨接的物质，如油面漂浮的金属罐和金属工具跌落入油中。

(3)静电储集性油在进入油舱和入舱后(特别是入舱初始)，会产生足以构成危险的静电。产生静电的过程有：含有悬浮水滴的油液在管道流动、货油进入油舱初期液面的扰动和泼溅、油液流经滤孔、入舱货油所含水滴、锈块或其他颗粒在重力作用下的沉降等。针对上述过程，减少静电危险的措施是：避免水分混入油类；控制输油的速度，一般认为 7m/s 以下是安全的(但泵油入舱初始阶段，因管道和舱底可能残留水分，并且初期的扰动、泼溅效应明显，速度应严格控制在 1m/s 以下)；控制流速，使油品经管内非导体材质的微孔滤器抵达舱内的时间大于 30s；停泵后 30min 后才允许取样、测深作业(让泵送过程和停泵后杂质沉降过程所产生的静电有足够的衰减时间)。

(4)控制油类的舱顶灌装：挥发性油和温度高过其闪点 10℃ 的非挥发性油、压载水等禁止灌装。未经除气作业的油舱禁止灌装。

(5)半载压载水在晃动中，水枪喷水洗舱时都会产生带静电水雾，为此应尽量避免半载压载水和严格执行水枪喷水洗舱操作制度。

(6)油舱内喷射水蒸气，使舱内油液或残油升温、扰动，加速蒸发而形成可燃性气体；高速喷射的水蒸气更会形成高电位的静电环境。这种危险甚于前述的水雾，故应禁止将蒸气高速喷入可能存在可燃性气体的油舱内。向可能含有烃气的油舱或泵房喷射液态二氧化碳时，也应注意静电危险。

(7)人体作为带有静电荷的导体通常因所穿鞋袜与地绝缘。海员衣物所附着的盐分和潮湿空气，更使人体具备静电放电的危险，应注意利用静电释放器及时释放人体所带静电。

(8)油舱探液位、测空距和采样都存在静电危险，应按船上制度在装卸作业完成 30min 后才能进行，而且要使所使用的用具与船体有效跨接。

油船的静电危险是一种隐性危险，不易察觉，一旦发生，则会是灾难性的；产生静电、引发静电危险的因素繁多，因而防范措施相对复杂。为此，本节用较多篇幅作了介绍，船公司、油船船长、船员和海事人员也都应予以特别关注。

2)油船的防火措施

欧盟依据不同着火物质，即普通固体可燃物、可燃液体、可燃气体和可燃金属，将火灾分为四类。我国根据国际海事组织推荐，也采用这种分类方法。电气火灾只是产生发火源、导致上述四类火灾的发生，故未专门另列一类。油船上除了可能发生其他类型船舶都可能发生的各种火灾外，主要是二类火灾——易燃液体火灾。

油船上的"小火"，一般是指甲板、泵舱、机舱和储藏室等发生的普通固体易燃物和少量易燃液体的着火，其中包括因电气设备过载短路引起的小型火灾。对此，主要是借助装有恰当灭火剂的便携式或移动式灭火器来扑灭这种火灾，甚至少量的水即能及时扑灭。小面积封闭处所的火灾往往还可在发现火情后立即紧闭舱门，靠窒息来灭火。

油船上的"大火",包括货油舱失火、甲板上溢油失火、泵房溢油失火和机舱内燃料油失火。这种大火主要需借助适用的船上固定式消防设备来扑灭。特别是货油舱的失火,因大量易燃液体——货油的存在,一旦发生大火并失去控制,后果往往是灾难性的。所以完备待用的消防设备和训练有素的人员是早期发现火情并及时控制船上大火的关键。油舱在火灾过程中,货油(或燃料油)吸收大火热量并向深层传导（1~2m/h）,一旦高温达到舱底积存的水层,则会油、水共沸,形成喷发状况（沸溢）,火势加剧,危险性极大。特别是快卸空的油舱和污油水舱,因油层浅,沸溢较易发生。所以灭火时还要注意尽可能降低油温,并在出现沸溢征兆（火焰突变更亮、更旺）时及时后撤,保护消防员的安全。

此外,油舱火扑灭后,要防止复燃。惨痛的教训告诉我们,灭火比防火更困难,防火比灭火更重要。

防火应有一套完善、科学的防火制度。防火制度包括热工作业许可制度、防静电制度、明火管理制度、可燃气体检测报警制度、消防训练和演习制度、消防器材的定期检查和更新制度等。防火制度还应得到船长的严格执行、公司的认真督促和海事部门的依法检查。

3) 原油洗舱

原油洗舱是指原油油船在去卸货港途中或在卸货期间,以部分货油为介质借助洗舱机高压喷射货舱,将舱底、舱壁的沉淀物（如沥青、蜡质、胶质和其他杂质）冲刷、溶解到货油里,并随之卸上岸。

原油洗舱始于 20 世纪 70 年代初,先后在美国、英国和日本推行。我国采用原油洗舱技术也有 20 年历史了。原油洗舱与传统的海水洗舱相比,优点包括：①大幅度减少残油量;②消除"油脚",增加了载油量;③减少海洋污染;④节约进坞前海水洗舱的时间和费用;⑤减少舱内构件的腐蚀。尽管具有上述明显的优点,原油洗舱也存在一些不安全因素,应采取必要的防范措施。例如油舱含氧量的控制和监测、惰气质量和充惰、保持油舱正压、防止管系漏油、防止大气污染,做好原油洗舱记录、检查和应急计划等。

原油洗舱本来只是油船提高营运效率和效益、减少环境污染的一种作业行为,但由于它牵涉到安全问题,一直受到油运界和各国主管机关的重视。为此,交通部海事局专门对装有原油洗舱设备油船的船员从事原油洗舱制定了培训、考试和发证的办法。

采用原油洗舱的油船,其惰气系统应覆盖每个货油舱和污油水舱,应备有包含原油洗舱系统、设备和操作程序内容的操作与设备手册。安全检查员对原油洗舱系统的检查包括设备的检查、操作的检查、人员资格的检查。由于原油洗舱的特殊性,安检人员对正在进行的原油洗舱作业,在下述情况下,可提出停止作业的要求：①暂停卸油时;②舱气含氧超标时;③惰气系统发生故障时;④码头方提出暂停洗舱要求时;⑤舱内出现负压时。

4) 油船的应急计划

《国际油船和油码头安全指南》主张所有油船都应备妥紧急情况下可以立即实施的应急程序。这个程序必须能预见油船在各种特定活动中可能会遇到的各种不同种类的紧急情况,并指出具体的应对措施。虽然应急程序主要是针对火灾做出的反应,但所有其他可能发生的紧急情况,诸如软管、管道爆裂、溢油、泵房水淹、人员中毒、破舱、气象突变,甚至照明熄灭都应涉及;同样的,应急程序应突出消防布置,也应述及呼吸器、复苏器和担架的使用,以及逃生和撤离方法。

船上全体人员都应熟悉应急程序。经过充分的训练,了解自己在紧急情况下应采取的行动。这就要求船公司和油船定期举行应急演习,并针对演习中暴露出来的问题,及时修改应急计划和应急程序。

在制订应急计划时,应注意确保应急程序中各岗位的人员安排和设备配置,不要过分依赖某一个人承担多项应急任务,以免落空。

油船的应急计划的内容有:

(1)准备工作(包括船舶稳性资料、总布置图、消防布置等)。
(2)优先顺序和各种情况的处理程序。
(3)联系部门和联络人。
(4)应急组织(包括指挥中心、应急队伍、后备应急队伍、机修小组等)。
(5)初始行动(包括报警、报告、控制险情、人员集合待命等)。
(6)船上火警信号和集合信号。
(7)船上各重要位置显著张贴永久性的消防设备布置图。
(8)检查与维修(消防和其他应急设备随时维修、定期检查、及时补充和如实记载)。
(9)训练和演习。

油船应假设海上在航、锚泊和码头靠泊三种情况来编制本船的应急计划。

《指南》的附录中收录了油船船/岸安全检查表(表A)。表A列出了近50个检查项目。《指南》还收录了码头方致船长函的样本(也称船岸协议书)。油船公司应根据《指南》的指导性意见、形式,编写符合本公司油船特点和要求的应急计划和安全检查表项目。

油船检查表制度在国际航运界已有近30年的实践,并取得了良好的效果。我国液货船和码头实施这一制度也有十几年历史了。

9.7.2 油船的安全监督

我国自产的石油主要是通过铁路槽车和地下管道分散到全国各地,也有部分是借助船舶进行沿海和内河的运输。而我国快速增长的石油进口,目前除了少量从俄罗斯和中亚国家陆路运输外,大部分来自中东和非洲五个国家。每年近亿吨,预计到2020年达到2.5亿t的进口油的大部分仍将通过水路运抵我国。近年来,我国港口建设,特别是油码头的建设速度加快。东北、华北、华东、华南已经建设了一批由10万~25万t,最大为30万t级的油码头,并开始建设50万t级的油码头。如前所述,我国业已建造多艘30万t级VLCC油船,正在准备建造50万t级ULCC油船。但就目前情况看,依靠国内全部运力运输也只有3 000万~4 000万t的能力。根据以上分析,今后几年,我国石油进口仍将依靠国际运输市场,而我国油船船队的总吨位也将会迎来一个快速发展的时期。

巨大数量的水上石油物流在促进我国经济发展和改善人民生活的同时,针对油船和安全管理向海事人员提出了更高的要求。

国家和交通行政主管部门对包括石油在内的危险货物水路运输的安全管理,制定了一系列的法律、法规,还有专门适用液货船或油船的法规和技术规范。

《中华人民共和国船舶安全检查规则》(简称《船舶安检规则》)适用于中国籍200总吨或750kW以上海船、50总吨或36.8kW以上内河船和进出中华人民共和国港口(包括海上系泊点)的一切外国籍船舶,符合上述范围的油船也在海事部门安全检查之列。对船舶的安全检查是全方位性质的检查,与油船或油船安全方面有关的检查内容是油船适装证书和船员特殊培训资格、消防设备、事故预防、报警设施、液货装载设施和船员对与其岗位职责相关的设施、设备的实际操作能力等。最后一点在有关防污和安全的国际公约中称作"港口国监督的操作性要求的检查",在近10多年来引起越来越多的重视。国际公约的实施不但要发挥船旗国的作用,还应充分发挥港口国的作用;安全、防污的国际公约不但要包罗船舶状况的内容,还应注意到人员的素质方面,对中国籍船舶也是如此。《船舶安检规则》规定,普通船舶经安全检查后一般六个月内不再检查,但包括油船在内的一些特种船舶不受六个月的限制,一些特殊情况也不受六个月的限制。

安全检查员对靠泊油船进行检查时,首先就是检查有关证书和证件是否有效。当发现油船有关证书无效,重要设备失灵,操作不符要求或主要船员之间不能沟通交流时,则应展开更详细的检查。油船现场检查的内容有:

——证书、文书检查(包括船舶证书、船员证书、船舶资料和有关操作手册);

——安全设备检查(包括船舶布置、探火灭火和报警系统、通风透气系统、惰气系统、货物输送系统、仪表和探测设施、应急拖带设备等);

——防污设备检查(包括滤油和排油监控设备、专用压载舱、清洁压载舱、原油洗舱设备、排放管系等);

——人员防护装备检查(包括防护服、呼吸器等);

——安全作业检查(包括原油洗舱作业和惰气操作)。

本章复习思考题

1. 简述油类物质的组成和分类。
2. 油类物质主要有哪些特性?
3. 油船存在哪些安全隐患?
4. 简述油船上与安全运输有关的结构和设备。
5. 油船原油洗舱的优缺点各有哪些?

本章参考文献

[1] 中国海事服务中心.油轮货物操作(高级培训适用)[M].大连:大连海事大学出版社,2012.
[2] 中国海事服务中心.油船和化学品船货物操作[M].大连:大连海事大学出版社,2012.
[3] 石油公司国际海事论坛(OCIMF).国际油船和油码头安全指南(ISGOTT)[M]第5版.2007.

第10章 水运散装液体化学品运输与管理

10.1 散装液体化学品及其特性

10.1.1 散装液体化学品的定义

散装液体化学品是指除了石油及石油制品这些主要具有易燃性的化学品以外,还有其他危险性而且是以散装形式运输的液体化学品。

散装液体化学品中有的具有重大的火灾危险性,其危险程度甚至超过石油及石油制品;有的除具有易燃性,还具有其他重大危险性,如毒性、腐蚀性、反应性和污染性;还有的虽不具有易燃的危险性,但具有上述的其他重大危险性。因此,散装液体化学品一般是由专门设计建造的船舶即化学品船来装运的。

由于这类货物存在的重大危险性,国际海事组织早在20世纪70年代就通过制定相关规则来保证运输安全。列入《国际散装液体化学品船舶构造和设备规则》(以下简称《国际散化规则》)第17章的货品,都是在37.8℃时蒸气压不超过0.28MPa的液体。

10.1.2 散装液体化学品的分类

根据 MARPOL73/78 公约附则Ⅱ第 6.1 条,有毒液体物质应分为以下 4 类:

X 类:这类有毒液体物质,如从洗舱或除压载的作业中排放入海,将被认为会对海洋资源或人类健康产生重大危害,因而应严禁向海洋环境排放该类物质。

Y 类:这类有毒液体物质,如从洗舱或除压载的作业中排放入海,将被认为会对海洋资源或人类健康产生危害,或对海上的休憩环境或其他合法利用造成损害,因而对排放入海的该类物质的质和量应采取限制措施。

Z 类:这类有毒液体物质,如从洗舱或除压载的作业中排放入海,将被认为会对海洋资源或人类健康产生较小的危害,因而对排放入海的该类物质应采取较为宽松的限制措施。

其他物质:以 OS(其他物质)形式被列入《国际散装化学品规则》第 18 章污染类别栏目中的物质,并经评定认为不被列入 X、Y 或 Z 类物质之内,因为目前认为当这些物质从洗舱或除压载的作业中排放入海时,对海洋资源、人类健康、海上休憩环境或其他合法的利用并无危害。排放仅含有被列为"其他物质"的物质的舱底水或压载水或其他残余物或混合物,不应受到约束。

MARPOL73/78 公约附则Ⅱ第 6.3 条规定:如拟散装运输的液体物质尚未按附则第 6.1 条予以分类,则与该作业有关的公约当事国政府,应在有毒液体物质进行分类的准则的基础上协商确定一个暂定类别。在各有关政府之间未达成完全一致之前,此种物质不应装运。生产或运输国家的政府及发起达成有关一致的国家政府应尽快(不得晚于达成一致后的30天)通知 MAPPOL73/78 公约组织并提供该种物质的细节和暂定类别,以便每年向所有当事国通报,供其知晓。在所有此类物质被正式编入 IBC 规则之前,组织保持一份此类物质和暂定类别的记录。

10.1.3 液体化学品的特性

1)危险性

由于出发点不同,对散装液体化学品危险性的评价有不同体系。

1960年,美国国家科学院为美国海岸警卫队制定了一套 NAS 系统。该系统的宗旨是便于综合和持久地决定在散装液体化学品运输中考虑局部和整体的安全和环境危险所必需的保护和预防措施。所考虑的危险性包括:

(1)火灾危险性

化学品的火灾危险性,由其闪点、燃点、爆炸范围和自燃点等来表示和确定。

(2)对健康的危险性

对健康的危险性,是通过皮肤或器官的刺激,吸收或摄入的有毒作用来确定的。有下述三种中毒途径:

①有毒气体和蒸气对皮肤、眼、喉和肺黏膜产生刺激或有毒作用;

②有毒液体物质对皮肤的刺激;

③通过皮肤吸收或口腔摄入,常用半致死量(LD_{50})或半致死浓度(LC_{50})来确定。

(3)对水域环境的污染性

这里"污染"一词系指偶尔性溢出可能造成的局部影响,如对港口水域和民用水供应系统的影响。所谓"影响"包括:对人类的毒性;对水生物的毒性;对环境审美的影响。对水的污染性程度由对人的毒性、水溶性、挥发性、气味或味道,以及相对密度来确定。

(4)对空气的污染危险性

对空气的污染危险性,可由下述情况确定。

①紧急情况暴露限度(E.E.L)或半致死浓度(LC_{50});

②蒸气压力;

③在水中的可溶性;

④液体或蒸气的相对密度。

(5)反应危险性

反应危险性是指与其他化学品反应,与水反应,以及包括聚合、分解、结晶、自身氧化还原等自身反应来确定的。

2)污染危害性

1972年,GESAMP 根据化学品船洗舱时将化学品排放入海对海洋环境的危害,对数百种化学品作了污染能力的研究。这套 GESAMP 系统主要从四个方面考虑:

(1)生物对化学品的积聚

指水生物处于含化学品的水环境中比在一般海洋环境中积聚更大浓度的化学品,积聚程度主要由蓄积系数等指标来确定。

(2)生活资源遭受破坏

由于化学品的污染和毒害作用造成食物链的破坏,主要由 TLM 半致死浓度即 $LC_{50}/96h$ 来确定。

(3)对人类健康的危害

通过鱼类、贝类和水被人体摄取;通过其他途径的危害,如化学品蒸气对皮肤、眼睛和黏膜的刺激,以及由皮肤吸收进入体内伤害内部器官。

(4)损害环境的娱乐性和舒适性

考虑化学品对岩石或海滩的毒性程度和持久作用,以及对风景和娱乐环境的破坏作用。

3)其他与运输管理有关的特性

(1)相对密度范围大

液体化学品的种类繁多,各自的相对密度差别很大。有的比水轻,如苯的相对密度为0.88;有的却比水重得多,如四甲基铅为1.99。

(2)黏度大

液体化学品中的许多种类黏度大、流动性差,而且容易凝固。如对二甲苯的凝固点为13℃。

(3)蒸气压高、沸点低

液体化学品中的许多种类具有很强的挥发性,有的品种其沸点就在环境温度范围内,如乙醚的沸点是34℃,在高温季节,乙醚就是"气体"物质。

(4)敏感性

某些液体化学品对光照、热、杂质等因素十分敏感,结果除了会造成货损外,还能导致危险事故,如苯乙烯在光照条件下会发生聚合反应,生成固体的聚苯乙烯并放出大量的热,从而导致货损和其他危险事故。

(5)聚合反应

对于液体化学品而言,聚合反应是指某些含有不饱和双键的乙烯类化合物和容易发生开链的环氧类化合物,它们可能发生自身结合在一起的反应,形成至少为双分子的化合物,通常可连接成千上万个分子,即聚合物。这种反应即聚合反应,形成聚合物的简单分子称为单体。单体一般是可以自由流动的液体化学品。但发生聚合反应之后,黏度明显增大,甚至变成固体,完全失去流动性。这是很危险的。这些固体物质会黏附在舱壁上,阻塞在管路中,导致液货舱结构和设备的损坏,甚至发生重大事故。

聚合反应可能由于光照、受热、杂质或催化剂的影响而发生,也可能在没有外界影响的情况下自动发生。为防止在运输中发生聚合反应,应采取以下的防范措施:

①密闭舱盖,避免日光照射。

②保持冷却状态,避免与能发热的货物或机舱相邻装载。

③控制温度,事先计划当温度超过标准时应采取的措施。

④加入阻聚剂以抑制聚合反应的发生。其作用机理是靠自身的不断消耗达到抑制货品发生聚合反应的效果,而且温度越高消耗得越快。所以其作用是有一定期限的。托运人应在证书上写明阻聚剂的名称、加入量(浓度)、加入的时间、有效期以及温度限制等内容。

10.2 液体化学品的危险性评价

鉴于液体化学品具有的多种性质迥异的危险性,IMO有关机构提出了一套危险性的评价方法。

10.2.1 危险性评价的内容

危险性评价方法分为六个方面的内容。

1)火灾危险性

由液体化学品的闪点、沸点、易燃范围和自燃温度所确定。

2)健康危险性

健康危险性由下列情况所确定:

(1)处于气态或具有压力的蒸气状态下,对皮肤、眼、鼻、气管和肺的黏膜产生刺激或毒性作用。

(2)在液态状态下对皮肤有刺激作用。

(3)毒性作用,由口入、皮肤接触的半致死量(LD_{50})或吸入的半致死浓度(LC_{50})确定。

3)水污染危害性

水污染危害性由对人的毒害性、水溶性、挥发性、气味或味道及相对密度确定。

4)空气污染危害性

空气污染危害性由急性暴露极限值(E.E.L)或半致死浓度(LC_{50})、蒸气压、水中的可溶性、液体的相对密度、蒸气密度确定。

5)反应危险性

反应危险性由与其他货品、水、空气或包括聚合的自身反应性确定。

6)海洋污染危害性

海洋污染危害性由下列情况确定:

(1)对水生生物或人类健康产生危害的生物积累或造成海产品的腐坏。

(2)对生物资源的破坏。

(3)对人类健康的危害。

(4)环境舒适程度的下降。

10.2.2 危险性评价的标准

1)MARPOL公约附则Ⅱ物质分类准则

MARPOL公约附则Ⅱ根据GESAMP有害物质性质的评定方法,对有毒液体物质分类的准则如表10-1所示。

修正的GESAMP有害物质危险性分类及评价标准如表10-2所示。

2)《IBC规则》第十七章约束的货品的最低安全和污染指标

如果货品满足下述一项或多项指标,应被视为具有危害性并受到《IBC规则》第十七章的约束:

MARPOL公约附则Ⅱ有毒液体物质分类准则　　表10-1

规则	A1 生物积聚	A2 生物退化	B1 急性毒性	B2 慢性毒性	D3 对健康的长期影响	E2 对海洋野生生物及海底生态环境的影响	类别
1			≥5				
2	≥4		4				X
3		NR	4				
4	≥4	NR			CMRTNI		
5			4				
6			3				
7			2				
8	≥4	NR		非0			Y
9				≥1			
10						Fp,F 或 S 若非无机物	
11					CMRTNI		
12	任何不符合规则1至11以及13标准的货品						Z
13	所有如下货品:A1栏中≤2;A2栏中为R;D3栏中为空白;E2栏中为非Fp,F或S(如非有机物);以及在GESAMP有害物质曲线图中所有其他栏中为0(零)的货品						OS

修正的GESAMP有害物质评定程序缩略图例　　表10-2

A栏和B栏——水环境					
A			B		
生物积聚和生物退化			水生生物毒性		
数字比率	A1* 生物积聚		A2* 生物退化	B1* 急性毒性	B2* 慢性毒性
	Log Pow	BCF		LC/EC/LC$_{50}$(mg/L)	NOCE(mg/L)
0	<1或>7	不可测量	R:易生物退化	>1 000	>1
1	≥1~<2	≥1~<10		>100~≤1 000	>0.1~≤1
2	≥2~<3	≥10~<100	NR:不易生物退化	>10~≤100	>0.01~≤0.1
3	≥3~>4	≥100~<500		>1~≤10	>0.001~≤0.01
4	≥4~<5	≥500~<4 000		>0.1~≤1	≤0.001
5	≥5	≥4 000		>0.01~≤0.1	
6				≤0.01	

C栏和D栏——人类健康(对哺乳动物的有毒影响)					
C			D		
急性哺乳动物毒性			刺激、腐蚀及长期健康影响		
数字比率	C1 口服毒性 LD$_{50}$(mg/kg)	C2 皮肤接触毒性 LD$_{50}$(mg/kg)	C3 吸入毒性 LC$_{50}$(mg/l)	D1 皮肤刺激和腐蚀	D2 眼睛刺激和腐蚀	D3* 长期健康影响
0	>2 000	>2 000	>20	非刺激	非刺激	

续上表

	C栏和D栏——人类健康(对哺乳动物的有毒影响)					
	C			D		
	急性哺乳动物毒性			刺激、腐蚀及长期健康影响		
数字比率	C1 口服毒性 LD_{50}(mg/kg)	C2 皮肤接触毒性 LD_{50}(mg/kg)	C3 吸入毒性 LC_{50}(mg/l)	D1 皮肤刺激和腐蚀	D2 眼睛刺激和腐蚀	D3* 长期健康影响
1	>300~≤2000	>1000~≤2000	>10~≤20	中等刺激	中等刺激	C——致癌
2	>50~≤300	>200~≤1000	>2~≤10	刺激	刺激	M——突变
3	>5~≤50	>50~≤200	>0.5~≤2	3 强刺激或腐蚀 3ACorr.(≤4hr) 3BCorr.(≤1hr) 3CCorr.(≤3hr)	强刺激	R——生殖中毒 S——导致过敏 A——吸入有害物 T——目标器官系统中毒 L——肺部损害 N——神经中毒 I——免疫系统中毒
4	≤5	≤50	≤0.5			

E栏——对海洋其他用途的妨害			
E1 污染	E2* 对野生生物及海底生态环境的影响	E3 对海岸休憩环境的妨害	
		数字比率	说明与措施
NT:非污染(经检测) T:污染检测为阳性	Fp:持续性漂浮物 F:漂浮物 S:沉淀物质	0	无妨害 无警告
		1	轻度危害 警告,不关闭休憩场所
		2	中等危害 可能要关闭休憩场所
		3	高度危害 关闭休憩场所

注:带*号的项用于定义污染分类。

(1) 吸入剂量 LC_{50}≤20mg/L/4h。

(2) 皮肤接触剂量 LD_{50}≤2 000mg/kg。

(3) 口腔吸收剂量 LD_{50}≤2 000mg/kg。

(4) 长期接触对哺乳动物的毒性。

(5) 造成皮肤过敏。

(6) 造成呼吸道过敏。

(7) 灼伤皮肤。

(8) 遇水反应指数(WRI)≥1。

(9) 为防止危险反应必须进行惰化、抑制、稳定、温度控制或液舱环境控制。

(10) 闪点<23℃,且爆炸/着火范围(空气中体积百分比)≥20%。

(11) 自燃温度≤200℃。

(12) 污染类别属于 X 或 Y 类,或者符合表 10-3 中的标度 11~13 的指标。

10.2.3 对船舶的最低要求

1) 由危险性对船舶提出的最低要求

下列货物要求用 1 型船舶运输：

(1) 吸入剂量 $LC_{50} \leqslant 0.5mg/L/4h$。

(2) 皮肤接触剂量 $LD_{50} \leqslant 50mg/kg$。

(3) 口腔吸收剂量 $LD_{50} \leqslant 5mg/kg$。

(4) 自燃温度不超过 65℃。

(5) 爆炸范围不低于 50%空气浓度，且闪点<23℃。

(6) 表 10-3 中的标度 1 或标度 2 的货物。

下列货物要求用 2 型船舶运输：

(1) 吸入剂量 $LC_{50} > 0.5mg/;/4h$ 但 $\leqslant 2mg/L/4h$。

(2) 皮肤接触剂量 $LD_{50} > 50mg/kg$ 但 $\leqslant 1\,000mg/kg$。

(3) 口腔吸收剂量 $LD_{50} > 5mg/kg$ 但 $\leqslant 300mg/kg$。

(4) 遇水反应指数 WRI=2。

(5) 自燃温度不超过 200℃。

(6) 爆炸范围不低于 40%空气浓度，且闪点低于 23℃。

表 10-3 中的标度 3～10 的货物。

基于 GESAMP 危险性资料确定船型的基本指标　　　　表 10-3

标度号	A1	A2	B1	B2	D3	E2	船型
1			≥5				1
2	≥4	NR	4		CMRTNI		1
3	≥4	NR			CMRTNI		1
4			4				
5	≥4		3				
6		NR	3				
7				≥1			2
8						Fp	
9					CMRTNI	F	
10				≥2		S	
11	≥4						
12		NR					3
13				≥1			
14	所有其他 Y 类物质						
15	所有其他 Z 类物质 所有"其他物质"(OS)						无

下列货物要求用 3 型船舶运输：

任何不符合 1 或 2 型船的要求并且不符合表 10-3 中的标度 15 的受《IBC 规则》第十七章约束的散装液体货物的最低安全或污染指标。

基于 GESAMP 危险性资料确定船型的基本指标如表 10-3 所示。

2)货舱类型

(1)独立重力式液货舱(1G)

这种液货舱适合于载运具有下列危险性的货品：

①吸入毒性非常大，吸入的 LC_{50}（针对小白鼠、1h）值小于 200ppm，该值随挥发性应做上、下调整；

②皮肤接触毒性特别大，LD_{50}（针对兔子）值小于 200mg/kg；

③自燃温度在 65℃ 以下(ASTM D2155-66，DIN51794)；

④可燃范围的上、下限之间超过 40 个百分点；

⑤需要特殊的船舶结构条件（如硫酸、盐酸）；

⑥与水发生剧烈反应，产生有毒或腐蚀性的气体或烟雾。

(2)整体重力式液货舱(2G)

这种液货舱适合于载运所有其他的液体化学品。

3)通风装置

(1)控制式

这种通风装置适合于载运下列货品：

①明显的吸入毒性，考虑其挥发性，LC_{50}（针对小白鼠、1h）值小于或等于 2 000ppm；

②连续接触其蒸气达到一定时间，会造成中等至严重程度的伤害；

③吸入蒸气会产生过敏反应；

④需要进行惰性化处理；

⑤闭杯闪点等于或小于 60℃；

⑥产生腐蚀性的蒸气。

(2)开放式

这种通风装置适合于所有其他液体化学品。

4)测量装置

(1)封闭式

这种测量装置适合于具有下列危险性的货品：

①吸入毒性大或剧毒，考虑其挥发性，LC_{50}（针对小白鼠、1h）值小于或等于 1 000ppm；

②连续地接触其蒸气达到一定时间，能引起严重的伤害；

③吸入蒸气会产生过敏反应，并导致严重或长期的影响；

④皮肤接触的毒性高，LD_{50}（针对兔子）值小于 600mg/kg；

⑤产生严重腐蚀性气体。

(2)限制式

这种测量装置适合于具有下列危险性的货品：

①吸入毒性明显或比较大（剧烈），考虑其挥发性，LC_{50}（针对小白鼠、1h）值小于 2 000ppm，但不小于 1 000ppm；

②连续接触其蒸气达到一定的时间会造成中等程度的伤害；

③蒸气的吸入能产生过敏反应；

④货物需要惰性化处理；
⑤产生腐蚀性气体；
⑥闭杯闪点等于或小于60℃。

(3)开式

这种测量装置适合于其他所有的液体化学品。

5)舱室的环境控制

(1)惰性化

舱室需要惰性化的货品：

①能与空气发生反应，导致危险的发生，如过氧化氢；

②自燃温度在200℃(ASTMD2155-66,DIN51794)以下；

③可燃范围的上、下限之间超过40个百分点。

(2)干燥

装载与水发生反应导致危险情况的物质，其舱室需要干燥。

6)毒性蒸气探测设备(在船上配备)

适合于具有下列危险性的货品：

(1)吸入毒性明显或较大(剧烈)，考虑其挥发性，LC_{50}（针对小白鼠、1h）值小于或等于2 000ppm。

(2)吸入蒸气会产生过敏反应，并导致严重或长期影响。

(3)连续接触其蒸气达到一定的时间会造成中等至严重程度的伤害。

7)货舱溢流防护设备

(1)高位报警和货舱溢流控制系统

适合于具有下列危险性的货品：

①中等至高毒性的物质，LD_{50}（针对小白鼠,吞咽）值小于300mg/kg，LD_{50}（针对兔子,皮肤接触）值小于600mg/kg，和/或 LC_{50}（针对小白鼠,1h）值、考虑其挥发性小于1 000ppm；

②吸入蒸气会产生过敏反应，并导致严重或长期的影响；

③腐蚀性液体，能在3~60min内使与之接触的动物完好皮肤造成明显的坏死现象；

④自燃温度在200℃(ASTMD 2155-66,DIN51794)以下；

⑤可燃范围的上、下限之间超过40个百分点。

(2)高液位报警

①毒性大的物质，LC_{50}（针对小白鼠,1h）值、考虑其挥发性小于2 000ppm；LD_{50}（针对小白鼠,吞咽）值小于或等于1 000mg/kg，和/或 LD_{50}（针对兔子,皮肤接触）值小于或等于1 200 mg/kg；

②吸入蒸气会产生过敏反应；

③腐蚀性液体，能在3~60min内使与之接触的动物完好皮肤造成明显的坏死现象；

④闭杯闪点等于或小于60℃。

8)针对有毒货品的要求

(1)需要始终开启货舱风机的货品

①LC_{50}（针对小白鼠,1h）值,考虑其挥发性小于1 000ppm；

②连续接触其蒸气达到一定的时间会造成中等至严重程度的伤害;

③吸入蒸气会产生过敏反应。

(2)积载、管路和通风

①LC_{50}(针对小白鼠,1h)值,考虑其挥发性小于2 000ppm;

②LD_{50}(针对小白鼠,吞咽)值小于或等于300mg/kg;

③LD_{50}(针对兔子,皮肤接触)值小于或等于600mg/kg。

9)泵舱

(1)需要增强泵舱通风的货品

①吸入毒性很大或非常大(剧烈),考虑其挥发性,LC_{50}(针对小白鼠、1h)值小于或等于1 000ppm;

②连续接触其蒸气达到一定的时间会造成中等至严重程度的伤害;

③吸入蒸气会产生过敏反应;

④腐蚀性或严重刺激性蒸气。

(2)泵和泵舱的设置

需要特别的考虑,同时应考虑严重吸入毒性的危险。

10)呼吸和眼睛的保护

①吸入毒性很大或非常大(剧烈),考虑其挥发性,LC_{50}(针对小白鼠、1h)值小于或等于1 000ppm,同时还应考虑到具有麻醉性的物质;

②吸入蒸气会产生过敏反应,并导致严重或长期的影响;

③腐蚀性或严重刺激性蒸气;

④与水发生剧烈反应,产生有毒或腐蚀性气体或烟雾(如发烟硫酸)。

10.3 散装液体化学品船

10.3.1 散装液体化学品船的船型

图10-1为13 450t油/化学品船示意图。

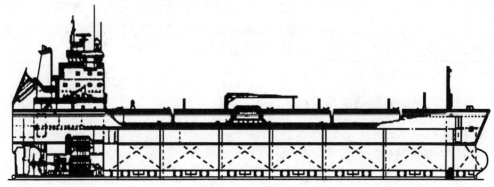

图10-1　13 450t油/化学品船示意图

IBC Code 对散装液体化学品船(简称化学品船)规定了三种船型,不同的船型有不同的船舶最大破损范围及液货舱的位置和舱容。

(1) 1 型船

1 型船是用于运输对环境和安全有非常严重危险的货品的化学品船,它需要用最有效的预防措施来防止泄漏。其液货舱设置在离舷侧船壳的距离不小于船宽的 1/5;离船底壳板的距离不少于船宽的 1/15;但离船体外壳的任何距离不得小于 760mm;舱容不超过 1 250m³(图 10-2)。

(2) 2 型船

2 型船是用于运输对环境和安全有相当严重危险的货品的化学品船,它需要用有效的预防措施来防止泄漏。其液货舱设置在离舷侧船壳的距离不小于 760mm;离船底壳板的距离不小于船宽的 1/15 处;舱容不超过 3 000m³(图 10-3)。

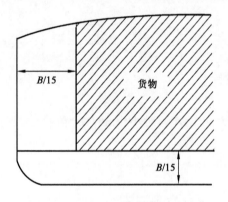

图 10-2　1 型船货舱位置示意图

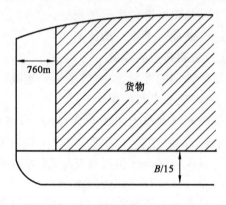

图 10-3　2 型船货舱位置示意图

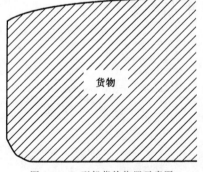

图 10-4　3 型船货舱位置示意图

(3) 3 型船

3 型船是用于运输对环境和安全有足够严重危险的货品的化学品船,它需要用中等程度的围护来增加破损条件下的残存能力(图 10-4)。

无论何种类型的船舶,都必须满足规定的稳性要求。船长应备有《装载和稳性资料》手册。该手册应包括典型营运和压载状态、估算其他装载状态的规定,以及船舶残存能力等详细资料。

10.3.2　化学品船的结构与设备

1) 液货舱

(1) 两种主要的液货舱类型

① 1G:独立重力式液舱

这里的"独立"是指不与船体结构相接触,不作为船体组成部分的货舱;"重力式"是指舱顶的设计表压不大于 0.7×10^5 Pa,为数不多的货品要求这种货舱,如盐酸、二硫化碳、硝酸铵溶液等。

②2G：整体重力式液舱

"整体式"是指货舱是船体结构的一部分，且以相同方式受到邻近船体结构的应力影响。其舱顶的设计表压不大于 0.7×10^5 Pa，大部分的液体化学品用这种货舱装载。

(2)液货舱的材料

液货舱构造所用的材料，以及相连的管路、泵、阀门和透气管等材料，应适合所装货物的装载温度和压力负荷。选用的材料应考虑到操作温度下的切口韧性、货物的腐蚀作用、货物与材料之间的反应以及合适的衬层。

对于某些货品及蒸气，液货舱的结构材料有特殊要求，在 IBC Code 第17章"最低要求一览表"中列出了针对某种具体货品的材料要求，如 Y 表示可以与某些货物与蒸气接触的材料，这些材料可用于建造液货舱、管路、阀门、附件等；N 表示不适用的材料；Z 表示货物蒸气不能与电气装置中的铜、铝和绝缘材料接触，应对其采取密封保护。还有其他的特殊要求分别一一列出。

目前，对化学品船的货舱越来越多地采用货舱涂层的方法，以使货舱有更广泛的适用性。

2）液货舱的透气系统

化学品船的透气系统有两种类型：开式和控制式。

(1)开式

开式透气系统是指在正常作业期间，货物蒸气可以自由进出液货舱而没有任何限制。这种透气系统可由每个液货舱的独立透气管组成，也可由独立的透气管汇合成集合管的形式。在任何情况下，独立或集合的透气管均不得设置截止阀。

该系统仅适用于闪点在60℃以上、蒸气吸入对人体无明显危害的货物，但要注意货物的隔离措施，如果不同的货品共用一个透气系统会导致货物相混。

(2)控制式

控制式透气系统是指在每个液货舱设置压力释放阀和真空释放阀或压力/真空阀以限制液货舱中产生压力或真空的条件。这种透气系统可由每个液货舱的独立透气管组成，也可以在考虑了货品隔离后，由独立的透气管汇合成集合管的形式。

3）装卸系统

装卸系统主要包括泵和管线。为了尽量卸空液货，通常使用深井泵或浸没式泵。并且采用一舱一泵，取消了泵房，既增加了舱容又使作业场所更加安全。

4）液货舱环境控制

出于对安全和货品质量的考虑，对液货舱气氛有不同的控制方法。

(1)惰性法

使用某些不助燃、也不与货品起反应的气体或蒸汽充入液货舱及其相关的管路、液货舱周围的空间，并且维持这样的状态。这样的气氛能防止火灾的发生，还能抑制反应的发生，尤其是适用于能产生易燃蒸气的货品或能与空气、水蒸气发生危险反应的货品。

(2)充填法

用液体、气体或蒸气充入液货舱及其相关的管路，以使货品与空气隔绝并维持这样的状态。当液货舱压力变化时，要监控液面上方的充填层。

(3)干燥法

用无水气体或低露点(-40℃或以下)的气体充入液货舱及其相关的管路,并维持这样的状态。这种方法主要适用于能与水蒸气发生危险反应的货品。

(4)通风法

用自然通风或强制通风的方法。

5)温度控制

对货品温度的控制,由加热或冷却系统来实现。系统使用的材料应与所装货品相适应,所使用的加热介质也应与所装的货品相适应。避免因过热或过冷导致危险反应,维持管路处于正压。

每个液货舱的控制系统应与其他液货舱严格隔离,并可由人工操纵调节。加热或冷却管路不得进入服务处所和机器处所以及载有有毒物质的液货舱。

控制系统应有温度测量装置。测量装置有限制式和封闭式两种。限制式是便携式温度计安装在限制式测量管内;封闭式是传感器安装在液货舱内的遥测温度计。出现过热或过冷时应通过温度报警装置发出警告。

6)电气设备

化学品船上的电气设备和安装标准基本上与油船的要求相同,但对于挥发性强和燃烧范围宽的某些货品,如乙醚、环氧丙烷、偏二氯乙烯等,对电气设备的安全距离应做相应增加。在露天甲板前后3m范围内、甲板上方2.4m高度下,通常不应有任何电气设备。但在特殊情况下,可以使用防火防爆型或本质安全型。

测量和报警装置,如液面报警装置、货泵温度报警装置、气体报警装置等,都必须是本质安全型。

装载酸类货品时其相邻的舱室可能会有氢气存在,一般不应有照明装置,必要时应使用防爆的照明装置。

适用于各种货品的电气设备温度等级(T1~T6),以及设备分类(ⅡA、ⅡB、ⅡC),应符合国际电工委员会第79号出版物的要求。

7)监测系统

(1)液位测量装置

液位测量装置有三种形式:

①开敞式设备(O型)

利用液货舱上的开口,如液面测量孔,将仪表置于货品或者蒸气中。

②限制式设备(R型)

该设备深入液货舱,使用时允许少量货品蒸气或液体暴露在大气中,不使用时是处于封闭状态。其设计应确保在打开设备时不致发生液货喷出或泄放的危险。

③封闭式设备(C型)

该设备深入液货舱,是封闭系统的一部分,能防止舱内物质喷泻,如浮子式液位测量系统、电子探头、磁性探头和安全观测镜等。该设备适合于大多数液体货品。

(2)蒸气探测装置

装载有毒和/或易燃货品的船舶,至少应配备两套为测量蒸气而设计并经校准的仪器。如果不能兼用于毒性和易燃性蒸气的探测，则应各备有两套单独的仪器。蒸气探测仪可以是便携式或固定式的。

对某些货品的毒性蒸气，如果没有适用的检测设备，主管机关可免除该要求。但必须在COF证书上注明并在测量时采取相应的安全措施。

8) 报警系统

报警系统包括动力故障的报警、温度和压力控制，以及装卸作业中发生故障时的速闭系统、液位报警和溢流控制系统。

9) 蒸气回路连接装置

有些毒性大的货品，在装卸时必须连接蒸气回路连接装置，防止蒸气逸出造成危害。

10.3.3 化学品船的防火与灭火

1) 货泵舱

货泵舱应设置符合SOLAS 83修正案第Ⅱ-2章第5条1和2规定的二氧化碳系统，如所装载的货品不适用该系统，则可对货泵舱安排固定式压力水雾或高膨胀泡沫灭火系统。

货泵舱应设置符合SOLAS 83修正案第Ⅱ-2章第5条1和3规定的卤代烃系统。

对于专门装运有数量限制的货品的船舶，应由经主管机关批准的适当灭火系统加以保护。

2) 货物处所

(1) 固定式甲板泡沫系统

该系统应能把泡沫输送到整个液货舱甲板区域，能把泡沫送入已经破裂的任何液货舱内，并有足够的供应能力。

在船首或船尾有装卸设备的船舶还应配备符合要求的泡沫炮和泡沫枪。

(2) 适于拟装货品的手提式灭火设备

(3) 适于拟装货品的灭火介质

IBC Code第17章"最低要求一览表"中列出了某些货品适用的灭火介质。具体分为四类：

① 抗醇型或多用途泡沫

由于普通泡沫灭火剂对醇类和水溶性货品的灭火无效，此时应使用抗醇型或多用途泡沫，这种灭火剂在化学品船上应用较广泛。

② 普通泡沫

此类包括普通泡沫、氟蛋白泡沫和合成泡沫[又分为水成膜泡沫（AFFF）和烃表面活性剂性泡沫]。

普通泡沫是将泡沫剂和水按一定的比例混合，通过一个特别的喷嘴、支管或喷枪，并在其中产生涡流，再与空气混合而成的充满气泡的混合物。灭火机理主要是冷却、窒息作用，即在着火的燃烧物表面形成一个连续的泡沫层，通过泡沫本身和所析出的混合液对燃烧物表面进行冷却，以及通过泡沫层的覆盖作用使燃烧物与氧隔绝而灭火。

氟蛋白泡沫是在普通泡沫中加入氟基化合物，使用时油类不会附在泡沫上。

水成膜泡沫灭火剂是由氟碳表面活性剂、碳氢表面活性剂和其他添加剂组成的，其特点是由于氟碳表面活性剂急剧降低了水溶液的表面张力，使其在油类表面能形成一层抑制油类蒸发的防护膜,靠泡沫和防护膜的双重作用灭火。

③水雾

水雾不干扰液面,而且能大量吸收燃烧产生的热量。除了降温外,水雾也是一种窒息性气体。水雾帘幕还能隔绝热辐射,使消防人员免受伤害。

④化学干粉

干粉灭火剂是一种干燥的、易于流动的微细固体粉末,由具有灭火作用的基料(如碳酸氢钠、磷酸盐等,占90%以上)和防潮剂、流动促进剂、结块防止剂等添加剂组成。它的独特灭火作用主要通过干粉灭火剂对燃料的链式反应起化学抑制作用来实现,相对其他灭火剂,它具有更高的灭火效能。

10.4 化学品船的安全运输管理

10.4.1 国际散装运输液体化学品船舶适用的法律法规

1)《散装运输液体化学品船舶构造和设备规则》(简称"散化规则",BCH Code)

该规则是IMO第一部针对散装运输液体化学品船舶构造和设备提出的国际标准。该规则在1971年的IMO全体大会上以A.212(Ⅶ)决议形式予以通过。经过若干次修订,现在的版本是由8章、一个附录组成。

该规则适用于建造或改建日期是1986年7月1日以前、从事散装液体化学品运输的船舶。

该规则属建议性质,但对于MARPOL 73/78缔约国,如果船舶所装货品属于MARPOL 73/78约束的有毒液体的物质,按公约Reg.13中的规定,对承运A、B和C类的化学品船,BCH Code中的部分条款是强制性的。

符合BCH规则的船舶,经检验颁发散装运输危险化学品船舶适装证书(简称COF)。

2)《国际散装液体化学品船舶构造和设备规则》(简称《国际散化规则》,IBC Code)

1983年,IMO的MSC通过了该规则,并将其作为SOLAS 74修正案的一部分,列入SOLAS第Ⅵ章的B部分,这样使其成为强制性规则。该规则后经多次修订,目前使用的版本由20章加上一个附录组成。内容有:总则,船舶残余能力和液货舱布置,船舶布置,货物围护系统,货物驳运,构造材料,货物温度控制,液货舱透气与除气装置,环境控制,电气设备,防火与灭火,货物处所的机械通风,测量设备,人员防护,特殊要求,操作要求和环境保护的附加措施,最低要求一览表,不适用本规则的化学品名单,从事海上焚烧液体化学品废弃物船舶的要求,液体化学品废弃物的运输;附录:国际散装危险化学品适装证书的格式。IBC最新的修正案于2012年在IMO的MEPC64上通过,主要对IBC规则第17、18和19章作了修订,于2014年6月1日生效。

符合IBC Code的化学品船,经检验合格颁发国际散装运输危险化学品适装证书(简称COF)。

(1)该规则适用的船舶

该规则适用于所有吨位的下列化学品船:

①1986年7月1日或以后安放龙骨或处于相应建造阶段的船舶;

②1986年7月1日,船舶已经开始建造,组装了至少50t或所有材料估计重量的1%,取其小者;

③1986年7月1日或以后开始改建的化学品船。

(2)该规则的特别规定

该规则适用的化学品货物被列入了 IBC Code 第17章,但在使用时应注意:

按 SOLAS 74,本规则不适用于载运根据污染特性被列入第17章且在 d 栏中以"p"标记的货品的船舶;

按 MARPOL 73/78,本规则仅适用于载运在第17章 c 栏中标记的 X、Y 和 Z 类有毒液体物质。对于未列入第17章或第18章的货品,船舶主管机关和有关港口主管机关应根据散装液体化学品危险性评估标准制定初步的载运条件,并将有关装运条件通知 IMO。如属于具有污染危害的货品,应遵循 MARPOL 73/78 附则Ⅱ第3(4)条中规定的程序。

3)控制散装有毒液体物质污染规则

(1)定义

化学品液货船系指建造或改建为主要用于装有毒液体物质的船舶,并包括该公约附则定义的用于装运全部或部分散装有毒液体的油船。

液体物质系指那些温度为 37.8℃时蒸气压不超过 $2.8kg/cm^3$ 的物质。

有毒液体物质系指附则Ⅱ附录Ⅱ中所指的或根据第3(4)条规定暂时被评定为属于 X、Y、Z 或 OS 类的任何物质。

(2)适用范围

适用于所有运输散装有毒液体物质的船舶。

(3)排放规定

应禁止将 X 类、Y 类或 Z 类或临时评估为此类物质的残余物或压载水或含有此类物质的其他混合物排入海中,除非此种排放完全符合本附则规定的可适用的运营性要求。

在按本条进行任何预洗或排放程序之前,应按操作手册中所述的程序,将相关的液货舱排空。

应禁止将运输的尚未分类的物质、按本附则第6条临时评定或评估的物质或压载水或洗舱水或含有此类残余物的混合物连同产生的物质排入海中。

(4)排放标准

①当本条的规定允许将 X 类、Y 类或 Z 类物质或临时评定或评估为此类物质的残留物或压载水或洗舱水或含有此类残余物的混合物排放,则应适合下列排放标准:

a.船舶在自航情况下以至少 7kn 的速度前进或在非自航情况下以至少 4kn 的速度向前推进;

b.排放是在水线以下通过水下排放出口,其最大的排放率不超过设计功率;

c.排放是在水深不小于 25m、距离最近陆地不少于 12n mile 处进行。

②对于 2007 年 1 月 1 日之前建造的船舶,在水线以下将 Z 类物质或临时评定或评估为此类物质的残留物或洗舱水或含有此类物质的残余物的混合物排放是非强制性要求。

③对于仅在船旗国的主权或管辖水域内从事航运的船舶,主管机关可以放宽上述有关距

离最近陆地不少于12n mile处排放Z类物质的要求。除此之外,当船旗国与毗连国签订了书面协议后,在所涉及的两个沿岸国之间,对于悬挂他们国旗并仅在他们主权或管辖水域内从事航运的船舶,主管机关可以放宽有关距离最近陆地不少于12n mile处排放的相同要求,但不得影响第三方。并应在签订协议后30d内将有关该协议的信息通报国际海事组织,以便通知其他成员国采取适当的行动。

(5)排放程序

①X类物质残余物的排放

a.已被卸完X类物质的货舱,在船舶离开卸货港口之前,应予以预洗。清洗的残余物其浓度处于或低于0.1%之前应被排入接收设备。其浓度指标由检查员从排入接收设备的残余物中提取样品进行分析后确定。当浓度达到要求后,应把舱内剩余的洗舱水继续排入接收设备,直至把该舱排空。这些作业应在货物记录簿内作相应记录,并按MARPOL 73/78附则Ⅱ第16.1条(港口国控制措施)所述由检查员签署。

b.参照上述排放标准,预洗后输入舱内的任何水均可被排放入海。

c.如使接收方的缔约国政府确信,要测量排出物中的物质浓度,就可能造成船舶航期不应有的延误,则该缔约国可能接受相当于测量浓度的替换程序,假如:

• 根据主管机关认可的程序并符合MARPOL 73/78附则Ⅱ附录6的要求预洗货舱;

• 清洗情况参照要求写入货物记录簿并经检查员签署。

②Y或Z类物质残余的排放

a.关于Y或Z类物质残余物排放程序,上述的排放标准应适用。

b.如果Y或Z类物质没有按《程序和布置手册》要求进行卸载,在船舶离开卸货港口之前,应予以预洗。除非参照MARPOL 73/78附则Ⅱ第16.1条(港口国控制措施),采取使验船师满意的、从船上去除本附则规定数量的货物残余物的其他措施。预洗后的洗舱水应被排放至卸货港口的接收设备,或排放至有合适接收设备的另一港口,但必须有书面确认该港口的接收设备足以收纳该船的洗舱水。

③Y类高黏度或固化物质

关于Y类高黏度或固化物质,按照下列情况应用:

a.MARPOL 73/78附则Ⅱ附录6中规定的预洗程序应被适用。

b.预洗时产生的残余物/水混合物应被排放至接收设备,直至货舱排空。

c.接着输入舱内的任何水可按本条上述的排放标准被排放入海。

10.4.2 化学品船的强制检验

1)检验程序

化学品船的检验,包括对按BCH/IBC Code的规定所执行的检验或免除,应由船旗国主管机关实施并批准;也可以委托有资格的验船师或经认可的机构来执行。

任何情况下,主管机关应保证检验的完整性和有效性,并保证履行这一职责所必需的措施和保障。

2)检验要求

除了签发其他证书以外,化学品船必须按BCH/IBC Code的要求进行特殊的检验。在对化学品船进行了初次和定期检验、确认其符合要求之后,应签发国际散装运输危险化学品适装证书。

按 1993 年以国务院令颁布的《中华人民共和国船舶和海上设施检验条例》的规定,中国籍的散装化学品运输船必须向中国船级社申请入级检验。中国船级社按《散装运输危险化学品船舶构造与设备规范(1996)》、《内河散装运输危险化学品船舶构造与设备规范(2001)》对申请入级的化学品船进行检验。

(1) 初次检验

此项检验在船舶投入营运之前或在第一次颁发国际散装运输危险化学品适装证书之前进行,此项检验应包括对本规则有关船舶的构造、设备、装置、布置和材料的全面检查。初次检验应确保构造、设备、装置、布置和材料完全符合本规则适用的规定。

(2) 定期检验

此项检验的间隔由主管机关确定,最长不得超过 5 年。定期检验应确保构造、设备、装置、布置和材料均符合本规则适用的规定。

(3) 期间检验

此项检验在国际散装运输危险化学品适装证书的有效期内至少进行一次。如果在证书有效期内只进行一次期间检验,则检验应在证书有效期的中间日期前后 6 个月内进行。期间检验应确保安全设备、其他设备及有关的泵和管系符合本规则适用的规定并使其处于良好的工作状态,这种检验应在国际散装运输危险化学品适装证书中予以签署。

(4) 年度检验

此项检验在国际散装运输危险化学品适装证书签发周年之日的前后 3 个月内进行。年度检验应包括一般性检查,以确保构造、设备、装置、布置和材料在各方面均适合该船的营运。这种检验应在国际散装运输危险化学品适装证书中进行签署。

(5) 附加检验

此项检验既可以是全面的,也可以是部分的,视具体情况而定。每当船舶发生事故或发现缺陷,而这种事故或缺陷会影响到船舶安全及救生设备或其他设备的有效性和完整性时;进行了重要修理或更新时,都应进行这种检验。这种检验应确保已有效地进行了必要的修理或更新,此种修理或更新的材料和工艺是令人满意的,且船舶适于海上航行,不会对船舶或船上人员产生危险。

3) 国际散装运输危险化学品适装证书(简称 COF 证书)的格式

国际散装运输危险化学品适装证书的格式见 BCH/IBC Code 附件。

4)《检验和发证的协调系统》修正案

SOLAS 公约、载重线公约和 MARPOL 73/78 于 1988 年 11 月 11 日通过了关于检验和发证协调系统的议定书,该议定书按明示接受程序,2000 年 2 月 3 日生效。

该议定书引入了一个新的协调系统,目的是减少由于三个公约所要求的上坞检验时间不一致引起的问题。在同一时间执行所有的检验以减少船东的费用和避免重复检验。

10.4.3 我国化学品船安全监督管理实践

1) 安全检查

(1) 检查 COF 证书

经检验签发的 COF 证书，基本上证明了化学品船构造和设备已符合所适用的规则要求。因此，进行一般的安全检查时，首先应核实证书是否有效，即船舶的建造日期与适用的规则是否相符、证书是否处于有效期内、证书上是否按要求进行了检验签署。

(2) 鉴定 COF 证书中的适装货物清单

每艘化学品船，在其 COF 证书中都列明了各个液货舱或液货舱组所适装的货品。不同的液货舱或液货舱组的结构、材料和设备是有区别的。同一类型的液货舱或液货舱组属于同一类型，具有相同的结构材料和涂层，适用于某种或某类货品。所以适货清单在安全检查中是非常重要的。

进行检查时，应核实船舶所装载的货物必须是列入清单中的货品，清单中未列入的货品不得装载。另外，还要核实装载货物的液货舱是否与适装证书中标明的液货舱或液货舱组一致。

(3) 检查货物载运的最低要求和特殊要求

一般来说，只要证书有效、所装载的货物与适货清单中一致，就可以认为该船符合要求。当需要做进一步检查时，可以根据船舶所适用的规则"最低要求一览表"中的具体内容进行重点检查。进一步核实船型、舱型、透气系统、液货舱环境控制、电气设备、液位测量装置、蒸气探测、防火、构造材料以及防护等是否与所适用的规则要求一致。根据情况也可以对个别项目重点抽查。

在 BCH/IBC Code"最低要求一览表"中列明的特殊要求，可以认为是对一般要求的补充。对于每一种货品的特殊要求应作为重点检查的内容。

(4) 检查货品的相容和隔离

化学品之间的反应性是其最危险的特性之一。为了避免发生反应事故，必须了解货品的反应性和相容程度，以便做出适当的装载和隔离安排。

货主应向船上提供托运货品的详细资料，这些资料是正确积载、隔离、安全作业和采取适当的预防措施的依据。

货品的资料应包括以下内容：

(1) 货品的理化性质。

(2) 货品对人体的毒性。

(3) 易燃物质的闪点、易燃范围、自燃点以及适用的灭火剂。

(4) 货品对热的敏感性。

(5) 货品是否需要加热，在航行和装卸时所允许的最高和最低温度，以及对加热方法的要求。

(6) 货品是否能与空气、水或其他物质发生反应。

(7) 货品是否需要添加稳定剂、抑制剂，以抑制其有害的自身反应。当需要时，应提供添加剂证书，证书上应写明所加物质的名称、数量（浓度）、加入的日期及有效期，所加物质有效的温度范围；超过有效期应采取的措施。

(8) 相容性类别。

(9) 货品是否有腐蚀性。

(10) 液货舱的适用性和装载条件等。

(5)其他证书的检查

由于散装液体化学品所具有的重大污染危险性,1985年对BCH/IBC Code修正时,加入了有关海洋环境保护的补充措施:BCH Code的第5A章和IBC Code的第16A章。从而使BCH/IBC Code与MARPOL 73/78取得了一致。

按MARPOL 73/78的要求,载运液体化学品中属于有毒液体物质的船舶必须具备国际防止散装运输有毒液体物质污染证书(简称NLS)、《程序与布置手册》(简称P&A手册)、《货物记录簿》(简称CRB)。这些证书的检查,应依据公约和相应的附则要求进行。

2)监督管理

(1)申报要求

要求化学品船抵港前3d直接或通过代理向海事部门报告船舶的基本情况,包括船名、船舶类型、驶离港和目的港、抵达时间等,以及所装载的货品名称、数量、装载位置和运输中存在的问题等,办理进口签证,经海事部门批准后,方可装船。

(2)安全措施

海事部门受理申报时应核实情况,并提出安全预防措施、使用的信号和联络方法等要求。基本要求应不低于油船安全生产管理要求,并根据货品的特殊性提出特别要求。

(3)监装监卸

化学品船的装卸,必要时,海事部门可派人进行现场监督,以保证装卸作业的安全。监装工作完成后,海事部门签发危险货物监装证书。

(4)报告制度

化学品船在装卸、运输过程中发生任何异常情况,如货品泄漏、事故导致排放等,对于处理方法和后果均应如实记录在航海日志和货物记录簿内。在申报的同时,向海事部门提交书面报告,由海事部门备案,以便采取补救措施和善后处理。

本章复习思考题

1. 请谈谈散装液体化学品的分类,并简述各分类方法的区别。
2. 散装液体化学品危险性评价主要围绕哪几个方面展开?
3. 散装液体化学品危险性评价的指标主要有哪些?
4. 与散装液体化学品船舶运输的相关法规主要有哪些?
5. 谈谈APELL计划和OPRC公约的联系与区别。

本章参考文献

[1] 国际海事组织.经1978年议定书修订的1973年防止船舶造成污染公约[Z].
[2] 国际海事组织.国际散装运输危险化学品船舶构造和设备规则[Z].
[3] 国际海事组织.散装运输危险化学品船舶构造和设备规则[Z].

第11章　散装液化气运输与管理

　　我国散装液化气的水上运输起步较晚，至今只有十几年的历史，但发展势头却很猛。从沿海到内河，从国内到国际，从全压式、半冷半压式到全冷式，从常规的船岸装卸到船—船过驳，从岸基库到水上浮舱，几乎囊括了所有液化气体的运输和作业形式。从货种来看，我国散装液化气体的品种则略显单调，过去以液化石油气(LPG)为主，在可预见的将来，仍将以液化石油气和液化天然气(LNG)为主要货种。

　　液化石油气和液化天然气作为一种"干净"的能源在过去几十年在民用燃料市场占据了越来越大的份额。近十年来液化石油气因为散装运输便捷、热值高、废气无污染、易管网化供应和相对价廉等优点已经成为我国居民，特别是城镇居民最主要的燃料，它和具有基本相同优点的液化天然气还进入了发电、陶瓷、医药等工业的耗能领域。

　　液化石油气在陆地上的运输形式主要是汽车槽车和火车槽车；液化天然气在陆地上则是通过地下大口径管道进行长距离的输送。国家开发西部战略中的"西气东输"工程就是将蕴藏在我国西部的大量天然气通过地下管道输送到我国中部和东部地区，每年可达数百万吨。海洋开采的天然气还可通过海底管道进行输送。我国海南岛以南约100km的崖13-1海底气田通过近800km的海底管线每年将近50万t的天然气输送到香港供发电用。

　　气体燃料在国家能源结构中所占的比例，以及每个国民的平均年消耗量可以作为衡量国民生活质量和城市环境质量的重要参考指标。20世纪90年代的统计数字表明，世界人均耗气量约为13kg/(年·人)(下同)。我国周边国家的情况是：日本55kg/(年·人)，韩国48kg/(年·人)，马来西亚40kg/(年·人)，泰国15kg/(年·人)，印度4kg/(年·人)；而我国在1990年前后仅为3kg/(年·人)。这一状况远远低于欧美国家，低于日本、韩国等国，甚至低于经济发展程度不如我国的印度。随着我国国民经济的发展以及人民生活水平的提高，气体燃料在我国出现一个极大的潜在市场。我国的液化气体的水上运输事业也就是在这个时刻起步的。

　　我国石油和天然气的蕴藏量毕竟有限。2003年我国的石油开采量占世界第五位，但石油消耗量却占第二位。近年来，我国1.7亿t左右徘徊不前的石油年产量，决定了不足500万t的石油气年产量，除去石油工业内部消化的部分，投入国内LPG市场的只有400多万t；2003年我国的天然气产量占世界第十八位，更显示天然气国内市场的巨大缺口。基于我国人口众多、生活水准提高和经济高速发展的现状，以及环保政策和能源政策的要求，石油气和天然气的巨大供应缺口，只有依靠大量进口石油、石油气和天然气来填补，而我国这些重要物资的传统进口地区主要是中东和非洲。大宗石油气和天然气的进口，以及大宗国产与进口石油气进入二级、三级市场，主要是借助船舶这种运输工具来进行的。

　　综上所述，我国的散装液化气体的水上运输业，今后几十年仍将有巨大的发展前景。散装液化气体船舶安全管理仍将是海事工作的一项重要工作。

11.1 液化气体基本知识

《国际危规》所称的气体,根据其特性所表现的物理状态,分为压缩气体、液化气体和溶解气体。《国际危规》第二类所指的气体,在50℃饱和蒸气压大于300kPa,或在101.3kPa(标准大气压)下,20℃时完全呈气态。

11.1.1 液化气体的定义

根据《国际散装运输液化气体船舶构造和设备规则》(简称 IGC 规则)和《散装运输液化气体船舶构造和设备规则》(简称 GC 规则)的规定,液化气体船舶所载运的是各种散装运输温度在37.8℃时,其饱和蒸气压力超过0.28MPa(绝对压力)的液化气体和 IGC 规则第十九章所列的其他货品。

一般说来,物质可能以三种形态(或状态)存在:气态、液态和固态。在一定条件下,这三种状态可以相互转换,如图11-1所示。

以气体为例:气体在加压或降温,或者加压并降温时,可以转化为液体,这个过程称作液化,这样生成的液体则称作液化气体。基于这种叙述,液化气体是一类在常温常压下呈气态,经降温,或在其临界温度以下加压可以变成液体的物质。事实上,IGC规则第十九章所列的物质中有一些在常温常压下并不是气体(如乙醚、戊烷、异戊二烯、环氧乙烷等),并且已被列入 IBC 规则内,只是由于它们较低的沸点(接近室温)和较高的蒸气压,更适宜用液化气体船舶来运输,因而也被列入 IGC 规则。

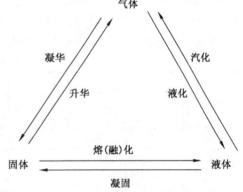

图 11-1 物质的物理状态及相互转化

11.1.2 液化气体的性质

液化气体的种类以来源划分为天然气(还可细分为煤田气、气田气和油田气)、石油气(炼油厂原油加工的副产品)和化学气(化工厂生产的各种化学气体)。液化气体的理化特性,有一些是共同的,但又因为不同的成分和组成而呈现各自不同的特性。液化气体的共性是:

1)反应性

一些液化气体具有化学不稳定性,有些不但能溶解于水,还可能与水生成水合物结晶体堵塞管道、喷嘴和仪表;有些能与空气中的氧发生反应生成不稳定的过氧化物并导致爆炸;还有些则因不饱和键的存在而可能发生聚合反应,反应放出的热量更加剧了自身聚合反应的进行,导致液货变质,甚至引起燃烧和爆炸。在运输中要针对液货的化学性质,注意液货间的不相容性,以及液货和金属材料的不相容性;为防止聚合反应,则应按要求添加抑制剂。

2)可燃性

大多数液化气体在运输中发生泄漏可能与空气形成可燃性混合物,遇明火则可能燃烧,其至爆炸。而液氧和液氯一旦泄漏,则具有极强的助燃特性。

3) 低沸点和高蒸气压

液化气体在常温时皆为气体,即其沸点都低于常温,并在常温时具有较高的蒸气压。

4) 低温效应

有些液化气体基于其物理特性,是在冷冻状态下呈液态进行运输的,与之实际接触的舱壁、管线、阀体和输送机械应是耐低温的。当低温液化气体与船上其他金属结构接触时,温度的降低使这些金属的晶体结构发生变化,韧性变差,原有机械强度明显降低而发生脆裂现象,导致事故发生。液化气体,无论是处于高压还是低温状态,一旦泄漏,一定会迅速膨胀,这是一个吸热过程。如果是水线下的破舱泄漏,则膨胀吸收大量的热会致使船体和货舱的破损部位迅速结冰,有效堵塞漏洞,暂时阻止事态的恶化。无论是低温液化,还是加压液化的液化气体,一旦与人体直接接触,即会因为液货本身的低温,或在常温下迅速汽化、膨胀而形成的低温造成人体皮肤或其他器官的冻伤、坏死。

IGC规则第十九章所列参与水路运输的液化气货物中,大多数(共17种)是有毒的,有的甚至是剧毒的,必须在装卸作业和应急行动前备有足够的、有效的防护服和自给式呼吸器。目前大宗运输的液化气体中,液化天然气(LNG)、液化石油气(LPG)、液化乙烯气(LEG)、丙烯等是无毒的,而氯乙烯、氨则是有毒的。

当然,不同液化气体又具有各自的特性,如表11-1和表11-2所示。

几种液化气体的物理性质　　　　　　　　　表11-1

气体名称	沸点 (℃)	临界温度 (℃)	临界压力 (Pa),绝对	密度比 1L液体/1m³ 气体	液体相对密度 (水=1,标准气压 和沸点温度时)	蒸气相对密度 (空气=1)
甲烷	−161.5	−82.5	44.7	0.804	0.427	0.554
乙烷	−88.6	32.1	48.9	2.453	0.540	1.048
丙烷	−42.3	96.8	42.6	3.380	0.583	1.55
n-丁烷	−0.5	153.0	38.1	4.32	0.600	2.09
i-丁烷	−11.7	133.7	38.2	4.36	0.596	2.07
乙烯	−103.9	9.9	50.5	2.20	0.570	0.975
丙烯	−47.7	92.1	45.6	3.08	0.613	1.48
α-丁烯	−6.1	146.4	38.9	4.01	0.624	1.94
γ-丁烯	−6.9	144.7	38.7	4.00	0.627	1.94
丁二烯	−0.5	161.8	43.2	3.81	0.653	1.88
异戊二烯	34.0	211.0	38.5		0.67	2.3
氯乙烯	−13.8	158.4	52.9	2.87	0.965	2.15
氧化乙烯	10.7	195.7	74.4	2.13	0.896	1.52
氧化丙烯	34.2	209.1	47.7		0.830	2.00
氨	−33.4	132.4	113.0	1.12	0.683	0.597
氯	−34.0	144.0	77.1	2.03	1.56	2.49

几种常见液化气体在饱和温度下的密度值　　　　　表 11-2

饱和温度(℃)	丙烷液态(kg/m³)	丙烷气态(kg/m³)	正丁烷液态(kg/m³)	正丁烷气态(kg/m³)	乙烯液态(kg/m³)	丙烯液态(kg/m³)	丁烯液态(kg/m³)
-40	581	2.61			461	599	670
-35	575	3.25			454	594	664
-30	565	4.62			443	589	656
-25	559	4.62			431	582	647
-20	553	5.43			416	574	641
-15	543	6.40	615	1.062	400	567	634
-10	542	7.57	611	1.947	381	561	629
-5	535	9.05	605	2.100	363	552	624
0	523	10.34	600	2.320	335	545	619
5	521	11.90	596	3.350		545	619
10	514	13.60	591	3.940		531	606
15	507	15.51	583	4.650		524	600
20	499	17.74	573	6.180			
25	490	20.15	573	6.180			
30	483	22.30	538	7.190			
35	474	25.30	562	8.170			
40	464	28.80	556	9.334			
45	451	34.50	549	10.57			
50	446	36.80	542	13.10			
55	437	40.22	536	12.33			
60	431	44.60	532	15.40			

11.1.3　常见于水路散装运输的液化气体货物

1) 液化石油气(LPG)

由丙烷、丁烷或二者的混合物组成,它是原油炼制的副产品,产率为原油的 2.5%～3.5%,主要用于取暖、制冷和餐饮业的燃料,许多国家还将其用于发电、金属切割、工业加热的燃料和石油化工的原料。进口液化石油气在远洋运输中,常将丙烷和丁烷分舱储运,进入二级市场时则依订货要求,按一定比例混合,所以其密度(或比重)是一个波动值,一般在 0.55 左右。由于气态丙烷和丁烷的密度都比空气大,所以如果液化石油气泄漏挥发,易在低凹或封闭处所聚集,缓慢扩散并与空气混合形成爆炸性混合气体。液化石油气无色无味,一旦泄漏,往往不易被人及时察觉。为了避免这一弊端,往往在货物交付前定量添加极少量的臭味剂,如硫醇。这样即使液化石油气的少量泄漏也会带有明显的特殊臭味而引起人的警觉。顺便要说明的是,硫醇本身也是一种易燃易爆和有毒的海洋污染物。每年约有 4 000 万 t 液化石油气通过远洋运输分散到世界各地。

2) 液化天然气(LNG)

主要成分为甲烷(70%～99%)。在从油气田或气田中开采出来时,混有水蒸气、二氧化碳、氮气和其他非烃类气体,此外还可能夹带一些"天然气液体"(NGL),NGL 可能含有 C2～C5(乙烷、丙烷、丁烷和戊烷)和一些更重的组分。由于甲烷比空气轻得多,泄漏后及时散失,不易聚集与空气混合成易燃气体,所以具有相对安全的特性。尽管如此,使用前仍应添加臭味剂。通过远洋运输进入国际市场的液化天然气,每年已接近 1 亿 t。

3) 氨

20 世纪 70 年代起,全世界对粮食需求的增长,迫切要求使用含氮化肥增加产量,氨作为氮肥和其他许多产品的基本原材料,全世界每年消耗量达 1 亿 t 以上,而每年借助全冷式液化气体船水路运输量达 1 400 万 t,仅次于液化气体运输市场中的液化天然气和液化石油气。

4) 乙烯

乙烯是石油化工工业基本原料之一,用于生产塑料、酒精、聚氯乙烯、聚苯乙烯和聚酯纤维等。乙烯是在石油化工厂中裂解石脑油等工艺过程中生产出来,全世界乙烯的年产量近 1 亿 t,但只有其中的 100 多万 t 借助半冷半压式液化气船进行长途运输。运量与之相近的还有氯乙烯、丁二烯等。

11.2 液化气船类型

11.2.1 液化气体的水上运输概况

远洋运输中液化气船舶小至 4 000 m³ 舱容常温下运输丙烷、丁烷和一些化学气体的全压式船舶,大至 10 万 m³ 以上舱容运输液化天然气和液化石油气的全冷式船舶;两者之间则是第三种半冷半压式船舶。这种架构十分适合于运输各种性质相异的货种,包括常压下的全冷冻货物以及压力在 5～9bar 的各种温度的货物。

30 年来,液化气体的水上运输已经成为一大成熟的海运产业。根据 20 世纪 90 年代中期的统计,全球用于海上运输液化气体的船舶约为 900 艘,其中:

液化天然气船	85 艘
全冷式气体船	165 艘
乙烯运输船	100 艘
半冷半压式气体船	200 艘
全压式气体船	350 艘

1994 年这些船舶运输了 5 500 万 t 的液化石油气和化学气体,6 500 万 t 的液化天然气。这组数字在最近十几年又有了明显的增加。在我国,这方面统计数字的变化更是明显。

据统计,2010 年底,国内液化气年运输能力已超过 700 万 t,而国内液化气水运量约为 480 万 t。

截至 2007 年年初,我国现有的 80 艘液化气船舶中 25 年及以下的有 50 艘,占船舶总数的

63%,15 年以下的船舶比重已经上升到 43% 以上。随着新建船舶不断投入市场,15 年以下船舶所占比重还会进一步上升。因此,近几年我国液化气船舶的船龄结构正在发生根本性变化,已由前几年的严重老龄化,逐步转变为年轻化,船型也由过去的小型和单一化转变为中型和多样化。目前的运力结构和规模的调整变化,是运输市场自身调节的结果,也是主管机关管理和引导的结果。

11.2.2 液化气船舶的种类

根据载运的货物种类以及液化的方式,液化气体船舶可划分为:全压式液化气船,半冷/半压式液化气船,半压/全冷式液化气船,全冷式乙烯船,全冷式 LPG 船,全冷式 LNG 船等。各种船型具有各自不同的特点。

图 11-2 和图 11-3 为几种液化石油气船和天然气船按大小比例的轮廓图。

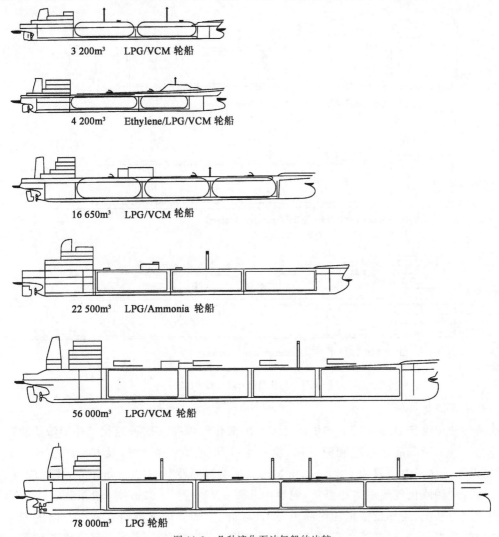

图 11-2 几种液化石油气船的比较

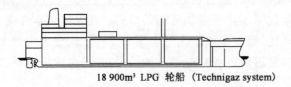
18 900m³ LPG 轮船（Technigaz system）

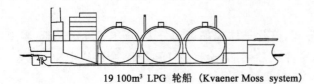
19 100m³ LPG 轮船（Kvaener Moss system）

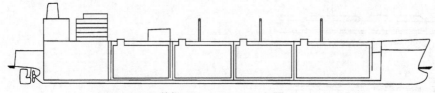
87 500m³ LPG 轮船（IHI SPB system）

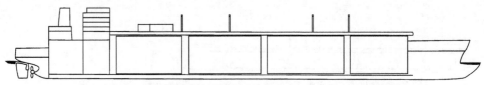
135 000m³ LPG 轮船（Gaz Transpor system）

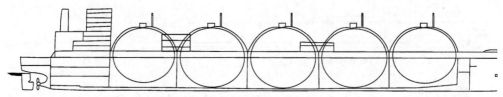
137 000m³ LPG 轮船（Kvaerner Moss system）

图 11-3　几种液化天然气船的比较

1）全压式液化气船

这是一种货物仅通过常温下加压液化方式的液化气体船。这种液化气船的液货舱能安全承受环境温度下所载液货的饱和蒸气压，没有温度和压力控制装置，没有绝热层和再液化装置，货舱设计工作压力一般为 1.77～2.00MPa。因为要承受较高的工作压力，舱壁较厚、货舱较重。所以这种液化气船多为小型船，舱容由几百立方米到 2 000m³，一般不超过 4 000m³，它们的货物围护系统、装卸设备也相对简单，适宜近海、沿海和内河航行。我国目前的液化气船以这种船舶为主，主要运送液化石油气，也能载运氯乙烯、氨和戊烷等。我国建造的第一艘液化气体船就是舱容为 3 000m³ 的全压式液化气船。

2)半冷/半压式液化气船

这是一种货物通过加压并降温的液化方式的液化气船。这种液化气船的货舱设计工作压力比全压式船低,一般为 0.4～0.8MPa(表压);装有再液化装置,可通过控制液货温度来调节舱内压力;因为要控制－10～－5℃低温,所以舱外敷有绝热材料。工作压力较低,舱壁相对较薄,舱容一般为 7 500～10 000m³。这种船舶也以载运液化石油气为主,还能装载除液化天然气和乙烯气以外的其他液化气体物资。

我国的液化气船中,也有几艘这种船舶。1992 年,我国还建造了第一艘半冷/半压式液化气船,舱容为 4 200m³,即(2 900＋1 300)m³。

3)半压/全冷式液化气船

这种气体运输船能承受更低的温度(－48℃),并通过船上设置的再液化装置调节舱内液货的温压。由于这种船舶可以视不同货种采用不同的液化方式:低温常压、低温加压或常温加压,所以适宜装载除液化天然气以外的各种液化气品种,如液化石油气、氯乙烯、丙烯、丁二烯、氨,甚至乙烯等。半压/全冷式液化气体船的舱容幅度较宽:1 500～30 000m³,装卸系统的适应性也较强。

我国为国外用户建造的第一艘半压/全冷式液化气船,舱容 16 500m³,可同时装载三种不同货种。

4)全冷式 LPG 船

这是一种采用全制冷液化方式的液化气体船,货舱不承受压力,可设计较大容量:1 万～10 万 m³。由于设计任务是仅针对液化石油气,所以耐－48℃即足以应对液货常压下的沸腾温度。这种船舶常装有再液化装置来控制温度和压力。除了液化石油气,它们还可载运液氨,常见的用于远距离运输的全冷式 LPG 船大多数具有较大容量(VLGC),我国液化气船队也有这种船舶。

5)乙烯运输船

这种船舶是为运输乙烯而专门设计的,可耐－104℃以下温度的常压低温的液化方式,设有再液化装置以调节舱内液货的温度和压力,因液货温度较低,所以绝热要求较高。舱容一般为 1 000～3 万 m³。尽管是为载运乙烯设计的,由于耐低温性较强,亦可兼运除 LNG 以外的其他液化气体,特别是 LPG。

半冷/半压式和半冷/全压式气体船也能运输液化乙烯气。

6)全冷式 LNG 船

这种船舶也是采用常压下的低温液化方式。由于是专门针对运载液化天然气的,必须能耐受－160℃以下的低温,为了防止液货汽化所以对绝热保温也有较高的要求,而少量汽化的液货则通过作为内燃机燃料或外排来消除,所以目前这种船舶一般不设再液化装置。专用 LNG 船要适应远程运输,从经济分析的角度考虑应具有较大的舱容,标准船一般为 12 万～13 万 m³,最大的可达 20 万 m³。而兼用的 LNG 船则应装有再液化设备,并具有相对较小的舱容。

尽管我国目前尚无全冷式 LNG 船,但由于华南和华东相继引入的大型进口液化天然气项目的需要,海事部门将进入大型液化天然气船舶的受理和安全管理范畴。

11.2.3 液化气船舶的构造和设备

1）船型

IGC规则所适用的液化气体船舶的设计应符合下述船舶标准：

(1)1G型船，用于载运IGC规则第十九章所列要求采用最严格防漏保护措施的货品的气体运输船。

(2)2G型船，用于载运IGC规则第十九章所列要求采取相当严格防漏保护措施的货品的气体运输船。

(3)2PG型船，长度150m及以下，用于载运IGC规则第十九章所列要求采取相当严格防漏保护措施的货品的气体运输船，而该类货物是被载运于其释放阀最大调定值（MARVS）至少为0.7MPa（表压）和其货物围护系统的设计温度为－55℃及以上的C型独立液货舱。这类船舶船长若超过150m，则划为2G型船舶。

(4)3G型船，用于载运IGC规则第十九章所列要求采取中等防漏保护措施的货品的气体运输船。

由此可见液化气体船的船型是依据所适装货物的危险程度由高到低依次划分的，进而确定了各型船舶经受不同程度破损、浸水和残存能力的标准，以及液货舱的位置。

2）液货舱和舱型

液化气船舶的货物围护系统是指用于围护货物的装置，包括主屏壁、次屏壁、绝热保温层、屏壁间处所以及支持这些构件的邻接结构。船上货物围护系统，加上货泵舱、压缩机舱及其上部的甲板区域，组成液化气体船舶的货物区域。而液化气体船舶的液货舱，则指货物主要容器的液密壳体，包括其绝热保温层及次屏壁（如果有的话）。

根据不同液化气体及不同的液化方式，设计、建造了各种不同类型的液化气体船舶，而不同船舶又有不同的液货舱。液货舱根据其与船体结构的关系分整体液货舱、薄膜液舱和独立液舱三大类。

(1)整体液货舱构成船体结构的一部分，并且以相同方式与相邻船体结构一起受到同样载荷的影响。整体液货舱适装温度低于－10℃的液货，设计工作压力则不超过0.07MPa，可用于丁烷运输船的设计中。

内部绝热液货舱也是整体液货舱的一种，其特点是绝热层内表面直接与液货接触，并与绝热层外侧的衬里材料形成组合体，起到主屏壁的作用，或同时发挥主屏壁和次屏壁的作用。

(2)薄膜液舱由非常薄的金属或非金属构成主屏壁，该液舱不能自身支持并承受货重，故需通过绝热层靠船体及船体内部构件来承受货物质量。薄膜液舱应有一个完整的次屏壁来确保围护系统的整体完整性。典型的薄膜液舱有Gaz Transport型和Technigaz型（主屏壁分别厚9.5mm和1.2mm），分别以各自研制的两家法国公司命名。主、次屏壁间有性能良好的绝热层。每个薄膜液舱的舱容为几千立方米到几万立方米，用于全冷式LPG和LNG船。

半薄膜液舱的概念是由薄膜液舱演化而来的，从性质上看，则介于薄膜液舱与独立液舱之间。它的主屏壁虽然也是一层薄膜，但要比常规的薄膜厚得多。半薄膜液舱的各部分通过绝热层与相邻的船体支持，空载时是自持的，受载后则是非自持的。舱内气相和液相的压力通过绝热层传给船体的内壳。半薄膜液舱主要用于全冷式LNG船，也见于全冷式LPG船。

(3)独立液舱不构成船体的一部分,完全由自身支持,也不分担船体强度。独立液舱分 A 型、B 型和 C 型三种。

①A 型独立液舱。主要由平面结构组成,适于在常压或接近常压(不超过 0.025MPa,表压)条件下以全冷的液化方式运输液货,载运液货的温度若低于－10℃,还应设有次屏壁,主、次屏壁间设有绝热层。A 型独立液舱通常为菱柱形,具有内部加强自身支持的功能。

②B 型独立液舱。既有独立结构也有压力容器结构。这种液货舱渗漏危险性小,可只设置部分次屏壁。B 型独立液舱多为球形,专门用于 LNG 船,如五个球罐,总舱容达 13.7 万 m^3 的大型 LNG 专用船。

③C 型独立液舱。它本身就是一个符合压力容器标准的圆筒形或球形罐体。均匀平滑的几何形状使压力负荷分散而避免了应力集中,所以能承受较高的内部压力,也不需要设次屏壁。其设计工作压力高达 1.7MPa 用于全压式液化气船,或 0.50~0.7MPa 用于半压式液化气船。承受高压的工作环境要求有较厚的舱壁,自重大的特点又决定了只适于小型或中型船舶。我国沿海和内河营运的 LPG 船,都是采用 C 型独立液舱结构。

海事部门对液化气体船进行管理的技术规范就是《国际散装运输液化气体船舶构造和设备规则》、《散装运输液化气体船舶构造和设备规则》和《现有散装运输液化气体船舶规则》[ResolutionA.329(XI)],海事人员对液化气体船舶的基本了解,应该从液化气体船的船型和舱型开始。在此基础上展开对液化气体船舶的再液化装置、输货系统、应急设施、消防布置等诸方面的学习。由于篇幅所限本书只能扼要介绍。

3)再液化装置

在全冷式或半压/半冷式 LPG 船上,往往要通过再液化来控制液货舱的温度和压力,所以常设有再液化装置。在制冷技术高度发展的今天,这种技术在这些液化气体船上得到了成功的应用。

在全冷式和半压/半冷式 LPG 船上,液货在远低于常温的环境下运输,它可能吸收环境温度而不断蒸发;船舶航行中不可避免的横倾和纵倾使舱内液货摇晃震荡,所产生的热量也在促使液货汽化蒸发。蒸发使舱压增高,达到压力释放阀的 MARVS(最大允许调定值),释放阀工作,造成货物损失;释放阀失灵,舱压超过允许值可能造成液舱结构受损。因此,从经济和安全上考虑,都应恰当处理蒸发气体。除了全冷式 LNG 船(它将汽化蒸发的甲烷气作为燃料或直接排空),几乎所有全冷式 LPG 船和半压式液化气船都设有再液化设备,其基本功能为:

(1)装货前预冷液货舱及有关管路。
(2)装货时引起超压的货物蒸气液化后返回液舱。
(3)航行中控制液货温度和压力在设计限度内。

4)输货系统

各种液化气体船的货物操作系统及相关附属设备基本相似,所不同的只是各种设备的设计针对不同货种或相同货种的不同状态的适应性要求。货物操作系统包括管路、阀件、货泵、压缩机、抽气机、加热器和蒸发器等。

5)应急设施

液化气体船上的应急设施主要是紧急切断装置和压力释放系统。紧急切断装置主要包括动力控制源、应急截止阀、现场和远距离操纵设备和相关管线以及用于切断后的与输货系统的停车联动装置。应急切断装置中的关键设备是应急截止阀,它们应安装在液化气舱气相、液相管线与液货舱的连接处以及船岸连接装卸货气、液相总管处。应急截止阀有油压式、气压式、机械式和电动式等,一般都能实行现场操作和远距离遥控操作。一旦发生火灾或输货反常现象,应急截止阀可在30s内完全关闭,过程平稳。之所以强调平稳,是因为要防止应急切断时产生骤升压(Pressure Surge)。骤升压在管路中造成的压应力或位移应力有可能导致管道、设备的破裂,引发溢漏失控的局面。压力释放系统包括压力释放阀、透气桅和排气管线。IGC规则对压力释放阀的排量、数量都做了规定,并对其最大允许调定值(MARVS)的设定和管理做了规定。

6)消防布置

针对船载液化气体的性质和着火部位,液化气体船舶的固定式灭火系统包括消防水系统、水雾系统、化学干粉系统、惰气系统;惰气系统则包括固定式二氧化碳系统、固定式氮气系统和惰气发生装置;惰气发生装置可能是船上燃烧的废气,燃烧法二氧化碳发生器或者膜式分离法氮气发生器等。不同灭火剂和不同系统用于船上不同部位的灭火。

11.3 液化气船舶作业要求

世界上第一艘液化气船Agnita号于1934年下水,Agnita号是装有12个立罐的货船,可看成是C型独立液货舱的全压式液化气体船的雏形。第二次世界大战结束后,海运市场出现了现代意义上的液化气体船(主要是全压式船),到20世纪50年代末共有40艘全压式气船,总舱容才4万m^3。船舶技术分析表明,液化气体远距离运输必须向大型化船舶方向发展。在20世纪人类制冷技术发展的基础上,海运市场上相继出现了半冷半压和全冷式液化气船,适应了大宗液化气体货物的远洋运输的社会需要。

液化气体大多数易燃易爆或有毒,又是以高压或低温状态利用船舶进行水上运输,所以具有特殊的危险性。人们对这种货物运输的安全问题一贯十分关注。这就使得液化气船从设计、建造到正式营运都有严格的规范。

国际海事组织对246艘液化气体船的调查(表11-3)表明,其中130艘(52.8%)船舶在1968~1981年共14年间没发生过一起事故。

液化气船发生事故次数统计 表11-3

事 故 次 数	船 舶 艘 数
0	130
1~3	85
4~6	20
7~9	4
10~12	4
13~15	3
合计	246

国际海事组织曾对总共43 991艘较大型油船、化学品船、混装船和液化气船1968~1981年事故的调查(表11-4)表明,液货船中液化气体船的事故率最低(0.7%)。

液货船事故统计和分析　　　　　　　　　　　　　　　　　　　　　　　　　　　　表 11-4

船舶类型	船舶（艘）	火灾与爆炸			触礁	碰撞	船体破损	机舱浸水	其他	合计
		货物	机舱	其他						
油船/化学品船	39245	117 0.3%	102 0.26%	27 0.07%	223 0.57%	155 0.39%	196 0.5%	25 0.06%	88 0.22%	933 2.38%
混装船	3748	24 0.64%	8 0.21%	1 0.03%	8 0.21%	8 0.21%	24 0.64%	1 0.03%	6 0.16%	80 2.13%
液化气船	998	1 0.1%	2 0.2%	0 0	1 0.1%	1 0.1%	2 0.2%	0 0	0 0	7 0.7%
合计	43991	142 0.32%	112 0.25%	28 0.06%	232 0.53%	164 0.37%	222 0.5%	26 0.06%	94 0.21%	1020 2.32%

1991 年美国向国际海事组织消防分委员会第 36 次会议提供 1982～1992 年 93 艘液货船的事故调查（表 11-5）也说明液化船事故率较低的事实。

液货船火灾事故统计　　　　　　　　　　　　　　　　　　　　　　　　　　　　表 11-5

船舶种类	火灾（艘）	所占比例（%）
油船	25	26.88
化学品船	4	4.3
液化气船	1	1.1
共计	30	32.28

而国际海事组织对 57 艘液化气船重大事故的调查统计（表 11-6）表明，发生在这些船上的重大事故中，属于航行事故的共 40 起（约 70%），货物泄漏 2 起（约 3.5%），燃烧、爆炸 15 起（26.3%）。

液化气船事故性质统计　　　　　　　　　　　　　　　　　　　　　　　　　　　表 11-6

事故类型		LNG 船	LPG 船	合计
碰撞	航行中	2	10	12
	系泊中	1	6	7
	与码头、栈桥等	1	6	7
触礁		2	12	14
火灾/爆炸		4	11	15
货物溢漏		1	1	2
合计		11	46	57

综合上述分析，我们可看到，液化气的水上运输尽管存在较大的潜在危险，但相对于油船和化学品船而言，历史上它仍保持较好的安全记录。

11.3.1　有关国际公约和规则

为了规范散装液化气的运输，IMO 从 20 世纪 70 年代初就着手液化气船的立法工作，出台了一系列有关液化气船的规则。

1)《散装运输液化气船舶构造和设备规则》(简称 GC 规则)

该规则是 IMO 第一部针对液化气船舶构造和设备提出的国际标准,1975 年制定,在 IMO 第 9 次大会上以 A.328(Ⅸ)决议形式通过。

该规则适用于下述液化气船:

(1)1976 年 10 月 31 日以后建造(或重大改建)的船舶。

(2)当无建造(或重大改建)合同时,于 1976 年 12 月 31 日以后安放龙骨(或开始改建)的船舶。

(3)1980 年 6 月 30 日以后交付使用的船舶。

对适用于本规则的液化气船,经主管机关检验合格,签发散装运输液化气船舶适装证书(简称 COF 证书)。

2)《现有散装运输液化气船舶规则》(简称 GC 规则)

GC 规则出台的同时,IMO 对 GC 规则没包括进去的液化气船做出规定。由于这些船舶在 GC 规则出台时已经在建造中或已建造完毕,所以在构造上没有非常明确的规定,而把重点放在设备和安全管理等方面,制定了《现有散装运输液化气船舶规则》。该规则以 A.329(Ⅸ)决议形式通过。

该规则适用于下述液化气船:

(1)1976 年 10 月 31 日以前建造(或重大改建)的船舶。

(2)当无建造(或重大改建)合同时,于 1976 年 12 月 31 日以前安放龙骨(或开始改建),且于 1976 年 11 月 1 日至 1980 年 6 月 30 日以前交付使用的船舶。

(3)1976 年 10 月 31 日以前交付使用的船舶。

对适用于本规则的液化气船,经主管机关检验合格,签发散装运输液化气适装证书(简称 COF 证书)。

以上两个规则都是建议性的,后来经过多次修订。

3)《国际散装液化气船构造和设备规则》(简称 IGC 规则)

1983 年 IMO 下设的 MSC 通过了 IGC 规则,并把它作为 SOLAS 74 的 83 修正案一部分,作为第Ⅶ章的 C 部分,使其成为强制性规则。IGC 规则共 19 章,内容有总则,船舶残存能力及液货舱的位置,船舶布置,货舱围护系统,压力式液化气船的工艺以及液体、蒸气和压力管线系统,结构材料,货物压力/温度控制,液货舱透气系统,环境控制,电气设备,防火和灭火,货物处所的机械通风,仪表(测量、气体探测),人员防护,液货舱的充装极限,用货物作燃料,特殊要求,操作要求和最低要求一览表;附录:国际散装液化气适装证书的标准格式。

该规则经过了多次修正,最新的修正案于 2002 年 7 月 1 日生效。

该规则适用于下列液化气船:

(1)1986 年 7 月 1 日以后安放龙骨或处于相似阶段的液化气船。

(2)不论何时建造的船舶,凡在 1986 年 7 月 1 日及以后被改建的液化气船。

适用本规则的液化气船,经主管机关检验合格,签发国际散装液化气适装证书(简称 COF)。具体格式可查阅 IGC 规则的附件。

按各自适用的国际规则以及船旗国的管理要求,液化气船通过船旗国主管机关的检验,颁发 COF 证书。也就是说,持有有效的 COF 证书的船舶说明其在船舶结构和设备配置上符合有关规则和管理的要求。该船允许装载的货物列在 COF 证书的货物清单上。货物清单是 COF 证书不可缺少的内容,也是监督检查的依据之一,它列出了每一个货舱适装的货品。

4)《1978 年海员培训、发证和值班标准国际公约》(简称 STCW 公约)

保障船舶运输安全的基本因素除了船舶本身的设备和构造的安全性能外,就是操纵船舶和参与作业的船员素质和安全意识。《1978 年海员培训、发证和值班标准国际公约》(STCW 公约)规定了对液化气体船的船长、高级船员和一般船员的培训和资格的强制性最低要求。

STCW 公约要求液化气船上与货物和输货设备所有有关人员应先在岸上接受消防、安全基础、防污染措施等方面的培训;此外船长、轮机长、大副、大管轮等还要接受与他们职责相应的专业培训项目。

11.3.2 液化气船的安全营运

《国际油船和油码头安全指南》(简称《指南》)第十四章专门论述了液货船(包括液化气船舶)的应急程序问题。它认为所有液货船都应备妥一旦发生紧急情况时可以立即实施的应急程序。这些程序必须能预见和包括各种特定活动中可能遇到的各种不同类型的紧急情况。

船上全体船员都应熟悉应急程序,经过充分的训练,了解自己在紧急情况下应采取的行动。这就要求船公司或液化气船定期组织应急演习,并针对演习中暴露出来的问题,及时修改应急计划和应急程序。

在制订应急计划时,应注意确保应急程序中各岗位的人的安排和设备配置,不应过分依赖某一人同时负责多项应急任务,以免落空。

液化气船舶的应急计划的内容与前述油船的基本相同,此处从略。

液化气船舶应假设海上在航、锚泊和靠泊码头三种情况来编制本船的应急计划。

《指南》附录中收录了液货船的船/岸安全检查表。对于液化气船,检查表包括表 A——散装液体货物的一般要求(近 50 条)和表 C——散装液化气体(15 条)。《指南》附有填写船/岸安全检查表的导则。《指南》还附有"码头致液货船长函"的样本,有时也称作船/岸协议书。

液化气船公司和液化气船通常可根据《指南》的指导性意见编写符合自己船舶特点和要求的应急计划(程序)、船/岸安全检查表。

我国液化气船舶营运的十几年历史中,曾多次发生大小事故。据不完全统计,仅液化气船航行和锚泊时发生倾覆的事故就达五起之多。此外,液化气船的事故还有机舱失火、透气桅失火、泵舱失火、配电盘失火等。例如,2000 年 5 月 4 日液化气船"长威 X"号轮靠天津新港某泊位,液舱排空时,液化石油气泄漏,在电机舱下部积聚,启动液货泵时电火花引发混合气体燃烧爆炸,火势蔓延,三位船员受伤。分析这些事故的起因,人为因素仍然为主,也说明了加强营运安全管理和主管机关安全监督的必要。

11.3.3 液化气船的安全监督管理

海事部门对液化气体船舶的监督管理,是我国危险货物水上运输安全管理的重要内容。我国不但是世界上液化石油气的进口大国,还将成为液化天然气的进口大国。而液化石油气和液化天然气的运输在可预见的将来,仍将依赖外国籍大型液化气体运输船(VLGC)。而进口液化石油气的分流,除了汽车运输外,主要仍将以水路、借助中国籍小型或中型全压式或半压半冷式液化气体船舶进行运输。下面将重点对液化气船舶特有的证书、设备及其操作等方面的安全检查内容进行详细阐述。

1) 适装证书检查

(1) 根据 IMO《散装运输液化气体船舶构造和设备规则》建造、改建、检查的船舶,签发《散装运输液化气体适装证书》。《散装运输液化气体船舶构造和设备规则》适用于下列船舶:

① 该船的建造合同在 1976 年 10 月 31 日以后签订。

② 若无建造合同在 1976 年 12 月 31 日以后安放龙骨或处于相似的建造阶段。

③ 该船于 1980 年 6 月 30 日以后交货。

④ 该船业已进行过重大改装:1976 年 10 月 31 日以后签订合同;或无合同,1976 年 12 月 31 日以后开始改装;或 1980 年 6 月 30 日以后完工。

(2) 1983 年 6 月 17 日 IMO 对 1974 年 SOLAS 公约进行了修改,通过了《国际散装运输液化气体船舶构造和设备规则》,使其成为 SOLAS 公约 1983 年修正案的一部分,于 1986 年 7 月 1 日正式生效,凡按该公约建造、改建并检查的船舶发给《国际散装运输液化气体适装证书》。

(3) 检查要点:

① 证书有效期不超过五年,不得展期。

② 证书有效性服从年度检查、中间检查、定期检查及附加检验。

③ 查看适装证书内是否有其他注明情况。

2) 船员证书检查

(1) 船员适任证书是否在有效期内。

(2) 船员适任证书的限制是否包括液化气船。

(3) 船员适任证书是否获得船旗国政府主管机关签注。

(4) 船员是否取得液化气船特殊培训证书。

3) 压力释放阀检查

一般由主管机关认可的合格部门来调整和铅封,调整后调整部门签发最大容许调定值 MARVS 证书。对可改变调整压力的释放阀,船上应备有经主管机关认可的船舶操作手册,该手册必须规定改变调整压力的方法;用于改变调整压力的垫片或替换弹簧或其他类似装置必须经主管机关认可。

4) 记录检查

(1) 压力表调校和试验记录。

(2) 温度表调校和测试记录。

(3) 气体探测设备的调校和试验记录。

(4) 液货舱液位指示器的保养与校准记录。

(5) 液位报警装置的调校和试验记录。

(6) 应急截止阀的试验与保养记录。

(7) 超流量关闭阀的保养及试验记录。

5) 船舶货物及相关资料检查要点

(1) IMO 的液化气规则(IGC、GC 或 A329(IX),船舶适用的)或纳入规则条款的国家法规。
(2)装载和稳性手册。
(3)破损/残存稳性资料。
(4)货物仪表手册。
(5)货物装载限量资料。
(6)货物资料。
货物资料包括下列内容：
①物理和化学性质的详细说明书。
②发生溢出和泄漏事故时应采取的措施。
③防备人员意外与货物接触的防范措施。
④消防程序和灭火剂。
⑤货物运输、除气、压载、液舱清洗和改变货物的程序。
⑥内层船壳钢材的最低温度。
⑦应急程序(包括应急弃货程序)。
(7)货物操作手册。
6)货物系统检查
货物系统的检查包括以下9个方面：
(1)货物管线检查。
(2)液货舱检查。
(3)压力释放系统检查。
(4)截止阀和应急截止阀检查。
(5)货物装卸设备检查。
(6)货物区域内通风系统检查。
(7)电气设备检查。
(8)真空保护系统检查。
(9)货物升温加热器检查。
7)仪表检查
对仪表进行试验,并对其进行定期校准,仪表的试验方法和重新校准的时间间隔,应经主管机关认可。检查包括：
(1)液货舱液位指示器检查。
(2)液位报警装置检查。
(3)压力表检查。
(4)温度指示装置检查。
8)气体探测装置检查
(1)船上应装设固定和可携式可燃气体探测设备。
(2)取样器引出的管子不得穿过气体安全处所。
(3)设置的气体探测设备中引出的声、光报警装置应位于驾驶室,探测器的读数装置所在的位置,及装卸货控制装置的位置。

(4)气体探测设备可位于货物控制站、驾驶室或其他适当位置。

(5)每艘船舶均应设有两套经主管机关认可的可携式气体探测管。

(6)下列处所应安装相适应的气体探头和声、光报警装置:

①货物压缩机舱。

②装卸机械的电动机室。

③货物控制室,指定为气体安全处所者除外。

④货物区域内可能有蒸汽积聚的其他围蔽处所。

⑤船上的气体燃料管的通风罩和气体导管。

⑥空气阀。

(7)固定气体探测系统应能测量0~100%的气体容积浓度,能在间隔不超过30min的时间内,依次从每个取样头取样并检测,当蒸气浓度达到空气中的最低可燃极限的30%等效值时,或是根据特殊液货围护装置而主管机关可以认可的其他极限时,应能触发报警装置。

(8)此仪器应能监测主屏壁的任何部位的液密失效和次屏壁的任何部位接触液货。

(9)常见缺陷及处理。

①气体探测仪失灵不能工作,是一个重大缺陷,船舶为不适装,应在装货前修理好,如船舶为重载船,应加强值班巡查,定时用可携式探测仪探测可能发生气体泄漏的住所,并尽快安排卸货,及时进行修复。

②探测仪指示仪读数不准,可用标准气体进行校正,及时调整报警触发装置,并尽快进行修理及检验。

③查看相关船员能否熟练掌握该系统的操作。

9)惰性气体系统检查

(1)对于空气干燥装置,应检查其制冷、压力传感排出阀是否能正常工作。

(2)惰性气体发生装置的处所,不得通往居住处所、服务处所或控制站的直接入口,惰性气体管路不得穿过居住处所、服务处所或控制站。

(3)不论该装置设于机器处所或液货区域之外的其他处所,在液货区域的惰性气体总管上应安装两个止回阀或等效装置。

(4)惰性气体发生装置生产的惰性气体任何时候含氧量都不得超过5%容积。该装置引出端管路上的测氧表应连续,报警器应在读数含氧量超过5%时予以报警。根据实际情况,对该报警装置进行测试。

(5)若惰性气体发生装置为空气分馏装置,应检查其制冷装置及储存容器的惰性气体含氧量。

(6)制造惰性气体的火焰燃烧设备不得位于货物区域内。

(7)灭火用的惰性气体系统应与液货的惰性气体安全隔离。

(8)应检查货舱屏壁处所和其他被惰化的处所是否装压力释放阀,压力释放阀是否经正确调定。

10)消防设施检查

消防设施是液化气船检查的一个重要环节,其包括:

(1)水雾系统检查。

(2)化学干粉灭火系统检查。
(3)消防员装备检查。
11)人员保护设备检查
(1)安全设备检查要点
①安全设备配备(至少2套)是否齐全,数量是否足够。
②存放处所是否满足要求,维护保养是否按规定执行。
③安全设备包括:
a.1具不使用储存氧气的自给式空气呼吸器,容量至少1 200L的自由空气。
b.保护服、长靴、手套及气密护目镜。
c.配有腰带的钢芯援救绳。
d.防爆灯。
④每1套安全设备还应配备如下设施:1套充满空气的备用空气瓶,1台可以给空气瓶充气的特种空气压缩机及1个能给备用空气瓶进行充气的充气阀箱;若不能满足此条,备用空气瓶自由空气总容量应为6 000L。
⑤对于压缩空气设备,应由负责的高级船员每月进行1次检查并记录在航海日志上,此外,每年还要进行1次检验。
⑥安全设备应适当地保存在易于接近的处所并具有明显标志。
(2)急救设备检查要点
①应在易于到达之处放置1副担架,担架应能从甲板下的处所将伤员抬出。
②船上应有医疗急救设备,包括氧气复苏器等。
③为了保护从事装卸作业的人员,应对船员提供包括眼睛保护在内的合适的保护设备。
12)空气阀检查
(1)从露天甲板进入气体安全处所的通道应位于露天甲板以上至少2.4m的气体安全区域内,除非有符合要求的空气闸。
(2)空气闸有两扇能确保气密的钢质自闭门组成,两扇门之间的距离至少为1.5m,但不大于2.5m。且门应是自闭式的,应无任何门背扣装置。
(3)空气闸处所的两端均应配备声光报警系统以指示两扇门是否同时处于开启位置。
(4)空气闸所保护的处所内的正压消失时,应能切断该处所内非认可安全型的电气设备的供电。
(5)空气闸应保持正压,机械通风进口应位于气体安全处所。
(6)应能监测空气闸内的货物蒸气,空气闸门槛高度应不小于300mm。
13)货物控制室及气体安全处所检查要点
(1)货物控制室可位于货物区域的露天甲板上。
(2)货物控制室也可位于起居处所、服务处所或控制站内,但应满足:
①货物控制室是气体安全处所。
②如果进入货物控制室的门符合隔离的距离要求,则可以设置通往起居处所、服务处所或控制站的通道。如果进入货物控制室的门不符合隔离的距离要求,则不能设置通往上述处所的通道,且与这些处所之间的舱壁应达到A60防火要求。

(3)通向起居处所、服务处所、机器处所和控制站的入口、空气进口和开口不应面向货物区域,上述场所的所有开口均应有关闭装置。

(4)在最上层连续甲板以下的外板上的舷窗及在第1层上层建筑或甲板室上的舷窗均为固定型(非开启)的。

(5)驾驶台的窗可以为非固定型的,其门可以位于规定的范围内,但它们应设计成能迅速有效的气密和蒸气密。

14)货物燃料燃烧系统检查要点

(1)应对使用燃料的处所装设机械通风系统,并应将该处所布置成能防止形成死角,装设气体探测器并将上述通风系统与其他处所的通风系统分开。

(2)气体发生泄漏,在查出泄漏部位和修复之前,不得再供应气体燃料,应将此种操作须知张贴在机器处所内的显著位置。

(3)检查人工对主锅炉驱气的记录(包括措施)。

(4)测试燃料气体管路上3只1套的自动阀门的有效性。

(5)检查在货物区域内装设能从机器处所内关闭的气体燃料总阀。

(6)检查能对位于机器处所内的气体燃料管系进行惰化和除气的设施状况。

(7)检查锅炉的安全阀状况,应有检验标记;锅炉给水系统检查,包括给水泵、安全阀(防止系统高压)等工作情况。

(8)检查报警设备是否工作正常,包括:低水位报警,风机故障报警和LNG燃料(燃油)系统故障报警。

(9)检查锅炉水质记录,包括:pH值检测和盐度检测仪记录。

(10)水位表读数是否清晰、有无损坏。

(11)检查锅炉高温表面的热绝材料是否有损坏情况发生。

15)直升飞机设施检查要点

(1)检查其操作手册,应包括一份对安全预防措施、程序和设备要求的说明和一份核查清单。该手册可为船舶应急响应程序的一部分。

(2)若平台为钢质并构成甲板室或上层建筑的顶甲板,检查其是否满足A60防火要求;若为不能等效钢质的材料制成,甲板室顶部和平台下的舱壁不能有开口,平台下的窗应有钢质挡板。非钢质结构的平台每次事故后应做一次结构分析,评估是否可以再次使用。

(3)应有尽可能彼此远离的一条主通道和一条应急通道。

(4)独立的排水设施应为钢质,可将水直接排向舷外不落在船上任何部位。

(5)消防设备应包括:至少两具总容量不小于45kg的干粉灭火器;总容量不小于18kg的CO_2灭火器或等效器材;一个由泡沫炮或泡沫发生支管组成的泡沫喷射系统;两具两用型水枪和水带;额外配备的两套消防员装备。

(6)以风雨密方式存放的一系列工具:活络扳手,耐火毯,60cm螺栓刀具,抓钩或捞钩,配有6根备用锯条的钢锯,梯子,长15m、直径5mm的绳,侧剪钳子,全套分类螺丝刀和带有可配挂刀鞘的工具刀。

16)其他安全方面检查

(1)船舶在进行靠泊作业时,应安全、妥善系泊,固定船舶位置,并根据实际情况及时调整系泊缆绳,船舶应保持适航性,在外档首尾备妥应急拖缆,做好随时紧急离泊的准备。

(2)应急拖缆应为钢丝缆,悬挂舷外的一端应绕成索环,且将其高度调整至接近水面,另一端应固定在缆桩上。

(3)载有货物或虽已卸载但未进行清洗、扫除气体船舶,在白天应保持悬挂"B"字旗,夜间显示红色环照灯1盏。船舶在装卸作业期间应显示国际信号旗"RY",并在甲板两舷醒目处放置表示船舶正装卸作业的告示牌。

(4)船舶生活区面向货物区域的门、窗与空调,通风入口应予关闭。烟囱上的火星熄灭器或金属网保持良好状态。

(5)船舶在装卸货物期间,不得检修和使用雷达、无线电发报机和卫星船站,不得从事可能产生火花的作业,不得由供应船进行加油(水)作业。

(6)除非船舶厨房在结构、位置和通风系统方面都杜绝可燃气体串入,否则厨房不可以使用明火炉灶。

(7)液化气船舶在装卸货作业前,船岸双方应指定作业负责人,并就货物操作、压载操作、船岸应急等事项达成书面协议。

(8)检查货舱监视系统、可燃气体探测系统是否始终处于开启状态并有效监控。

(9)检查船舶与码头落实液化气船岸检查项目中的各项安全措施情况。

(10)检查船舶按照货物操作手册相关程序进行应急切断装置的功能测试记录。

(11)船舶装卸货期间,在货物总管连接处下方应当设置接液装置,或使用水膜保护,并保持甲板排水畅通。

本章复习思考题

1. 简述液化气体的性质。
2. 简述液化气船舶的分型。
3. 简述液化气体船舶的构造和设备。
4. 简述与液化气体运输与管理有关的法律法规。
5. 探讨液化气体的安全营运和安全监督管理。
6. 简述液化气体水上运输与陆上运输的差别。

本章参考文献

[1] 张建斌,等.液化天然气(LNG)船舶安全监督管理[M].大连:大连海事大学出版社,2010.
[2] 陈海源.运输液氨船舶的装卸作业管理[J].航海技术,2009,04:4-6.
[3] 马志超.船舶发动机天然气应用的关键技术研究[D].武汉理工大学,2012.
[4] 王超敏.LNG船舶进出港航道适应性研究[D].武汉理工大学,2011.
[5] 王辉.液化石油气船舶安全监管能力评价体系研究[D].大连海事大学,2009.

第 12 章 LNG 运输与管理

液化天然气运输是实现液化天然气贸易的必须手段,因而是液化天然气产业链中的重要一环。而天然气液化又为运输提供了大液气密度比的物料,大大提高了运输效率,有力地促进了世界天然气贸易的增长。船运是液化天然气运输的主要方式,占世界液化天然气运量的80%以上。

LNG 贸易和运输起源于欧美。1959 年 2 月,甲烷先锋号(Methane Pioneer)进行了历史上首次 LNG 的船舶运输,运送 2 000t LNG 货物由美国的路易斯安那到英国的 Canvey 岛。此次航行证明了 LNG 长距离船舶运输是可行的。1964 年 10 月,"JULESVERNE"号开始了由阿尔及利亚到英国 Canvey 岛世界上第一个 15 年长期合同的 LNG 船舶商业运输服务。之后数年,欧洲国家如法国、西班牙、意大利、荷兰、比利时等先后加入了进口 LNG 的行列。

日本是亚洲第一个进口 LNG 的国家。1969 年,日本从美国阿拉斯加进口了第一船 LNG。目前,日本已是世界上最大的 LNG 进口国,2010 年 LNG 年进口量约为 934.8 亿 m^3。20 世纪 90 年代中期,韩国开始进口 LNG,继日本之后韩国是目前世界上第二大 LNG 进口国,2010 年 LNG 进口量为 444.4 亿 m^3。可见,世界上最大的 LNG 运输市场在远东。近几年,美国计划大量进口 LNG,并已获得政府批准建造大量 LNG 码头。英国也于 2005 年重新加入到进口 LNG 行列中,2010 年的 LNG 进口量为 186.7 亿 m^3。我国于 2004 年开始进口 LNG,2010 年进口量达 128 亿 m^3。其中,亚太地区是 LNG 运输的主要市场,2010 年亚太地区的进口量为 1 777.7 亿 m^3,其次为欧洲和欧亚地区,进口量为877.6 亿 m^3。

LNG 进出口贸易带动了 LNG 船舶运输业的迅速发展。根据德鲁航运咨询公司统计,2005 年年底全球营运的 LNG 船舶总艘数为 190 艘,2010 年约为 400 艘,根据相关的资料预测,到 2015 年,全世界将会新增大型 LNG 船 110 艘,到 2020 年将新增 140 艘。

就我国来说,2003 年我国天然气产量为 340 亿 m^3。分析认为,2020 年,我国天然气产量将增加到 1 200 亿 m^3,但需求量将增加到 2 000 亿 m^3,存在着 800 亿 m^3 的缺口。到 2030 年,在我国天然气总消耗量中,依赖进口的部分可能超过三分之一。马来西亚、澳大利亚、俄罗斯等国家的天然气资源丰富,将会大量出口。因此,为保证我国经济又好又快的发展,天然气进口成为必然趋势。2010 年大约需要 38 艘的 LNG 船,到 2015 年可能需要 65 艘以上的 LNG 船,才能完全满足 LNG 进口量的运输。

综上所述,LNG 船舶运输,今后几十年仍将有巨大的发展前景。LNG 船舶安全管理仍将是海事工作的一项重要工作。

12.1 LNG 的定义和性质

液化天然气(Liquified Natural Gas,LNG),是一种无色、无味、无毒且无腐蚀性的液体,是对油气田或气田生产出的天然气经过工厂脱硫去杂质和液化得到的。其主要成分是甲烷,被公认是地球上最干净的能源。其体积约为同量气态天然气体积的 1/600,液化天然气的重量仅为同体积水的 45% 左右。作为清洁、高效的气体燃料,天然气由于其在环境影响、能源效率等方面的显著特点,已成为 21 世纪经济发展的重要能源。近 10 年中,天然气国际消费年平均增长 2.3%,天然气国际贸易年平均增长 6.5%。

12.1.1 LNG 的特性

LNG 具有液态和气态两种形态,其主要性质如下:
(1)化学成分:CH_4。
(2)大气压下沸点:$-161.5℃$。
(3)$-160℃$ 液态密度:$458kg/m^3$。
(4)$30℃$ 蒸汽比重:$0.67kg/m^3$。
(5)临界压力:44.7 帕(Pa)。
(6)临界温度:$-82.5℃$。
(7)沸点的蒸发热:121kcal/kg。
(8)空气中易燃性下限:5.3%。
(9)空气中易燃性上限:14%。
(10)闪点:$-175℃$。
(11)自燃点:595℃。
(12)空气中易燃混合物的最小引燃能量<1J。
(13)甲烷的化学分子式为 CH_4,它含碳少,因此是一种高热值的清洁能源。

LNG 与其他燃料的性能比较如表 12-1 所示。

LNG 与其他燃料的性能比较 表 12-1

燃料 参数	LNG	汽 油	柴 油
状态	液态	液态	液态
储存压力(MPa)	0.3~1.1	0	0
储存温度(℃)	-160~120	常温	常温
热值(MJ/kg)	54.5~56.4	44.6~47.7	42.2~44.5
爆炸极限(%)	5~15	1.0~7.6	0.5~4.1
着火点(℃)	650	427	260
点火能量(kJ)	0.29	0.24	0.24
辛烷值	130	7~99	

12.1.2 LNG 船舶的主要危险性

LNG 船舶同其他危险品船舶类似,都具有碰撞、搁浅、火灾、爆炸的危险性。但 LNG 船舶与其他危险品船舶不同的是,其载运着 $-162℃$ 左右的 LNG,如果 LNG 泄漏,会导致船体及甲板冻裂,其蒸发气与空气混合后在可燃范围内遇火会起火甚至爆炸。其主要危害如下:

(1) 可燃性

蒸发汽(Boil Off Gas)与空气混合达到可燃范围内时,遇火源燃烧。可燃范围同甲烷,为 5.3%~14%。也就是甲烷含量占空气比例在 5.3%~14%的范围内时,遇火源、热源可燃烧。也有人称可燃物质的这种可燃极限为爆炸极限。可燃下限(或爆炸下限)为可燃气体与空气混合后发生可燃的最小值,如甲烷为 5.3%;可燃上限(爆炸上限)为可燃气体与空气混合后发生可燃的最大值,如甲烷为 14%。如果混合气体超过可燃极限范围后,即使遇到火源或热源,也不会发生燃烧或爆炸。

LNG 可能发生的火灾类型有下列三种:

① 池火(Pool Fire)

当 LNG 从储罐或管道泄漏时,受外界热源和流淌面积等因素影响可能形成液池。处于液池中的 LNG 和液池壁面及空气发生热交换,一些 LNG 蒸发,若遇到合适的点火源着火,火焰将回燃至泄漏点,从而导致池火灾。

② 喷射火(Jet Fire)

从储罐或管道泄漏的 LNG,通过泄漏孔口时可能形成气体喷射物,进而卷吸并与周围空气混合,如果混合物中可燃域限内遇到点火源就会发生喷射火。喷射火是柱状喷射的燃烧火焰,由泄漏的动力主导,产生的热辐射受很多因素的影响,包括失效类型(如泄漏、破裂)、泄漏速率、泄漏方向和风的作用等。

对于低压储存的液相 LNG 储罐或 LNG 运输船,喷射火一般不会发生。LNG 卸载或传输过程中当使用泵加压时便可能发生喷射火。虽然喷射火可能导致严重破坏,但总体上仅影响到局部区域。

③ 闪火(Flash Fire)

LNG 储罐系统的设备、管道、阀门等一旦发生 LNG 泄漏,泄漏点形成的可燃 NG 经过一定时间的扩散和与空气的混合,一旦遇到火源极可能发生闪火危害。

闪火是可燃气云在不产生严重超压情况下的燃烧。相对而言,闪火仅是一个短期火灾,主要是燃烧已经和空气混合的、达到燃烧浓度的气云,其危害主要由处于闪火区域内的直接燃烧造成。产生闪火的云团通常是在其边缘处被点燃,若扩散途径上的 NG 浓度足够燃烧,火焰阵面将迅速回燃至蒸气云释放点,并有可能在泄漏源处转化为持续的喷火或池火。燃烧阵面相对于未燃气云的传播速率被称之为层流燃烧速度。实际上,非受限空间的 NG—空气气云混合物燃烧速率较慢,仅能点燃气云中达到可燃极限的气云,加速的火焰燃烧速度趋向于发生闪火而不仅仅是自持性燃烧。

(2) 对健康的危害性

脱硫处理后的 LNG 无臭、无味、无毒,但吸入过量蒸气,将导致麻木、失去知觉、甚至致人窒息。

LNG 通常为 -162℃左右的超低温液体,当人们接触 LNG 及 LNG 蒸发气时会造成冻伤。当直接接触盛有低温液体无隔热的管道或设备或直接接触 LNG 或其蒸发气,将会引起冻伤,可能会永久性伤害某些组织,如会损伤皮肤、眼睛及呼吸器官。

(3) 冻裂

这是液化天然气运输过程中的主要危险之一。虽然 LNG 货舱周围压载舱及干隔舱为不同级别的低温钢,但仅能够承受正常营运状态下通过绝缘箱隔热后传递的低温。船体外板及主甲板均为普通钢材,如果 LNG 泄漏到船体或甲板上,强低温将导致普通钢材脆裂,就像冰冻的玻璃杯突然注入热水一样。

(4)翻滚

容器中的液体有不同密度,密度大(较重)的液体在特定条件下可与密度小(较轻)的液体处于平衡状态。当这种不稳定的平衡被打破时,两种液体开始混合产生剧烈反应生成热,这种现象被称为翻滚。通常发生在岸罐中,而非液化天然气船上。事实上,在一盛有原有液化天然气的容器中注入不同密度的液化天然气时,或者当液化天然气存放很长时间通过蒸发改变上层密度时,这种现象就会发生。

(5)快速相变

当 LNG 与水接触时,会产生快速相变(Rapid Phase Transition)。因为 $-162℃$ LNG 与相对温度高的水接触,LNG 会快速相变,LNG 蒸发汽将被水蒸气快速围住,形成一个高压云团,并快速膨胀,称为物理爆炸(没有燃烧)。如果 LNG 船舶运输过程中,与它船相撞或其他原因造成船体及货舱破裂,会在以下三种情况下发生快速相变:

①漏洞在水线以上,造成 LNG 倾倒在海面上。
②漏洞在水线以下,LNG 液位高于海面,LNG 流到海里。
③漏洞在水线以下,但 LNG 液位低于海面,海水流到货舱内。

如果 LNG 快速相变发生在船体以外,这种物理爆炸不会对船舶结构造成威胁。如果 LNG 快速相变发生在货舱内,此种物理爆炸将会造成货舱甚至船体的破坏(历史上不曾有 LNG 船舶发生此类事故的记录)。

(6)沸腾液体蒸汽燃烧爆炸(BLEVE)

沸腾液体蒸汽燃烧爆炸(Boiling Liquid Expanding Vapor Expansion,BLEVE)是指容器内液化气受外部火源引燃急剧加热,容器内压力迅速增大,导致容器强度无法承载其巨大的压力,最终容器破裂,形成爆炸。沸腾液体蒸汽燃烧爆炸将导致瞬时形成巨大冲击波、瞬时形成巨大火球、容器爆炸、容器碎片飞溅,其破坏力巨大(在历史上也不曾有 LNG 船舶发生过此类事故;在岸上,曾有 LPG 储罐因火灾发生过这种事故)。

12.2 LNG 船舶结构与设备

12.2.1 LNG 船舶的定义

LNG 船是指将 LNG 从液化厂运往接收站的专用船舶。LNG 船的储罐是独立于船体的特殊构造。在该船舶的设计中,考虑的主要因素是能适应低温介质的材料,对易挥发或易燃物的处理。船舶尺寸通常受到港口码头和接收站条件的限制。目前 12.5 万 m^3 是最常用的尺寸,在建造船舶中最大的尺寸已达到 20 万 m^3,如图 12-1 所示。LNG 船的使用寿命一般为 40~45 年。

12.2.2 LNG 船舶的种类

1)根据液货舱围护系统分类

根据液货舱围护系统的不同,我们把液化天然气(LNG)船主要分为球罐型和薄膜型两种。

(1)球罐型 LNG 船

球罐型 LNG 船就是说 LNG 是储存在球形储罐内的 LNG 船,常见的球罐型 LNG 船由 4 或 5 个球形储罐以及支撑其的船体组成,如图 12-2 所示。

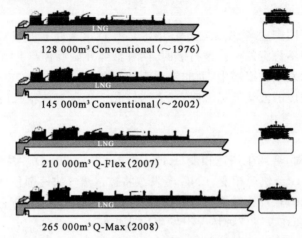

图 12-1　LNG 船大型化

图 12-2　球罐型 LNG 船舶

球罐型储罐系统为挪威 Moss Maritime 公司的专利技术,该型储罐采用 AA5083 的铝合金制造。外形为一球体,球体外采用的一种绝缘材料是镶板式聚氨酯泡沫。在球体的赤道上安装支承围裙,支承围裙是通过爆炸成型的特殊构件,与船体结构相连,以减少热的传导。十四五万 m^3 的 LNG 船,最大储罐的球体内径超过 40m,空罐总质量约 900t。

由于球罐型储罐与船体结构之间,除支承围裙外,完全处于独立状态,无论是 LNG 的超低温度,或是 LNG 的静、动压力都由球形储罐直接承受。因此,球形储罐通常又称为独立式储罐。

(2)薄膜型 LNG 船

薄膜型 LNG 船就是以船体直接作为储存 LNG 储罐的 LNG 船,如图 12-3 所示。常见的薄膜型 LNG 船包括 MKⅢ型和 NO.96 型两种,其货舱围护系统采用的均为法国 GTT 公司专利技术。

MKⅢ型 LNG 船的液货舱系统包括两层薄膜和绝缘材料:主层的薄膜采用 1.2mm 厚的压筋型不锈钢薄板,压筋是为了释放温度和结构应力;采用的是由中间为铝合金薄膜,两面为玻璃纤维布制成的"三明治"结构;此次层薄膜可与主层和次层绝缘材料预制在一起,加快船上施工的进度,该绝缘材料为增强聚氨酯泡沫。

NO.96 型 LNG 船的货舱围护系统也包括两层薄膜和绝缘材料:主次层薄膜均为 0.7mmINVAR 钢(含 36%镍的钢),由于该种钢材的热膨胀系数极小,-163~20℃之间几乎无变形,故被称之为不变钢;主次层薄膜之间以及次层薄膜和船体内壳之间都是由充填有膨胀珍珠岩的绝缘箱作为绝热材料。

图12-3 薄膜型LNG船舶

薄膜型与球罐型两种船型在技术上都是成熟的、在营运安全上都是可靠的,各有千秋,难分伯仲。表12-2是两种LNG船型的主要对比分析。

典型薄膜型和球罐型LNG船主要参数和特性表 表12-2

项 目	薄 膜 型	球 罐 型
总长(m)	269.0	290.1
垂线间长(m)	266.0	275.0
型宽(m)	43.4	48.1
型深(m)	26.0	27.0
总吨位	约95 400	116 100
空船质量(t)	约30 300	约35 000
主机	蒸汽轮机驱动40 000SHP	蒸汽轮机驱动40 250SHP
服务航速(节)	20.5	19.5
驾驶盲区	1.5倍船长	3倍船长 影响驾驶视线
甲板布置	具有相对平的甲板和较大的甲板面积,甲板上设备及管系安装简便,维护方便	甲板上设备及管系安装较为困难,集管区布置亦受限制,只能布置于两个球罐保护盖之间
舱容利用率	高	低
线型设计	不受长宽尺度限制,其线型更易优化以减少阻力提高推进性能	受球罐的限制
受风面积	较小	由于货舱一部分露于甲板之上,受风面积较大,在装卸货时易引起连接管和吊臂的损坏,在狭窄航道操纵性不好
结构特点	双底、双壳舷侧、双壳甲板传统的船舶结构,货舱间有很强的双层舱壁,平甲板、没有大的开口。因此,具有很强的结构抗弯抗扭刚度	双底、双壳舷侧,甲板有大开口,结构抗弯、抗扭刚度不如薄膜型。另外球罐型货舱必须进行裂缝传播分析
建造工艺	液货舱内安装绝缘材料复杂,精度要求高,需大量熟练技工及不锈钢/殷钢手焊、自动焊熟练工人;薄膜层焊接较为简便	球罐分段制作、铝板加工、热弯成型、专用胎架组装、专用焊机自动焊、对接焊,高度机械化、自动化。分段球罐对接焊精度要求高;绝缘层安装较为简便

2)根据主推进方式分类

根据主推进方式的不同,LNG 船又可以分为三种类型:配置蒸汽轮机推进系统的 LNG 船、配置电力推进系统的 LNG 船和配备再液化装置采用低速柴油直接驱动的 LNG 船。

(1)蒸汽轮机推进系统

配置蒸汽轮机推进装置的 LNG 船,以双燃料锅炉产生的高温高压蒸汽(515℃/61.8bar)为动力驱动汽轮机叶轮高速转动,输出功率各为 50%的高低压汽轮机以减速齿轮箱减速后通过轴系推进船的航行。

(2)双燃料电力推进系统

随着双燃料中速柴油机的问世,以双燃料中速柴油发电机组供电,推进电动机驱动的新型电力推进系统应运而生。电力推进系统由数台双燃料中速柴油机,以燃气(LNG 挥发气)或燃油为燃料,带动中压发电机产生电能,再由电站、电网系统进行全船电力分配。用于推进的电力经过推进变压器、变频器等的处理,输送到推进电动机,经减速齿轮箱的减速,通过轴系驱动螺旋桨推动船舶的航行。

(3)低速机直接驱动推进系统

在超大型 LNG 船上(如 20 万 m³ 以上级),当前广泛应用的是再液化装置和低速柴油机组合的方案。LNG 运输途中挥发出来的天然气由再液化装置进行降温变化,再重新送回液货舱中储存,不再用作燃料。推进动力则由常规的低速柴油机来提供,以常规重油为燃料,直接驱动轴系、螺旋桨来推进船舶的航行。

3)根据货物系统分类

(1)传统 LNG 船。

(2)具有再液化装置的 LNG 船——Reliquefication。

(3)具有再汽化装置的 LNG 船——LNG-RV(Regasification Vessel)。

该船具有再汽化系统,在船上将 LNG 汽化后通过海底管道送至岸上储存设施。采用 LNG-RV 型船,在岸上不必专门投资修建 LNG 船的停靠码头及其相关设备,只要通过敷设在海底的管道就可以把天然气输送到岸上的储存设施。LNG-RV 型船适宜天然气消费量不大的用户,或临时出现天然气需求的用户,或对天然气需求量急速增加的用户。LNG-RV 型船每艘造价比目前同容量级(如 13.8 万 m³ 级)的 LNG 船高出 2000 万美元。

4)根据动力系统分类

(1)蒸汽推进 Steam Turbine。

(2)双燃料柴油机 Due Diesel Engine。

(3)双燃料柴油机+电力推进 DFDE。

(4)燃气轮机 Gas Turbine。

5)根据货舱容积分类

(1)中小型 LNG 船:≤100 000m³。

(2)大型 LNG 船:125 000~165 000m³。

(3)超大型 LNG 船:Q-Flex~21 万 m³;Q-Max~26 万 m³。

12.2.3 LNG 船的货物操作设备及附属系统

LNG 是在常压低温下运输,LNG 船处理液货的主要设备有管系、泵、高负载压缩机、低负载压缩机、加热器、分离器、LNG 蒸发器和强制蒸发器、惰性气体/干燥气体发生器等组成。以下简单介绍各个设备。

1）液货管网

液货管网是液货系统的"血管",是气体和液体进行输送的通路。如图 12-4 所示,液货管网的主体是四根液货主管,气体主管(Gas Main Pipe)、蒸汽主管(Vapor Main Pipe)、液体主管(Liquid Main Pipe)、清扫/喷淋主管(Strip/Spray Main Pipe)。从这四根液货主管上分出各条支管连接到各个设备或互相连接。

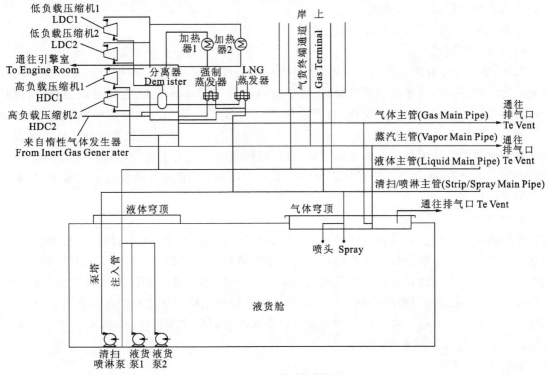

图 12-4 LNG 船舶液货管网

2）泵和泵塔

每个液货舱的后部布置有类似导管架的泵塔。泵井和卸货管系被设计成泵塔的一部分。泵塔的顶部就是液货舱的液体穹顶,液体主管和清扫/喷淋主管所延伸出来的支管都是通过这里进入液货舱。每个泵塔中布置有两个液货泵、一个扫舱/喷淋泵、一根液货注入管,还分布着一些液位传感器、温度传感器和其他设备,如供设备维护人员进入液货舱进行维修所使用的维修楼梯与维修平台,以提供到达液货舱底部的通道。

每个液货舱装有两台独立的潜入式液货泵,该泵主要用于卸货,将液货舱中的液货抽取出来然后通过液体管网输送到岸上。液货泵轴承的润滑、电机冷却液的流动,由叶轮运转时产生的压力提供,在液货泵入口处布置有滤网,滤除异物。

每个液货舱装有一台扫舱/喷淋泵,该泵主要用于在正常航行时为强制蒸发器(Forcing Vaporizer)提供最大设计容量的液货以产生天然气满足锅炉的需求;在压载航行时,抽取某个液货舱中残留的液货,对所有液货舱进行喷淋,保持低温;在 LNG 船进坞检修前,用于液货舱清扫作业。

此外,在LNG船上还配有一台移动式紧急泵作为液货泵的备用泵。

3)低负载压缩机

LNG船配有两台排量相同的低负载压缩机,布置在辅助设备室。驱动电机位于电动机室,用于把蒸发和强制蒸发的货物蒸汽输送到主锅炉做燃料。每台低负载压缩机能够独立工作输送足够量的货物蒸汽到主锅炉燃烧,同时确保液货舱内的压力稳定。货物蒸汽能够通过压缩机的旁路管自由流动到主锅炉。压缩机的进口处装设有一个圆锥形的滤网,以过滤蒸汽中可能存在的异物,保护压缩机。

压缩机的电动机用风或淡水进行冷却。

4)高负载压缩机

LNG船上还配有两台高负载压缩机,布置在辅助设备室,压缩机和电动机布置在共用底座上。高负载压缩机在装货和预冷时,把液货舱内的蒸汽输送到岸上;在液货舱加热时,使热的液货蒸汽(80℃)循环加热液货舱,直至次屏蔽层的温度达到5℃;在液货舱驱气时,用液货蒸汽置换液货舱中的惰性气体。液货舱预冷、装货和加热时,高负载压缩机并联工作。流量控制器能够通过调节压缩机进口处导向叶片,自动控制货物蒸汽的流量,使其稳定在压缩机排量的设定值上,压缩机的进口布有滤网以保护压缩机的叶轮,压缩机滑油系统用淡水冷却,电动机由风或水冷却。

5)加热器

在辅助设备室内设有两台气体加热器。在载货航行或者压载航行时,使用一台加热器,加热液货蒸汽用于主锅炉燃烧。在进坞检修前需要对液货舱加热时,可并联使用两台加热器加热两台高负载压缩机输送的额定排量的液货蒸汽,加热的液货蒸汽输回液货舱使得液货舱内的温度上升,实现对液货舱的加热。气体加热器通常使用主锅炉燃烧所产生的蒸汽直接加热。气体加热器通过使用进口流量控制阀和旁通管道流量控制阀控制加热的液货蒸汽流量与未加热的液货蒸汽流量来控制出口温度。

6)LNG蒸发器

在辅助设备室内配有一台LNG蒸发器,用于把液货蒸发成的液货蒸汽,来置换液货舱内的惰性气体,或当强制蒸发器故障时,作为备用蒸发器将液货蒸发成液货蒸汽,以供主锅炉燃烧。

7)强制蒸发器

在辅助设备室内另外还装有一台强制蒸发器,用于在装货航行和压载航行时,将清扫/喷淋泵所提供的部分液货强制蒸发成液货蒸汽,与自然蒸发形成的液货蒸汽汇合后一起被输送到主锅炉,以能满足主锅炉在运行时所需的蒸汽量。强制蒸发器的蒸发量取决于锅炉的需求量,通过与主锅炉燃烧控制系统关联的进口流量控制阀进行控制,多余的液态货物应通过自动控制的阀经旁通管、液货注入管回到货舱。

8)分离器

液气分离器用于在LNG船满载航行时,将强制蒸发器强制蒸发出的LNG蒸汽进行气液分离,分离后的LNG蒸汽经低负载压缩机压缩后送入锅炉室供锅炉燃烧。分离器的作用是去除蒸汽中的液体部分,防止液体进入低负载压缩机,造成低负载压缩机的损坏。

9)惰性气体/干燥气体发生器

位于机舱的惰性气体/干燥气体发生器,产生的惰性气体/干燥气体用于 LNG 船入坞或检修前后的惰化/干燥。该装置使用燃料油作为燃料,包括以下设备:一台燃烧器、一套燃气供给系统、两台燃烧室风机、一套冷却单元、一套干燥单元、一个固定式氧含量传感器、阀件以及控制/报警面板。

惰性气体/干燥气体发生器处于惰性气体模式时所产生的惰性气体为 85% 的氮气与 14% 的二氧化碳,氧气含量低于 1%,露点低于 $-45℃$,用以置换液货舱中的液货蒸汽或空气,一般持续 20h。处于干燥空气模式时,产生的干燥空气露点低于 $-45℃$,用以置换货舱中的惰性气体或干燥液货舱,一般持续 20h。

12.2.4 LNG 船的货物维护系统

目前具有良好经济性和可靠性,被广泛使用的 LNG 船的货物围护系统,主要是独立式球形液货舱和薄膜液货舱。

1) 独立式球形液货舱

独立式球形液货舱由挪威的 Moss Rosenberg 公司开发,其舱体选用耐低温的铝合金或含镍 9% 的厚钢板为舱体材料,绝热材料选用聚氨酯泡沫,它与 LNG 船的船体部分是相互独立的,其重量由液货舱本身承担,液货舱通过固定在船体上的圆柱形裙板支持。独立式球形液货舱要求有足够的支撑能力和绝热效果,同时,为了防止 LNG 在突发事故中泄漏,还设有次屏壁。独立式球形液货舱有如下特点:

(1) 独立式球形液货舱热胀冷缩产生的变形不直接作用于船体结构本身。

(2) 液化货物与舱体的绝热材料不直接作用。

(3) 没有应力集中现象,由舱内货物产生的壳体薄膜应力是均匀分布的。

(4) 舱内圆柱形裙板有足够的弹性,可以吸收货物进出造成的热胀冷缩等变形。

(5) 在设计中能够进行高精确的应力分析,因为球形舱和圆柱形裙板具有轴向对称的简单外形和结构。

(6) 选用由滴盘和防溅板构成的部分次屏壁,能够保证即使在发生碰撞时,LNG 的泄漏量也可维持在较低水平。

到目前为止,独立的球形舱(B 型)被认为是 IGC Code 中最安全的液货舱。

2) 薄膜液货舱

薄膜货物维护系统没有内部构造,因此货物的装载量可达到 98% 的货舱容积。同时,货舱顶部的倒角由于缩减了 LNG 自由液面的面积,还提高了船舶稳性和减少了货物的晃动。

薄膜液货舱有如下特点:

(1) 主屏壁非常薄。

(2) 绝热材料被安装在船体内部,表面覆盖金属板(薄膜),主要用来保持甲烷的液态防止泄漏。

(3) 薄膜液货舱有完整的次屏壁以保证主屏壁泄漏时货物维护系统的完整性。

(4) 液货舱的绝热结构除了要有良好的绝热性还要有足够的强度,这是由于 LNG 经绝热直接作用于船体上。

(5)舱由液货舱来承担。

目前的薄膜液货舱主要使用法国 GTT 专利公司的 Gaz-Transport 系统(货舱内壁为平板型)和 Technigaz(货舱内壁为波纹型)系统。

初期的 Gaz-Transport 系统是用 0.5mm 厚的殷钢(镍铁合金)作为主屏壁,主绝热物是填有 200mm 厚珍珠岩的层压板箱,层压板箱的另一面再铺同样的 0.5mm 厚的殷钢作为次屏壁,次屏壁外仍然是填有 200mm 厚珍珠岩的层压板箱。热膨胀系数很低的殷钢作为薄膜带来的好处是次屏壁中不需再用膨胀接头或槽型板。目前选用的 Gaz-Transport 系统,也称之为 GT96,它选用 0.7mm 厚的殷钢和填充了膨胀珍珠岩(经过渗硅处理做到不透水和无潮气)的加固层压板木箱作为绝热层。

初期的 Technigaz 系统——Mark Ⅰ 系统,选用 1.2mm 厚带有波纹的不锈钢作为主屏壁,波纹的作用是吸收热胀冷缩的影响。支撑主屏壁的绝热物是两层胶合板夹着分层的西印度轻木板条构成的,次屏壁是内层胶合板。轻木板条由特殊设计的连接件互相连接,连接件由 PVC(聚氯乙烯)楔和胶合板凸块组成,由木块支撑在船体上。为了降低绝热厚度,后来又研制了 Mark Ⅲ 系统,它是由聚氨酯泡沫加胶合板构成的,次屏壁由带有玻璃纤维的铝箔片层构成。

法国 GTT 专利公司目前正在融合这两种系统,使新系统具有两种系统的优点,基本的想法是薄膜使用殷钢,绝热材料使用聚氨酯泡沫,第二层则尽可能地简单。

12.2.5 LNG 船推进系统

在 LNG 船上,汽化的甲烷比空气轻而且易燃烧,因此,在过去 BOG 一直作为主锅炉的燃料被使用。但是,BOG 毕竟是价格不菲的货物,因此,一直在研究能更少地使用 BOG 的船舶推进系统。目前的推进系统主要有蒸汽轮机、双燃料主机、普通推进系统和气体联合推进装置,它们都有各自的长处和短处。

运输液化天然气的 LNG 船是目前唯一专门使用蒸汽轮机推进的船型,因为蒸汽轮机具有很高的可靠性;同时,也可以间接使用 BOG。尽管液货舱高效隔热,但每天仍不可避免有 0.1%~2.5% 的 BOG。蒸发的天然气可用作双燃料锅炉的燃料,生产主汽轮机用的蒸汽,然后几乎全部提供需要的推进功率。重油则用作辅助燃料和船舶的压载货物。BOG 和重油混合作为主锅炉的燃料是很容易被点燃的,它们燃烧后排放的气体也是最清洁的。蒸汽轮机的缺点是燃料效率低和燃料成本高。

LNG 船也有采用双燃料主机(柴油机)的,因为 BOG 和重油混合点燃是能够办到的,而且燃烧效率比汽轮机好,但 BOG 进入主机内部需要高的喷射压力。双燃料主机的缺点在于必须要有点火燃料,同时由于 BOG 不能单独燃烧,因此灵活性比较差,再就是高温燃烧使主机排放大量氮氧化物。

采用带再液化装置的 LNG 船,因为 BOG 被再液化而能被直接送回液货舱,从而使主机推进和 BOG 处理成为了两件互不干扰的事情,这样主机的使用就和普通货船没有区别了,自然主机的燃烧效率也更高。值得注意的是,再液化装置必须进行初始投资,同时再液化的电力驱动也需要消耗重油。这样船舶需要消耗较多的燃料。另外同其他装置相比,主机会排出更多的氮氧化物和硫化物。

对于气体联合推进装置,即使用燃气轮机和汽轮机的 LNG 船,BOG 是在燃气轮机内燃烧,燃烧消耗的能量产生的废气用来驱动汽轮机。这种设备和陆上的设备很相似,燃烧效率比普通的汽轮机高,排放的气体也更清洁。它的缺点在于需要高标号的汽油,这个系统不久可能会被燃料-电力推进系统代替。

12.2.6 船体结构材料

(1)由于液化天然气运输船装载极低温度的液货,而货物围护系统的主、次屏壁系统尚不能完全屏蔽低温的影响,因此设计时,应对船体结构的材料等级的选择有着相应的低温韧性要求。

(2)通常,应按照 IGC 规则或其他技术标准(如 USCG)所规定的大气、海水的环境温度和主、次屏壁工作假设分析条件进行热传导分析,得出船体结构各处的温度场分布,进而根据温度值选择材料所用的钢级。

(3)一般地,船体结构所处的环境温度基本在 -30℃ 以上,可采用 E 级钢。但在货舱之间横隔舱(Cofferdam)的舱壁处,计算所得的温度为 -50℃ 以下,因此一般采用在横隔舱内安装加热装置的方式,使其温度达到 +5℃ 以上(这一方式为 IGC 规则所允许),故可选用 A 级钢。另外,管子穿越围护系统处、薄膜与船体结构连接的锚板处、货舱顶部气室(Dome)以及泵塔(Pump Tower)支撑处的船体结构温度较低,应采用特殊的耐低温钢材制造。

12.2.7 结构特性

(1)薄膜型液化天然气运输船液货舱区域的各甲板骨架、船底骨架和内底骨架应为纵骨架式,舷侧和内壳也应为纵骨架式。货舱区域以外的船体结构可为横骨架式或纵骨架式。纵骨架式与横骨架式之间应有良好的过渡。

(2)薄膜型液化天然气运输船的内甲板、上甲板、凸形甲板以及内部相互连接的纵向桁材和横向肋板构成双层甲板箱式骨架。

(3)液货舱由双层底、双壳、隔离空舱和双层箱式甲板围成,双层底、双壳内和双层箱式甲板内不允许装载液货和燃油。

(4)薄膜型液化天然气运输船的典型中横剖面和构件名称如图 12-5 所示。

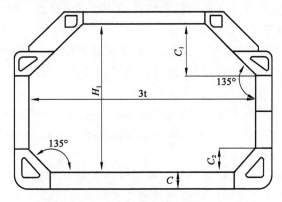

图 12-5 液货舱结构形式

12.2.8 LNG 船工艺流程介绍

一艘 LNG 船从进坞修理到出厂,可能涉及的全部工艺流程如图 12-6 所示。

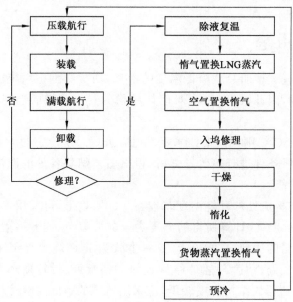

图 12-6　LNG 船工艺流程图

1)干燥(Drying)

为保证产品质量,避免在冷却过程中结冰,所有货舱及有关的管路都要进行干燥,清除液货舱空气中的水分,降低湿度,防止水分与液货(通常指 LNG)形成水合物或结成冰。

可通过将干燥的空气引入需要干燥的空间来除湿。LNG 船上一般采用惰性气体发生器中产生的干空气来进行干燥操作。

2)惰化(Inerting)

惰化是通过输送惰性气体到液货舱和相关管路中,降低液货舱中空气的氧气含量,防止可燃液货蒸汽与空气中的氧气形成爆炸性混合气体。惰化过程中通常使用两种惰性气体:惰性气体发生器产生的惰性气体和氮气。

惰性气体发生器产生的气体在作为惰性气体使用前通常已经去除了所有可燃成分,然而,该操作需要额外的步骤,即在该步操作后还需用货物蒸汽替换惰性气体,增加了操作时间和成本。而氮气是纯粹的惰性气体,没有替换要求,因而简化了惰化步骤。因而没有不纯净的气体进入液货舱或相关管路和货物处理设备,氮气加强了对货品质量的控制。

3)驱气(Gassing up)

为防止在冷却过程中形成干冰,惰性气体发生器产生的惰性气体通常需要在冷却操作前被 LNG 蒸汽替换,本操作的目的是用 LNG 蒸汽把液货舱中的惰性气体排出去。

4)预冷(Initial Cooling Down)

为避免装货过程中温度骤变对液货舱和相关管路的损坏,同时为了减少装载操作过程中沸腾气的产生,需要在装货之前对液货舱及其相关管路进行预冷。

该操作需要向液货舱及其相关管路输入低温货物蒸汽,或向液货舱喷淋液货。

5）装载（Loading）

LNG 货物通过注入管输送到液货舱内，液货舱内的货物蒸汽则利用船上的压缩机通过蒸汽管路返回到岸上，在装载过程中排放压载水时要注意保持稳定性。

6）载货航行（Laden Voyage）

载货航行期间，必须进行液货状态控制。这包括三个方面的内容，即保持液货数量，控制不必要的液货损耗；保持液货舱的蒸汽压力处于常压范围，特别是必须在压力释放阀的调定值压力之下；根据需要保持或改变货物温度。

7）卸货（Unloading）

利用每个液货舱中的两个液货泵进行卸货操作，货物气体由岸上提供，该操作和装载操作类似，卸货时要注意船舶稳性。

8）压载航行（Ballast Voyage）

压载航行即 LNG 船卸货之后前往另一个港口进行装货之间的过程。在航行过程中 LNG 蒸汽进入主锅炉燃烧，以维持液货舱的压力不至于过高。一般使用一台低负载压缩机，将货物蒸汽输送到加热器中加热后供应到主锅炉。如果 LNG 蒸发气满足不了锅炉燃烧的要求，可强制蒸发 LNG。

9）液货舱进坞检修前的操作（Operations Prior to Docking）

LNG 船在进行液货舱检验或进厂修理前，必须对液货系统进行除液、惰化置换和除气通风等工作。

12.3 LNG 船舶的安全管理

1959 年起，自首艘 LNG 投入营运后，随着技术的发展，LNG 船舶不断大型化。国际海事组织对 11 艘 LNG 船重大事故的调查统计（表 12-3）表明，发生在这些船上的重大事故中，属于航行事故的共 6 起（约 54.5%），货物泄漏 1 起（约 9.1%），火灾/爆炸 4 起（约 36.4%）。

液化气船事故性质统计　　　　表 12-3

事故类型		LNG 船
碰撞	航行中	2
	系泊中	1
	与码头、栈桥等	1
触礁		2
火灾/爆炸		4
货物溢漏		1
合计		11

综合上述分析，我们可看到，LNG 的水上运输尽管存在较大的潜在危险，但相对于其他船舶而言，历史上它仍保持较好的安全记录。

12.3.1 LNG 船舶安全区域范围

在 LNG 通航安全管理以及通航安全研究中，LNG 船舶安全区域一直以来都是一个重要概念。LNG 船舶在进出港口航行过程中，为保障 LNG 船舶通航安全，通常会在 LNG 船舶周围设置的一定范围的水域,该水域属于受控水域,未经主管机关允许,除LNG本船外的其他船舶禁止进入该区域,这个区域通常称为LNG船舶的安全区域。考虑到该区域的位置及范围会随着LNG船舶的移动而发生变化,因此又称该区域为LNG船舶的移动安全区域。

1)各国LNG安全区域的划定

各国实现LNG安全区域的方式各不相同,有的通过交通管制,有的通过护航船舶,有的则不采取任何措施。表12-4为几个国家和地区划定的LNG码头安全区域范围。

部分LNG码头安全区域范围   表12-4

国家和地区	港 口	安 全 区 域
美国	Cook Inlet, Alaska	进出港及停泊时均为1 000yd半径范围
	Boston(Everett terminal)	进出港时船舶前后1 000yd、左右100yd范围
	Cove Point, Chesapeake Bay	进出港及停泊时500yd半径范围;海上接收站停泊时200yd半径范围
	Savanah River(Elba Is terminal)	狭窄水域,1 600总吨以下的船舶间距不得小于70yd,大型船舶必须要有两艘拖轮护航经过
	Columbia River	进出港时,500yd半径范围;停泊时,200yd半径范围
	Long Island Sound	进出港时,船前方2n mile❶、船后1n mile、船两舷750yd范围
	Fall River, Mass	进出港时,船前2n mile,船后1n mile,两舷1 000yd范围
英国	Milford Haven	2万总吨以上船舶在周围设定限制区域,所有装有任何烃类物质的船舶靠泊时的安全区域为100m
中国台湾	台中港	进出港时,船舶前方1n mile、后方1n mile,左右舷150m范围;停靠期间船舷外侧100m为警戒区域;锚泊时1n mile半径范围
西班牙	巴塞罗那港	无具体要求
俄罗斯	库页岛	500m半径范围
意大利	Gulf of Venice	靠泊时,2 000m半径范围
葡萄牙	Sine port	全程600m半径范围;进出港航行优先权

2)移动安全区域范围划定

LNG船舶安全区域可分为三个层次:一是为防止发生交通事故而建立的安全区;二是为保护周边人员和财产安全而设立的最小安全距离,区域内应排除无关设施或人员或防止无关设施或人员进入;三是为防止保安事件发生而设立的安全区域,一般使用武装力量保证该区域不受故意行为所侵犯。根据我国的国情,将LNG船舶安全区域定位为第二层,既是为了防止交通事故的发生也是为了保护人员和财产安全。

通常对LNG船舶移动安全区范围的划定主要考虑以下因素:

①LNG船舶发生海损事故的概率。

②LNG船舶危险区的范围。

③LNG船舶的操纵性。

④LNG船舶航经水域船舶交通流密度。

⑤LNG船舶航经水域船舶类型及尺度。

---

❶1mile=1 609.344m。

目前,国内关于 LNG 船舶安全区的研究较少,《液化天然气码头设计规范》规定:"液化天然气船舶在进出港航道航行时,应实行交通管制并配备护航船舶。当液化天然气船舶在进出港航道航行时,除护航船舶外,其前后各 1n mile 范围内不得有其他船舶航行。"

《船舶散装运输液化气体安全监督管理规定》第二十四条规定:"液化天然气船进出港应当设置移动安全区,并报海事管理机构审核,申请发布航行警告。移动安全区范围大小不得小于以下数值:在液化天然气船前 1.5n mile,后 0.5n mile,在液化天然气船两侧不得小于 500m。""移动安全区范围大小不得小于以下数值:在液化天然气船前,不得小于 8 倍船长,在液化天然气船后,不得小于 3 倍船长,两侧不得小于 1 倍船长。"

尽管《液化天然气码头设计规范》和《船舶散装运输液化气体安全监督管理规定》均对 LNG 船舶移动安全区域的划分做了规定,但对安全区域的大小没有做出具体规定,安全区域的大小和形状应由港口的具体条件决定。

LNG 船舶碰撞事故的发生,无论是否造成严重的后果,都会对船舶安全、通航效率造成一定的影响。减少碰撞事故发生概率,避免船舶发生碰撞是保障 LNG 船舶安全高效通航的前提。LNG 船舶碰撞概率 P_{LNGC} 与船舶速度有关,与船舶排水量无关,且随两船距离的减少而增大。为保障 LNG 船舶通航安全,可以通过控制两船之间的距离,来降低碰撞事故发生概率。历史数据显示,截至 2007 年全球 LNG 船舶碰撞事故概率为 6.7×10^{-3} 艘次/年,且随着 LNG 船舶技术的发展逐年下降。

LNG 船舶对周围人员带来的风险是 LNG 船舶通航安全管理中需要考虑的另一个重要方面。保障 LNG 船舶通航安全不仅要减少事故发生概率还要降低事故后果,而风险是对两者综合评价的结果。从工程和管理实践的角度来说,风险是客观存在,虽然可以采用防范措施防止或降低风险,但是不可能完全消除风险;采取措施将风险降到最低也不是最好的选择,因为措施的实施是要付出代价的。因此,通常的做法是将风险限定在一个合理的、可接受的水平上,在风险与利益间取得平衡。

3)移动安全区域管理

在 LNG 船舶航行过程中,必须实行交通管制,除护航船艇、拖轮外,禁止任何船只进入移动安全作业区,但在经海事主管机关允许,而且 LNG 船舶船长和引航员认为其他船舶的进入不会危及 LNG 船舶安全的前提下,可以允许其他船舶航经移动安全区域。

根据规范,液化天然气船舶的进出港航道,在有交通管制的条件下可与其他船舶共用。

对于移动安全区的通航管理以及维护,在实际工作中,可以参考下列方式实施:

(1)海事主管机关以航行通(警)告的方式发布 LNG 船舶移动安全区范围以及移动安全区通航管理要求。

(2)LNG 船舶移动安全区范围由 LNG 船舶护航船舶动态维护。

(3)LNG 船舶移动安全区范围内的交通组织和维护由护航海事主管机关的现场维护队和航经水域海事主管机关的 VTS 中心共同实施。

(4)对于装有 AIS、GPS、VHF 等导助航设施的进出港口的船舶,可以在申报航行计划时预申请通过移动安全区计划,并与船舶航行计划一并报船舶交通管理中心审批。审核后在公布的航行计划中予以说明是否同意船舶通过移动安全区计划。对于同意通过的船舶,还需要严格按照要求,在指定地点等待调度。在 LNG 船舶航行过程中,与 LNG 船舶引航员和船长商定后,最终确定是否可以通过。对于确定可以通过的船舶,应严格遵守LNG船舶航行过程中现场指挥和VTS中心的指挥,在确保安全的前提下,快速通过。

(5)对于缺乏有效沟通手段的船舶和未提前申请的船舶,不允许进入LNG船舶安全警戒区。

4)停泊安全区域管理

在LNG船舶和FSRU靠泊期间,除护航船艇、拖轮、供给船外,停泊安全区内不允许其他船舶进入。海事主管机关以航行通(警)告的方式发布LNG船舶和FSRU作业停泊安全区范围以及通航管理要求;LNG船舶和FSRU作业停泊安全区域范围由护航船舶动态维护。为了确保停泊安全区域的实现,FSRU和LNG船舶同时在泊时采用一条海巡艇和两艘消拖两用船警戒的方式,只有FSRU在泊时采用一艘消拖两用船警戒的方式。

12.3.2 IMO相关规定及行业指南

LNG运输作为整个LNG链中的一个中游环节,承上启下。因此,LNG运输自商业运行以来,其安全和稳定运输一直得到业内人士的极为重视。国际海事组织及国际行业组织先后在LNG港口选址、船舶建造、海上运输、LNG船舶及码头港内作业、船舶培训等方面制定了大量(约60种)的相应法规、行业标准和作业指南,主要在此列出以下几项供参考:

(1)国际海上人命安全公约1974,1992及相应修正案(International Convention for the Safety of Life at Sea,1974,1992-IMO)。

(2)国际散装运输液化气船舶建造和设备规则(International Code of Bulk Liquefied Gas Carrier Constructions and Equipments-IWIO)。

(3)LNG港口及码头选址和设计(Site Selection and Design for LNG Ports and Jetties-SIGTTO)。

(4)液化天然气船舶及码头作业指南(Liquefied Natural Gas handling Principle on Ships and in Terminals-SIGTTO)。

(5)液化气船舶安全指南[Tanker Safety Guide(Gas Carrier)-ICS]。

(6)关于液化气船舶安全(Safety in Liquefied Gas Tankers-ICS)。

(7)国际油船和码头安全作业指南(International Safety Guide for Oil Tankers and Terminals-ICS/OCIMF/IAPH,1996)。

(8)LNG港口作业指南(LNG Operations in Port Area-SIGFITO)。

(9)液化气船舶港口作业安全指南(Safety Guide for Terminals Handling Ships Carrying Liquefied Gases in Bulk-OCIMt1993)。

(10)关于液化气船舶装货和卸货码头作业培训(SIGTro,1996)。

(11)《液化气体船舶安全作业要求》(GB 18180—2010)。

(12)《液化气码头安全技术要求》(JT 416—2000)。

12.3.3 LNG船舶监管的主要措施

目前,深圳海事局对LNG船舶的安全监督管理在我国具有较强的代表性,深圳海事局对LNG船舶具体监管措施如下:

(1) 对 LNG 接收站码头的监管

对于码头及安全设施监督管理工作,严格按照《中华人民共和国港口法》的各项规定落实监督管理措施,根据职责范围,分工负责,协作联动,并且海事局根据码头实际运行中存在的问题及时向码头相关管理部门提出整改建议。

(2) 船舶进港前预报制度

从目前船舶预报情况来看,船方为了能有效方便进港,往往是提前 72h、48h、24h、12h、2h 向海事局报告其航行及抵港动态。船舶在航行期间发生可能影响船舶进出港航行、停泊或作业安全的异常情况,应当在进港前向海事局递交书面报告。船舶还需向交管中心报告。液化天然气船舶进出港口,应当按照船舶载运危险货物相关规定向海事局申报。

(3) 船舶进港管理

液化天然气船舶应当在专用 LNG 锚地锚泊,在锚泊期间应当保持安全值班和通信畅通。LNG 船舶进出港航行,应向海事局申请护航。船舶在码头停泊期间要实施监护。对 LNG 船舶进出港口实施交通管制,提前发布航行通(警)告。LNG 船舶应在白天进行靠离泊作业并且配备足够的拖轮协助。

(4) 靠离泊与装卸作业监督

一般情况下,停泊期间船首应朝向出港航道,并备妥应急拖缆。船舶在码头停泊期间应保持备车状态。海事局应安排相关人员到现场落实危险品作业前检查、现场巡查等措施,发现缺陷及时整改。应检查 LNG 船舶作业前,船岸之间就货物操作、船岸应急等事项达成的书面协议以及船舶与码头的各项安全措施。

(5) 船舶出港管理

LNG 船舶卸货完毕前,应及时向海事局预报其离港计划,并且应按港口 LNG 船舶航行安全相关规定向海事局申请护航。

(6) 监管中一些特殊管理

在船舶卸货期间,遇到特殊情况,如雷电天气、风速、流速等超出《液化天然气码头设计规程》的规定,码头周围发生可能影响作业安全的火警等其他情况,监督员应及时监督船岸双方是否停止作业及采取相应的安全措施。

12.3.4 LNG 船舶有效监管的对策

基于 LNG 船舶监管的特殊性和 LNG 船舶监管现状,LNG 船舶有效监管主要包括以下方面:

1) 严格执行 ISM 规则

LNG 船的船公司和船上人员,要重视 LNG 船舶的安全管理,有必要参照西方国家 LNG 船舶管理的规程,结合设备制造商所提供的安全运行指南,制订相应的安全操作规程,规范 LNG 船舶机电设备运行操作管理,装卸货管理和检验检查制度,规范职务功能和标准,制订和建立一套科学、系统和程序化的安全管理体系,确保维护、保养、故障处理的制度化和规范化。还要借助 SMS 强化船岸人员的安全意识。发证机关要严格审核和认证。

2) 加快海事主管机关专业人才的培养,强化人员培训

对 LNG 船舶的安全监督管理的重任,毫无疑问地落到了海事部门的身上。

虽然我国海事主管机关对液化气船舶的安全监管已有多年经验,但是LNG船舶比起其他液化气船舶,具有许多特殊性,危险性更大,安全监管要求更高,且LNG船舶在我国港口目前尚未出现过,没有现成的安全监督经验可借鉴。

因此,对LNG船舶的安全监督管理工作任重而道远,应引起足够的重视;须加大投入,加快LNG船舶监管专业人才的引进和培养以及相关人员的培训工作;加强对LNG船舶海事安全监督管理的研究;为在LNG船舶工作的驾驶、轮机人员实施强制培训和持证上岗做准备,现在就着手制订《LNG船舶特殊培训、考试、发证办法》,编写相应的培训大纲(包括培训和实操内容、安全运行规则等)、试题库等。

3)制定LNG船舶进出港的安全措施

LNG船舶进出港安全措施主要包括:

(1)正常情况下,LNG船舶不得夜间在港内航行和靠离泊。

(2)LNG船舶由高级引航员引航。

(3)LNG船舶港内航行,港区实行交通管制,包括:

①LNG船舶避免与其他船舶在进港航道交会,严禁相互追越。

②LNG船舶,前方由海事巡逻艇清道护航。

③后方用消拖两用船护航。

④除监护船舶外,LNG船舶前后2.5倍设计船长范围内不得有其他船舶航行。

4)加强LNG接收站码头安全评估审查与监督管理

交通部编制了《液化天然气码头设计规程》(JTS 165-5—2009)并于2004年3月试行。码头工程竣工验收后,应向海事部门报送相关资料,海事部门进行审核,只有取得码头危险货物作业许可证方可进行LNG靠泊装卸作业。

5)加大LNG码头作业人员安全知识培训的监督

安全作业四段论,将具体作业分为作业之前、作业准备、作业之中和作业之后四个阶段。应该将LNG码头作业单位从业人员的安全知识培训融入安全作业四阶段中,同时要有比较好的机制来监督码头管理机构和作业单位组织实施。

6)建立与码头相关单位的互动协作机制

可以进一步形成互动有利的安全监督管理格局:一是码头管理部门有经过专业培训的、24h巡查于作业码头的专门人员,经过进一步的培训,可以对LNG作业所有情况为主管海事部门提供24h的现场监控信息;二是发挥海事部门可以实施现场检查等方面的优势,为进一步核实船舶安全作业提供最后安全检查保障。这一协作机制如果条件允许可以进一步扩大到与LNG运输相关单位。

7)提高安全监督管理人员的专业水平

建议进一步加大专业技术人才的引进和业务骨干的培训,采用派出相关人员随船学习、随验船师检验相关设备、到LNG船舶制造厂了解相关知识等手段,提高现场监督人员水平。可以邀请研究LNG船舶的专家、学者来培训安全监督管理人员。海事监督管理部门应组织人员着手收集、整理LNG船岸界面作业的国内、国际规范标准和LNG船舶的国内、国际检验规范、LNG船舶管理公司安全管理体系等文件,使LNG监督管理文件化、系统化。

8)加强通航环境的有效管理

海事部门应该及时对 LNG 船舶靠泊码头附近海域通航环境和条件进行细致分析,对航道进行风险分析,建立相应的应急预案。在恶劣气候条件下,需加强信息通报,增加巡逻力量,指导船舶安全锚泊、值守,并及时互通动态信息。规范 LNG 船舶专用航道上船舶航行行为,改善通航环境,全面提升 LNG 船舶航行安全可靠性。利用船舶报告系统,在船舶交通管理中心控制水域,由海事管理机构进行标注和跟踪;充分发挥海事管理资源对交通组织、管理的作用,有效提高对水域的监控能力,进而保障和改善 LNG 船舶航行水域的通航秩序。

9) 加强 LNG 船舶引航员的科学管理

海事部门可以利用法律、法规给予的权利加强对引航员的科学管理,如提高发证要求,增加 LNG 船舶引航操纵及安全知识的培训;并要求引航站提前针对不同船舶制订科学可靠的引航操纵方案,制订相关的风险分析和应急预案,确保引航安全进行。

10) 监督 LNG 接收码头建立合适的应急预案

码头管理部门应当制订应急预案,将应急预案、应急设备和器材配置情况报主管海事局备案,并按应急预案组织人员进行培训和演练。船舶应当按照船舶应急计划组织船员进行定期演练。船舶和码头公司应当进行协同演练。船舶发生事故或货物系统出现异常情况,应立即报告主管海事局。作业期间发生事故,码头应当采取有效措施,并立即报告主管海事局。

11) 建立完善的 LNG 船舶公司源头控制体系

沪东中华造船(集团)承建的广东进口 LNG 项目首期两艘属于中国人自己的 LNG 船舶分别于 2007 年 10 月和 2008 年年初相继建成交付使用,怎样有效监督 LNG 船舶公司安全运行将成为海事部门的监管重点。按照有关要求,继续大力推进 LNG 船舶公司努力成为自我约束、自我激励、自我完善和持续改进的安全自控型企业。强化对 LNG 船舶检验、船员考试发证、LNG 运输公司审批及其安全管理体系审核的监督管理和过程控制,从源头上切实加强 LNG 船舶安全管理。加大监督力度,督促 LNG 运输企业及相关公司从业者遵守规定,促进 LNG 船舶公司规范运输。要求 LNG 运输企业依据《液化气船舶安全作业要求》的各项规定,强化源头管理,过程控制,研究制定具有可操作性的各项船舶安全监督和管理制度,健全完善奖惩机制和安全生产问责制。

12) 定期开展 LNG 船舶监督管理的评估

要加大作业码头的现场监督,将重点集中落实到货物作业是否是在审批允许的作业码头作业、码头安全与防污措施是否落实到位、应急反应能力是否具备到位等方面。

12.3.5 国外先进港口对 LNG 船舶的管理

鹿特丹港对于危险品运输船舶的航行作业安全管理保障措施包括:

(1) 强制引航。

(2) 到港前 24h 报告港口。

(3) 登轮检查。

(4) 在港口指定安全区域内系泊。

鹿特丹港对于 LNG 船舶的航行安全管理保障措施:

(1) 避免 LNG 船舶在交叉会遇时船速过高。

(2) LNG 船舶进出港口的许可应尽可能与现有操作程序保持一致。

鹿特丹港对于 LNG 码头的设置的管理:
(1)LNG 码头泊位应尽可能靠近港口出口,以减少 LNG 船舶在港内航行时间。
(2)为 LNG 船舶设定指定停泊区域,停泊区域应满足以下要求:
①减少过往船舶的影响。
②其他船舶不准停靠。
③防波堤防护。
④专门的 LNG 完全防护体制。

本章复习思考题

1. 简述 LNG 的性质和 LNG 船舶类型。
2. 简述 LNG 船舶的构造和设备,以及 IMO 公约中关于船体结构适装货物的设计要求。
3. 简述我国海事部门对 LNG 船舶运输的管理。
4. LNG 船舶进出港应当设置移动安全区,并报海事管理机构审核,申请发布航行警告。请阐述 LNG 船舶安全活动区范围大小的要求和确定原则。

本章参考文献

[1] 张健斌,等.液化天然气(LNG)船舶安全监督管理[M].大连:大连海事大学出版社,2010.
[2] 洪汇勇,等.液化天然气(LNG)船舶有效监管的思考[J].中国水运,2007,07:32-33.
[3] 马飞翔.基于晃荡动载荷的薄膜型 LNG 船泵塔结构分析[D].大连理工大学,2007.
[4] 祁超忠.LNG 船舶港内作业前期研究及风险防范[J].航海技术,2008,06:2-5.
[5] 刘林.LNG 船的基本技术[J].中国船检,2002,03:56-57.
[6] 徐金博.LNG 船结构特性与疲劳分析[D].大连理工大学,2007.
[7] 江玉国,等.关于液化天然气(LNG)船舶有效监管的思考与对策[J].中国水运(学术版),2007,04:166-167.
[8] 吴宛青,等.谈浮式储存气化船舶的安全管理[J].中国海事,2013,08:12-15.
[9] 黄鹏程.LNG 船舶特性及其管理的思考[J].航海技术,2006,05:44-46.
[10] 袁国强.液化天然气海上运输装卸作业的安全性研究[D].大连海事大学,2007.
[11] 刘良喜.LNG 船舶在港期间海事监管的安全性探讨[J].天津航海,2010,02:30-32.
[12] 郭揆常.液化天然气(LNG)应用与安全[M].北京:中国石化出版社,2008.
[13] 徐文渊.天然气利用手册[M].北京:中国石化出版社,2002.
[14] 中华人民共和国国家标准.GB/T 19204—2003 液化天然气的一般特性[S].北京:中国标准出版社,2003.
[15] IEA. Natural Gas Information 2004.

第 13 章 液货船靠离泊及过驳作业

13.1 液货船靠离泊概述

13.1.1 液货船特征

液货船主要包括载运散装油品、散装化学品、液化气等散装液态化学品的船舶。液货船中的油船、化学品船、液化气体船因所装货物的理化性质不同,在与货物装卸作业有关的设备、舱型、结构等方面存在很大差异。如油船甲板上管线布置没有化学品船复杂,货舱舱容大数量少;液化气体船舶货舱拱形、甲板透气桅较多等,如图 13-1~图 13-4 所示。

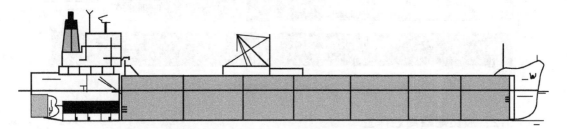

图 13-1 油船平面图

图 13-2 油船甲板管线布置图

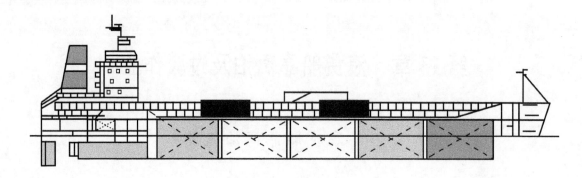

图 13-3 化学品船的平面图

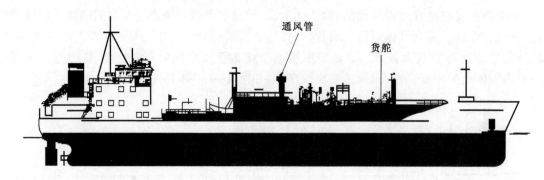

图 13-4 液化气体船舶平面图

13.1.2 液货船靠离泊作业

液货船典型货物装卸作业方式是船舶靠泊码头时,将码头的货物装卸臂或输货软管与船上歧管相连,在泵的作用下,货物通过管道装船、卸船,如图 13-5 所示。

图 13-5 液货船靠泊码头作业方式

此外,液货船货物装卸还有将船舶系在一个浮筒或多个浮筒上,即单点和多点系泊,货物通过水面下一段软管将货物泵上岸库或装入船舱作业方式,如图 13-6 所示。

图 13-6　液货船系泊浮筒作业方式

13.1.3　相关的国际公约、国家法律法规及规范

为保障船舶和油类运输安全,防止船舶造成水域污染,中华人民共和国海事局制定了《船舶载运散装油类安全与防污染监督管理办法》(1999 年 7 月 1 日起施行)。该管理办法适用于在中华人民共和国管辖水域内从事散装油类运输、储存、装卸和其他相关作业的液货船、液货码头和装卸设施及其所有人、经营人和有关人员。

国际航运公会(ICS)、石油公司国际海事论坛(OCIMF)和国际港口协会(IAPH)联合出版了《国际油船和油码头安全指南》(简称《指南》),该《指南》是为油船安全运输和装卸油品提供操作指导;国内也有一些技术规范如《液化气体船舶安全作业要求》(GB 18180—2010)、《散装液体化工产品港口装卸技术要求》(GB/T 15626—1995)等。液货专用码头的安全和防污染要求所涉及的技术规范主要有《装卸油品码头防火设计规范》(JTJ 238—1999)、《油码头安全技术基本要求》(GB 16994—1997)、《液化气码头安全技术要求》(JT 416—2000)、《港口码头溢油应急设备配备要求》(JT/T 451—2009)等。

13.2　液货船靠泊作业安全监督

液货船靠泊作业安全监督主要监督船舶靠泊作业的安全,主要内容涉及有关安全规范的落实情况,具体应监督检查船岸双方是否严格遵守《船舶载运散装油类安全与防污染监督管理办法》的规定;是否遵照《国际油船和油码头安全指南》和一些有关技术规范的要求;是否认真落实了"船/岸安全检查表"等。

13.2.1　《船舶载运散装油类安全与防污染监督管理办法》规定要求

(1)油船靠泊作业期间,船岸双方均应遵守《国际油船和油码头安全指南》和有关规定中所提出的安全技术要求。

(2)船岸双方应于装卸作业前签订船岸协议书,明确各自的安全和防污染方面的责任和义务。

(3)船岸双方应建立"船/岸安全检查表"制度,并严格按"船/岸安全检查表"的内容要求进行填写和检查。

(4) 污染危害性货物装卸作业前，应由经认可的单位按要求布设或备妥防污设备。

(5) 液货船在装卸、货舱压载、洗舱或驱气、除气等作业期间不得检修和使用雷达、无线电发报机、卫星船站；不得进行可能产生火花的作业；不得使用供应船进行加油、加水等作业。

(6) 液货船靠泊作业期间应按规定显示信号，白天悬挂"B"字旗，晚上显示红色环照灯。

13.2.2 《国际油船和油码头安全指南》有关安全要求

《国际油船和油码头安全指南》的目的是提供操作指导，以帮助直接从事油船和油码头作业的工作人员。该《指南》分为两大部分，第一部分（1~14章）包括了操作程序和关于安全操作的策划；第二部分（15~24章）包含了较详细的技术资料，阐明了第一部分所介绍的许多措施和程序的理由。全部指南共有24章、8个附录。其中与液货船船岸作业有关的章节主要有第3章、第4章、第5章、第6章和第14章，此外还有一个附录讲到"船/岸安全检查表"的格式和填写说明。该《指南》对船岸作业的有关要求如下：

1) 液货装卸作业前船岸双方应进行充分的资料信息交换

(1) 岸方应向船方提供的资料信息主要包括码头泊位、辅助船、系泊设备、码头装卸设备、码头作业信号、码头有关作业要求、装卸作业要求、有关规定等的基本情况。

(2) 船方应向岸方提供的资料信息主要包括船舶吃水和纵倾、预期吃水和纵倾变化、船舶安全系统、是否清洗舱、是否有修理工作、船舶管路、船舶装卸计划、是否添加化学添加剂、压载、货舱、装卸货最高压力、配载图示、装卸货顺序、最高货物温度、最高蒸气压、压载布置、货品闪点（卸货船）、装卸作业要求等的基本情况。

2) 液货装卸作业前船岸双方应进行充分的协商

在货物输送之前，船岸负责人应进行协商，详细研究预定程序和作业方式，同时使船岸双方熟悉船岸货物装卸设备的性能、预定的操作、安全措施、安全要求以及其他安全作业的规定，并达成书面的装卸计划协议书。

3) 液货装卸作业前船岸双方应认真填写"船/岸安全检查表"

"船/岸安全检查表"的作用是保障船舶和码头双方以及所有人员的安全，它应由负责驾驶员和码头代表共同填写。在表上作标记以前应先核实每一项目。应注意，核查表上的某些项目要求多次切实地检查。

"船/岸安全检查表"格式和说明如下：

国际海事组织（IMO）颁布的《港口危险货物的安全运输、装卸和储藏建议》[IMO大会决议 A435(Ⅵ)号]做出了如下规定：

船长和泊位负责人双方在散装液态危险货物泵入或泵出船舶之前，或泵入岸方容器之前，应完成以下事项：

——就装卸程序，包括允许的最高装卸定额达成书面协议；

——填写并签署相应的安全检查表，该检查表应说明在拟进行的装卸作业之前，应采取的主要的安全防患措施；

——就装卸作业期间发生的紧急事故，所采取的行动达成书面协议。

该建议附有安全检查表一份，该表列出了各项安全准备工作和安全条件。只要完成这些准备工作，并且各方面均符合该安全条件，就能够保证安全完成液态散装危险货物的装卸作业和有关作业,如加燃料油、加压载或清舱等。国际海事组织推荐国际航运公会等组织起草的"船/岸安全检查表"如表 13-1 所示。

船/岸检查表　　　　　　　　　　　　　　　　　表 13-1

船　　名＿＿＿＿＿＿＿＿＿＿＿＿＿＿＿＿＿＿＿＿＿＿＿＿＿＿＿＿＿＿＿＿＿＿
泊 位 号＿＿＿＿＿＿＿＿＿＿＿＿＿＿＿＿港口名称＿＿＿＿＿＿＿＿＿＿＿＿＿＿
抵港日期＿＿＿＿＿＿＿＿＿＿＿＿＿＿＿＿抵港时间＿＿＿＿＿＿＿＿＿＿＿＿＿＿

填表说明

为保证作业安全,表中全部提问均必须得到肯定的答复,即"√"。如果某一提问不可能获得肯定的答复,则必须给出理由,并由船港双方就适当的防患措施达成协议。在所提出问题不适用于实际情况时,应在备注栏中注明。

在船方/港方栏目下留出的"□"记号,供双方各自填写核实结果。

在代码栏目下的字母 A 和 P 分别表示:

A——所提出的程序和达成的协议均应是书面的并且双方均应签字。

P——在得到否定答复时,未经港口当局批准,该作业不得进行。

A 部分 散装液货——一般性核实	船方	港方	代码	备注
A1　系泊是否牢靠?	□	□		
A2　应急拖缆的摆放位置是否正确?		□		
A3　船岸间通道是否安全可靠?	□	□		
A4　靠泊船舶能否随时自航移位?	□		P	
A5　船上是否有得力的舷梯口值班员?船港双方是否都已布置了合格的监督人员?				
A6　船岸之间约定的通信系统运转是否正常?	□	□	A	
A7　是否已就货油、燃油、压载水的装卸程序达成了协议?	□	□	A	
A8　是否已就紧急停机程序达成了协议?	□	□	A	
A9　船岸双方的消防软管和消防设备摆放位置是否正确,是否均已准备就绪,可供应急之用?	□			
A10　货油和燃油的输油软管和输油臂状况是否良好,装配是否合乎要求,其安全鉴定书(如有的话)是否已经检验?	□	□		
A11　船岸双方的所有排水孔是否均已堵塞严密,积油盘是否都已安置入位?	□	□		
A12　闲置的货油和燃油管接头,包括尾部卸油管路(如有的话)是否已用盲板隔开?	□	□		
A13　通海阀和舷外排出阀在不使用时是否均已关闭并系固?	□			
A14　所有货油舱和燃油舱舱盖是否均已关好?	□		A	
A15　双方同意的油舱通风系统是否已经启用?	□			
A16　采用的手电筒型号是否合乎规定?	□	□		
A17　采用的甚高频和超高频便携式无线电收发机的型号是否合乎规定?	□			
A18　船上的所有主要无线电发射天线是否都已接地,雷达是否都已关掉?	□			
A19　所有与便携式电气设备相连的电缆是否已与电源切断?	□			
A20　中部生活舱外部的舱门和舷窗是否均已关闭?	□			
A21　面向或俯视油舱甲板的尾部生活舱的外部舱门是否均已关闭?	□			
A22　有可能吸入货油蒸汽的空调机吸气口是否均已关闭?	□	□		
A23　是否已将所有窗式空调机的电源切断?	□			
A24　关于吸烟的各项限制规定是否已得到实施?	□	□		
A25　关于厨房的炊事用具的使用条例是否已得到实施?				
A26　关于明火的各项限制条例是否已得到实施?				
A27　是否已做了应急逃生的安排?				
A28　船上和岸上是否已配备了足够的人员以处理紧急局面?				
A29　船/岸的油管对接处是否有合乎要求的绝缘措施?				
A30　是否已采取了能够保证泵舱充分通风的措施?				

续上表

B部分 附加核实——液体化学品散货	船方	港方	代码	备注
B1 是否已掌握必要的有关安全装卸方面的资料，包括产品厂家的防患说明书？	☐	☐		
B2 是否已备有合格、充足的可供随时使用的防护设备（包括自给式呼吸器）和防护服？	☐	☐		
B3 是否已就防止工作人员意外接触化学品货物所应采取的措施达成协议？	☐	☐		
B4 化学品货物装卸定额是否与自动停机系统（如采用的话）相协调？	☐	☐	A	
B5 化学品货物计量仪和液位警报器是否均已调好并处于良好的可用状态？	☐	☐		
B6 装卸作业需要的便携式蒸汽检测仪是否已经准备妥当？	☐	☐		
B7 双方是否已就消防手段和其程序方面的资料进行过交流？	☐	☐	P	
B8 输送化学品货物的软管材质是否能够经得住具体化学品货物的侵蚀？	☐	☐		
B9 是否采用常设管路系统进行装卸？	☐			

C部分 附加核实——散装液化气	船方	港方	代码	备注
C1 是否已经掌握必要的有关安全装卸方面的资料，包括产品厂家的防患说明书？	☐	☐		
C2 喷水系统是否已经完好待用？	☐	☐		
C3 是否已备有充足、合格的、可供随时起用的防护设备（包括自给式呼吸器）和防护服？	☐	☐		
C4 空舱是否已按要求经过合格的惰化处理？	☐			
C5 各遥控阀门是否都处于良好的可用状态？	☐	☐		
C6 货舱的安全阀是否已与船舶的通风系统接通，分路是否都已关闭？	☐			
C7 所用的货泵和压缩机是否处于良好状态，同时船岸双方是否已就最高的允许工作压力达成协议？	☐	☐	A	
C8 再液化设备或气化控制设备是否处于良好状态？	☐			
C9 液化气货物的气体检测仪是否经过校准，并处于良好状态？	☐	☐		
C10 液化气货物计量仪和液位警报器是否均已调好并处于良好的状态？	☐	☐		
C11 应急停机系统是否工作正常？	☐	☐		
C12 岸方是否知道船舶自动阀的关闭速率，船方是否也知道岸方同类系统的详细情况？	☐	☐	A	
C13 船岸双方是否已就液化气货物系统的最低允许工作温度进行过协商？	☐	☐	A	

	船 方	岸 方
在船舶靠泊岸方设施期间是否制订了清舱作业方案？	是/否*	是/否*
如果已经制订，是否已将此情况通知港口当局和码头？	是/否*	

按实情删去"是"或"否"

声　　明

我们已对本表的各条进行了核实，根据需要，某些是双方共同核实的。双方确认，据我们所知全部表格填写是正确无误的，同时还做了在必要时进行复查的准备。

船　方	港　方
姓名_____	姓名_____
职位_____	职位_____
签名_____	签名_____

时间_____
日期_____

13.2.3 有关安全技术规范要求

涉及液货船靠泊作业的有关安全技术规范主要有：
(1)作业船舶方面
《油船作业安全技术要求》、《液化气体船舶安全作业要求》、《油船洗舱作业安全技术要求》、《油船静电安全技术要求》等。
(2)液货专用码头方面
《港口工程环境保护设计规范》(JTS 149-1—2007)、《装卸油品码头防火设计规范》(JTJ 238—1999)、《油码头安全技术基本要求》(GB 16994—1997)、《液化气码头安全技术要求》(JT 416—2000)、《散装液体化工产品港口装卸技术要求》(GB/T 15626—1995)、《港口码头溢油应急设备配备要求》(JT/T 451—2009)等。

13.3 液货船过驳作业流程

13.3.1 油船过驳作业流程

1)操作和停泊
(1)操作之前的准备工作
①船舶的准备工作
每条船舶的船长都应该在操作开始之前做好下面的准备工作：
a.在指南中给出这个程序的研究，并且被船舶所有人或组织者提出的说明所补充；
b.必要货物和安全设备的测试，在SGOTT中描述了这种程序；
c.所有船员应该对有关系泊和解缆离泊的程序熟知并能辨认危险源；
d.证实每条船舶将能够满足所有的操作和安全检查清单的要求；
e.舵机和所有的航行和通信设备确保处于工作状态；
f.发动机控制检测及船首和船尾主要推进器检测；
g.每条船舶应该垂直(不应该倾斜)并且适当的纵倾；
h.防碰垫和管系应该合理地放置和连接并且确保是STS过驳程序所适合的和需要的；
i.准备好了货物阀组和管道处理传动装置；
j.获得过驳期间的当地天气预报；
k.如果船舶的汽笛发出了紧急信号，那么就要达成作为行动的协议；
l.证实船舶操作的安全水平与国际海事组织的ISPS规则相一致，并且确保满足船上的要求。
②航行信号
STS过驳操作期间应按《国际海上避碰规则》的要求显示号灯、号型及声号，并且在STS操作以前应该检测号灯和号型并且做好显示的准备。
(2)操作和停泊
①基本的靠泊规则
靠泊和离泊操作应该在白天进行，除非认为作业人员有足够的经验可在晚上进行STS

操作。

对于一些近岸区域,港口当局可能会要求引航员来操作。在这种情况下,引航员要提供所有航行和驾驶方面的建议,但是船长仍然负责所有控制和指挥船舶的操作。

②低速下两条船舶的并靠操作

两条船舶之间,通常是比较大的一条船舶在较低的航速下保持稳定的航向。当地的条件和习惯将会规定合适的船首向。操纵船舶在旁边进行并靠作业。

操纵船舶在靠近和系泊时建议使用右舷来靠近直航船的左舷。

要注意一些当地法规规定了的关于两船并靠操纵的具体规定。

控制两船并靠的一般建议,每条船舶都应该考虑以下几点:

a. 发动机控制,舵机和所有的航行、通信设备都应该在工作状态下。

b. 每条船舶都应该配备熟练的舵手。

c. 操纵船舶的航向要求必须服从于直航船。

d. 船速应该通过调整发动机的运转来控制。任何的调节都应该是受限制的,例如,增加或减少5RMP而不是使用相对的粗糙的发动机电报系统。然而,正常的所有操作环节都要保持可用状态。

e. 对于柴油发动机,确保有足够的启动空气。

f. 夜间甲板应该被照亮,如果可能的话,船舶的边缘和防碰垫应该用灯光照亮。

g. 系泊侧应该清除所有的障碍物等。

h. 适用于STS过驳的航行的号灯和号型。

i. 在驾驶台和系泊人员之间应该保持有效的无线电通信。

j. 每条船舶的船长之间都应该保持有效的通信。

船舶并靠过程如图13-7所示,船舶通过车舵的操作进行并靠,如图13-8所示。

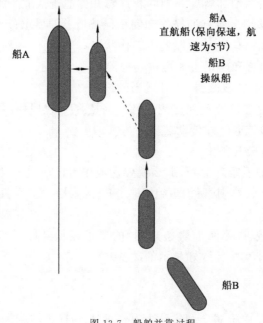

图13-7 船舶并靠过程

图 13-8　船舶通过车舵的操作进行并靠

并靠操作时,尽管每条船舶的船长都有操纵自己船舶更倾向的方式,但是对于STS过驳操作要强调下面几点：

a. 如果任何一条船舶的船长或者STS指挥人员对于操纵的安全性有一点点的怀疑,停泊操作都要停止。

b. 每条船舶都有责任始终保持着良好的瞭望。

c. 一般来说,风和流要始终保持在直航船船舶的左舷；然而当地的条件或习惯可能会规定不一样的方式。

d. 操纵船舶所采取的靠近角度不应该过大。

e. 操纵船舶系泊的通用做法是从系泊的一侧以90°角靠近直航船。在较近的靠近过程中,操纵船应该根据当时的环境在安全的距离内平行于直航船的航向,然后相对于直航船把自己安置在合适的位置。操纵船通过车舵的操作来缩小与直航船间的距离,直到与防碰垫接触。

f. 在船尾发动机不是必须运转的情况下,两条船舶更易于以相同的速度平行靠近。

g. 在直航船上没有发动机运转时,不应该通知STS指挥人员和操纵船舶的船长。

h. 当在较近的距离操纵时,应该预期船舶相互作用的结果。

船舶应在相同航速条件下进行平行并靠,如图13-9所示。

(3) 系泊准备

系泊准备工作应该尽量保证快速的系泊操作。船舶的系泊方式应该能保证船舶的安全,缆绳的张力应该能够将两艘船舶紧紧地束缚在一起。

所采取的系泊计划取决于每条船舶的大小和船舶大小之间的差异,干舷和排水量的差异,预期的海洋和气象条件,当前位置提供的遮蔽程度和可用系泊缆绳导航的有效性。

(4) 系泊应考虑的因素

它提供了一个关于在对影响STS靠泊系统高效性因素的有效的研究的基础上,可以得出以下建议。

① 当系泊缆受到过大或不均匀张力时,会引起天气阈值的明显减少,使得系泊缆压力会超过其安全工作负荷,要予以避免。要注意STS操作,确保在停泊过程中,相关干舷不会引起过

多的张力。

②研究表明,如果缆绳伸出角度相近并且角度有效,船首尾系泊缆的峰值负载均可最小化,这样能更有效地分担系泊负载,保证系泊的安全。

图 13-9　船舶应在相同航速条件下进行平行并靠

③总体而言,研究指出,当 STBL 处于或者接近满载排水量时,系泊负荷能承受更高的天气阈值。在整体控制咨询中,船长和船员应该要注意到,在 STS 一个操作过程中,由于 STBL 减轻了而引起的天气阈值的明显变化。越大的 STBL 排水量会有越大的系泊负荷天气阈值。

④当波的周期过长时,STS 过驳操作应小心行事。当波的周期或者波浪遭遇周期增大时,任何波形高度的系泊缆负荷都会随之增加。

⑤在 STS 操作中,应避免遭遇来自正横方向的波浪。使用开敞锚地 STS 地点时,要特别注意避免遭受强烈涌流,这会使船舶处于大角度的风和浪中。

当进行在航 STS 操作时,控制系泊负荷的最佳波浪遭受方向通常被认为是使 STBL 处于上风位置的船首左舷方向。但是,根据两船的相对大小和排水量,并不总是符合这个规律。例如,两船大小和排水量都很接近时,当过驳船排水量相对于 STBL 增加时,控制系泊负荷的最佳波浪遭受方向则会变为使过驳船处于上风位置的船首右舷方向。在这种情况下,航向随风改变,如果有效的水域空间会非常有利。

2)过驳程序

(1)过驳准备程序

当两船牢固地系泊,在货物过驳开始前,两船的货物作业责任人员之间要建立良好的沟通,并令人满意地完成过驳前检查(见检查表 4,即表 13-5)。此外,还要注意《国际油轮和油码头安全指南》中相应的安全检查表。

(2)货物过驳作业责任

货物过驳操作应符合接受船的相关要求。两艘船的货物作业责任人员均应与货物过驳监管人员一同对张贴在驾驶室和货物控制室的清单予以明确地确认。

(3)货物过驳计划

在准备货物过驳计划时,应充分考虑到始终保持船舶的稳性、船体压力在设计范围内、最小化自由液面的影响。

货物过驳计划应提前编制,保证其可适用,并在两船间达成书面协议,包括以下信息:

①过驳的各个等级的货物数量。

②等级顺序、货物密度、温度及专门的预防措施,如对积聚静电的产品就可能需要。

③货物过驳系统的细节,泵的数量,最大压力。

④海上原油洗舱程序。

⑤货物加热要求。

⑥货物的初装速度和最大速度,并注意各个阶段速度的控制。

⑦货物过驳的普通停止和紧急停止程序。

⑧溢油应急程序。

⑨值班安排。

⑩操作关键阶段。

⑪关于过驳的地方、国家规则。

⑫关于被过驳货物的资料及安全数据表,并确认装载船知道货物的特殊性质,如二氧化硫目录,特殊消防要求等。

⑬装载船提供之前货物的详细信息。

⑭针对液体软管接头、监控、追踪和断开的合作计划。

在开始货物过驳前,装载船应告知卸货船货物作业不同阶段的所需流速。如需改变传送率,装载船应建议卸货船改变其要求。同样地,如基于作业要求,卸货船需要改变其流速时,应告知装载船。

已达成协议的传送率不应超过生产商的输油软管的建议速度。

(4)货物过驳的一般原则

货物过驳作业过程中,卸货船和装载船应安置一名责任人员在货物集管区域或其附近,观察输油管,检查其是否泄漏。此外,卸货船责任人员应配备便携式无线电话,在货物泵控制间或其附近按要求行动。

开始时,货物过驳应以低速度进行,以便装载船检查管道系统是否正确安置。当接收油轮即将达到其满舱状态时,传送率应降低至约定的平舱率。货物过驳作业过程中,两船应检查和比较得出每小时最小传送率,并将结果记录在航海日志中。任何的差异和异常现象都要仔细检查,如需要,应暂停货物过驳作业直至差异解决。

当传送率达成一致时,除了要注意常规操作注意事项外,还应考虑其他一些因素,包括但不局限于以下内容:

①货物运输软管决定的限制条件。

②在船舶确定的货物管路或通风系统中由于流速所造成的所有限制。

③天气条件可能会造成管道的移动。

要注意到,泵和阀门的不正确操作会在管路系统中产生冲击压力。这些压力会严重地破坏管路系统或软管。应通过周密地计划、合理控制泵速和正确操作阀门从而防止冲击压力的产生。

对在货物过驳过程中所产生的静电积聚需要采取特别的预防措施,在处理此类货物时应参考《国际油轮和油码头安全指南》。

货物过驳作业过程中,要预先进行一些适当的压载操作,以减少两船干舷差以及避免过大的尾倾,如图13-10所示。应避免两船任何一船的横倾,卸货船按要求从货油舱排压载水除外。

图13-10 保持两船干舷差最小

大多数参与STS过驳操作的船舶都配有专用压载舱。然而,会出现这样的情况,即船舶使用港要求给卸货船装载压载水。从货油舱排压载水时,如有装惰性气体系统,需将其打开。

考虑到船型,只有清洁压载水能排出舷外。其他压载水均应保留在船上,或在上述情况下,可以过驳至卸货船。

排压载水结束后,管系和泵系均应排干,所有的阀门都要紧闭,检查并密封。

任何船舶都应遵守国家和地方关于控制压载水排放的规则。

对系泊缆和防碰垫要连续不断地观察,避免摩擦和不必要的挤压,尤其是由相对干舷改变所引起的。在任何时间系泊缆都需要预先放置和调整,且只能在严格控制条件下进行。如有必要,应推迟其他操作,参与该活动。

(5)货物过驳后的操作

和之前达成的协议相一致,货物过驳完成后,应实施以下操作:

①断开前,所有管道都应放置在一艘船上。

②管道应断开并保持清空。

③货物集合区要完全清理干净。

④货物过驳和预期解缆离泊时间要告知主管当局。

3)起锚

(1)解缆离泊程序

①一船锚泊时的解缆离泊

这种情况下需要特别注意。一船锚泊状态下,易出现事故和危险局面,环境的不确定性以及类似潮汐状况等不易准确控制的因素,使得操作变得复杂。因此建议不要在涨潮落潮时解缆离泊。同样还建议,解缆离泊操作只有由拥有足够 STS 操作经验的船员来进行,尤其是当锚泊船船首偏荡时,如有可能应使用拖船协助离泊。

根据解缆离泊控制人的判断,如果天气和涌流情况需要,直航船应该起锚,并在前进时进行解缆离泊操作。

②低速在航时解缆离泊

当 STS 过驳操作在船舶低速在航时进行,除当地条件约束外,应使左舷受风浪解缆离泊,然后使两船组合系统的船首方向迎风,以便使两船分开。

(2)解缆检查

解缆位置要配备足够的船员,并注意以下几点:

①船舶货物过驳一侧应保持无障碍物,如起重机和吊车。

②要事先达成分系泊缆绳的解缆方式的协议。

③防碰垫,包括拖车和安全索应检查并确保处于良好状况。

④绞车和起锚机应随时准备应急使用。

⑤所有系泊点预备好导缆和止缆装置。

⑥每个系泊点都应配备可用的消防斧和其他所有合适的切割工具。

⑦船舶间通信应得到确认。

⑧建立与解缆操作人员的通信。

⑨解缆操作人员只有当被指示时才可释放系泊缆。

⑩确认附近的船舶交通。

⑪完成检查表5(表13-6)。

解缆检查如图13-11所示。

图13-11　要特别注意,以防两船解缆时碰撞

(3)离泊程序

离泊时应特别注意防止两船碰撞。离泊的通常做法是首尾单绑,然后解开其他缆绳,使船首摇摆,进而从直航船到有一个合适角度,同时,船尾单绑也被释放,操纵船舶清楚移动,当然也还有其他做法。脱离后,两船都应该前进或倒退直至两船完全分开。直航船不应独立操纵直至操作船已经完全离开。

如当地条件或船舶结构会在两船分离时造成困难,应告知对方,并考虑其他计划。

13.3.2 FPSO过驳作业流程

1)FPSO原油外输流程

FPSO(Floating Production Storage and Offloading)是浮式生产储存卸货装置的简称,是海上石油工业集生产处理、储存外输及生活、动力供应于一体的大型海上设施,把来自油井的油气水等混合液经过加工处理成合格的原油或天然气,成品原油储存在货油舱,到一定储量时经过外输系统输送到提油轮,FPSO俨然是一座"海上油气加工厂"。

原油过驳是油田安全生产的重要环节之一,通常采用水上过驳和海底管线两种方式。通过水上过驳方式外输的油田一般有FPSO和若干个钻井平台组成。在过驳的过程中,FPSO充当了码头的角色,一般有并靠和尾靠两种靠泊方式:

并靠方式(旁靠方式):基本和港口内靠泊方式一致,FPSO充当固定码头的角色,提油轮靠泊于FPSO的一舷,这种方式已经越来越少用;

尾靠方式(串联方式):提油轮通过缆绳连接于FPSO的船尾,与FPSO成一直线。由于此方式更能适应恶劣的海况作业条件,且提油轮解脱缆绳更安全、方便,对系泊单点的影响小,目前FPSO过驳作业大多采用此方式。

FPSO尾靠方式过驳作业通常需要尾拖轮和协助拖轮进行协助。进行过驳作业前,提油轮慢速驶到FPSO船尾处,并保持一定安全距离;然后由协助拖轮系上系泊缆,并接上输油管;由尾拖轮拖提油轮船尾,以保持船首向与FPSO的方位相对稳定,开始输油作业;输油作业结束后,解脱输油管、解脱缆绳离开,原油外输示意图和流程图分别如图13-12和图13-13所示。

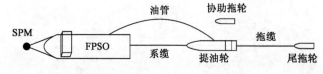

图13-12 常用FPSO过驳方式示意图

2)FPSO原油外输基本条件

FPSO原油外输作业是程序复杂而风险较高的海上作业活动,必须做好充分的准备和合理的计划。允许外输作业的基本条件概括如下:

(1)海上气象和海况条件满足油轮系泊和外输作业的设计要求。

(2)按计划调配好运输油轮和应急备用油轮,并准时就位待命。

(3)FPSO原油储量已达到运输油轮装载量的80%左右。

(4)外输前已对相关系统和设备进行了全面检查和维护。

(5)做好应急预案,在不得已的情况下主动减产,避免停产。

(6)组织好各岗位人员,提前通知商务、环保、海关等相关部门。
(7)检查和确保惰气系统工作正常且参数达标。
(8)准备好溢油回收装置,辅助船舶就位。
(9)根据FPSO配载手册,合理对储油舱和压载舱调整配载。
(10)检查和确保单点系泊系统和油轮系泊系统状态良好。
(11)准备好油轮的应急解脱程序和紧急停运计划。

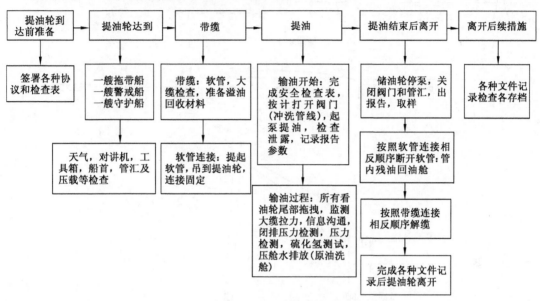

图13-13 原油外输流程图

3)FPSO原油外输提油轮系泊/离泊

由两艘拖轮进行协助系泊作业,一艘拖轮送引缆给提油船船首,使提油轮与FPSO串联系泊,并随后在提油轮一侧备用;另一艘拖轮系于提油船船尾实行尾拖,使三者保持在一条直线上。具体方式见图13-14。

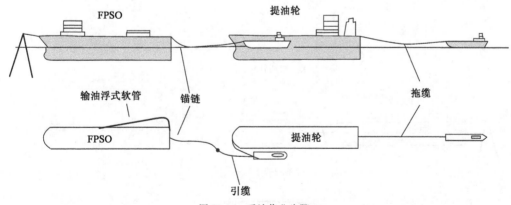

图13-14 系泊作业步骤一

待提油轮与FPSO靠泊状态稳定后,由一艘拖轮进行协助作业将输油软管送到提油轮侧舷,通过吊臂将输油软管吊起并与提油轮进行连接。具体方式见图13-15与图13-16。

待提油轮与 FPSO 通过输油软管连接并处于稳定状态后,协助拖轮撤离开始进行原油外输作业。具体方式见图 13-17。

离泊方案为系泊方案相反方向进行。

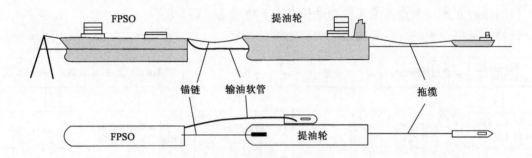

图 13-15　系泊作业步骤二

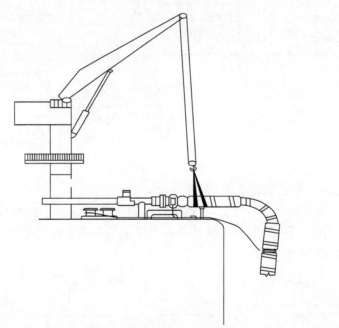

图 13-16　输油管对接作业示意图

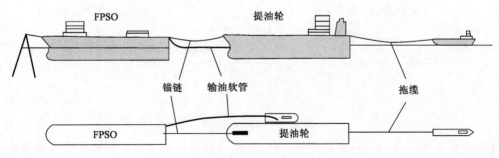

图 13-17　系泊作业步骤三

13.3.3 过驳作业与管理

随着航运经济的发展,一些液货船因受到港口码头靠泊能力、航道水深等条件限制,难以靠泊码头进行正常的装卸作业。此时,通常在港口水域内或港口水域外采取小船靠泊载货船舶,通过连接两船的软管,将大船液货泵给小船,这种作业方式被称之为液货船水上过驳作业,见图13-18。

图 13-18　液货船水上过驳作业示意图

1996年,原交通部为加强液货船水上过驳作业安全管理,保障水上生命、财产安全,防止船舶污染水域,发布了《液货船水上过驳作业安全监督管理规定》,该规定适用于中华人民共和国管辖水域内从事散装液体货物过驳作业的船舶以及有关单位和人员。此规定是海事管理机构对在我国管辖水域进行的液货船水上过驳作业安全和防止船舶污染水域实施监督管理的具体依据。

依据《液货船水上过驳作业安全监督管理规定》,水上过驳作业包括一般船舶过驳作业和水上储库过驳作业。一般船舶过驳作业指临时减、加载过驳和应急情况的过驳作业;水上储库过驳作业是指卸载或装载船具有储库性质,作业点相对固定和其他时间较长的过驳作业。过驳作业船舶包括参加过驳作业的卸载船和装载船。卸载船是指一艘由本船将液货送到另一艘船的船舶;装载船是指从另一艘船舶受载液货的船舶。

1999年修订后的《中华人民共和国海洋环境保护法》(简称《海环法》)第八章第七十条进一步规定了船舶进行散装液体污染危害性货物的过驳作业须经海事主管部门批准。因此,海事部门必须依据《海环法》的要求,做好散装液体污染危害性货物过驳作业的监督管理工作。

为了配合《中华人民共和国港口法》(简称《港口法》)实施,原交通部于2003年11月30日发布了《中华人民共和国船舶载运危险货物安全监督管理规定》(2003年第十号部长令),并于2004年1月1日起施行。此管理规定的第十一条、第十二条和第十三条对载运危险货物的船舶从事水上过驳作业监督管理问题进行了相应的规定。

1) 过驳作业审批权限

(1) 港口水域内进行《港口法》所定义的危险货物过驳作业,由港口管理部门负责审批,但在港口水域内进行海上散装液体污染危害性货物的过驳作业的,仍需经海事部门批准。

(2) 港口水域外所进行的危险货物过驳作业均由海事部门负责审批。

2) 过驳作业审批时限

(1) 单航次过驳作业或一般过驳作业的船舶,应当在 24h 内做出批准或者不批准的决定。

(2) 特定水域多航次过驳作业或水上储库过驳作业的船舶,应当在 7 日内做出批准或者不批准的决定。

3) 过驳作业需具备的条件

(1) 参加过驳作业的船舶应处于适航、适装状态。超过 20 年船龄的外国籍液货船不得进入中国水域从事过驳作业。

(2) 作业品种不属于禁止过驳的货物。根据《液货船水上过驳作业安全监督管理规定》,除救助人命和保护人命等紧急情况之外,禁止进行 MARPOL 73/78 附则 Ⅱ 中所定义的 A、B 类有毒液体物质的过驳作业。

(3) 过驳作业的方案应全面,安全与防污染措施要合理,并建立 24h 运作的应急体系。

(4) 过驳作业应是在海事主管部门已对外公布的过驳锚地进行;若无过驳锚地,过驳作业经营人应选择底质好,有遮蔽,风涌浪小,水、潮流平缓,水深适宜,利于锚泊和靠、离泊,能满足安全和环境要求的水域;应对特定水域多航次过驳作业点或水上储库过驳作业点的水域进行水深扫测,设置必要的助航标志,以保障船舶航行及作业安全。

(5) 作业地点尽量远离人口密集区、船舶通航密集区、航道、重要的民用目标或者设施、军用水域。

(6) 设定合理的限制作业的条件。

(7) 按规定需持有油污民事责任保险或其他财务保证证书的船舶应持有该证书,特定海域多航次过驳作业还应购买船东责任保障与赔偿责任险。

(8) 参加液货操作和装卸作业的人员必须经过相应的专业培训。

(9) 参加过驳船舶的靠泊设备应满足拟靠泊船舶的安全靠泊各项要求,应规定接受安全靠泊的船舶类型和尺度,配备适合于过驳作业要求的辅助船舶,在现场实施监护或在指定地点待命。

(10) 从事液货操作和装卸作业的人员应配备必要的防护器具、安全与防污染设备以及与所过驳货物相应的急救药品和设备。

(11) 申请从事单航次过驳作业的,申请人应当提前 24h 向海事管理机构提出申请。申请在港口水域外特定海域从事多航次危险货物过驳作业的,申请人应当提前 7 日向海事管理机构提出书面申请。

(12) 过驳作业所需的设备必须符合有关安全与防污染技术标准。

4) 过驳作业需提交的材料

(1) 液货船水上过驳作业申请书。

(2) 拟过驳作业点水域概况和环境状况可行性论证材料。

(3) 拟进行过驳作业的船舶(卸、装载船舶)资料,包括国籍证书、(国际)防止油污证书、适装证书、保险文书和最近一次安检报告等。

(4) 过驳作业所需配备的有关设备、器材的清单和辅助船资料,按规定需经检验的设备需要提交有关检验证明。

(5)水上储库能够接受的安全靠泊船型和尺度。
(6)过驳作业方案、管理制度、安全防污染的措施和应急计划。
(7)靠、离、系泊方案,经论证的限制作业的条件。
(8)过驳水域通航环境评估报告(适用于特定海域多航次过驳作业)。
(9)拟设置的助航标志的方案(必要时)。
(10)过驳船舶油污损害保险证明,特定海域多航次过驳作业还应提交船东责任保障与赔偿责任保险证明。

5)过驳作业许可证的签发
(1)一般过驳作业的船舶,签发一般船舶单航次过驳作业许可证。
(2)特定水域多航次过驳作业,签发多航次过驳作业许可证。

6)过驳作业安全监督
海事部门在水上过驳作业现场监督管理中,应针对船舶进行水上过驳作业特点,分析存在的主要隐患,管理上要有的放矢,确保过驳作业顺利进行。

(1)过驳作业存在的主要隐患
①船舶在靠、离、系泊过程中,彼此之间易发生碰撞。
②过驳中的船舶会受潮、流、风等影响,自身会移动。因此,在泵货期间,存在拉断卸货软管的风险。
③正常情况下,过驳作业卸货速度较快,对于参与过驳的小船,易发生货物溢舱事故。
④通常几万吨货物在3~5d过驳完毕,参与过驳作业人员的工作强度较大,人员易产生疲劳,从而可能产生人为的安全事故。
⑤当接货的小船与供货的大船发生货物计量争执时,一些小船采取不离泊措施,这种长时间两船系泊一起,存在着某些不安全事故隐患。

(2)过驳作业现场监督管理
①检查过驳作业中的船舶双方有无签署相关安全检查表和船长协议书中相关内容的落实情况,没有完成的应及时督促船方落实。
②现场风、浪、涌、流等是否符合过驳作业条件。
③货物软管是否留有缓冲长度。
④系泊碰垫大小是否符合船舶靠泊要求。
⑤检查人员防护应急设备配备。过驳作业经营人和过驳作业船舶应向从事液货操作和装卸作业的人员提供必要的防护器具和安全设备;船舶应配备与所过驳货物相应的急救药品和设备。
⑥两船之间通信联络是否畅通关系到过驳作业能否顺利和安全进行。参与过驳的船舶应将通信联络中使用的语言商定下来,当两船使用的语言非同一语系时,则必须使用英语,此时应使用国际海事组织推荐的国际标准航海英语;两船应通过无线电设备尽早建立最初接触;两船间、驾驶台与带缆队之间均应备有频率或频道相同的安全型对讲机;当通信联络装置发生故障时,应立即发出经双方商定的应急信号并立即中止正在进行中的过驳操作;若在驶近操纵过程中发生故障,则应立即中止该项操作计划和行动。
⑦两船船员值班落实情况。过驳作业开始后,在歧管附近不论刮风下雨,都应有船员值

班,有船员在观察舱内进货情况。

⑧参加液货操作和装卸作业的人员必须经过相应的专业培训。

⑨未向有管辖权的主管机关提出书面申请,或虽经申请但没有取得过驳作业安全许可证的,应禁止进行水上过驳作业。

⑩现场检查时,发现下列情况之一的,应禁止过驳作业:

a.恶劣天气;

b.有可能影响船舶和作业安全的检修;

c.货物系统发生故障;

d.有不符合作业方案的情况;

e.其他影响作业安全的情况。

⑪在过驳作业中发生事故,过驳作业船舶和过驳作业经营人应采取一切有效的措施和方法避免或减少事故对人员、环境、财产造成损失,立即用一切可用的通信手段向主管机关报告;过驳作业船舶和过驳作业经营人应在事故发生后 24h 内向主管机关提交书面报告,接受主管机关的调查处理。

13.3.4 液货船过驳作业安全保障

1)条件及需求

(1)船舶兼容性

当组织者准备进行 STS 货物过驳程序操作时,他们必须确保使用的船舶在设计和设备方面能够兼容。他们应该遵守指南里面的内容;同时也应该安全和有效地指挥锚泊位置和管线的对接;船舶所有者应该将首要的需控制的信息,提供给组织者。在最开始的时候,应将涉及整个过程的规模、空间大小、阀门的位置、停泊点、防撞垫等重要的信息送达给组织者。延伸到超过船舶宽度的驾驶台侧翼平台严禁用于 STS 货物过驳作业。应该制订预防措施以保证驾驶台侧翼平台不延伸至船外。

以下内容应该在船舶系泊之前优先考虑:

①所用集合管的尺寸和数量。

②在油品过驳操作时,依据船舶的吃水线以及油舱里的空间大小,所确定的货物的最大和最小的传输量。

③货物起重机或者吊杆是否符合要求以及符合安全配载的要求。

④船舷的软管支架能够保证在与软管摩擦时防止软管的损坏。

⑤参加过驳作业的船舶必须满足国际石油公司海运协会对油轮及其设备的相关要求。

(2)官方许可

STS 货物过驳操作一般被安排在领海或者是专属经济区。过驳作业的组织者应该核实国家及地方的规则,也必须获得官方的行政许可及批准,这就要求作业组织者要与有关当局认真考虑相关的要求,及就被使用的过驳区域达成一致意见。同时,一些相关的应急措施中的注意事项也应该逐一用表罗列出来。

当在海域开始进行 STS 过驳操作时,组织者应该及时告知当局及相关的政府机构。组织者可以直接告知当局,被授权的 STS 负责人也可以告知当局。

(3) 过驳区域

相对而言过驳区域可大可小,其可用空间依据过驳种类而定。比如说在海上进行双船并排过驳作业时,就需要比较大的过驳区域来满足过驳的需求。当在港口水域内或是被批准的近海海域里进行双船首尾过驳作业时,所需要的过驳区域就较小。

STS组织者在选择过驳区域时必须考虑以下几点:

① 之前必须告知当局,并获得当局的行政许可。
② 必须确定应对恶劣天气及海况的应急避风场所。
③ 必须及时掌握现在以及预测的天气情况。
④ 潮流情况。
⑤ 与近海设施的安全距离。
⑥ 指定过驳区域的适用性。
⑦ 在靠泊和停泊的时候必须要有足够的海域和水深。
⑧ 在海上进行货物过驳操作时,必须要有足够的空间允许船舶在正常的风、流涌作用下的晃动。
⑨ 水下的管道、电缆、礁石及海下历史遗迹等的具体位置。
⑩ 在一个足够好的锚地进行安全锚泊的选择。
⑪ 交通流量。
⑫ 应急措施的有效性以及溢油响应能力。
⑬ 与岸上援助机构的距离。
⑭ 安全威胁。

(4) 天气条件

由于恶劣天气的限制,在此条件下进行STS货物过驳作业是不可以的。考虑到参与过驳作业船舶的相对超高和排水量,STS过驳操作很大程度上取决于海浪对船侧挡板及缆绳的影响。参与作业的船舶的操作性能、即将到来的天气状况、船舶资料、自由液面效应、人员配备以及作业船舶能力都是影响因素。研究表明,当过驳作业遭遇长周期的波浪时,应该慎重对待。当过驳作业受到波浪的影响增大时,会加大系泊的载荷。一些当地部门会针对一些限制性天气条件,在规定中加以说明。

如果在船舶锚泊时进行货物过驳作业,则应该考虑到天气和水流的综合影响,同时应考虑到船舶的偏荡以及锚链的承受能力。

在过驳作业之前及进行的整个过程中,都要时刻关注天气预报的信息。

当船舶进行靠泊操作时,考虑到船舶安全航行以及避免碰撞等要求,能见度必须保证足够好,以保证船舶的操纵安全。当天气情况有利于船舶进行锚泊以及货物过驳时,才能由专业人员进行过驳作业操作,如图13-19所示。

(5) 质量保证

如果要雇佣一名STS服务公司的专业人员进行过驳操作,那么要保证货物过驳作业的安全、可靠及高效,STS服务公司提供的服务及设备是至关重要的。现在还没有针对STS服务公司的国际标准,如果可行的话,国际标准组织的某些条款将会规定:STS服务公司必须要配备在海上进行货物过驳所必需的资源,提供保质保量的服务,这绝不意味着是唯一的保证。当评价一个 STS 服务公司是否符合业主及其管理的要求时，公司的业绩记录、先前经验以及在同行中的声誉也是非常重要的一部分。不论何种情况，船长、船舶公司或是过驳作业组织者，都要采取必要的措施以保证 STS 服务公司能提供自己所期望的服务水平。

图 13-19　在良好天气条件下两船并驶进行过驳作业前的准备

STS 服务公司应该意识到，雇主会对其提供的服务进行评估，他们可能容易受这种评估的影响。

2) 安全性

(1) 一般安全

对于所有的 STS 作业来说，每个船长在任何时候都对自己的船舶、船员、货物、设备的安全负有责任，保证在由他人实施的作业过程中的安全不受到任何侵害。每个船长均应保证本指南中的作业程序得以遵守，并且，保持和执行国际化通过的安全标准。鉴于此，对在货物过驳过程中实际应用中的国际安全操作的最突出的建议是《国际油船和油码头安全指南》——第三部分。

在开始一项 STS 作业之前，应对其包含的所有部分进行风险评估，该评估要包括足够的信息用以保障对操作过程能有明确的了解。风险评估要包含操作的危险及所采用的管理方法。在此过程中以及作业安全检查单上，许多的工具都是可用的，比如在《国际油船和油码头安全指南》附件 1 中所列的，就是一个风险管理工具的示例。

该风险评估至少应包括：

①识别作业相关的危险源（附近的碰撞危险、货物气体压力、硫化氢浓度，等等）。

②对风险进行评价。

③标明防止和/或较小危险的方法。

④对突发事件采取的处理程序。

所要求的评估的复杂程度取决于作业的类型。对在一个特定的使用标准 STS 设备的过驳区域，以及船舶拥有完全的可操作性的情况时，一个一般的风险评估就合适了。对在新的区域实施的 STS 作业，或者在偏离日常作业的情况下实施 STS 作业，则对每个"非标准"的行动都应该进行相应的风险评估。

STS作业的整体安全取决于作业的类型和使用中的设备的状况、气象、海况、参与船舶、监督的质量（由船长承担或者由STS服务提供者承担）、对已成文的作业程序的严格遵守，这些应该由负责全局咨询管理的人员提供给相关船舶。在作业开始前，这些被采纳的程序应该与指南相一致，应该经过各个船舶船长的讨论和同意。STS作业中使用的设备，例如，防碰垫和过驳管系，如果有条件，应该满足国际公认的标准。

通过对近年来的事故数据的研究，表明疲劳等人为因素仍然是导致许多海上事故的主要原因。为防止STS作业过程中的疲劳，对作业安全负责任的STS主任或其他管理者对休息时段的安排应该遵守ILO、IMO，以及本国国内规则的相关要求。对作息时段的符合记录应该予以保持。

休息区域附近过度的噪声也可能成为疲劳问题的主要原因，这些应予以标识。

(2)安全演练

除对作业程序应特别注意外，还应预防其他紧急情况的发生。通过组织船员进行系统的演习，处理各种紧急情况，将紧急事件的影响控制在最小范围内。如现实条件许可，在开始STS作业之前的24h之内，应进行相应的演习活动，如有特殊情况，也应该在不超过7d的时间之内进行。

船舶和船员应该熟悉应急信号、应急程序等，在开始作业前尽可能参与演习。参与每项可能的演习是不大可能的，但是，系泊失败和船舶火灾是两个必需特例。以下的情况应当被考虑：

①释放信号的程序。

②应急时候作业的中断。

③应急的状况及启动应急程序的准备。

④系泊定位设备的配置。

⑤输货管系的紧急切断。

⑥紧急操纵情况下的备车。

以上所述的情况不是唯一应该考虑的，船长要保证所有可能发生的意外都得到评估。例如，在船舶发生火灾的情况下，要考虑船舶是否继续保持靠泊还是离开，哪种更为有利。在这种情况下，覆盖可能范围内的所有紧急情况的应急计划应该被认作是船舶安全管理体系的一部分。

(3)检查表

检查表意在帮助组织者或者船长实施相关的安全作业程序。检查表不仅在过驳作业的过程中用到，而且在组织者编制作业计划时也应该用到检查表1（表13-2）。检查表程序的使用将保证作业操作的最重要的因素能被考虑在内。

检查表是对要被考虑的最重要的安全因素的必要提醒。在整个作业的过程中，检查表都应该被附带实施以保证不间断的保持警觉。

在系泊之前，每条船舶都要与另一艘船舶相互确认检查表2~检查表5（参见表13-3~表13-6)中所列的内容已被核查并且保证无误。

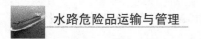

检查表1(船舶设备信息)　　　　　　　　　表13-2

SHIP-TO-SHIP TRANSER(船对船过驳作业)
CHECK-LIST 1—PRE-FIXTURE INFORMATIONS(检查表1船舶设备信息)

Ship Name(船名)：　　　　　　　　　IMO NO：
Ship Operator(操船者)：　　　　Ship Charterer(租船人)：
STS Organizer(过驳作业组织者)：

	Ship Operator's Confirmation(船舶经营者证明)	Remarks(附注)
1. What is the LOA? What is paralled body length at loaded and ballast draughts?(船全长,丈量长度)		
2. Will the transfer be conducted underway and, if so, can the ship maintain about five knots for a minimum of two hours?(如果船舶正在过驳作业,船舶能否保持5节速度最少两个小时以上)		

SHIP-TO-SHIP TRANSER(船对船过驳作业)
CHECK-LIST 1—PRE-FIXTURE INFORMATIONS(检查表1船舶设备信息)

Ship Name(船名)：　　　　　　　　　IMO NO：
Ship Operator(操船者)：　　　　Ship Charterer(租船人)：
STS Organizer(过驳作业组织者)：

3. Is the ship's manifold arrangement in accordance with OCIMF Recommendations for Oil Tanker Manifolds and Associated Equipment?(船舶的管系安排是否依据OCIMF关于油轮集合管系与相关的设备的建议)		
4. Is the ship's lifting equipment in accordance with OCIMF Recommendations for Oil Tanker Manifolds and Associated Equipment?(船舶起重设备是否依据OCIMF关于油轮集合管系与相关的设备的建议)		
5. What is the maximum and minimum expected height of the cargo manifold from the waterline during the transfer?(预期在过驳过程中管系离水平面的高度的最高值和最低值)		
6. Sufficient manpower will be provided for all stages of the operation?(是否有足够的人力供应过驳的全过程)		
7. Are enclosed fairleads and mooring bitts in accordance with OCIMF Mooring Equipment Guidelines and are they of a sufficient number?(附引导管和系泊双系柱是否依据OCIMF系泊设备准则,数量是否足够)		
8. Can the ship supplying the mooring provide all line on winch drums?(船舶能否提供双船并靠系泊所有的缆绳)		
9. If moorings are wires or high modulus synthetic fiber ropes, are they fitted with synthetic tails at least eleven meters in length?(如果系泊处用的是金属或合成纤维缆绳,那么系泊处到缆绳绳尾的缆绳长度能否达到最少的11m)		

续上表

SHIP-TO-SHIP TRANSER(船对船过驳作业)
CHECK-LIST 1—PRE-FIXTURE INFORMATIONS(检查表1 船舶设备信息)

Ship Name(船名):　　　　　　　　　　　IMO NO:
Ship Operator(操船者):　　　　　　　　Ship Charterer(租船人):
STS Organizer(过驳作业组织者):

	Ship Operator's Confirmation(船舶经营者证明)	Remarks(附注)
10. Full-sized mooring bitts of sufficient strength are suitably located near all enclosed fairleads to receive mooring ropes eyes?(正常情况下,双系柱是否有足充的强度接受周围所有的导缆眼的缆绳系泊)		
11. Both sides of the ship are clear of any overhanging projections including bridge wings?(双方船要明确船上所有设备和建筑物的垂悬投影)		
12. The transfer area has been agreed?(作业水域是否得到批准)		

Name(姓名):

Rank(等级):

Signature(签名):　　　　　　　　　　　Date(日期):

检查表 2(操作开始前)　　　　　　　　　　　　　　　　　表 13-3

SHIP-TO-SHIP TRANSER(船对船过驳作业)
CHECK-LIST 2—BEFORE OPERATIONS COMMENCE(操作开始前)

Discharging Ship's Name(卸货船名称):
Receiving Ship's Name(装货船名称):
Date of Transfer(作业时间):

	Discharging Ship Checked(卸货船)	Receiving Ship Checked(装货船)	Remarks(附注)
1. The two ships have been advised by shipowners that Check-List 1 has been completed satisfactorily?(检查表1是否填写完整)			
2. Personnel comply with rest requirements of ILO 180, STCW or national regulations as appropriate?(作业人员休息是否遵守 ILO 180、STCW 及国家相关的规定)			
3. Radio communications are established?(是否建立无线电通信)			
4. Language of operations has been agreed?(工作语言商定)			
5. The rendezvous position off the transfer area is agreed?(作业水域的交汇点)			

续上表

SHIP-TO-SHIP TRANSER(船对船过驳作业)
CHECK-LIST 2—BEFORE OPERATIONS COMMENCE(操作开始前)

Discharging Ship's Name(卸货船名称)：
Receiving Ship's Name(装货船名称)：
Date of Transfer(作业时间)：

	Discharging Ship Checked(卸货船)	Receiving Ship Checked(装货船)	Remarks(附注)
6. Berthing and mooring procedures are agreed, including fender position and number/type of ropes to be provided by ships has been agreed?(靠泊和系泊程序商定,包括双方提供的防碰垫和缆绳)			
7. The system and method of electrical insulation between ships has been agreed?(电气绝缘的系统和方法)			
8. The ships are upright and at a suitable trim without any overhanging projections?(作业船舶没有任何垂悬物体)			
9. Engines, steering gear and navigational equipment have been tested and found in good order?(主机、舵机和航行设备经测试且情况良好)			
10. Ship's boilers and tubes have been cleared of soot and it is understood that during STS operations, tubes must not be blown?(船舶的锅炉和气管停止作业,在作业过程中,气管不能膨胀)			
11. Engineers have been briefed on engine speed (and speed adjustment) requirements?(介绍所需要的主机速度)			
12. Weather forecasts have been obtained for the transfer area?(工作水域预报的天气情况)			
13. Hose lifting equipment is suitable and ready for use?(软管装置是否适用)			
14. Cargo transfer hoses are properly tested and certified and in apparent good condition?(货物过驳软管经测试处于良好状态)			
15. Fenders and associated equipment are visually in apparent good order?(防碰垫和其他相关设备处于良好状态)			
16. The crew has been briefed on the mooring procedure?(船员熟知系泊程序)			
17. The contingency plan is agreed?(突发事故的应急计划)			
18. Local authorities have been advised about the operation?(当地主管机关熟知作业情况)			
19. A navigational warning has been broadcast?(航行警告发布)			

续上表

SHIP-TO-SHIP TRANSER(船对船过驳作业)
CHECK-LIST 2—BEFORE OPERATIONS COMMENCE(操作开始前)

Discharging Ship's Name(卸货船名称)：
Receiving Ship's Name(装货船名称)：
Date of Transfer(作业时间)：

	Discharging Ship Checked(卸货船)	Receiving Ship Checked(装货船)	Remarks(附注)
20. The other ship has been advised that Check-List 2 is satisfactorily completed?（另一方完整填写表格2）			

Name(姓名)：

Rank(等级)：

Signature(签名)：　　　　　　　　　Date(日期)：

检查表 3（船舶靠近系泊前）　　　　　　　　　　　　　　表 13-4

SHIP-TO-SHIP TRANSER(船对船过驳作业)
CHECK-LIST 3—BEFORE RUN-IN AND MOORING(船舶靠近系泊前)

Discharging Ship's Name(卸货船名称)：
Receiving Ship's Name(装货船名称)：
Date of Transfer(作业时间)：

	Discharging Ship Checked(卸货船)	Receiving Ship Checked(装货船)	Remarks(附注)
1. Check-List 2 has been satisfactorily completed?（表格2已经填写完整）			
2. Primary fenders are floating in their proper place?（一级防碰垫所处位置是否正确,整体是否有序）			
3. Secondary fenders are in place, if required?（二级防碰垫所处位置是否合乎要求）			
4. Over side protrusions side of berthing are retracted?（系靠侧的突出物是否收回）			
5. A proficient helmsman is at the wheel?（舵工操舵是否熟悉）			
6. Cargo manifold connections are ready and marked?（货物软管是否准备并标记）			
7. Course and speed information has been exchanged and is understood?（航向和航速信息得到交流确认）			
8. Ship's speed adjustment is controlled by changes to revolutions and/or propeller pith?（船速的调节是通过螺旋桨转速和螺旋桨螺距）			[Specify]详细说明
9. Navigational signals are displayed?（显示航行信号）			

续上表

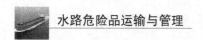

SHIP-TO-SHIP TRANSER(船对船过驳作业)
CHECK-LIST 3—BEFORE RUN-IN AND MOORING(船舶靠近系泊前)

Discharging Ship's Name(卸货船名称):
Receiving Ship's Name(装货船名称):
Date of Transfer(作业时间):

	Discharging Ship Checked(卸货船)	Receiving Ship Checked(装货船)	Remarks(附注)
10. Adequate lighting is available?（足够的照明设备）			
11. Power is on winches and windlass and they are in good order?（绞缆车处于可用状态,情况良好）			
12. Rope messengers, rope stoppers and heaving lines are ready for use?（导缆、止缆等装置处于可用状态）			
13. All mooring lines are in ready?（所有系泊缆绳处于准备状态）			
14. All mooring personnel are in position?（所有系泊工作人员都处于工作位置）			
15. Communications are established with mooring personnel?（建立与系泊工作人员的通信）			
16. The anchor on opposite side to transfer is ready for dropping?（船舶系泊另外一侧备锚）			
17. The other ship has been advised that Check-List 3 is satisfactorily completed?（另一方完整填写表格3）			

Name(姓名):

Rank(等级):

Signature(签名):　　　　　　Date(日期):

检查表 4(货物过驳作业前)　　　　　　　　　　　　　表 13-5

SHIP-TO-SHIP TRANSER(船对船过驳作业)
CHECK-LIST 4—BEFORE CARGO TRANSFER(货物过驳作业前)

Discharging Ship's Name(卸货船名称):
Receiving Ship's Name(装货船名称):
Date of Transfer(作业时间):

	Discharging Ship Checked(卸货船)	Receiving Ship Checked(装货船)	Remarks(附注)
1. The SGOTT Ship/Shore Safety Check-List has been satisfactorily completed?（船对船及船对岸的检查表都填写完整）			
2. Procedures for transfer of personnel have been agreed?（人员的过驳程序）			

续上表

SHIP-TO-SHIP TRANSER(船对船过驳作业)
CHECK-LIST 4—BEFORE CARGO TRANSFER(货物过驳作业前)

Discharging Ship's Name(卸货船名称):
Receiving Ship's Name(装货船名称):
Date of Transfer(作业时间):

	Discharging Ship Checked(卸货船)	Receiving Ship Checked(装货船)	Remarks(附注)
3. The gangway (if used) is in good position and well secured?(如果船间使用过道,过道的位置和安全)			
4. An inter-ship communication system is agreed?(船舶内部的通信)			
5. Emergency signals and shut down procedures are agreed?(应急信号和停止程序)			
6. An engine room watch will be maintained throughout transfer and the main engine ready for immediate use?(货物过驳期间,机舱值班,机舱要处于备车状态)			
7. Fire axes or suitable cutting equipment is in position at fore and aft mooring station?(消防斧处于船首或船尾的系泊处)			
8. A bridge watch and/or an anchor watch are established?(驾驶台值班和锚泊值班)			
9. Officers in charge of the cargo transfer on both ships are identified and posted?(船舶双方的过驳作业责任人得到确认)			
10. A deck watch is established to pay particular attention to mooring,fenders,hoses,manifold observation and cargo pump controls?[甲板值班(特别是对系泊,防碰垫,软管及货泵状态的检查)]			
11. The initial cargo transfer rate is agreed with other ship?(货物过驳的初始速度)			
12. The maximum cargo transfer rates agreed with the other ship?(货物过驳的最大速度)			
13. The topping-off rate is agreed with other ship?(装满货舱顶部空隙)			
14. Cargo hoses are well supported?[货物软管得到较好的支持(包扎)]			
15. Tools required for rapid disconnection are located at the cargo manifold?(货物软管处有快速断开工具)			

续上表

SHIP-TO-SHIP TRANSER(船对船过驳作业)
CHECK-LIST 4—BEFORE CARGO TRANSFER(货物过驳作业前)

Discharging Ship's Name(卸货船名称):

Receiving Ship's Name(装货船名称):

Date of Transfer(作业时间):

	Discharging Ship Checked(卸货船)	Receiving Ship Checked(装货船)	Remarks(附注)
16. Detail of the previous cargo of the receiving ship have been given to the discharging ship? (装载前的货物信息应该提供给卸货方)			
17. The other ship has been advised that Check-List 4 is satisfactorily completed? (另一方完整填写表格 4)			

Name(姓名):

Rank(等级):

Signature(签名):　　　　　　　　Date(日期):

检查表 5(解缆前) 　　　　　　　　表 13-6

SHIP-TO-SHIP TRANSER(船对船过驳作业)
CHECK-LIST 5—BEFORE UNMOORING(解缆前)

Discharging Ship's Name(卸货船名称):

Receiving Ship's Name(装货船名称):

Date of Transfer(作业时间):

	Discharging Ship Checked(卸货船)	Receiving Ship Checked(装货船)	Remarks(附注)
1. Cargo hoses are properly drained prior to hose disconnection? (货物软管在断开前经过清洗)			
2. Cargo hoses or manifolds are blanked? (货物软管清空)			
3. The transfer side of the ship is clear of obstructions(including hose lifting equipment)? (过驳作业侧清爽)			
4. Secondary fenders are correctly positioned and secured for departure? (二级防碰垫处于正确位置，以保护船舶安全离开)			
5. The method of unberthing and letting go mooring has been agreed with the other ship? (离泊方法和解缆顺序)			
6. Fenders, including fender pennants, are in good order? (所有防碰垫情况良好)			
7. Power is on winches and windlass? (绞缆机处于可用状态)			

续上表

SHIP-TO-SHIP TRANSER(船对船过驳作业)
CHECK-LIST 5—BEFORE UNMOORING(解缆前)

Discharging Ship's Name(卸货船名称)：
Receiving Ship's Name(装货船名称)：
Date of Transfer(作业时间)：

	Discharging Ship Checked(卸货船)	Receiving Ship Checked(装货船)	Remarks(附注)
8. There are rope messengers and rope stoppers at all mooring stations?（导缆、止缆等装置处于可用状态）			
9. The crew are standing by at their mooring stations?（船员处于系泊工作位）			
10. Communications are established with mooring personnel and with the other ship?（建立与他船和甲板工作人员的通信）			
11. Shipping traffic in the area has been checked?（附近水域的船舶交通情况）			
12. Main engine(s) and steering gear have been tested and are in a state of readiness for departure?（主机和舵机经过测试，并处于准备状态）			
13. Mooring personnel have been instructed to let go only as requested by the manoeuvring ship?（系泊工作人员解缆顺序经过离泊船的指导）			
14. Navigational warnings have been cancelled (when clear of other ship)?（取消航行警告）			
15. The other ship has been advised that Check-List 5 is satisfactorily completed?（另一方完整填写表格5）			

Name(姓名)：

Rank(等级)：

Signature(签名)：　　　　　　　　　　Date(日期)：

(4)违反安全的操作

如果船舶在船与船过驳时没有检查安全设备，应引起船舶管理者的关注，并且应当推迟操作，直到校正后。

(5)货物传输中的安全

传输操作的安全设备与正常港口货物操作的设备相似，包含在 ISGOTT 的最新版本中。对于 STS(ship to ship,即船对船)传输操作，强调以下几点：

①吸烟和明火

吸烟和明火是严格禁止的。应当显示危险警告，同时应当设计吸烟室并明确标出。

②电气总机接地

主板上的接地指示灯亮，表示一个有故障的回路，这些故障应当立刻被追踪和隔离。这是为了避免静电风险,尤其是在可能存在危险气体的甲板区域。

③锅炉和柴油机

船舶装有锅炉,像吹灰一类的预防措施应当预先实施,通过演习,避免在货物过驳时热的烟灰落到船舶甲板上。

出现来自烟囱中的火花,过驳作业应当立刻停止。

④船对船之间的电流传输

为了消除两船过驳作业过程中潜在的静电危险,在连接软管时应:在每个软管串中装一个绝缘法兰(或者在船体上);导电的间断软管应当安装在每个软管串中;软管结构能够阻止静电的产生或者可用于两船之间的电流传输。

船舶之间绝缘缺少时,应当尽量减少船舶间潜在的静电。一般而言,当缺少绝缘体或者软管时,外加电流型切断阴极保护系统是一个减小船舶之间静电的便利方法。如果两船都有外加电流阴极保护系统,它们运行时能取得较好的效果。同样,如果一船具有外加电流型切断阴极保护系统和一个其他系统,应当保证前者运行。

但是,如果船舶没有阴极保护系统,或者外加电流型切断阴极保护系统坏了,在两船靠在一起之前应当考虑到另外一条船舶的外加电流型切断阴极保护系统能够工作。

船与船之间的缆绳应当是绝缘的,柔软的缆绳是天然材料制成的,或者在每个钢丝系泊缆绳上附上一个软绳尾。如果使用软绳尾,它们的长度应当合适,以便它们能伸到船舶舷外接受系泊。

避免船与船之间的低电阻情况发生在以下区域:非绝缘的金属梯子或者过道——安装橡胶末端;起重机滑轮和钩子——谨慎操纵;护舷网和笼子上无保护裸露的电线和链子——高质量维修。

⑤无线电和卫星通信设备的应用

船舶主要无线电站传输信号会使船舶一些装置的绝缘部分产生电共振,比如桅杆拉索;也可能造成静电通过甲板。同样,静电也可能出现在船舶无线电的天线上,尤其是在绝缘体表面有一层盐、污物或水的时候。

在货物操作期间使用船舶主要无线电设备是危险的。无线电传输应当被禁止,当在天线范围内可能存在易燃气体,或者不能确定接地线是否有效,不能确定起重设备等其他设备的接地是否有效时。

两船主要的无线电传输天线应当接地,并且当一船在另一船旁边时,其中任何一船都不应该使用此设备。此时,可以用卫星通信设备进行通信,但是前提是风险较低。

卫星通信设备正常运行在 1.6GHz。考虑卫星产生的功率等级不至于引发火灾。当易燃气体存在天线周围时,这些设备不应当被应用。

VHF 和 UHF 通信是低能量的,因此,不会像船舶主要无线电传输站那样产生一些潜在的危险。但用来监督货物操作的任何手持 VHF 和 UHF 无线电,应当符合安全标准。

备有 AIS 的船舶在抛锚过程及作业过程都应该保持 AIS 处于工作状态。

在过驳作业过程中,VHF 如用于 AIS 广播则设备应为低电量。在过驳作业过程中,应在 AIS 中输入最佳短语以显示船舶受限操作、锚泊等行为。通过最简短的缩写来传达这样的信息是必要的。AIS 广播不应该通过其他方式来发送通航警告。

如果在危险区域使用移动电话、传呼机、使用电池的相机会对船舶构成威胁。要采取预防措施确保所有进入过驳作业场所的人(特别是到访者)有足够的安全意识并限制这些物品的使用。

⑥雷达

雷达的使用中包括了电子设备的使用,本质上是不安全的。在船舶过驳作业过程中,一艘船舶的雷达射线随时都可能扫到船舶的甲板,并可能在易燃气体集聚的地方产生足够的能量,造成潜在的危险。过驳作业过程使用雷达前应咨询两船船长。以下部分给出了建议:

3cm 波长雷达的安全距离为 10m,仅在自由裁量时会造成危险。在把雷达的扫描仪安置在上层建筑物时,这种雷达的辐射能量不会造成危害。

10cm 波长的雷达诱发点火的距离超过 10m。

海上雷达是通过脉冲和旋转扫描来正常工作的,所以不应该长期暴露于辐射条件下。因此,不应该在对危险做出适当评估前就使用雷达。

⑦气体积累

如果蒸汽在甲板或软管上方积累,不管是对船舶还是人员,都可能造成伤害,因此,过驳作业应该停止,直到认为安全时才可重新作业。空气携带易燃或有毒蒸发气体经过上层建筑物时,会造成漩涡或易燃有毒气体在下风处聚集。这种高浓度的气体有可能会进入机器场所或生活区,从而带来安全隐患。

受载船舶在过驳前,应将本船货物的情况告知卸载船。使卸载船舶的工作人员可以采取适当的措施预防以前的货物包括有毒蒸汽可能出现在卸货船甲板的事件。应该特别关注高浓度 H_2S 可能造成的危险,所有必要的人员安全预防措施都应该得到执行。

⑧电子风暴

当电子风暴在作业海域出现时,过驳作业应该立即停止,所有的排气隔、货物系统及 IGS 系统都应使用以确保其安全,直到其被认为安全时方可继续作业。

⑨厨房锅炉

在厨房锅炉和其他厨具得到使用许可之前,船舶在进行过驳作业时,船长和过驳作业管理者应该考虑厨房的位置,结构及通风系统,以确保没有与过驳作业相关的危险源。

⑩消防装备的准备

在双方的船上,应该确保消防装备随时可用。

双方船上的泡沫监控系统应该打开,但不应影响过驳作业。泡沫消防装置应放置在甲板上并处于随时可用状态。

⑪生活区门窗

作业期间,所有生活区域的门窗都应关闭。各船船长应指定通道以供必要的人员行走。通常情况下使用的为远离主甲板作业区的通道。所有为通行人员打开的通道应立即关闭。生活区域所有的通风系统都应该关闭。

任何未经授权的船舶都不得进行过驳作业。

(6)安全值班

船对船过驳作业过程会增加对船员的要求。它不仅仅要求船舶进行过驳作业的操作,而且要求安全航行及锚泊值班。

各船长应考虑过驳作业所需时间安排值班以确保安全。船对船过驳作业中,每个船员应至少得到合法的最少休息时间。在制订船对船过驳作业计划时,船舶所有者、船对船作业服务提供者及船长都应记住法定人员最少的休息时间不因地址和操作而改变,如货物过驳操作和航行与锚泊值班。并要考虑在这种高强度周期下增加人员配备,以确保安全。

因为过驳操作及安全值班等增加船员工作量的做法是不建议的,除非它得到了完全的风险评估。

(7) 直升机业务

当船舶系泊在一起时,直升机操作是不被允许的,除非事先得到组织者、双方船长及过驳作业管理者的批准。如果得到批准,应全面咨询控制人员协调其操作,如图13-20所示。

图13-20 所有直升机的操作应该事先得到批准

过驳操作时,不允许任何的直升机操作。直升机操作各方(船方、组织者、代理、直升机驾驶员)应协调好后进行。

3) 通信系统

(1) 一般的通信系统

船舶之间良好的通信系统是成功进行STS过驳操作的基本要求。下面叙述了针对这个项目的主要建议。

(2) 语言

为了避免任何的误解,在操作开始之前应该达成一种通用的通信语言。标准海事通信用语使用英语作为通用的语言。

如果发现了严重的语言交流问题,应暂停操作,直到一个在通信双方语言上都很流利的有经验的人员可到职为止。

(3) STS指令

组织者通常会提供STS指令。如果实施"in-house"操作,可能是船舶的操作者或者是STS服务的提供者。通常这些组织者会预先发送STS指令到船以提醒船方的注意。

由于不同的环境和各种组织者的需求不同,提供一种通用的STS信息是不可行的。然而,下面的建议可能会有用。

①组织者给船舶的建议

a. 组织者的全称,在全部的咨询控制中的人员身份和联系号码。

b. 计划的 STS 操作的描述,包括过驳区域的位置。

c. 设备的详情(包括防碰垫,管系完整性的证实),逻辑上的支持和将要提供的全体职员。

d. 系泊设备,阀组和起重装置的准备需求。

e. 适用地区当地的和国家的 STS 规则。

f. STS 服务提供者的身份和 STS 负责人。

②从船舶所要获取的信息

a. 系统完整性的证实,如航行的,舵机装置,货物系统,原油洗舱系统,惰性气体系统,消防,系泊设备,转臂起重机或起重机等。

b. 在约定的时间间隔内的预计抵达时间的确认。

c. 确认船上 STS 过驳指南和油船、集装箱船的国际安全指南的副本并且船上的人员与其中的程序相一致。

d. 货物详情。

e. 到达的吃水、干舷、管系距水平面的高度,包括卸货时预期的最大管系高度。

f. 确认船舶能够满足适用的当地的和国家的需求。

每个组织者,无论是"in-house"航运公司还是 STS 服务提供者,都有其独特的格式。上面的建议可以扩展为包含用于确保安全的 STS 过驳的任何信息。

(4)船舶之间的初始通信

船舶应该尽量早地建立初始通信,来计划操作和确认过驳区域。

两船之间负责全部咨询控制的人员必须相互之间达成一致,如果没有更早地与 STS 组织者达成一致,那么应该在操作开始之前在两船的船长之间尽早地达成一致。航海日志应该将该协议记录下来。

(5)航行警告

开始 STS 过驳操作后,如果情况允许,负责全部咨询控制的人员或他的设计者应该根据当地的要求或尽量频繁地向所有的船舶发送航行警告:

①涉及的船名和船旗国。

②过驳作业的地理位置。

③操作类型。

④开始操作的时间和预期的持续时间。

⑤泊位的宽度要求。

完成了过驳之后,负责全部咨询控制的人员或设计者应该取消航行警告。

(6)靠近、停泊和解缆离泊期间的通信

当船舶进入到过驳区域时,应该在最早的时机,通过适当的 VHF 频道建立联系,如图 13-21 所示。靠近、停泊、解离泊缆应该在证实了两船之间已经建立了恰当、有效的通信之后才能进行。此时,依据双方信息的交流,检查表 2 和检查表 3 应该填写完整。

在货物过驳的操作过程中,便携式无线电通信对于两船之间的通信非常重要。两船之间应该确保可以找到有效的并在相同频率上的便携式无线电通信设备。如果不能找到相同的可用频率,应该做相应的规定来改变两船之间设备使其能够相互兼容。

船舶上的高级船员有责任通过便携式无线电通信设备以确定系泊情况。

船上的紧急便携式无线电 VHF 无线电通信设备不能用于常规操作。

图 13-21　在建立有效的通信之前,不得进行任何的船舶靠近操作

(7)在货物过驳操作过程中的通信

在货物过驳操作过程中,两船之间的必要人员应该始终保持着可靠的普通方式的通信,包括备用系统。建议在船上配备备用的无线电设备和电池。

(8)通信故障的处理程序

在两船靠近的操作过程中,如果出现了通信中断,恰当的和安全的操作方式就是立即停止操作,并且每条船舶随后所采取的行动应该采用国际海上避碰规则中的恰当的声音信号来表示。

在货物操作过程中,如果任何一条船舶出现了通信中断,应该立即发送紧急信号,并且为了安全,在这个过程中所有的操作都应该立即停止。直到再次建立了满意的通信,操作才能够恢复。

4)设备

(1)防碰垫

①防碰垫的使用

离岸 STS 过驳操作中,防碰垫被分为两类:

a.一级防碰垫,放在两平行船间用于提供可能的最大保护。

b.当船舶系泊和解缆离泊不在一条直线上时,二级防碰垫用于防止船首尾意外接触。这样的点很容易发生,和船首船尾有很大程度上的关系,要在操作前提前识别,二级防碰垫要据此安置。要充分考虑二级防碰垫的安全系固点,不应毗邻系缆桩、导缆孔或者起重设备。安全系固二级防碰垫很重要,如果可能接触点随着两船干舷改变而变化,则可将二级防碰垫放至解缆离泊前。

二级防碰垫由泡沫或气化型材料($0.5\sim0.8kg/cm^2$)填充,应按照国际标准制造、检测和维护。新的国际标准(ISO17357)详细说明了被用于一船到另一船舶或对靠泊设备进行靠泊和系泊的漂浮充气式防碰垫的材料、性能和尺寸。同时还详细说明了漂浮充气式防碰垫的测试和检查程序。强烈建议所有用于 STS 过驳操作的充气式防碰垫都要符合该标准。到目前为止,还没有针对泡沫防碰垫的相关标准。然而,建议泡沫防碰垫的材料、查证和检查符合 ASTM 和 ISO 校准精度,参见 ANSI/NVSL Z540(ISO 10012-1)。

二级防碰垫同样填充空气和泡沫,且具有质量轻的特点。它要被安置在水线以上,并与起吊设备和支撑点相距一定距离。

除了在 STS 过驳过程中使用过驳船的案例中,很可能防护措施会在一位 STS 操作员的帮助下实施。这样的公司通常拥有服务船舶,该船舶一般会帮助在相关船舶上放置防碰垫。

每艘船的防碰垫都应安全放置。然而,如果防碰垫配备在从操作船上,更有可能放置在保护船体部分。因此,防碰垫放置在操纵船上会更好。需要注意的是,防碰垫安放在从操纵船上的位置,在船首防碰垫会有更多的压力。此外,通常船舶越小,防碰垫的效率就越小。

过驳作业责任人在操作前应建议固定防碰垫的位置和方法。

当防碰垫安装到操纵船上时,一级防碰垫应在每一个平行中体的末端都安装一个,中间安装附加填充物。防护线应按预先设计长度制造。在一些操作中,四个防碰垫都用到了,在两组中配备两个是很有利的。用这种在每组平行中体前后放置的方法,可以提供更有效的保护。二级防碰垫应沿整个平行中体放置。防碰垫应被频繁操作,按需要避免变得过松或过紧的趋势,并保持防碰垫在其位置上。

防碰垫的长度应该要使得防碰垫能最大化分配预期的冲击负荷至两船平行中体。

防碰垫的安放如图 13-22 和图 13-23 所示。

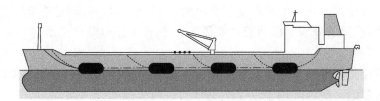

图 13-22 安放在连续纵材上的防碰垫

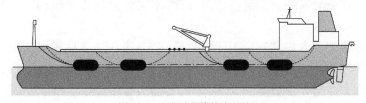

图 13-23 成对安放的防碰垫

②防碰垫选择的参考指南

表 13-7 提供了一个防碰垫选择的快速参考指南,只是为了用来在明确的情况下提供适当的指示。不同的方向速度会给出不同能量吸收的要求,C 值低于 10 000t 的船舶,其中至少有一艘涉及的船只很可能具有最小干舷,因此,防碰垫类型在不同的情况下可能是必要的。另外,在接下来的计算中卸货船舶排水量可以通过给定的压载条件得到排水量,直航船通过满载计算得到排水量。

表 13-7 可使用下列公式来解释:

$$C = 2 \times A \text{ 的排水量} \times B \text{ 的排水量}/(A \text{ 的排水量} + B \text{ 的排水量})$$

STS 过驳操作防碰垫标准的选择参考指南　　　　　　　　表 13-7

靠泊系数 C (t)	相对速度 (m/s)	靠泊能量 (t·m)	建议护舷 (数量)	充气式防碰垫 (m)
1 000	0.30	2.4	3 或者更多	1.0×2.0
3 000	0.30	7.0	3 或者更多	1.5×3.0
6 000	0.30	14.0	3 或者更多	2.5×5.5
10 000	0.25	17.0	3 或者更多	2.5×5.5
30 000	0.25	40.0	4 或者更多	3.3×6.5
50 000	0.20	48.0	4 或者更多	3.3×6.5
100 000	0.15	54.0	4 或者更多	3.3×6.5
150 000	0.15	71.0	5 或者更多	3.3×6.5
200 000	0.15	93.0	5 或者更多	3.3×6.5
330 000	0.15	155.0	4 或者更多	4.5×9.0
500 000	0.15	231.0	4 或者更多	4.5×9.0

表 13-7 给出了典型的充气式防碰垫的大小和数量。各型号及大小的防碰垫能承受的能量各不相同。防碰垫生产商或 STS 过驳作业服务商应就过驳作业的有关情况对作业所需的防碰垫的数量和大小给出建议。

③防碰垫的要求

在评估某一特定过驳作业对防碰垫的要求时,一些船东和 STS 过驳作业服务商能够得到一些经验。然而,明智的做法是以两艘并靠船舶在系泊过程中能产生的能量来作为对防碰垫的选择依据。

所使用的防碰垫在能量吸收及在被压缩之后还有足够的直径来保持船舶间的安全,以保证船舶不会发生触碰。建议防碰垫直径不要超过船舶干舷的一半,以防止在恶劣的天气条件下不慎打到甲板上。

应在防碰垫表面上装有轮胎等耐磨物质,以防止在并靠过程中船舶上固有刚性物质对其造成损害。

选择适当的防碰垫应考虑其安全工作的荷载,要确保在并靠过程中产生的负载不会超出其安全工作载荷的限制。

防碰垫的寿命会受到一系列因素的影响,包括使用的频次、存储的方法和维护保养的标准。作为指导和建议,超过 15 年的防碰垫不应被常规的使用。如果防碰垫是由 STS 过驳作业服务商提供,船长、船公司、过驳作业组织者应该确定防碰垫的使用年限。如果防碰垫的使用年限超过 15 年,应设法保证已经采取合理措施来确保它们能够继续符合要求用来使用。建议所有防碰垫供应商已详细和准确地记录每个有关防碰垫的工作记录,这些记录应该包括它们的使用、检验、测试、维护和损坏等信息。

在为具体操作选择防碰垫时,应按防碰垫制造商的规格考虑作业过程的靠泊速度及海域的条件。决定防碰垫的要求是 STS 过驳作业责任人的责任,防碰垫的选择应该经过驳作业的相关部门同意。

靠泊速度是决定防碰垫使用最重要的标准之一。一般小型船舶(<10 000dwt)的靠泊速

度是0.1～0.3m/s(0.2～0.6knots)。大型船舶的靠泊速度小于0.2m/s(0.4knots)。

值得注意的是,我们不可能总是很精确地判断出船舶靠泊速度,因此,我们在选择防碰垫时应更加小心。制造商建议在平静的气象条件下,最大的靠泊速度为0.15m/s(0.3knots),这也许不适用于气象条件较差靠泊速度比预计的要高的情况,在这种情况下,要选择尺寸更大一些的防碰垫。

(2)软管

①软管的标准

对于原油或石油产品中使用的软管应专门设计和建造,以适应它在使用时的目的,并应该检查生产时间是适用于预期用途。软管使用应符合EN1765对组件规格的要求及BS1435-2和OCIMF关于过驳、储存、检查及测试的要求。

在软管连接到多支管前,每个软管的规格都应逐一确认,以确定它们在带上船的过程是否受到损坏。如果软管的损坏被认为对操作至关重要,软管应该撤回以作进一步检查和维护。

②软管的尺寸和长度

直径为12的软管在过驳作业过程中,操作起来比较困难,而且容易受到破坏,除非软管是被专门设计来克服这些问题的。

经验证明等于两艘船歧管高度的最大差异量的软管长度,算上几乎全部的软管,通常可以足够允许其他的变化量,如软管的弯曲处,前排和后排的差异(除歧管),两艘船舶的水平距离,来自船舷处的歧管之间的距离,船舶的水平和垂直运动等。软管的长度应该在基于逐项考虑的基础上将船舶的特点以及操作的特性考虑进去,如图13-24所示。

图13-24 两艘船管系高度的最大差异量应多加考虑

橡胶软管最小弯曲半径由下式确定:

$$最小弯曲半径 = 软管内径 \times 6$$

③软管的连接

STS过驳操作要求软管连接处制作工艺良好。法兰或者快速释放管接,如果使用,则应处于良好状态并且能确保避免密封连接处发生泄漏。用于船舶多支管以及位于每个软管之间的垫片,应该由一种适于货物过驳的材料制作。

船舶双方都应该提供必要的人员来连接软管。由于这种操作并不经常由船员来完成,在软管连接需要注意的方面被写入 ISGOTT 的指导手册里。

为了便于软管连接,法兰的尺寸、支管的大小及强度、软管的布置方式及上升齿轮都应遵循 OCIMF 对于油轮多支管和辅助器材的建议。

对于支持软管阻止在多支管安装上产生的过度压力应提供足够的防备。

④软管的检查和检测

使用的软管应服从日常检查以检测损坏或腐蚀。应对检查以及压力/真空测试进行记录,在相关的情况下,这些记录应该可用。

周期性的检测应该遵循相关要求,这些要求源于软管制造说明书和/或遵循英国标准 BS 1435-2 的修订本的细节或其等同物。软管的检查和检测同时也应参考 OCIMF 的要求。

与软管制造商协商软管的使用年限,决定什么时候他们可以退出服务状态。被定义的使用年限与软管达到的检查、检测标准相独立。

如果软管由 STS 服务提供商提供,船长、船公司或者过驳作业组织者应该明确使用的软管寿命以及应该确保已经实施了合理的措施以保证它们一直满足要求的服务。软管证书可用来证明它们满足要求。

⑤标记

每段软管应该由制造商进行以下标记:

a. 制造商的姓名或者商业标志;

b. 标准制造说明书的认同;

c. 最大允许工作压力;

d. 制造的年月以及制造的序列号;

e. 指明软管是持续导电还是不持续导电,还是半不持续导电或者是抗静电的;

f. 提供服务的类型。例如:油类或者化学品。

⑥流速

通过软管最大允许的流速被软管的建造所限制,软管制造商的推荐规范以及证明需要给出针对推荐流速/率的细节,这个推荐的流速/率是不应该被超过的。软管应该被适当地检测以及认证并且应该能够根据说明书演示。

在很多手册中,使用年限或者状态变化引起的软管流率的降级没有被建议。表 13-8、表 13-9 和表 13-10 是软管流率的索引,提供给 BSI 说明书。

流速为 12m/s 的内直径与通过量　　　　表 13-8

速度 12m/s			
内 直 径		通 过 量	
in	mm	m³/h	桶/h
6	152	788	4 950
8	203	1 400	8 810
10	254	2 180	13 700
12	305	3 150	19 800
16	406	5 600	35 200
20	508	8 750	55 000

流速为 15m/s 的通过量与内直径　　　　　　　　　　　　　　表 13-9

速度 15m/s			
内 直 径		通 过 量	
in	mm	m³/h	桶/h
6	152	985	6 190
8	203	1 750	11 000
10	254	2 730	17 200
12	305	3 940	24 700
16	406	7 000	44 000
20	508	10 900	68 000

流速为 21m/s 的通过量与内直径　　　　　　　　　　　　　　表 13-10

速度 21m/s			
内 直 径		通 过 量	
in	mm	m³/h	桶/h
6	152	1 370	8 600
8	203	2 450	15 400
10	254	3 930	24 000
12	305	5 520	34 500
16	406	9 780	61 500
20	508	15 315	96 300

（3）系泊设备

对于两艘船舶来说，重要的是安装质量良好的缆绳，高效的绞车，安放位置合适并具有足够强度的封闭式绞缆机、系缆柱以及与用途相适应的其他相关系泊设备。绞缆机、系泊系缆柱和系泊绞车之间的有效引线，应可用于处理所有系泊线。除非船上一个干舷总是比另一个大，否则应只使用封闭式绞缆机，这样可以确保当两船的干舷发生变化时，绞缆机在控制系缆绳时仍然可以保持有效。这种绞缆机应该有足够的强度来承担期望的系泊负荷，并且足够大以确保系缆绳顺利通过。对于开放式绞缆机，即使是它们配备了塞棒，也不推荐采用 STS 操作。

在系泊时，STS 操作中首要考虑的是在船舶和防碰垫之间没有擦损的可能下，为所有缆绳提供绞缆机和系缆柱。考虑到船舶之间巨大的干舷相对变化，这是很重要的。

根据 STS 系泊安排的要求，钢丝缆绳应配备合成纤维尾部，以提供额外的弹性要求。这种合成纤维的尾部长度、连接点以及特性应该至少与 OCIMF 系泊设备手册的建议相符合。一些专门的驳船可以配备特殊的锚泊线安排，以便于合成与系泊设备建议不同的长度的纤维尾部，并且安装在船舶的绞缆机外部，同时，用一个更长的绳坠黏附在它的尾部来减少擦热损坏。

高分子合成纤维缆绳，现在广泛应用于船舶系泊，应该安装软绳尾部来提供附加弹性，以减少疲劳故障的可能，因此，当选择连接点时应该根据制造商的建议采取谨慎措施。一些可能擦损的类型更应该在 STS 服务中得到保护。

强力的绳索引绳应在两船上都可利用。为了适于这个目的，绳索引绳应是一种牵引船舶之间的系泊线的轻绳，同时至少有四个引绳可用，最好由浮标合成纤维材料制作，半径为

40mm,并且至少有200m长。

对尺寸、标志以及认证绞缆机和系船柱的指导,被认为应该应用于这些装置。更多的指导在 OCIMF 系泊设备手册以及船舶配备使用拖轮建议案中提供,油轮船主的建议,应该被应用在这种 STS 系泊安装中。当这样做时,公认的是对于所有这些现有的现役船舶系泊设备,它可能并不总是可行的,变化可能要等上一个干坞或修理时期。如果船舶的甲板装置不符合上面的建议,为了可以获得恰当的预警,船长应该将意识到的缺陷通知其他船舶的船长、STS 指挥人员和负责整体控制这个缺陷的人员。

实际上,已经证实了较小船舶的标准停泊设备都普遍适用于 STS 过驳。较大的船舶可能会需要额外的设备来符合一种适当的停泊模式,因此建议采用 STS 操作的超过 160 000 总吨的油轮,在多方面的船头和船尾中心的 35m 以内安装关闭的导缆孔,并通过右舷从较小的船舶采取倒缆。同时也建议较大的船舶不要使用任何位于横梁尾部的导缆孔,如果这样系泊缆绳将会紧挨着横梁尾部和船舷之间的边缘。

对于 STS 操作,建议较大船舶右舷上的关闭的导缆孔的最小数量是 3 个船尾和 4 个船首。通常,对于已揭露位置的未装有特殊系泊安排的驳运船只,它的系泊模式将至少包含 6 条首部的线,2 条前部和 2 条后部的倒缆,4 条船尾的线。在安装了专门的停泊设备,和已经证实了对于当地的操作环境这种方式是可靠的时候,首缆的数量将会减少到 4 条。

靠近船尾的导缆孔应该尽量远离船尾,并且靠近前面的导缆孔应该位于中心线上,同时清除任何伸出锚机的部分。在决定关闭的导缆孔的位置时,应该考虑制定一种停泊部署,为了最高效率地分担停泊负担,应使相同功能的系泊缆绳尽可能地与其他的相平行。在较大船舶的缆桩旁边设计的每一个 STS 适合的封闭式导缆孔,要有能力承担至少两条系泊缆绳,并且对于 SWL 的比例至少与导缆孔相一致。每一组缆桩都应该根据传送绳和附属的绞盘的安全使用被安置或部署。

此外,建议提供保证安全的防碰垫线。

(4)人员过驳

总体上,建议船舶之间人员的过驳尽量不要发生。如果人员的过驳是不可避免的,应该考虑下面的建议:

①舷梯只能用于很少移动或几乎没有移动的位置。如果需要使用,舷梯应该属于质量比较轻的,绝缘的类型,安装有扶手和完整的安全网,并且要确保始终处于安全设计的参数内。强烈阻止敞开式舷梯的使用。

②考虑到干舷,作业船过驳应只使用合适的引航梯和调节梯组合。还要考虑海洋条件,作业船的适合性和过驳人员的经验和适合性。

如果所有相关的升降设备都适合于人员过驳并且足够的程序已经就绪,就可以使用人员吊篮。

在做过驳选项的最后选择和过驳操作开始之前必须考虑以下要素:

①风险评估应该可以评价天气、海况、黑暗和其他相关因素的影响。

②应该考虑任何国内的和当地的规则,或者是相关的安全作业规则,这些规则使用在开阔水域控制船上的人员过驳。

③所有的过驳人员都应该穿全套的安全服和漂浮设备。

④操作任何的升降设备和工作在过驳区域附近的船员都应该穿适当的保护设施。

⑤船长或设计人员(负责全部STS操作控制的甲板高级船员)都应该在过驳操作的现场。

a. 吊杆机。由于曾出现过大量的伤害和失踪情况,所以建议人员的过驳不使用吊杆机。

b. 起重机。由于典型的油轮起重机又大又重,并且最初的设计是作为货物的处理设备,所以准确控制它们比较困难。建议只有适用于人员过驳的起重机才能用于船舶之间人员的过驳。

当考虑使用起重机和过驳篮时,要考虑下面的因素:

①通过人员过驳篮使用船舶的起重机过驳,只有当过驳是必需的时候才采取,通过下面的风险评估可以知道以较低的危险获得通路,这种方法是不可行的。

②任何的起重机都应该以适合于任务的方式被使用,并且配备足够的安全设备来防止自由滑落。升起或降落控制器是首选,并且设备上的有效性应该在风险评估中陈述。

③所有的升降设备都应该被检测、维护和进行重量测试并且被认证是所需要的。这里包括人员过驳篮,索具和捆绑带。升降设备只用于这个目的,并且必须记录在船舶的维修计划当中。所有的载重证书和等级文件在检测时都要可用。

④过驳篮的设计应能在一定的条件下适合于既定目标。

⑤所有的钩子和索具都应该是适当的、紧密的、封口的,或者是用金属丝围起来的。过驳2t SWL级的起重机在应用于人员过驳时应降低到1t SWL级,并应考虑到用于增加人员过驳的升降设备的安全因素。

⑥为了使过驳篮不会被过度地拉伸,影响人员紧紧抓住的能力,升降设备的臂应该足够的长(提示:设备达到的高度不足是引起人员过驳事故的根本原因)。

⑦在船舶的设计中,对于可以预期进行STS操作的地方,应该考虑:

a. 防碰垫的直径通常采用船舶的特有大小。

b. 当提供升降设备时,两条过驳船舶的潜在干舷是有差异的。

c. 设备臂的最小和最大角度的限制。在最小臂角度时,设备伸出船舷的最小长度值应是5m。

⑧在信号员、设备控制器和过驳篮中的人员之间应该通过最有效的方式来提供适当的通信。在操作开始之前,必须对要使用的方式和方案进行周密的评价、评估,并且应考虑以下因素:

a. 由于不同的操作环境,过驳篮中的人员和信号员之间,信号员和设备控制器之间,声音和手势信号的结合是非常有必要的。

b. 在过驳篮中的人员必须被要求始终抓住不放,这就限制了他们使用手势信号或操作无线电设备的能力。过驳篮中人员和信号员之间使用一种独特的方式进行通信,因此这可能是一种潜在的方法。

c. 信号员应能够时刻看到过驳篮和设备控制器的信号,以便保持有效的操作控制。

d. 操作区域应该遵守适当的噪声等级准则,不过应该预计到会有高的噪音等级和模糊的条件,并且在声音沟通中可能会出现困难。

提示:甲板上的信号员不能看见和/或听见过驳篮中的人员,或信号员看不见设备控制器是一些事故的根本原因。

⑨进行人员过驳的操作者应该在使用设备之前进行全面的训练。这些训练不能仅限于课堂上,在练习中还应该进行仿真的负载过驳,直到操作以最小的风险被完成。

⑩在进行人员过驳升降时,承载装置必须处在完全控制状态下(升和降的模式),并且为了清除所有的障碍以及使摇荡最小化,过驳篮应该上升到远离甲板足够高的位置。

⑪在非危险区域,应该训练充足的人员以提供协助。

⑫设备在每次使用前都应该进行检查和测试,并且对最大和最小的吊臂角度、安全工作负载进行复查。

在起重机出现故障的时候,应该使用一种可靠的救援方式。

(5)照明

晚上进行 STS 过驳期间,常规的甲板照明灯应该提供充足的亮度。在过驳连接点处,建议最小照明距离是 5 尺烛光,而在油品过驳操作作业区应是 1 尺烛光(在甲板以上 1m 进行测量)。应该采用防火的便携式聚光灯,而且对于夜间的停泊和离泊操作来说,翼桥操纵台的聚光灯是非常有用的。

(6)辅助设备

在 STS 操作开始之前,应该检查所有的辅助设备(钢丝、传送带、塞子、滑车带和束缚用具等)的状况。

(7)设备噪声水平

设备过度的噪声等级会影响附近操作通信的安全,也会影响下班人员的休息,同时还会导致疲劳。通常建议进行 STS 操作的船舶都遵守一个适当的噪声等级。可以参照国际海事组织关于船上噪声等级的 A486 号决议。一些社会组织也制定了有关噪声等级的标准。

5)紧急事件

(1)应急计划

尽管 STS 过驳操作能够安全地实施,但是为了应对事故的风险和潜在的结果,组织者应当制订突发事件的应对计划来处理紧急事件。对于 STS 操作,应该按照风险评估部分的内容进行风险评估研究。风险评估的目的是降低风险和制订突发事件应对计划,而这也应该考虑到所有可能的紧急事件,并且提供一个全方面的反馈。此外,突发事件的应对计划应该与操作的位置有关,并且考虑到过驳区域和附近可提供支持的资源。在一些适当的时候,突发事件的应对计划应该与主管当局准备的类似计划进行整合。

应急计划是所有独立的紧急事件响应程序的集合。在 STS 操作开始之前,它应该在两条船舶、STS 组织者和当地的或国家的主管机关之间达成一致。

驳船或装载船舶通常在 STS 过驳操作中起主导作用。因此,组织者已经委派了突发事件应对计划制订的人员,通常是由在职的船长来制订全部的计划,这些计划将会被审查和通过。

(2)紧急信号

当任何一条船上发生紧急事件时,其所使用的信号应能使两条船上的所有船员都明白。当任何一条船上发生紧急事件时,可以立即发出内部的警报信号或通过汽笛发出 7 个或更多的短声来警告其他船舶。所有人员应按照突发事件的应对计划来采取行动。需要强调的是,为了处理紧急事件,所有船舶都应该始终处于预先准备好的状态。

(3)紧急情况

预测将要发生的紧急事件是很困难的,因此,不可能预示出准确的补救措施。然而,任何一条船上的溢油和火灾都是比较容易发生的风险事件,组织者应该将其纳入突发事件的计划中。

在一次紧急情况中,船长应该评估当时的情况,并且适当的采取行动,需要谨记的是过度草率的决定可能会使紧急事件恶化。在STS过驳操作过程中出现紧急事件时,应该考虑采取下面的行动措施:

①停止过驳。
②发送紧急信号。
③通知双方的船员关于紧急事件的特性。
④人员救助站。
⑤实施紧急事件的程序。
⑥切断货物管道。
⑦向岸上送出停泊舷梯。
⑧确定主机处于备用状态。
⑨通知当时的备用船舶包括所有的要求。

此外,两条船舶的船长应该一起做决定,尤其是发生火灾的时候,保持一条船舶处于另一条的一边是否对两条船舶都有利。

上面所列的基本操作,都应该被包含在每一个STS突发事件计划中,并且与船舶的安全管理体系相一致。

(4)某些紧急事件的建议

下面包含了可能会遇到的一些紧急情况,并且大部分的指导在其他的环境下都是可用的。涉及在STS操作中的两条油船应该都做好了紧急事件发生时所要立即采取的程序。这个程序必须被所涉及的人员所熟悉,并且应该清楚地知道在响应紧急事件时自己所要采取的行动。STS服务的提供者应该预测并且充分地考虑在STS操作过程中可能会遇到的所有类型的紧急事件。

①操作过程中的紧急事件

双方的船长和STS指挥人员应该时刻做好在必要时停止操作的准备。如果当时的情况还处在受控状态,可以在较长的时间内做决定。双方船长应该立即通知彼此的每一项其他行动。必须符合国际海上避碰规则。

②甲板上出现油气堆积的处理程序

如果任何一条船舶的甲板或导缆孔附近检测到大量的货物蒸汽,就要暂停STS过驳操作,直到认为已经不存在船舶和人员的风险时才能恢复。

③货物泄漏

任何货物的泄漏或溢出都应该立刻报告给监视货物的主管人员,并且应该立即停止货物的过驳和通知负责全部的咨询控制的人员。过驳必须一直暂停直到相关的人员/主管机关都认为恢复是安全的为止。

④SOPEP和船舶响应计划(VRP)

在STS过驳期间,油污染的风险不比在港口内货物过驳期间的风险大,须注意的区域可能超出了港口服务的范围,为了规避这种风险,SOPEP或VRP中的意外事件的计划,应该是可用的并且在船舶溢油时可以被激活。

⑤应急准备

在两条船上都应该做下面的安排：

a.主机和舵机做好了立即使用的准备。

b.在操作开始之前,货泵和所有其他与运输相关的设备都要进行测试。

c.船员和应急体系处于准备状态,迅速断开软管。

d.溢油围控及清除设备已经准备就绪。

e.停泊设备已经做好了立即使用的准备,并且在停泊点已经准备好了额外的停泊线作为出现破损的代替物。

f.消防系统已经做好了立即使用的准备。

13.4 液货船作业环境管理要求

按照《中华人民共和国港口法》和《港口危险货物管理规定》的要求,从事液货危险货物作业码头应向所在地港口行政管理部门申请危险货物港口作业资质认定,并取得危险货物港口作业认可证后方可进行作业。

13.4.1 海事部门对液货专用码头的管理要求

由于《中华人民共和国港口法》和《港口危险货物管理规定》的生效实施,海事部门对液货专用码头的管理方式有所调整,根据交通部《关于公布和改变管理方式的交通部行政审批项目后续监管措施的通知》(交体法发〔2003〕322号),海事部门对液货专用码头的管理方式由审批管理改为会签管理,将不再对新建、改建、扩建和增加作业品种的液货专用码头签发作业许可证,由港口行政管理部门对从事液货作业的码头核准,投入使用前会签海事部门。其实在《港口危险货物管理规定》里的第六条就明确规定:"港口行政管理部门在批准新建、改建、扩建危险货物码头、锚地时,应当事先征得海事管理机构同意。"即是说海事部门应当在危险货物码头(当然也包括液货专用码头)立项或改扩建前提出海事方面的意见;此外,《港口危险货物管理规定》的第七条还规定:"危险货物港口作业的码头、库场、储罐、锚地等港口设施投入作业前,应当按照国家有关规定组织验收。验收合格后,方可交付使用。"这里所说的组织验收,应是指包括有海事部门在内的部门联合验收。

海事部门虽停止发放码头作业许可证,仍应按照《中华人民共和国海上交通安全法》、《中华人民共和国海洋环境保护法》、《中华人民共和国内河交通安全管理条例》等有关规定和国家技术规范要求加强对液货专用码头是否具备船舶靠泊及装卸作业的安全和防污染条件进行监督检查,对液货专用码头建设的选址、施工、安全评估、环境评估等环节提出意见,发现码头、设施条件及其装卸作业存在安全隐患,可能对船舶的安全靠泊和作业构成威胁时,海事部门可用建议书等适当方式通报港口行政管理部门和港口生产单位。

13.4.2 液货专用码头的会签管理

液货专用码头竣工后,港口行政管理部门对码头发放作业许可证前将会签海事部门意见,海事部门在提出书面意见前,应要求码头业主提供一定的资料,如码头总平面布置图、航道、港区、掉头区、码头前沿水深图、码头消防工艺流程图、消防部门和环保部门验收报告、助航标志资料、防污染设备配备情况等,对照《海港总体设计规范》(JTS 165—2013)、《港口工程环境保护设计规范》(JTS 149-1—2007)、《装卸油品码头防火设计规范》(JTJ 238—1999)、《油码头安全技术基本要求》(GB 16994—1997)、《散装液体化工产品港口装卸技术要求》(GB/T 15626—1995)和《港口码头溢油应急设备配备要求》(JT/T 451—2009)等国家行业和技术规范的要求,进行核查,着重于核查码头是否具备液货船安全靠泊和安全作业的条件,是否满足防止船舶污染的要求等。

本章复习思考题

1. 简述液货船的特征。
2. 简述与液货船靠泊作业相关的法律规定。
3. 简述液货船的管理要求。
4. 简述液货船靠泊作业过程油码头的相关安全要求。
5. 简述靠离泊作业的步骤。
6. 讨论靠离泊时的注意事项。
7. 简述与液货船水上过驳作业相关的法律法规。
8. 简述过驳作业过程。

本章参考文献

[1] 刘敬贤.现代大型油轮锚泊双舷过驳安全问题研究[D].武汉:武汉理工大学,2004:29-36.
[2] 中华人民共和国交通部.GB 18819—2002 原油过驳安全作业要求[S].北京:中国标准出版社,2002.
[3] 中华人民共和国交通部.液货船水上过驳作业安全监督管理规定(交通部交安监发〔1996〕330号)[S].1996.
[4] OCIMF.Ship to Ship Transfer Guide .ICS,2005.
[5] 钱闵.油船安全知识与安全操作[M].大连:大连海事大学出版社,1998.
[6] PL 19-3 Terminal Regulations,2004.4.

第14章 客滚船载运危险货物运输与管理

14.1 基本定义

我国是一个海洋资源丰富的国家,海岸线长,海湾秀丽,岛屿众多。由于地理因素和历史的原因,在许多水域都有着滚装船这一运输形式,因此,不可避免具有载运危险货物船舶安全与防污染的监督管理要求。

(1)滚装船

滚装船是指具有装货处所或者装车处所的船舶(图14-1),包括滚装客船和滚装货船。其中,"装货处所"是指滚装船舶可供滚装方式装载货物的处所以及通往该处所的围壁通道。"装车处所"是指滚装船舶的隔离舱壁的甲板以上或者甲板以下用作装载机动车、非机动车并可以让车辆进出的围壁处所。

图14-1 滚装船

(2)滚装客船

滚装客船是指具有乘客定额证书且核定乘客定额(包括车辆驾驶员)12人以上的滚装船舶。图14-2为烟大航线滚装客船。

图14-2 烟大航线滚装客船

(3)滚装货船

滚装货船是指滚装客船以外的且核定乘客定额(包括车辆驾驶员)11人以下的其他滚装船舶。

(4)危险货物

危险货物是指具有爆炸、易燃、毒害、腐蚀、放射性等特性,在运输、装卸和储存过程中,容易造成人身伤亡和财产毁损而需要特别防护的货物。

(5)货物运输组件

货物运输组件是指公路货车、铁路货车、集装箱、公路罐车、铁路罐车和可移动罐柜。

14.2 客滚船载运危险货物安全运输及管理现状

目前,我国客滚船载运危险货物的情况在琼州海峡和一些沿海岛屿运输线上存在。在渤海湾范围,由于可以通过陆运,故目前渤海湾客滚船不允许载运危险货物。

据统计,我国滚装运输危险货物种类主要有第1,2,3,4.2,5.1,6,8类,危险及有毒有害货物品种达50多种,每年数量约7万t。主要危险货物有重油、机油、烟花、爆竹、戊烷、液氧、液氮、液氨、液氯、二氧化碳、雷管、导火线、火柴、甲苯、甲醛、甲醇、沥青、盐酸、硫酸、甲酸等,占总量的90%。

目前对危险货物运输的管理主要是通过危险货物停车场、港务局和海事部门三点一线实施层层把关。办理危险货物申报审批时,首先要求危险品车辆携带道路危险货物运输证、道路危险货物运输操作证、易燃易爆化学物品准运证及压力容器检测合格证明(如适用)等有关证件,填写"船舶载运危险货物申报单"和大副签名的配载图向有关部门办理货物申报及装运手续。

在危险品车辆装船、卸船过程中,港口等有关部门核对危险品车辆滚装运输申报单证后,才能让危险品车辆进港装船。同时,港航企业派人到现场加强管理,划定安全作业区范围。在规定范围内禁止无关船舶靠泊,并且码头及船舶的消防器材应处于随时可用状态。

海事管理部门应加强现场监督检查,其检查内容主要有港口(码头)、船舶安全措施是否到位;船舶是否按规定悬挂信号;危险货物车辆装卸时是否配置防火星网罩及是否存在货物泄漏现象;是否严格按照配载图进行装载;是否对车辆进行有效系固绑扎;船舶是否超载;出港时间及气象是否符合有关管理规定要求等,经检查符合要求,方准予出港。

14.2.1 客滚船载运危险货物监督管理法律法规

(1)《中华人民共和国海上交通安全法》。

(2)《中华人民共和国海洋环境保护法》。

(3)《水路危险货物运输规则》。

(4)《海上滚装船舶安全监督管理规定》等。

14.2.2 车辆载运形式

滚装船舶的主要载运对象是车辆,这是货物运输组件中常见的一种,目前车辆主要有以下几种:

(1)开敞式货车(包括有棚盖和无棚盖的)

这类车辆一般是顶布无限制状态,装载货物后如需要防止日晒或雨淋应加盖帆布类的防护。在监管上应注意防止超高情况发生,如图14-3a)所示。

(2)封闭式货车

这类车辆一般以金属外壳将货物空间予以确定,防止日晒或雨淋比较好,也不会超高和超宽。在管理上应注意这类车辆容易出现超重和瞒报危险货物,夹带、混装危险品情况,如图 14-3b)所示。

 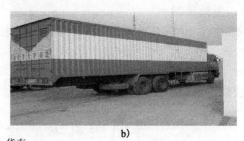

图 14-3 货车
a)开敞式货车;b)封闭式货车

(3)槽罐车

槽罐车是一种专用类型的液体或气体的运输车辆,这类车辆具有陆运主管机关明确的适装证照。对这类车辆,在管理中应注意有临时改装运输(如一般货车加装一个油罐等)或改变核准载运货物的种类的现象,如图 14-4 所示。

图 14-4 槽罐车

陆运危险货物的车辆有特殊要求,首先是安全操作性能方面要求比较严格。其次是在消防方面,一般要求车辆的发动机排出系统必须能够确保不喷出火星、油箱密封性能良好等。符合要求且经过有关管理部门检验合格的,由陆运安全主管机关发给相关证照并在车辆上安装警示标志。一般车辆则不作此要求。

目前,我国装运包装危险货物过海车辆绝大部分都是封闭式车辆,开敞式车辆很少,仅限于运载爆炸品、农药等包装危险货物。

由于在我国的陆运中普遍存在车辆严重超载的现象,一般超载 50%～100% 的现象非常普遍,造成整个运输单元的重心改变,成为船舶运输一大安全隐患,管理难度很大。按交通运输部"关于加强客滚船安全管理的通知"要求,海事部门应对客滚船载车(货)、客情况加强抽查。对不符合车辆和货物承载要求的船舶,应责令其限时纠正,严禁"三超"车辆(超载、超重、超高的车辆)装船运输。必要时,海事部门可禁止船舶离港。

14.2.3 船舶承运方式

由于货物是先装于车辆上,车辆再装载到船上,而车辆的轮子具有弹性,所装货物重心较高,船舶在航行中的摇摆就会加剧车辆的摇晃。因此,对客滚船载运车辆运输的安全管理要求比较高,特别是载运危险货物车辆,风险更大,要求更加严格。

按照原交通部"2002 年 1 号令"的规定,载运 12 人以上的滚装船舶不允许载运危险货物,而载运危险货物车辆的船舶必须先取得中国船级社签发的船舶载运危险货物适装证书,否则不能从事这类运输业务。

目前,滚装船舶持有的船舶载运危险货物适装证书中签注可以载运危险货物的种类主要有第1,2,3,4.2,5.1,6和8类,并明确除每车2名驾驶员和1名货物押运员外,装载危险品车辆严禁搭载其他乘客。

在客滚船的运输中长期存在着过海车辆伪装、夹带危险品与普通货物混装上船的现象,因此,必须严格把好船舶装运危险化学品申报审批关,加强现场监督管理,配合加大对车辆偷运夹带危险品的查堵力度,防止旅客携带和车辆夹带危险品混装上船,确保人命财产安全。目前,客滚船运输有关规定要求:滚装船舶所有人、经营人应当采取有效的查堵措施,做好查堵工作,逐步建立了夹带危险品车辆黑名单,努力争取对经常夹带危险品的车辆实行每趟必检制度,力求在源头上查堵危险品。

14.2.4 客滚船的积载与隔离

危险货物车辆在客滚船的积载是指在航次确定后,研究和确定危险货物车辆在滚装船舶甲板面上正确、合理地装载技术。为此,需要在危险货物车辆装船前编制一个车辆在船上的装船计划,并以示意图的形式表示。这个图称为车辆配载图。通常配载图由船上大副根据装船车辆的情况来完成。

货物在船上积载、隔离应考虑经济合理地使用船舶,便于货物装卸,满足船舶航行所必需的技术性能。危险货物车辆除按普通货物的积载要求外,还有其特殊的要求。

1)客滚船的积载要求

(1)一般要求

在滚装船舶开敞式车辆甲板上装载危险货物车辆,应执行《水路危险货物运输规则(第一部分)》中有关积载的规定。

(2)补充要求

①装载危险货物的车辆,应当具备安全运输的条件并处于良好技术状态。

②车辆应正确绑扎和系固,以防运输途中发生移动。

③应确保船舶安全作业所必需的通道不受危险货物车辆的影响。

④危险货物车辆在装船到卸船的整个滚装运输过程中,其发动机的排气管应加装火星熄灭装置。

⑤配载车辆,应充分考虑车辆货物质量分布的均衡性。

⑥装载遇水发生危险的危险货物车辆,应尽可能远离甲板上浪区域并使用具有良好防水性能的材料进行遮盖。

⑦采用机械制冷的车辆,其制冷设备应能独立于该车主发动机而进行操作。

2)客滚船的隔离要求

①不相容的危险货物应相互隔离。

②不同类别物质但有科学证明它们相互接触不致发生危险反应的物质,以及同一种物质构成仅含水率不同而被划分为不同类别的危险货物,无须隔离。

③对于不同隔离要求的车辆,应按较严格的隔离要求执行。

④具有两种或两种以上危险性质的运输组件,如副危险性要求的隔离相比主危险性的要求更高,则应选择适合副危险性的隔离要求。

⑤危险货物车辆的隔离,应符合危险货物隔离表(表14-1)的一般隔离要求及滚装船上货物运输组件的隔离表(表14-2)对危险货物车辆的隔离要求。

危险货物隔离表　　　　　　　　　　　　　　　　　　　　　　　　　　　表14-1

类　别		1.1 1.2 1.5	1.3 1.6	1.4	2.1	2.2	2.3	3	4.1	4.2	4.3	5.1	5.2	6.1	6.2	7	8	9
爆炸品	1.1,1.2,1.5	*	*	*	4	2	2	4	4	4	4	4	4	2	4	2	4	×
爆炸品	1.3,1.6	*	*	*	4	2	2	4	3	3	4	4	4	2	4	2	2	×
爆炸品	1.4	*	*	*	2	1	1	2	2	2	2	2	2	×	4	2	2	×
易燃气体	2.1	4	4	2	×	×	×	2	1	2	×	2	2	×	4	2	1	×
无毒不燃气体	2.2	2	2	1	×	×	×	1	×	1	×	×	1	×	2	1	×	×
有毒气体	2.3	2	2	1	×	×	×	2	×	×	×	×	2	×	2	1	×	×
易燃液体	3	4	4	2	2	1	2	×	×	2	2	×	2	×	3	2	×	×
易燃固体(包括自反应物质和固体退敏爆炸品)	4.1	4	3	2	1	×	×	×	×	1	1	2	2	×	3	2	1	×
易自燃物质	4.2	4	3	2	2	1	2	2	1	×	1	2	2	1	3	2	1	×
遇水放出易燃气体的物质	4.3	4	4	2	×	×	×	×	1	1	×	2	2	×	2	2	1	×
氧化性物质(剂)	5.1	4	4	2	2	×	×	2	1	2	2	×	2	1	3	1	2	×
有机过氧化物	5.2	4	4	2	2	1	2	2	2	2	2	2	×	1	3	2	2	×
有毒物质	6.1	2	2	×	×	×	×	×	×	1	×	1	1	×	1	×	×	×
感染性物质	6.2	4	4	4	2	1	×	3	3	3	3	3	3	1	×	3	3	×
放射性物质	7	2	2	2	2	1	1	2	2	2	2	1	2	×	3	×	2	×
腐蚀品	8	4	2	2	1	×	×	1	1	1	2	2	2	×	3	2	×	×
杂类危险物质和物品	9	×	×	×	×	×	×	×	×	×	×	×	×	×	×	×	×	×

注:1. 表中内容,1-"远离";2-"隔离";3-"用一整个舱室或货舱隔离";4-"用一介于中间的整个舱室或货舱作纵向隔离";×-隔离要求(如有)应查阅危险货物一览表;*-见《危险货物运输规则(第一部分)》第1类货物间的隔离。

2. 隔离表引自《危险货物运输规则(第一部分)》。

⑥根据危险货物隔离表及滚装船上货物运输组件的隔离表,危险货物车辆需按"远离"或"隔离"要求进行隔离的,可分别按滚装运输危险货物车辆间隔距离对照表(表14-3)所示的间隔距离进行隔离。

滚装船上货物运输组件的隔离表 表14-2

隔离要求		水平		
		封闭式与封闭式舱面	封闭式与开敞式舱面	开敞式与开敞式舱面
"远离"1	首尾向	无限制	无限制	距离不小于3 m
	横向	无限制	无限制	距离不小于3 m
"隔离"2	首尾向	距离不小于6 m	距离不小于6 m	距离不小于6 m
	横向	距离不小于3 m	距离不小于3 m	距离不小于6 m
"用一整个舱室或货舱隔离"3	首尾向	距离不小于12 m	距离不小于24 m	距离不小于36 m
	横向	距离不小于12 m	距离不小于24 m	禁止
"用一介于中间的整个舱室或货舱作纵向隔离"4	首尾向	距离不小于36 m	距离不小于36 m	距离不小于48 m
	横向	禁止	禁止	禁止

注:该表引自《水路危险货物运输规则(第一部分)》,省略了"舱内"积载的隔离要求。

滚装运输危险货物车辆间隔距离对照表 表14-3

隔离要求		水平		
		封闭式与封闭式舱面	封闭式与开敞式舱面	开敞式与开敞式舱面
《水路危险货物运输规则(第一部分)》中的隔离要求(水平向)				
"远离"1	首尾向	无限制	无限制	距离不小于3 m
	横向	无限制	无限制	距离不小于3 m
"隔离"2	首尾向	距离不小于6 m	距离不小于6 m	距离不小于6 m
	横向	距离不小于3 m	距离不小于3 m	距离不小于6 m
本标准对应的车辆间隔距离				
		危险货物车辆装载于滚装船舶单层开敞式车辆甲板		
		封闭式与封闭式	封闭式与开敞式	开敞式与开敞式
"远离"1	首尾向	无限制	无限制	相隔至少5 m
	横向	无限制	无限制	相隔至少1 m
"隔离"2	首尾向	相隔至少7 m	相隔至少7 m	相隔至少8 m
	横向	相隔至少1 m	相隔至少1 m	相隔至少3 m

注:1. 在滚装船舶单层开敞式车辆甲板上装载危险货物车辆,本标准按《滚装船上危险货物运输组件隔离表》中的"舱面积载"处理。

2. 本标准将危险货物车辆划分为三类车型,其中,普通篷布式货车划入开敞式运输组件,箱式货车与槽罐车划入封闭式运输组件。

3. 本标准仅适用于"远离"和"隔离"两种情形。对于"用一整个舱室或货舱隔离"和"用一介于中间的整个舱室或货舱作纵向隔离",应按《水路危险货物运输规则(第一部分)》中的相关要求执行。

14.2.5 标志和标记

车辆载运危险货物按照陆运要求必须配备相应的警示标志,目前,国内车辆是在驾驶室顶部和前后部用黄色"危险品"字样标注,如图14-5所示。但因属于水上运输,且一般贴在包件上的标志或标记从外面不能清楚可见,按照相应的规定要求应将其不同种类的危险货物的标志(即标牌)、标记、符号粘贴在载运危险货物车辆的外表面上,以警告组件内装有危险货物,存在危险。

图14-5 "危险品"标志

滚装船舶载运危险货物车辆的标志(即标牌)、标记、符号还要求符合《国际危规》等规定的相关要求,在使用中应注意:

(1)当载运危险货物车辆内所装的危险货物或其残余物完全卸掉后,应立即除掉或遮盖住那些为装运此类物质而显示的标牌、标签、标记或标识。

(2)装有多种危险货物车辆的外表面上的标牌,应和危险货物车辆中货物的主危险性相对应,显示最高爆炸危险性质的标志。

装有危险货物或危险货物残留物的运输组件应按下列方式清楚地显示标牌:

(1)对于双轮拖车或可移动罐柜,在其每侧和其每端。

(2)对于铁路罐车,至少在其每侧。

(3)盛装一种以上危险货物或其残留物的多格罐柜,在相关分格间的位置,沿每侧标记。

(4)其他任何载运危险货物车辆,至少在组件背面和两侧。

装有单一物品包装危险货物且无标牌、联合国编号或海洋污染物标记要求的任何其他危险货物车辆,可以显示联合国编号。联合国编号应按要求显示在下列托运货物上(除第1类货物外):

(1)在罐柜货物运输组件中运输的固体、液体或气体。

(2)总重超过4 000 kg的包装危险货物,针对该货物只有一个联合国编号,而且该货物是载运危险货物车辆中唯一的危险货物。

(3)在载运危险货物车辆中未包装的第7类LSA—1,SCO—1的物质。

(4)在载运危险货物车辆(内或上),具有唯一联合国编号的包装放射性物质,且在独家使用条件下运输。

(5)含危险货物的散货包装。

14.2.6 客滚船的防污染

我国客滚船运输由于属于定线航程,船上人员旅客较多,船舶的防污染设备、器材除要按照法律法规的基本要求及满足污染应急管理要求外,还必须注意相关的特殊监管要求。

一般情况下,由于客滚船设计时没有很好考虑污染应急方面的问题,主甲板的排水孔都是直接通海的,有些船有塞子但没有考虑到化学品的特性问题,如果运输危险品过程中发生泄漏,将不能及时控制。因此,目前我国在渤海湾以及琼州海峡水域均禁止船舶向水体排放残余油类物质,采取对船舶排污设备实行铅封。有关铅封管理要求主要有以下几点:

(1)船舶机舱油污水的排放阀门以及能够替代该系统工作的其他系统与油污水管路直接

相连的阀门应予以铅封。

(2)船舶排污设备一经铅封,船舶应在铅封阀门处予以标识,制作识别铅封位置和相关要求的图表附在轮机日志中,并使船员了解相应的注意事项,始终保持铅封完好。如果发现铅封有损,应立即向海事管理部门报告。

(3)在危及船舶、人命和财产安全的紧急情况下,船舶必须启封被铅封的阀门时,船舶可自行启封,但应做好相应的记录,并且事后应尽快向就近的和实施铅封的海事管理机构提交书面报告。

(4)船舶由于维护保养和检验等原因需对排污设备启封时,应向海事管理机构提出书面报告,说明船舶位置、启封原因、启封时间、启封阀门的名称、位置等,在海事人员的认可或监督下启封。启封前,船上的残余油类物质应当按规定排到岸上接收设备。工作完成后,应及时通知海事管理机构重新铅封。

(5)船舶启封、铅封操作应在轮机日志中做好记录,有关船舶残余油类物质操作应按规定在油类记录簿中记录。

对客滚船运输的防污染管理还应注意船舶生活垃圾的回收处理,特别是旅客多造成的垃圾污染问题应予以高度重视。

14.2.7 火车轮渡管理

火车轮渡是专门设计的、用于航行于某一水域两岸之间的火车/汽车/旅客渡船。我国最早的火车轮渡在南京长江段水域,1968年以前渡运,1968年南京长江大桥建成以后就停止营运了,现在保留的渡口作为战备用途。长江江阴的火车轮渡是从芜湖停运后建造和调拨渡船使用的,预计规模为3艘渡船(目前为2艘),已经试航过两次(空载1次、重载1次),之后停航整修至今,江阴的火车轮渡现在只运输货列,没有运客运和未考虑运输危险品的特殊要求。

为满足国民经济的发展需要,1997年由铁道部、广东省及海南省二省一部联合开发广东省和海南省的铁路运输,该项目为国家重点项目,铁道部、广东省及海南省共同组建成立了粤海铁路有限责任公司,建成了国内跨海峡的铁路运输线,琼州海峡火车轮渡是我国第一条跨海火车轮渡,见图14-6。

2006年11月,由铁道部、山东省、大连市和中铁二局共同出资组建的中铁渤海铁路轮渡公司烟大铁路轮渡工程投入运营,见图14-7,它的建设和开通标志着东部陆海铁路大通道的全线贯通,形成了衔接两大半岛,辐射东部沿海,连接欧亚两洲的新通道,开辟了东北至山东及东部沿海地区的最短路径,使烟台到大连经铁路运输比绕行山海关缩短距离1 600多km。烟大渡船是世界上首次采用第三代吊舱式电力推进系统的铁路轮渡,是目前我国吨位最大、技术最先进、安全性能最好、舒适度最佳的火车、汽车滚装渡船。

按照有关规定,火车轮渡仍然是客滚船的一种,但具有载货、载客量大的特点,而且目前铁路运输中对危险货物的定义与水上运输的不尽相同,缺乏对污染性物质的相关要求。因此,火车轮渡的危防管理除需要按照一般船舶的要求外,还有其特殊的要求。

(1)由于火车轮渡可装载危险货物,故火车轮渡的危险货物运输管理要特别重视:

①船舶必须获得危险品适装证书方可按照核准的范围及要求装载危险货物。

②当载运具有特殊的消防及防毒防腐蚀、积载系固、隔离等要求的危险货物列车(或汽车)

时，其船舶必须满足《水路危规》或《国际危规》的相关要求。

③危险品申报应符合管理程序要求，即提前向海事主管部门申报（适用相应的申报规定）。

④危险货物运输安全的所有环节（包装、标记、标志、积载、应急反应等）都应符合《水路危规》和船舶载运危险货物的监督管理要求。

图 14-6 "粤海铁一号"火车渡船

图 14-7 烟大铁路轮渡工程

(2) 火车轮渡上船员和旅客数量较大，船舶的防污染管理也相当重要，应特别注意：

①人员（列车旅客）生活污水须经确实有效的处理，符合国家有关排放要求，有关作业应按规定做好记录。

②船舶油污水、生活垃圾应按规定接收处理，严禁排放入海。

③船舶应配备经主管机关审批的《油污/污染应急计划》，编制危险化学品应急处理预案，按标准配备污染应急材料及设备设施。

(3) 由于火车轮渡的特殊性，监督管理还应注意：

①在没有得到适装条件确认前，装载危险品汽车（列车）时应不准装运其他普通货车或客运汽车及散客，易燃易爆及剧毒性危险物质运输的作业应在白天装卸。

②当地气象预报风力大于船舶核定的抗风等级低一级，或浪高太大，或能见度不足，或海事主管机关/船长认定的其他不适航情况时，应禁止载运危险货物。

③拟载运危险品时船舶应配备相应的化学品急救器材和医护人员，其高级船员必须通过客滚船装运危险有害物质特殊培训，取得主管机关颁发的合格证书。

④对超高超长车、重心偏高汽车的系固绑扎，应有对应标准或限制要求，由中国船级社核准后报备海事主管部门。

本章复习思考题

1. 请列举与客滚船载运危险货物监督管理相关的法规。
2. 简述客滚船载运危险货物的积载和隔离要求。
3. 通过事故案例，讨论客滚船载运危险货物的现状和需要改进的地方。

本章参考文献

[1] 郑明强.初探莱长渡口渡船载运危险品车辆的管理对策[J].珠江水运,2006,S1:101-104.
[2] 尚伟东.渤海海域船舶排污设备铅封所面临的问题及对策[J].中国海事,2008,02:32-35.
[3] 彭信发.海上搜救存在的主要问题与对策研究[J].珠江水运,2006,S1:98-101.
[4] 杨洪军.滚装船船员安全知识与操作[M].大连:大连海事大学出版社,2012.
[5] 刘万鹤.船舶管理[M].大连:大连海事大学出版社,2000.
[6] 霍明甲,张金梅,等.渤海湾客滚船危险货物安全运输现状分析与对策[J].中国安全生产科学技术,2012,10:103-107.
[7] 郭璐,王康,等.渤海海峡客滚船货物运输安全监管机制的发展[J].中国海事,2013,12:45-47.
[8] 张永贵.客滚船载运车辆的安全监管[J].科技风,2008,04:22.
[9] 王海祥.深化滚装客船监管的思考[J].中国水运(下半月),2010,05:12-13.
[10] 李全玉.客滚船车载危险品的查堵[J].中国水运,2008,08:17.

第 15 章　船舶载运危险货物应急管理

15.1　船舶载运危险货物事故的应急

15.1.1　船舶载运危险货物应急程序

IMDG Code 第 36 版收编的 EmS 指南是 2012 年 5 月海上安全委员会在第 90 次会议上通过的 EmS 指南的英文全名为"The EmS Guide—Emergency Procedures for Ships Carrying Dangerous Goods"。该指南的目的是为涉及船上装运的 IMDG Code 所列货物的火灾和溢漏事故应急提供建议。该指南明确说明不包括散装货物和非危险货物等其他火灾。该修正案于 2013 年 1 月 1 日起自愿实施，于 2014 年 1 月 1 日起强制生效。IMDG 规则强制生效后一直存在着如何适用的问题，即当一项规则或标准与 IMDG 的规定冲突时，应该适用于哪一个并不明确。新版的 IMDG 增加了"标准的适用"条款，明确规定"如果需要用一项标准，如果该标准与本规则条款有任务冲突，本规则优先"。此项规定确立了 IMDG 优先原则，解决了规则执行时可能遇到的适用问题。

根据 ISM Code 的要求，所有船舶、船舶营运人，应建立船舶安全管理体系（SMS），在该体系内，应有对潜在的船舶发生紧急情况的应急响应程序。该指南的意图是帮助船东、船舶营运人及其他有关方面建立这样的应急计划，并汇总到船舶的应急计划中去。

在火灾和溢漏事故中，应根据船上应急计划采取及时的行动。在涉及危险货物的事故中，应根据本指南针对具体的危险货物、船型、危险货物包装的类型和数量、积载位置（舱内还是舱面）、是火灾还是溢漏事故等指导采取正确的行动。指南所包括的信息，供船长和船员在没有外部辅助的情况下采取应急行动。行动的具体内容应结合针对每条船（包括考虑船上设备）制订的应急计划。

当船舶发生危险货物溢漏或可能的溢漏时，应向最近的沿海国或船舶报告系统指定的岸台报告。

该指南的结构和使用方法为：

(1)一般准则（The General Introductions）：应在任何紧急事故发生之前熟悉内容，并贯穿于进船舶日常的训练制度中。

(2)通用导则（The General Guidelines）：在涉及包装危险货物事故发生时，首先查阅的内容。

(3)应急程序（Emergency Schedules）：针对具体涉及的危险货物应急的详细指导信息。

1)火灾（Fire）应急

(1)一般准则的内容

①防备；

②确认涉及的危险货物；
③降温和窒息；
④寻求建议；
⑤撤离；
⑥灭火介质：水、固定式气体灭火系统、固定式压力水雾系统、泡沫、干粉灭火剂；
⑦对暴露到火中的危险货物的处置；
⑧个人防护；
⑨灭火结束后的急救和行动；
⑩对各类危险货物消防的特殊说明。
(2) 通用导则的内容
①首先要想到安全；
②避免与危险货物接触；
③远离火、烟雾和蒸气；
④报警并启动灭火程序；
⑤尽可能使步桥和生活区处在上风；
⑥确定着火或释放烟雾货物的积载位置；
⑦确认货物；
⑧查找涉及事故危险货物的联合国编号和相应的EmS灭火程序；
⑨考虑灭火程序应用的方法并采取行动；
⑩检查是否有其他会卷入火灾的危险货物并确认它们的EmS灭火程序；
⑪穿戴合适的防护服和自给式呼吸器；
⑫准备使用MFAG；
⑬与船公司的责任人或救助协调机构联系，获得对危险货物适当的应急行动建议。
(3) 应急程序的内容
F-A：一般的灭火程序；
F-B：爆炸性物质和物品；
F-C：非易燃气体(在火中会爆炸)；
F-D：易燃气体；
F-E：不与水反应的易燃液体；
F-F：控温的自反应物质和有机过氧化物；
F-G：与水反应的物质；
F-H：具有爆炸性的氧化物质；
F-I：放射性物质；
F-J：非控温的自反应物质和有机过氧化物。
2) 溢漏(Spillage or leakage)应急
(1) 一般准则的内容
①防备；
②个人防护；

③通用响应行动；

④货物的确认；

⑤抢救；

⑥隔离；

⑦对溢漏事故应急反应；

⑧寻找建议；

⑨所用的处理介质；

⑩溢漏处理后的行动；

⑪首要的医疗救护；

⑫对各危险货物类别的特殊事项。

(2)通用导则的内容

①首先要考虑安全；

②避免与危险物质接触,不要踩踏溢出的液体或固体；

③远离蒸气和气体；

④报警；

⑤尽可能保持步桥和生活区处于上风；

⑥穿戴能抗化学品影响的全套防护服和自给式呼吸器；

⑦找出溢漏货物的积载位置；

⑧确认溢漏危险货物的联合国编号,考虑应用溢漏的应急措施；

⑨应用 MFAG；

⑩与船公司的责任人或救助协调机构联系,获得对危险货物适当的应急行动建议。

(3)应急程序的内容

S-A:有毒物质；

S-B:腐蚀性物质；

S-C:易燃、腐蚀性物质；

S-D:易燃液体；

S-E:易燃液体浮在水面；

S-F:水溶性海洋污染物；

S-G:易燃固体和自反应物质；

S-H:易燃固体(熔融的物质)；

S-I:易燃固体(可重包装的)；

S-J:浸湿的爆炸品和某些自热物质；

S-K:控温的自反应物质；

S-L:自燃、与水反应物质；

S-M:引火性自燃物质；

S-N:与水发生强烈反应的物质；

S-O:遇湿危险的物质(不可收集的物品)；

S-P:遇湿危险的物质(可收集的物品)；

S-Q:氧化物质;

S-R:有机过氧化物;

S-S:放射性物质;

S-T:有生物危险的物质;

S-U:气体(易燃、有毒或腐蚀性的);

S-V:气体(非易燃、无毒的);

S-W:氧化性气体;

S-X:爆炸性物品;

S-Y:爆炸性化合物;

S-Z:有毒的爆炸品。

15.1.2　事故医疗急救指南(MFAG)

危险货物事故医疗急救指南是由 IMO、WHO、ILO 联合编写的。该指南针对 IMDG Code 和 BC Code 中的货物,利用船上有限的救治设备和手段,对由货物造成的人员中毒提供初步的抢救和诊断建议。IMDG Code 第 30 版修正案收编的是 MSC 1998 年 5 月通过的 MFAG 修正案。

从结构上来看,指南的三部分内容形成"三步法"。

第一步:紧急抢救——诊断;

第二步:通过"表"的简要指导处置急救;

第三步:通过"附录"的详细指导进行治疗。

急救要求:

对到达现场的救助人员的要求;

划定危险区;

对伤员按症状分级和确定急救次序;

呼吸道、呼吸、循环(ABC),去污;

根据运输危险货物的类别诊断;

对症治疗。

15.1.3　报告程序

MARPOL 73/78 议定书 1 规定了涉及有害物质(油类和有毒液体化学品)和海洋污染物(包装有害物质,包括集装箱、可移动罐柜、公路和铁路罐车及船载驳船所装运的货物)事故的报告制度;MSC 的有关决议和通函提出了危险货物的报告要求和程序。

1997 年 11 月 27 日,IMO 的第 20 次大会通过了 A.851(20)决议,"船舶报告系统和船舶报告要求总则,关于涉及危险货物、有害物质和/或海洋污染物事故的报告指南"。主要内容有:总则,涉及危险货物事故的报告指南,涉及有害物质和/或海洋污染物事故的报告指南,附录包括:程序,标准报告格式和程序,详细报告要求指南等。

船舶报告系统和报告要求通过无线电提供、收集和交换信息,这些信息用于搜救、船舶交通服务、气象预报和防止海洋污染。

1) 涉及危险货物事故的报告指南

当涉及任何包装危险货物的泄漏、可能泄漏或落入海中的事故,应迅速无误地按指南要求,通知沿海国家和其他有关各方。报告应发送给最近的沿海国家,如果船舶处在或靠近一个已经建立了船舶报告系统的区域,则该报告应传送给该系统的指定岸台。

2) 涉及有害物质和/或海洋污染物事故的报告指南

当船舶发生有害物质和/或海洋污染物对海洋环境造成污染或污染危险事故时,应迅速无误地报告给最近的沿海国家和其他有关各方,并了解救助的方法以便采取正确的行动。

对涉及的事故,任何船舶进行或被请求进行对事故船舶提供帮助或救助时,船长应及时报告所采取或拟采取的行动细节,并将进展情况随时通知有关的海岸国家。

此外,由于船舶或其设备损坏而可能造成的排放也应报告。

3) 报告的内容和程序

开航计划(SP);

定位报告(PR);

绕航报告(DR);

最后报告(FR);

危险货物报告(DG);

有害物质报告(HS);

海洋污染物报告(MP)。

(1) 危险货物报告的内容

和泄漏/落入海中的货物有关的:正确的运输名称,联合国编号,类别,生产厂/收/发货人,包件类型、标记、何种包装(或组件),估计的货物数量和大概状况,入水的货物是漂浮还是沉没,泄漏是否继续,事故的原因。如有进一步发生包装危险货物落入海中的危险,报告还应包括船上货物情况。

(2) 海洋污染物报告的内容

和泄漏/落入海中的货物有关的:正确的运输名称,联合国编号,类别,生产厂/收/发货人,包件类型、标记、何种包装(或组件),估计的货物数量和大概状况,入水的货物是漂浮还是沉没,泄漏是否继续,事故的原因,船舶情况和货物/压载水/燃油的转驳能力,船东和代表的情况,对排放所采取的行动及船舶动向,申请或已提供的援助,救助船长报告行动的细节等。

(3) 可能排放的报告的内容

当遇到某些性质的船舶、机器或设备损坏、失灵或故障,以及出事的时间、地点、天气和交通密度,可能导致的排放时,应做出报告。

15.2 船舶载运危险货物应急处置预案

15.2.1 船舶载运危险货物应急处置预案概述

1) 目的

(1) 处置由于船舶载运危险货物发生溢漏、火灾险情时对船员、旅客人命安全造成的威胁,快速、高效实施海上人命救助。

(2)督促、指导船舶自救,控制险情恶化,防止可能造成的次生、衍生和耦合等二次事件的发生,最大限度地避免和减少人员伤亡。

2)适用范围

中国海上搜救中心对船舶载运危险货物发生溢漏、火灾事故导致危及船员、旅客生命安全而采取的协调、指挥和救援行动。

3)可能出现的险情

当船舶载运危险货物时,根据危险货物种类、包装形式、舱内或舱面货物的积载情况、数量的不同会发生危险货物溢漏、火灾事故,威胁船上人员生命的安全。

险情一:危险货物发生溢漏、火灾,人员无危险;

险情二:危险货物发生溢漏、火灾,对船员、旅客、施救人员产生威胁;

险情三:危险货物发生溢漏、火灾,船员、旅客、施救人员已经受到伤害待救;

险情四:危险货物发生溢漏、火灾,险情无法有效控制,船上人员全部撤离,弃船施救。

4)险情分级

特大险情信息——Ⅰ级:危及30人及以上人命安全的船舶载运危险货物溢漏、火灾事故。

重大险情信息——Ⅱ级:危及10人及以上、30人以下人命安全的船舶载运危险货物溢漏、火灾事故。

较大险情信息——Ⅲ级:危及3人及以上、10人以下人命安全的船舶载运危险货物溢漏、火灾事故。

一般险情信息——Ⅳ级:危及3人以下人命安全的船舶载运危险货物溢漏、火灾事故。

15.2.2 船舶载运危险货物应急险情信息处理

1)接收

搜救中心值班员接收到险情或事故报告后,及时与报警源联系了解有关船舶及人员资料、水文气象资料、事故情况、救助要求等情况,按照中国海上搜救中心"水上险情报告表"内容要求进行记录。

2)核实

选择合适的海图根据报警船舶的位置进行标绘,并通过报警船舶识别码确定报警船舶所属国家和地区。

(1)当船舶直接报警时,值班员直接通过可以利用的通信设备与报警船舶进行核实。除此之外,当报警船舶为中国籍船舶时,在核实船名后,值班员与报警船舶所有人、经营人、代理人或通过船籍港的省级海上搜救中心进行核实;当报警船舶为外国籍船舶时,在核实船名后,与船舶所属国家搜救机构联系核实。

(2)遇险信息来源于非搜救责任部门时,值班员立即通过遇险责任区的省级搜救中心进行核实。

(3)遇险信息来源于搜救责任部门,值班员通过该部门和省级海上搜救中心进行核实。

3)报告与通报

各级海上搜救中心将核实、分析后的海上险情信息,对照1.4险情等级标准,按照国务院、中国海上搜救中心《水上险情应急反应程序》及同级人民政府规定的信息报告内容和程序逐级上报:

(1)省级海上搜救中心及其分中心

接警的海上搜救中心按规定向同级人民政府、上级海上搜救中心报告。事发地不在本责任区,可直接或通过上级海上搜救中心向辖区海上搜救中心通报;

一般及以上船舶载运危险货物溢漏、火灾险情,辖区海上搜救机构应立即向同级人民政府和省级海上搜救中心报告;

较大及以上船舶载运危险货物溢漏、火灾险情,省级海上搜救中心应向同级人民政府和中国海上搜救中心报告。

(2)中国海上搜救中心

一般、较大海上船舶载运危险货物溢漏、火灾险情,值班员向海上搜救中心领导报告。

重大、特大船舶载运危险货物溢漏、火灾险情,值班员立即向海上搜救中心领导报告;起草海上搜救中心值班信息,经搜救中心领导批准后,向交通运输部、国务院报告。

15.2.3 船舶载运危险货物应急处置预案险情评估

1)评估的初始行动

(1)搜救中心接到船舶载运危险货物溢漏、火灾险情报告后,要求报告人对事故现场的情况继续报告。

(2)除"水上险情报告表"中应了解的信息外,应进一步掌握和核实的信息包括:

①核实载运危险货物船舶的遇险呼叫/形势报告中的内容。

按中国海上搜救中心应急预案和本预案第2.2.1条的要求核实外,还要对危险货物险情报告格式中的项目进行核实。

其中,有关危险货物溢漏污染或落入海中的情况如下:

a.货物的正确技术名称和品名。

b.一个或多个联合国编号。

c.一种或多种IMO危险性类别。

d.货物生产厂家名称(如已知),或收货人或发货人名称。

e.包件的类型,包括识别标记。具体说明是可移动罐柜还是罐车,是车辆还是集装箱,或是其他装有包件的运输组件,包括运输组件的正式注册标记及所分配的编号。

f.货物的估计数量和大概的状况。

g.所失落的货物是在漂浮,还是已经沉没。

h.失落是否仍在继续。

i.失落货物的原因。

j.不足、损坏、缺陷或其他限制的概要情况及事故所涉及的,或参与救助的其他船舶的概要情况。

②船员和旅客数量、受到危险货物伤害的人数和程度。

③船医、医救能力和需要的医疗救助。

④船舶消防控制图和施救设备、能力。

2)评估内容

(1)船舶载运危险货物的类别及其溢漏、火灾险情影响的范围和敏感地区。

(2)险情船舶弃船的可能性和时间。
(3)险情船舶救助拖带的可能性和时间。
(4)船舶载运危险货物的类别及其溢漏、火灾险情气象、海况、距离对搜救的影响。
(5)船舶载运危险货物的类别及其溢漏、火灾险情自救、互救的可行性及效果。
(6)可调用的搜救力量,投入后可能取得的效果。
(7)救助危险货物溢漏、火灾受害人员的措施、方法。
(8)船舶载运危险货物的类别及其溢漏、火灾险情抢救受害人员所需要的药品和设备。
(9)船舶载运危险货物的类别及其溢漏、火灾险情的处理措施、方法。
(10)必要时召集有关专家进行评估。
(11)船舶应急预案的启动级别,确定搜救中心应急行动参与者及其承担的任务、提供的救助资源、救助方法和使用的通信线路。

15.2.4 船舶载运危险货物应急处置

15.2.4.1 船舶载运危险货物溢漏险情应急措施

1)总体措施

对危险货物溢漏险情的总体指导性措施如下:

(1)保持与船公司指派负责人的联系,获取专家关于危险货物应急反应措施的指导。

(2)根据事故报告、危险货物舱单、配载图和事故现场,确定溢漏货物的积载位置。

(3)识别货物。获取发生事故货物的UN编号及溢漏应急措施表号。

(4)根据发生事故货物的UN编号及溢漏应急措施表号,确定应依据哪些溢漏应急措施。

(5)溢漏反应根据适用于发生事故的危险货物的防溢漏应急措施的要求去做。在处理溢漏事故时,应急人员应采取合理预防措施,安全第一,远离有毒蒸气和气体。

(6)要求尽可能用水喷雾保护工作区和居住区并关闭封闭通风系统以降低烟雾、尘埃和气体进入这些区域。将船调转方向使机舱、居住区处于上风处。

(7)只有经培训的人员才能使用全套防化服和自给式呼吸器,并妥善维护。舱室未经测试其含氧量和有害气体的含量,不得进入。进入封闭的舱室须佩戴全套防化服和自给式呼吸器。

(8)确保船上和援救人员的安全,即以人为本、安全第一。在对事故的整个情况做出估计后,首先应找寻和救助受害者,包括搜寻和撤离可能受害的或迷失方向的或不能动的人员,这些人可能是在电梯里(升降梯)或封闭的舱室或者被残骸碎片挂住了。

(9)用绳子拦出危险区域,设置隔离危险区,控制溢漏现场的人数。封闭通风、空调或工作间、居住区的其他通道。在航行中,船长有权改变航向和速度以确保危险气体或蒸气远离船员、居住区和通风入口处。必要时考虑撤离旅客及船员。避免与任何危险货物接触,不要进入溢漏液体或尘埃(固体)区域。

(10)船舶在海上航行中,人力和其他资源有限,在不可挽救的溢漏险情发生时,按照船长的指令可将溢漏物迅速冲洗或抛弃至海中。

(11)确保船上和援救人员的安全,做好准备使用《医疗急救指南》(MFAG)。

注意:皮肤被危险货物污染后应立即用水冲洗掉。

2)溢漏应急措施的分类及构成

根据危险货物每一个联合国编号对应的货物的具体特性,即每一种物质、物品和材料制订的溢漏应急措施表确定溢漏应急措施。危险货物的类别特性分为九类,分别为爆炸品、气体、易燃液体、易燃固体、氧化物和有机过氧化物、有毒和感染性物质、放射性物质、腐蚀品和杂类危险物质和物品。

具体应急措施还要针对险情是舱面危险货物溢漏、舱内溢漏、特殊情况等不同情况确定不同的应急措施。

每种类别的危险货物溢漏应急措施表的主要结构如图 15-1 所示。

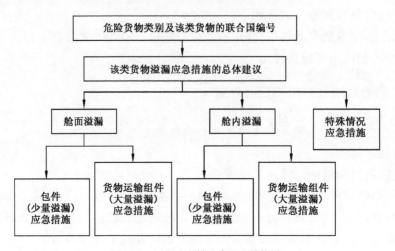

图 15-1　溢漏应急措施表主要结构图

3)船舶载运危险货物溢漏应急措施

(1)第一类爆炸品

①爆炸性物件和物品(S-X)

a. 总体指导性措施

不许带火种(如明火,无防护的灯,电动手工工具,摩擦),穿防火花软底鞋,避免摩擦产生火花。

由于有静电危险,且电荷可点燃易燃易爆物品,因此,必须保持溢漏物质远离静电发生器(如移动电话,合成聚合物,如 PVC 手套的摩擦)。

b. 舱面溢漏

物品:扫除或收拾起这些物品。如物品仍然完整但出现损坏,应将其隔离,并联系专家,征求处置意见。

使溢漏的物质保持湿润,用大量水将溢漏物清洗下船。

c. 舱内溢漏

物品:扫除或收拾起这些物品。如物品仍然完整但出现损坏,应将其隔离,并联系专家,征求处置意见。

使溢漏的物质保持湿润。尽可能收集溢漏物,并清除到船外。

②爆炸性化学品(S-Y)

a. 总体指导性措施

不许带火种（如明火，无防护的灯，电动手工工具）。尽可能阻止溢漏。

由于有静电危险，且电荷可点燃弹药，因此必须保持溢漏物质远离静电发生器（如移动电话，合成聚合物，如 PVC 手套的摩擦）。穿着防火花软底鞋。

有些被稳定的爆炸性混合物，水会将爆炸品与稳定剂分离，从而产生更大的危险。爆炸性成分会变得对震动和热很敏感。

联系专家，征求处置意见。

b. 舱面溢漏

物品：扫除或收拾起这些物品。如物品仍然完整但出现损坏，应将其隔离，并联系专家，征求处置意见。潮湿的物品应抛弃。

使溢漏的物质保持在水中，用大量水将溢漏物清洗下船。

c. 舱内溢漏

物品：扫除或收拾起这些物品。如物品仍然完整但出现损坏，应将其隔离，并联系专家，征求处置意见。潮湿的物品应被抛弃。

使溢漏的物质保持在水中。尽可能收集溢漏物，并清除到船外。

③毒性爆炸品（S-Z）

a. 总体指导性措施

短时间吸入少量气体也能导致呼吸困难或严重中毒，要穿戴适当的防护服和自给式呼吸器。不许带火种（如明火，无防护的灯，电动手工工具）。

由于有静电危险，且电荷可点燃弹药，因此必须保持溢漏物质远离静电发生器（如移动电话，合成聚合物，如 PVC 手套的摩擦）。穿着防火花软底鞋。

应特别注意以防止气体进入船上有人的区域，如生活区、机器处所、工作区。使驾驶台和生活区位于上风；或者用水喷雾来驱散气体（水幕）以保护全体船员和生活区免受气体污染。联系专家，征求处置意见。

b. 舱面溢漏

让蒸气散掉，保持清洁。

物品：扫除或收拾起这些物品。如物品仍然完整但出现损坏，将其隔离并联系专家征求处置意见。

使溢漏的物质保持潮湿。用大量水将溢漏物清洗下船，并清除污水。

c. 舱内溢漏

舱室未经测试，未佩戴自给式呼吸器不得进入。让蒸气消散，保持舱内清洁。

物品：扫除或收拾起这些物品。如物品仍然完整但出现损坏，将其隔离并联系专家征求处置意见。

使溢漏的物质保持在水中。尽可能收集溢漏物，并清除到船外。

(2) 第二类气体

①气体（易燃，有毒或腐蚀性）（S-U）

a. 总体指导性措施

发生泄漏或溢漏的处所和区域,应被立即在上风清除。由于烟雾可能是看不见的,泄漏的气体温度可能非常低,且有些气体比空气重或可以在船体下部或未通风区域聚积,所以泄漏终止和通风处置结束前禁止吸烟和明火,采取相应措施防止气体飘进船上有人的区域,如生活区、机器处所、工作区。

穿戴适于防护气体的防护服以及自给式呼吸器。

不许带火种(如明火,无防护的灯,电动手工工具),穿防火花软底鞋,避免摩擦产生火花。

短时间吸入少量的气体也能导致呼吸困难,要清除散发出来的气体。

让溢漏的液态气体蒸发。避免皮肤接触。穿戴防护服后也应避免任何接触。

与冷的液态气体接触时,大多数物质会变脆而且容易在不注意的情况下破裂。

尽可能用大量水保护船舶的上层构造。不要直接把水喷射到溢漏物上。

b. 舱面溢漏

- 包件物品(少量溢漏)

让气体消散。保持清洁。

- 货物运输组件溢漏(大量溢漏)

让气体消散。保持驾驶台和生活区位于上风。用水喷雾驱散气体(水幕)以保护全体船员和生活区免受易燃或有毒气体的污染。尽可能远地用水喷射来加速蒸发溢漏的液态气体,不要直接喷到溢漏物上。

c. 舱内溢漏

- 包件物品(少量溢漏)

不要进入该处所。提供充分的通风。如果使用通风系统,应特别注意以防止气体进入船上的其他区域。让气体蒸发。保持清洁。联系专家,征求处置意见。

气体有毒和存在爆炸危险时,未经测试,未配备自给式呼吸设备,不得进入。

- 货物运输组件(大量溢漏)

不要进入该处所。提供充分的通风。

如果使用通风系统,应特别注意以防止气体进入船上的其他区域。

保持驾驶台和生活区位于上风。用水喷雾驱散气体(水幕),以保护全体船员和生活区免受易燃或有毒气体的污染。尽可能用水喷雾,以防止易燃气体在该处所内着火。

联系专家,征求处置意见。

气体有毒和存在爆炸危险时,未经测试,未配备自给式呼吸设备,不得进入。

d. 本类下述危险货物需要注意的特殊情况

对于联合国编号为 UN 1001[乙炔(溶于介质的),电石气],UN 3374(乙炔,无溶剂)的危险货物,加热的或简单处理的容器甚至在离开外部热源数小时后仍可爆炸。用水将其冷却数小时。

对于联合国编号为 UN 1614(氰化氢,稳定的,含水低于 3%,并被多孔惰性材料吸收)的危险货物,如果容器受损会蒸发,该气体可被渗透性惰性物质吸收。

②气体(不易燃,无毒)(S-V)

a. 总体指导性措施

采取措施,防止泄漏的气体进入船上的任何地方。泄漏的气体温度可能非常低,且有些气体比空气重或可以在船体下部或未通风区域聚积,应特别注意,以防止气体飘进船上有人的区域,如生活区、机器处所、工作区。

穿戴适于防护气体的防护服以及自给式呼吸器(防止窒息危险)。

让溢漏的液化气蒸发。

物质与冷的液化气接触时,大多数会变脆而且容易在不注意的情况下破裂。即使穿戴防护服也要避免任何接触。尽可能用大量水保护船舶的上层构造,但不要直接把水喷射到溢漏物上。

b. 舱面溢漏

- 包件物品(少量溢漏)

让气体消散。保持清洁。

- 货物运输组件溢漏(大量溢漏)

让气体消散。尽可能远地用水喷射溢漏的液化气,加速蒸发,不要直接喷射到溢漏物上。清除散发出来的气体。

c. 舱内溢漏

- 包件物品(少量溢漏)

提供充分的通风。尽可能阻止溢漏或者让气体蒸发。保持清洁。

进入舱室前测试该处所的气体(有窒息危险)。未配备自给式呼吸器,不得进入该处所。

- 货物运输组件(大量溢漏)

提供充分的通风。尽可能阻止溢漏。或者让气体蒸发。保持清洁。

尽可能远地用水喷射溢漏的液态气体以加速蒸发,但不要直接喷射到溢漏物上。

进入前测试该处所的气体(有窒息危险)。未配备自给式呼吸器不得进入该处所。

d. 本类下述危险货物需要注意的特殊情况

对于联合国编号为 UN 2990(救生设备,自动膨胀式),UN 3072(救生设备,非自动膨胀式,装备中含有危险物品)的危险货物,无窒息危险。收集物品并重新包装。

③氧化气体(S-W)

a. 总体指导性措施

发生泄漏或溢漏的区域,应立即在上风清除。这些气体可以点燃易燃物质而引起火灾。注意,烟雾可能是看不见的。泄漏的气体可能温度非常低。

应采取措施防止泄漏的气体进入船上的任何地方。

避免所有火源(如明火,无防护灯,电动手工工具,摩擦)。穿戴防火花软底鞋。在泄漏已停止而且所有处所都已通风前,确保船上无吸烟或其他开放的火源。特别注意以防止气体进入船上有人的区域,如生活区、机器处所、工作区。

穿戴适当的防护服和自给式呼吸器。即使是短时间地吸入少量气体,也能导致呼吸困难。清除散发出来的气体。避免皮肤接触。

让溢漏的液化气蒸发。大多数物质接触冷的液化气时会变脆并容易在不被注意的情况下破裂,即使穿戴了防护服,也应避免接触。

尽可能用大量水保护船舶的上层结构。不要把水直接喷射到溢漏物上。

b. 舱面溢漏

- 包件物品(少量溢漏)

让气体消散。保持清洁。

- 货物运输组件溢漏(大量溢漏)

让气体消散。保持驾驶台和生活区处于上风。用水喷雾来驱散气体(水幕),以保护全体船员和生活区免受易燃或有毒气体污染。

尽可能远地用水喷射溢漏的液态气体以加速蒸发,不要直接喷射到溢漏物上。

c. 舱内溢漏

- 包件物品(少量溢漏)

不要进入该处所。提供充分的通风。如果使用了通风系统,应特别注意以防止气体进入船上的其他区域。让气体蒸发。保持清洁。用无线电联系专家征求意见。

进入舱室前检查该处所的气体(毒性和爆炸危险)。未配备自给式呼吸器不得进入该处所。

- 货物运输组件(大量溢漏)

不要进入该处所。提供充分的通风。如果使用了通风系统,应特别注意以防止气体飘进船上的其他区域。

保持驾驶台和生活区处于上风。用水喷雾来驱散气体(水幕)以保护全体船员和生活区免受气体污染。尽可能用水喷雾来防止舱内气体着火。

用无线电联系专家征求意见。

d. 本类下述危险货物需要注意的特殊情况

对于联合国编号为 UN 1003 的危险货物,它是压缩气体,无吸入或着火危险。

对于联合国编号为 UN 1014(二氧化碳和氧气混合物,压缩的二氧化碳和氧气混合物),UN 1072(氧气,压缩的氧气),UN 1073(氧气,冷冻液体)的危险货物,它是浓缩的氧气。在离泄漏区域一定距离外无吸入危险。无皮肤刺激危险。

(3)第三类易燃液体

①易燃腐蚀液体(S-C)

a. 总体指导性措施

穿戴合适的防护服和自给式呼吸器。

即使穿戴防护服也应避免接触。

清除污水和蒸气。

即便短时间吸入少量气体也会造成呼吸困难。

与水激烈反应并产生有毒气体。

该物质可对船舶结构造成损害。

溢漏或与水反应会产生易燃气体。应避免接触所有火源(如明火、无防护灯泡、电动手工工具、摩擦)。

污染的服装须用水清洗后清除。

b. 舱面溢漏

- 包件物品(少量溢漏)

用大量的水冲至船外,但不得将水直接喷到溢漏物上。清除污水,彻底清除被污染区域。

- 货物运输组件溢漏（大量溢漏）

保持驾驶台和居住区处于上风处。

用水喷雾驱除蒸气，以保护船员和居住区免受腐蚀或有毒气体伤害。

用大量的水冲至船外，不得将水直接喷到溢漏物上。清除污水，彻底清除被污染区域。

c. 舱内溢漏

- 包件物品（少量溢漏）

充分通风。不佩戴自给式呼吸器不得进入。气体有毒和易燃危险，未经测试，不得进入。让其蒸发。保持清洁。

对于液体：舱室充分通风，在舱内用水喷雾并避免点燃易燃蒸气。用大量的水洗至舱底并泵出船外。

对于固体：收集溢漏物处理下船。用大量的水冲洗至舱底并泵出船外。

- 货物运输组件（大量溢漏）

保持驾驶台和居住区处于上风处。用水喷雾驱赶蒸气以保护船员和居住区免受腐蚀或有毒气体伤害。

不得进入舱室。用无线电寻求专家建议，待专家对危险性进行评估后才能采取措施。

充分通风，不戴自给式呼吸器不得进入。气体有毒或爆炸危险，未经测试，不得进入。让其蒸发。使用通风系统时，要注意防止有毒蒸气进入居住区、机房和工作区。

对于液体：充分通风，用水喷雾以避免点燃易燃气体。用大量的水冲洗至舱底并泵出船外。

对于固体：收集溢漏物处理下船。用大量的水冲洗残留物至舱底并泵出船外。

d. 本类下述危险货物需要注意的特殊情况

对于联合国编号为 UN 2029（肼，无水的）的危险货物，溢漏物质有可能自燃。

对于海洋污染物，按照污染事故报告程序的要求报告事故。

② 易燃液体（S-D）

a. 总体指导性措施

穿戴适宜防护服和自给式呼吸器，避免所有火源（如明火、无防护灯泡、电动工具、摩擦）。

尽可能立即阻止溢漏。

即便穿戴防护服也要避免接触。

溢漏物可产生易燃气体。

污染的服装须用水冲洗后清除。

b. 舱面溢漏

- 包件物品（少量溢漏）

用大量的水冲至船外，不得将水直接喷到溢漏物上，清除污水，彻底清洁被污染的区域。

- 货物运输组件溢漏（大量溢漏）

使驾驶台和居住区处于上风处。

用大量的水冲至船外，不得将水直接喷到溢漏物上，清除污水，彻底清洁被污染的区域。

c. 舱内溢漏

- 包件物品（少量溢漏）

切断舱内所有可能点火的源头。充分通风。不戴自给式呼吸器不得进入。气体有毒和爆炸危险,未经测试,不得进入。让其自然蒸发。在舱内用水喷雾流出物避免易燃蒸气被点燃,冲洗至舱底并泵出船外。

- 货物运输组件(大量溢漏)

保持驾驶台和居住区处于上风处。用水喷雾方法驱赶腐蚀或有毒气体,以保护船员和居住区。不准进入舱室,保持清洁。

用无线电向专家咨询后再采取措施。

充分通风,不戴自给式呼吸器不得进入。

气体有毒和爆炸危险,未经测试,不得进入。让其蒸发。保持清洁。使用通风系统时要特别注意防止有毒气体进入居住区、机房和工作区。

保持良好通风,避免易燃蒸气被点燃,用大量的水冲洗至舱底并泵出船外。

d. 本类下述危险货物需要注意的特殊情况

对于联合国编号为 UN 2749(四甲基硅烷)的危险货物,溢漏物可自燃。

对于联合国编号为 UN 3359(熏蒸状态下的货物运输组件)的危险货物,货物运输组件处于蒸熏下;打开时应通风。据以往经验,在包装材料中以及未通风的地方还存有有毒熏蒸剂。从负责蒸熏机构处获取有关信息。

对于海洋污染物,按照污染事故报告程序的要求报告事故。

③易燃液体,浮于水面(S-E)

a. 总体指导性措施

不许带火种(如明火,无防护的灯,电动手工工具)。

该液体是易燃的,其溢漏物可以释放易燃蒸气。

穿戴适当的防护服和自给式呼吸器。尽可能立即阻止溢漏。

一般情况下,本表所涉及的物质具有燃油性质。与水不相溶并且易漂浮于水面。用于机器处所的惰性吸附材料适用于所有情况。对于黏性液体,可以用铲子,但最好使用防火花或非铁物质制成的铲子。

避免可燃性危险,要彻底清洗。可以用轻油或类似肥皂的产品(表面活性剂)清洗小块区域。

任何用水泵把溢漏的液体抽出船外的行为都能造成海面油污溢漏。这种情况下,要联系港口主管机关。

根据污染事故程序要求,报告向船外排放情况。

b. 舱面溢漏

- 包件物品(少量溢漏)

将溢漏物收集在油桶、金属箱或救助包装里。可以使用惰性吸附材料。

- 货物运输组件溢漏(大量溢漏)

将溢漏物的流动限制在围蔽区域内(如用惰性物质或水泥设置围堤)。

将溢漏物收集在油桶、金属箱或救助包装里。可以使用惰性吸附材料。

用大量水将溢漏物冲洗下船。

c. 舱内溢漏

- 包件物品(少量溢漏)

关闭舱内所有可能的火源。提供充分的通风。未佩戴自给式呼吸器时,不要进入该舱内。

气体有毒和爆炸危险,未经测试,不得进入。让蒸气散发。

将溢漏物收集在油桶、金属箱或救助包装里。可以使用惰性吸附材料。只能将收集的溢漏物保持在通风良好的区域或舱面。

- 货物运输组件(大量溢漏)

关闭舱内所有可能的火源。提供充分的通风。未佩戴自给式呼吸器时,不要进入该舱内。气体有毒和爆炸危险,未经测试,不得进入。让蒸气散发。如果使用了通风系统,要特别注意防止有毒蒸气或烟雾进入船上有人的区域,如生活区、机器处所、工作区。对该舱提供良好的通风。在舱内用水喷雾在污水上以防止易燃蒸气着火。用大量水清洗至货舱底部。

根据船上油污应急计划处理流出物。用无线电联系专家征求意见。

d.本类下述危险货物需要注意的特殊情况

对于联合国编号为 UN 1136(煤焦油馏出物,易燃),UN 1993[乙基·甲基(甲)酮]的危险货物,可与水相溶因此不漂浮于水面。这种情况下,适用于溢漏应急措施表易燃液体(S-D)。

对于联合国编号为 UN 1139[涂料溶液(包括工业上使用或其他用途的表面处理涂料或油漆,如车辆的底漆、桶或圆桶的涂层面漆)],UN 1263[涂料(包括油漆、真漆、磁漆、着色剂、紫胶溶液、清漆、虫胶清漆、液体填料和液体真漆基料)或油漆相关材料(包括涂料稀释剂)],UN 1866(树脂溶液,易燃的)的危险货物,残余物会风干并覆盖住表面,可不用彻底清洗溢漏现场。

(4)第四类易燃固体

①易燃固体和自反应物质(S-G)

a.总体指导性措施

穿戴适当的防护服和自给式呼吸器。避免火源(如明火,无防护灯,电动手工工具,摩擦)。穿戴防火花软底鞋。如实际可行,立即阻止溢漏。

b.舱面溢漏

- 包件物品(少量溢漏)

用大量水将溢漏物冲洗下船。清除污水。

- 货物运输组件溢漏(大量溢漏)

用大量水将溢漏物冲洗下船。清除污水。

c.舱内溢漏

- 包件物品(少量溢漏)

未佩戴自给式呼吸器时不要进入该舱内。

进入前测试舱内气体(毒性和爆炸危险),用软刷和塑料盘收集并装好溢漏物,清除到船外。

- 货物运输组件(大量溢漏)

提供充分的通风。未佩戴自给式呼吸器时不要进入该舱内。进入前测试舱内气体(毒性和爆炸危险),用软刷和塑料盘收集并装好溢漏物,清除到船外。

②易燃固体(熔融的物质)(S-H)

a.总体指导性措施

穿戴适当的防护服装和自给式呼吸器。不许带火种(如明火,无防护的灯,电动手工工具),穿防火花软底鞋,避免摩擦产生火花,不要接触或踩踏溢漏物质。立即阻止溢漏。

b.舱面溢漏

用干燥的惰性物质覆盖。清除到船外。

c. 舱内溢漏

用干燥的惰性物质覆盖。清除到船外。

③易燃固体(可能重新包装)(S-I)

a. 总体指导性措施

穿戴适当的防护服和自给式呼吸器。不许带火种(如明火,无防护的灯,电动手工工具),穿防火花软底鞋,避免摩擦产生火花,不要接触或踩踏溢漏物质。立即阻止溢漏。

b. 舱面溢漏

收集溢漏物,进行重新包装,或者用大量水将溢漏物冲洗下船,清除污水。

c. 舱内溢漏

收集溢漏物,进行重新包装。

④浸湿的爆炸品和某些自热物质(S-J)

a. 总体指导性措施

穿戴适当的防护服和自给式呼吸器。不许带火种(如明火,无防护的灯,电动手工工具)。穿防火花软底鞋,避免摩擦产生火花,不要接触或踩踏溢漏物质。立即阻止溢漏。

注意,该物质干燥后,如果暴露于热或火焰中,以及摩擦或震荡,均可能会爆炸。

b. 舱面溢漏

保持溢漏物湿润。将固体物质清除到船外。用大量水将溢漏物冲洗下船。清除污水。

c. 舱内溢漏

保持溢漏物湿润。用软刷和塑料盘收集并装好溢漏物。清除到船外。

⑤控温的自反应物质(S-K)

a. 总体指导性措施

如果发现冒烟,见火灾应急措施表(F-F)。查看温度计读数。如果温度在上升见火灾应急措施表(F-F)。

穿戴适当的防护服和自给式呼吸器。不许带火种(如明火,无防护的灯,电动手工工具)。穿防火花软底鞋,避免摩擦产生火花。

b. 舱面溢漏

- 包件物品(少量溢漏)

用大量水将溢漏物冲洗下船。清除污水。

- 货物运输组件溢漏(大量溢漏)

用大量水将溢漏物冲洗下船。清除污水。使组件处于封闭状态。

c. 舱内溢漏

根据《国际危规》,不允许舱内积载此类危险货物。如舱内积载此类危险货物,与专家联系确定处置措施。

⑥易自然与水反应物质(S-L)

a. 总体指导性措施

穿戴适当的防护服和自给式呼吸器。不许带火种(如明火,无防护的灯,电动手工工具),穿防火花软底鞋,避免摩擦产生火花。禁止用水。

b. 舱面溢漏

不要把水弄到溢漏物质上或货物运输组件里。用干燥的惰性物质覆盖。立即清除到船外。

c. 舱内溢漏

根据《国际危规》,不允许舱内积载此类危险货物。如舱内积载此类危险货物,与专家联系确定处置措施。

d. 本类下述危险货物需要注意的特殊情况

对于联合国编号为 UN 2210(代森锰或代森锰制品,代森锰制品含量不低于 60%),UN 2968(代森锰)的危险货物,允许舱内运输,但应采取适用于舱面积载的措施。

⑦遇湿危险的物质(不可收集的物品)(S-O)

a. 总体指导性措施

穿戴适当的防护服和自给式呼吸器。不许带火种(如明火,无防护的灯,电动手工工具)。穿防火花软底鞋,避免摩擦产生火花。立即阻止溢漏。

b. 舱面溢漏

用大量水将溢漏物冲洗下船。清除污水。

c. 舱内溢漏

• 包件物品(少量溢漏)

未佩戴自给式呼吸器时不要进入该舱内。如果该物质是干的,可收集并装好溢漏物。保持干燥。清除到船外。除了用大量水清洗剩余物之外,防止与水接触。清除污水。

如果该物质是潮湿的,用大量水清洗至货舱底部并用泵抽到船外。

如果产生气体,要对舱内进行良好的通风。用水喷雾到舱内的污水上,以防止易燃蒸气着火。

• 货物运输组件(大量溢漏)

未佩戴自给式呼吸器时不要进入该舱内。

如果该物质是干的,可收集并装好溢漏物。保持干燥。清除到船外。除了用大量水清洗剩余物之外,防止与水接触。清除污水。

如果该物质是潮湿的,用大量水清洗到货舱的底部,并用泵抽到船外。

如果产生气体,要对舱内进行良好的通风。如果使用通风系统,应特别注意,以防止有毒蒸气或烟雾进入船上有人的区域,如生活区、机器处所、工作区。用水喷雾到舱内的污水上,防止易燃蒸气着火。

d. 本类下述危险货物需要注意的特殊情况

对于联合国编号为 UN 1295(三氯硅烷)的危险货物,注意高度易燃的气体氛围。

⑧遇湿危险的物质(可收集的物品)(S-P)

a. 总体指导性措施

穿戴适当的防护服和自给式呼吸器。

b. 舱面溢漏

收集并装好溢漏物,清除到船外。

c. 舱内溢漏

提供充分的通风。未佩戴自给式呼吸器时不得进入该舱内。收集并装好溢漏物,清除到船外。

d. 本类下述危险货物需要注意的特殊情况

对于联合国编号为 UN 3257[加温液体,未另列明的,处在或超过 100 ℃并低于其闪点(包括熔融金属、熔融盐类等)]、UN 3258(加温固体,未另列明的,处在或超过 240 ℃)的危险货物,高温物质。冷却时无危险。

对于联合国编号为 UN 3316(化学品箱或急救箱)的危险货物,如果是急救包,收集该物品并重新包装。

对于联合国编号为 UN 3363(机械中的危险货物或仪器中的危险货物)的危险货物,如果是机器里的危险货物,收集该物品并重新包装。根据运输文件处理其危险性或用无线电联系专家征求意见。

(5)第五类氧化物和有机过氧化物

①氧化物质(S-Q)

a. 总体指导性措施

穿戴适当的防护服和自给式呼吸器。不许带火种(如明火,无防护的灯,电动手工工具)。穿防火花软底鞋,避免摩擦产生火花。立即阻止溢漏。

注意,溢漏物可能点燃易燃木头、纸张、衣服等物质。

b. 舱面溢漏

用大量水将溢漏物冲洗下船。清除污水。

c. 舱内溢漏

- 包件物品(少量溢漏)

未佩戴自给式呼吸器时不要进入该舱内。

如果该物质是干的,可收集并装好溢漏物,清除到船外。

如果该物质是湿的,使用惰性吸附材料,不要使用易燃物质,清除到船外。

如果是液体,用大量水清洗到货舱的底部,用泵抽出船外。

- 货物运输组件(大量溢漏)

提供充分的通风。未佩戴自给式呼吸器时不要进入该舱内。

如果该物质是干的,可收集并装好溢漏物,清除到船外。

如果该物质是湿的,使用惰性吸附材料,不要使用易燃物质,清除到船外。

如果是液体,用大量水清洗到货舱的底部,并用泵抽出船外。

②有机过氧化物(S-R)

a. 总体指导性措施

穿戴适当的防护服和自给式呼吸器。

注意,眼睛接触该物质(或蒸气)可在数分钟内导致失明。

不许带火种(如明火,无防护的灯,电动手工工具)。穿防火花软底鞋,避免摩擦产生火花。立即阻止溢漏。

如果产生烟雾,见相关的火灾应急措施表。

注意,本类物质暴露于热或火源时容易爆炸。处置时征求专家意见或联系生产商。

b. 舱面溢漏

用大量水将溢漏物冲洗下船。清除污水。

小心处理,收集损坏的或漏的容器并清除到船外。

c. 舱内溢漏

根据《国际危规》,此类危险货物不允许舱内积载。如果在舱内积载了此类危险货物,联系专家征求处置措施。

(6) 第六类有毒和感染性物质

① 有毒物质(S-A)

a. 总体指导性措施

穿戴适当的防护服和自给式呼吸器。即使穿戴防护服,也应避免接触。立即阻止溢漏。污染的衣物应用水冲洗后清除掉。

b. 舱面溢漏

• 包件物品(少量溢漏)

用大量的水冲洗至船外,不得向溢漏物直接喷水。清除流出的污水。彻底清洁现场。

• 货物运输组件溢漏(大量溢漏)

保持驾驶台和居住区处在上风处。

用大量的水冲洗下船,不得向溢漏物直接喷水,清除流出的污水。彻底清洁现场。

c. 舱内溢漏

• 包件物品(少量溢漏)

不戴自给式呼吸器不得进入现场。气体有毒和爆炸危险,未经测试,不得进入。让毒气自然散去。保持清洁。

液体:提供良好的通风,将液体限制在封闭的区域(如用惰性材料或水泥做成围堤)。

固体:收集溢漏物,处理下船,保持清洁。征求专家意见,提出指导性措施。

• 货物运输组件(大量溢漏)

保持清洁。征求专家意见,根据专家对危险性的评估意见采取措施。提供充足的通风。

不戴自给式呼吸器,不得进入现场。气体有毒和爆炸危险,未经测试,不得进入。让有害气体自然散去。保持清洁。

通风系统启动后,应特别注意不要让有毒气体进入居住区、机舱和工作区。

液体:溢漏地方保持良好通风,用大量水冲洗至舱底并泵至船外。

固体:收集溢漏物,保持溢漏固体干燥并用塑料布盖好,处理下船。否则关闭舱盖直到船舶抵港。

d. 本类下述危险货物需要注意的特殊情况

对海洋污染物尽可能少地处理下船。用大量的水稀释,要按污染事故报告程序报告。

② 易燃液体(S-D)

a. 总体指导性措施

穿戴适宜防护服和自给式呼吸器。溢漏物可产生易燃气体,不许带火种(如明火,无防护的灯,电动手工工具),避免摩擦产生火花。立即阻止溢漏。即使穿戴防护服后也要避免接触。污染的服装须用水冲洗后清除。

b. 舱面溢漏

- 包件物品(少量溢漏)

用大量的水冲至船外,不得将水直接喷到溢漏物上,清除污水,彻底清洁被污染的区域。

- 货物运输组件溢漏(大量溢漏)

使驾驶台和居住区处于上风处。

用大量的水冲至船外,不得将水直接喷到溢漏物上,清除污水,彻底清洁被污染的区域。

c. 舱内溢漏

- 包件物品(少量溢漏)

切断舱内所有可能点火的源头。充分通风。不戴自给式呼吸器不得进入。气体有毒和爆炸危险,未经测试,不得进入。让其自然蒸发。良好通风,在舱内用水喷雾,将流出物冲洗至舱底并泵出船外,避免易燃蒸气被点燃。

- 货物运输组件(大量溢漏)

保持驾驶台和居住区处于上风处。

用水喷雾方法驱赶腐蚀或有毒气体,以保护船员和居住区。

不准进入舱室,保持清洁。

向专家咨询后再采取措施。

充分通风,不戴自给式呼吸器不得进入。

气体有毒和爆炸危险,未经测试,不得进入。

让其蒸发。

保持清洁。

使用通风系统时要特别注意防止有毒气体进入居住区、机舱和工作区。

保持良好通风。避免易燃蒸气被点燃。

用大量的水冲洗至舱底并泵出船外。

d. 本类下述危险货物需要注意的特殊情况

对于联合国编号为 UN 2749(四甲基硅烷)的危险货物,注意,溢漏物可自燃。

对于联合国编号为 UN 3359(熏蒸状态下的货物运输组件)的危险货物,货物运输组件处于蒸熏下;打开时应通风。据以往经验,在包装材料中以及未通风的地方还存有有毒熏蒸剂。从负责蒸熏机构处获取有关信息。

对海洋污染物,按照污染事故报告程序报告。

③有生物危害的危险货物(S-T)

a. 总体指导性措施

穿戴适当的防护服和自给式呼吸器。

尽量少地处理或避免处理溢漏或受损的包件。

如果人员或海洋环境可能已被污染,通知公共卫生、兽医或其他主管机关。接到溢漏或怀疑溢漏报告的主管机关,应通知已处理过该货物的所有国家,包括运输途经国。

征求专家提供处置意见。

通知托运人/收货人。

b. 舱面溢漏

- 包件物品(少量溢漏)

收集有可能被污染的包件或设备。隔离并覆盖。立即阻止溢漏。

用大量水将溢漏物或剩余物冲洗下船。清除污水。
- 货物运输组件溢漏(大量溢漏)

用类似漂白剂的产品彻底清洁被污染区域(如1‰～6‰次氯酸钠溶液或次氯酸钠消毒液)。清除污水。

c.舱内溢漏

不要进入该处所。

(7)第七类放射性物质(S-S)

①总体指导性措施

船上非主要人员从舱室或下风区域撤离。

为下风区域人员提供呼吸保护。

对于带有放射性监测设备的船舶,要测量其辐射程度。评估污染的范围及该船所运载的其他所有货物的辐射程度。

设定一个区域为限制性入口,未穿戴适当的防护服和自给式呼吸器的人员不得进入该区域,并把进入时间限制在最短。

用惰性吸附材料覆盖液体溢出物。用塑料布或防水布覆盖粉末状溢出物以减少蔓延。

如果怀疑有人员感染,用温水和香皂清洗身体和头发;将洗过的衣物直接扔到船外。记录下有可能感染的人员的姓名。联系到医务人员后对其进行身体检查。

如果相关主管机关或托运人已为该船舶或特定货物建立应急程序,应遵照该程序。

对于带有放射性监测设备的船舶,继续监测辐射程度。

与专家联系,征求专家意见。

②舱面溢漏

a.包件物品(少量溢漏)

用大量水将溢漏物冲洗下船。清除污水。

将受损包件或溢漏的放射性内装物移至一个临时的限制进入的隔离场所。隔离并覆盖。

得到主管机关批准后,才可以从该隔离场所把包件移走。

b.货物运输组件溢漏(大量溢漏)

让释放出来的气体散发。保持清洁。

用水喷雾来保护驾驶台、生活区及人员免受蒸气沉降物污染(水幕)。

使用吸附材料吸收液体溢漏物。隔离并覆盖。

将受损的包件或溢漏的放射性内装物移至一个临时的限制进入的隔离场所。隔离并覆盖。

得到主管机关批准后才可以从该隔离场所把包件移走。

用大量的水把液体或固体的剩余物清洗到船外(用喷雾)。不要让水进入到容器里。

③舱内溢漏

a.包件物品(少量溢漏)

提供充分的通风。让释放出来的气体散发。保持清洁。

如果使用通风系统,应特别注意以防止放射性蒸气或烟雾进入到船上有人的区域,如生活区、机器处所、工作区。

保持固体干燥。使用惰性吸附材料吸收液体溢漏物。隔离并覆盖。

将受损包件或溢漏的放射性内装物移至一个临时的限制进入的隔离场所。隔离并覆盖。得到主管机关批准后,才可以从该隔离场所把包件移走。

使应急组在该处所的工作时间尽可能短。

b. 货物运输组件(大量溢漏)

不要进入该舱内。征求专家意见。

溢漏物如果是液体,或产生气体:

当使用通风系统时,应特别注意以防止放射性蒸气进入船上有人的区域,如生活区、机器处所、工作区。

用水喷雾时,要保护驾驶台、生活区及人员免受舱内散发出来的蒸气沉降物的污染(水幕)。

④本类下述危险货物需要注意的特殊情况

对于联合国编号为 UN 2977(六氟化铀,裂变的放射性物质), UN 2978(六氟化铀,非裂变或意外的可裂变的放射性物质)的危险货物,即使穿戴了防护服,也要避免接触。短时间地吸入少量气体也能导致呼吸困难,要清除散发出来的气体。

注意,该气体比空气重。应采取措施防止泄漏的气体进入船上的任何地方。

保持驾驶台和生活区处于上风。用水喷雾驱散蒸气以保护全体船员和生活区免受腐蚀性和毒性气体的污染。

对于联合国编号为 UN 2919, UN 3331(按照特殊安排运输的,裂变的放射性物质)的危险货物,未配备防护设备不得进入该处所。保持清洁。联系专家征求处置意见。

对于按特殊安排运输的放射性物质,使用主管机关在其批准证书上指定的和托运人在其运输文件上声明的专门的预防措施、操作控制或应急程序。

对于联合国编号为 UN 3332(A 型包件,特殊形式,非裂变或例外的可裂变放射性物质), UN 3333(A 型包件,特殊形式,裂变的放射性物质)的危险货物,如果标识为特殊形式的原料胶囊掉出包件,不要触摸。远离,并联系专家征求处置意见。

对于副标志类别 4.2 或 4.3 的危险货物,这些是自燃物质,水会点燃该物质。不要用水。要联系专家征求处置意见。

⑤包件的重新装载

对于联合国编号为 UN 2977(六氟化铀,裂变的放射性物质), UN 3324[低比活度(LSA-Ⅱ),裂变的放射性物质], UN 3325[低比活度(LSA-Ⅲ),裂变的放射性物质], UN 3326[表面被污染物体(SCO-Ⅰ或 SCO-Ⅱ),裂变的放射性物质], UN 3327(A 型包件,裂变的,非特殊形式的放射性物质], UN 3328[B(U)型包件,裂变的放射性物质], UN 3329[B(M)型包件,裂变的放射性物质], UN 3330(C 型包件,裂变的放射性物质), UN 3331(按照特殊安排运输的,裂变的放射性物质)的危险货物,检查包件标志和运输文件来确定该包件是否装有裂变物质。

在重新装载这些包件前,联系专家征求处置意见。

(8)第八类腐蚀品

①腐蚀性物质(S-B)

a. 总体指导性措施

用水洒在溢漏物上会激烈反应,并产生有毒气体,短时间吸入少量气体也可造成呼吸困难,要穿戴合适的防护服和自给式呼吸器。即使穿戴防护服,也应避免接触。清除污水和蒸气,该物质对船舶结构可造成损害,污染的衣物用水清洗后清除。

b. 舱面溢漏
- 包件物品(少量溢漏)

用大量的水冲洗至船外。不得直接向溢漏物喷水。清除污水。彻底清洁污染区域。
- 货物运输组件溢漏(大量溢漏)

保护居住区和船员免受腐蚀或毒气伤害,使驾驶台和居住区处于上风处。用水喷雾,驱除蒸气,用大量的水冲洗至船外。不得直接向溢漏物喷水。清除污水。彻底清洁污染区域。

c. 舱内溢漏
- 包件物品(少量溢漏)

气体有毒和爆炸危险,未经测试,不得进入。不佩戴自给式呼吸器,不得进入。充分通风,让其自然散去,保持清洁。

液体:保持良好通风;使用大量的水彻底冲洗,并泵至船外。

固体:收集溢漏物,处理下船,使用大量的水将残留物冲洗至舱底,并泵出船外。
- 货物运输组件(大量溢漏)

保持驾驶台和居住区处于上风处。用水喷洒驱赶蒸气,以保护船员和居住区免受有毒和腐蚀性蒸气的损害。不准进入舱室。保持清洁。与专家联系,待危险性评估后,按专家意见采取措施。充分通风。不戴自给式呼吸器,不准进入。气体有毒和爆炸危险,未经测试,不得进入。让其自然蒸发。保持清洁,通风系统工作时,尤其注意防止毒气或易燃气体进入居住区、机房和工作区。

液体:为舱室提供充分通风,用大量的水冲洗至舱底,并泵出船外。

固体:收集溢漏物处理下船。用大量水将残留物冲洗至舱底,并泵出船外。

d. 本类下述危险货物需要注意的特殊情况

对于联合国编号为 UN 2802(氯化铜)、UN 2809(汞)的危险货物,不与水反应;对防护服腐蚀不严重。尽量收集溢漏物,避免处理下船。联系专家,征求处置意见,对海洋污染物,按照污染事故程序报告要求报告事故。

② 易燃、腐蚀性液体(S-C)

a. 总体指导性措施

遇水激烈反应并产生有毒气体。短时间吸入少量气体也会造成呼吸困难,要穿戴合适的防护服和自给式呼吸器。即使穿戴防护服,也应避免接触。清除污水和蒸气,溢漏或与水反应会产生易燃气体。不许带火种(如明火,无防护的灯,电动手工工具),避免摩擦产生火花。污染的服装须用水清洗后清除。该物质叮对船舶结构造成损害。

b. 舱面溢漏
- 包件物品(少量溢漏)

用大量的水冲至船外,不得将水直接喷到溢漏物上。清除污水,彻底清除被污染区域。
- 货物运输组件溢漏(大量溢漏)

用水喷雾驱除蒸气,使驾驶台和居住区处于上风处,以保护船员和居住区免受腐蚀或有毒气体伤害;用大量的水冲至船外;不得将水直接喷到溢漏物上。清除污水,彻底清除被污染区域。

c.舱内溢漏

• 包件物品(少量溢漏)

气体有毒和易燃危险,未经测试,不得进入。要佩戴自给式呼吸器才能进入,充分通风,让其蒸发。保持清洁。

液体:舱室充分通风,在舱内用水喷雾流出物并避免点燃易燃蒸气。用大量的水冲洗至舱底并泵出船外。

固体:收集溢漏物处理下船。用大量的水冲洗至舱底并泵出船外。

• 货物运输组件(大量溢漏)

用水喷雾驱赶蒸气,使驾驶台和居住区处于上风处,保护船员和居住区免受腐蚀或有毒气体伤害。

不得进入舱室。立即联系专家,对危险性进行评估,采取处置措施。气体有毒和易燃危险,未经测试,不得进入。要佩戴自给式呼吸器才能进入,充分通风,让其蒸发,使用通风系统时,要注意防止有毒蒸气进入居住区、机房和工作区。

液体:充分通风,用水喷雾以避免点燃易燃气体。用大量的水冲洗至舱底并泵出船外。

固体:收集溢漏物处理下船。用大量的水冲洗残留物至舱底并泵出船外。

d.本类下述危险货物需要注意的特殊情况

对于联合国编号为UN 2029(无水的肼)的危险货物,溢漏物质有可能自燃;对于海洋污染物,按照污染事故报告程序的要求报告事故。

③易燃固体和自反应物质(S-G)

a.总体指导性措施

穿戴适当的防护服和自给式呼吸器,不许带火种(如明火,无防护的灯,电动手工工具)。穿防火花软底鞋,避免摩擦产生火花。尽可能立即阻止溢漏。

b.舱面溢漏

用大量水将溢漏物冲洗下船,清除污水。

c.舱内溢漏

• 包件物品(少量溢漏)

气体有毒和爆炸危险,未经测试,不得进入。不佩戴自给式呼吸器不得进入。充分通风,让其自然散去,保持清洁。用软刷和塑料盘尽可能收集并装好溢漏物,清除到船外。

• 货物运输组件(大量溢漏)

气体有毒和爆炸危险,未经测试,不得进入。不佩戴自给式呼吸器不得进入。充分通风,让其自然散去,保持清洁。用软刷和塑料盘尽可能收集并装好溢漏物,清除到船外。

(9)第九类杂类危险货物

本类所含的杂类危险货物,在其他类别危险标准下不易划入。但这些货物具有危险性,它们没有共同的特性,所以在发生溢漏事故时,要根据其特点采取相应的溢漏应急措施。

(10)溶于水的海洋污染物(S-F)
①总体指导性措施
本表所涉及的物质对海洋环境会有危害。尽可能立即阻止溢漏。尽量避免清理到船外。要穿戴适当的防护服和自给式呼吸器。

用于机器处所的惰性吸附材料适用于所有情况。对于黏性液体,可以用铲子。

将溢漏物清除到船外会污染海洋环境,包括海洋生物。这种情况下,要联系港口主管机关。

按照污染事故程序报告要求,报告向船外排放情况。

②舱面溢漏
a. 包件物品(少量溢漏)
液体:使用惰性吸附材料覆盖溢漏物。将溢漏物收集在油桶、金属箱或救助包装里。
固体:收集该物质。
b. 货物运输组件溢漏(大量溢漏)
将溢漏物的流动限制在围蔽区域内(如用惰性物质或水泥设置围堤)。
液体:将溢漏物收集在空罐、油桶、金属箱或救助包装里。可以使用惰性吸附材料。
固体:将溢漏物收集在油桶或金属箱里。

③舱内溢漏
a. 包件物品(少量溢漏)
液体:使用惰性吸附材料吸收溢漏物。将溢漏物收集在油桶、金属箱或救助包装里。
固体:收集该物质。
b. 货物运输组件(大量溢漏)
将溢漏物的流动限制在围蔽区域内(如用惰性物质或水泥设置围堤)。
液体:将溢漏物收集在空罐、油桶、金属箱或救助包装里。可以使用惰性吸附材料。
固体:将溢漏物收集在油桶或金属箱里,或者用大量水清洗至货舱的底部。

根据船上油污应急计划处理污水。

(11)自燃的危险物质(S-M)
总体指导性措施:本表所涉及的物质遇到空气后5min内可能着火。处置措施见本预案的火灾应急措施表(F-G)。

(12)与水剧烈反应的物质(S-N)
①总体指导性措施
穿戴适当的防护服和自给式呼吸器。

不许带火种(如明火,无防护的灯,电动手工工具)。穿防火花软底鞋,避免摩擦产生火花。尽可能立即阻止溢漏。

②舱面溢漏
如果该物质是干燥的,收集并装好溢漏物,清除到船外,除了用大量水将剩余物冲洗下船外,防止与水接触。清除污水。

③舱内溢漏
舱内气体有毒性和爆炸危险,未经测试,不得进入。未佩戴自给式呼吸器时不得进入该舱内。大量通风,保持干燥。用软刷和塑料盘收集溢漏物。

15.2.4.2 船舶载运危险货物火灾险情应急措施

1)总体措施

对危险货物火灾险情的总体指导性措施如下:

(1)保持与船公司指派负责人的联系,获取专家关于危险货物应急反应措施的指导。

(2)根据事故报告、危险货物舱单、配载图和事故现场,确定燃烧或冒烟货物的积载位置。

(3)确认货物。获取发生事故危险货物的 UN 编号及火灾应急措施表号。

(4)检查其他危险货物是否有潜在卷入火灾的可能,并确定相关的火灾应急措施。

(5)根据发生事故货物的 UN 编号及溢漏应急措施表号,考虑哪些防火措施可以遵照执行。

(6)火灾中危险货物能产生许多对人体有害的蒸气和气体,要远离火种、禁止吸烟、远离烟雾和有毒气体。尤其注意的是确保有毒蒸气或烟雾不会渗透到人员聚集的地方(驾驶台、居住区、机器处所、工作区等)。尽可能使驾驶台、居住区处在上风。

(7)根据船舶的防火应急计划,居住区、工作间的通风系统应关闭,以确保减少蒸气、烟尘、气体穿透这些区域的可能性。

(8)发生火灾时,首先要使用消防队员的消防服和自给式呼吸器,这些装备应保护好,只有经培训的人员才能使用这些装备。怀孕人员不能接触危险气体。消防服不是防化服,防化服不防火和热。

(9)确保船上和援救人员的安全,即以人为本、安全第一。在对事故的整个情况做出估计后,首先应找寻和救助受害者,包括搜寻和撤离可能受害的或迷失方向的或不能动的人员,这些人可能是在电梯里(升降梯)或封闭的舱室或者被残骸碎片挂住了。确保消防人员的逃生通道通畅。

(10)发生火灾一般采用喷水和气体灭火系统,排除氧气和冷却货物。某些货物的燃烧需要特别的灭火剂(像干的惰性物质)来灭火。在通常灭火方式不适用的情况下,可冷却附近的货物和舱船构件。过热的舱室或怀疑内装货物着火的集装箱,必须先冷却舱室或集装箱,防止引起爆炸,避免打开门时引起回火伤及消防人员。

(11)确保船上和援救人员的安全,做好准备使用《医疗急救指南》(MFAG)。

注意:皮肤被危险货物污染后应立即用水冲洗掉。

2)火灾应急措施的分类及构成

根据危险货物每一个联合国编号对应的货物的具体特性,就每一种物质、物品和材料制订的火灾应急措施表确定火灾应急措施。危险货物的类别特性分为十四大类,分别为爆炸品、气体、易燃液体、易燃固体、易自燃物质、遇湿危险物质、氧化物质、有机过氧化物、有毒物质、感染性物质、放射性物质、腐蚀性物质、杂类物质和物品、海洋污染物。

具体应急措施还要针对险情是舱面货物着火、舱内着火、货物暴露在火中、特殊情况等不同情况确定不同的应急措施。每种类别的危险货物的火灾应急措施表的主要结构如图15-2所示。

3)火灾应急措施

(1)火灾应急措施总体指导性措施(F-A)

①总体指导性措施

在火灾中,暴露的货物可能爆炸或其包装可能破裂。

尽可能在远处有防护的位置上灭火。

②舱面货物着火

尽可能使用多个水龙喷雾。

③舱内货物着火

停止通风并关闭舱盖。

使用货物处所固定的灭火系统。如果不可能,则用大量的水喷雾。

④货物暴露在火中

尽可能清除或抛弃可能着火的包件,否则用水冷却。

⑤本类下述危险货物需要注意的特殊情况

对于联合国编号为 UN 1381(磷,白色或黄色的,干的或浸在水中或溶液中的磷),UN 2447(熔融的白磷)的危险货物,扑灭火后应按溢漏立即处理(见应急措施里相关的溢漏应急措施表 UN 1381 为 S-J,UN 2447 为 S-M)。

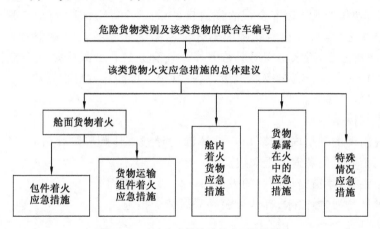

图 15-2　火灾应急措施表的主要结构图

(2)爆炸物和物品(F-B)

①总体指导性措施

在火灾中,暴露的货物可能爆炸或其包装可能破裂。

尽可能在远处有防护的位置上灭火。

所有船员应了解爆炸的危险性并在指导下采取相应的措施。

突发或瞬间爆发(如爆炸)可能危及船舶安全。

②舱面货物着火

尽可能使用多个水龙大量喷雾。

货物将爆炸或猛烈燃烧,也许不可能扑灭。

③舱内货物着火

货物将爆炸或猛烈燃烧,也许不可能扑灭。

停止通风并关闭舱盖。

使用货物处所固定的灭火系统。如果不可能,则用大量的水喷淋。

④货物暴露在火中

不要移动已受热的包件。

尽可能清除或抛弃可能着火的包件,如果包件没有直接卷入火灾,尽最大努力防止包件着火,在尽可能远的安全地方用水喷射,使货物保持潮湿;如果货物着火了,消防人员应撤至安全地区继续灭火。

尽可能将暴露于火灾的物品与没有暴露于火灾的物品分开,保持潮湿,并在安全距离地方监视。

⑤本类下述危险货物需要注意的特殊情况

对于联合国编号为 UN 0018〔催泪弹药（催泪弹）,带起爆装置、发射剂或推进剂〕、UN 0019〔催泪弹药（催泪弹）,带起爆装置、发射剂或推进剂〕、UN 0020〔毒性弹药（毒气弹）,带起爆装置、发射剂或推进剂〕、UN 0021（毒性弹药,带起爆装置、发射剂或推进剂）、UN 0301〔催泪弹药（催泪弹）,带起爆管、发射剂或推进剂〕、UN 0248（水激活装置,带起爆装置、发射剂或推进剂）、UN 0249（水激活装置,带起爆装置、发射剂或推进剂）、UN 3268（气囊充气器,烟火的或气囊装置,烟火的或椅座安全带欲张紧装置）的危险货物、催泪弹或有毒气体,船员应了解其危险性。爆炸之后,只有自给式呼吸器才能有效防护。参见毒性爆炸品溢漏应急措施(S-Z)。对于水激活装置,遇水将变得更易爆炸。气囊充气器如果受热就会自行分解,其温度可高达 500 ℃并产生气体。即便受热过后,这一过程也可能导致货物爆炸。

(3)非易燃气体(F-C)

①总体指导性措施

易燃气体在封闭的罐柜内受热,由于液体沸腾导致气体膨胀爆炸(BLEVE)而形成火灾,受热的或破裂的钢瓶可能急速向上飞出。

火灾可导致溢漏,本措施里列明的大多数气体对人体有害。

某些为腐蚀性物质,需喷水,确认火源并采取相应措施。

②舱面货物着火

尽可能使用多个水龙大量喷水。

③舱内货物着火

使用固定的灭火系统。

④货物暴露在火中

尽可能清除或抛弃可能着火的包件,否则用水冷却几小时。

受热或破裂的钢瓶可能急速向上飞升爆炸。

⑤本类下述危险货物需要注意的特殊情况

对于联合国编号为 UN 1003（空气,冷冻液体）、UN 1014（压缩的二氧化碳和氧气混合物）、UN 1070（一氧化二氮）、UN 1072（压缩的氧气）、UN 1073（氧气,冷冻液体）、UN 2201（氧化亚氮,冷冻液体）、UN 3156（压缩气体,氧化性,未另列明的）、UN 3157（液化气体,氧化性,未另列明的）的危险货物,虽然这些货物是非易燃的,但它们可助燃。

(4)易燃气体(F-D)

①总体指导性措施

易燃气体在封闭的罐柜内受热,由于液体沸腾导致气体膨胀爆炸(BLEVE)而形成火灾,受热的或破裂的钢瓶可能急速向上飞出。

船员应了解爆炸的危险并采取相应的措施。

用大量的水保持罐柜冷却。

尽可能在远离火源的安全防护位置上灭火。

扑灭渗漏的燃烧气体可产生爆炸性气体,火焰可能看不到。

②舱面货物着火

a.包件

尽可能使用多个水龙喷雾。

不要力图扑灭气体火焰。

b.货物运输组件

用大量的水冷却着火的运输组件和附近暴露于火灾中的货物。

不要力图扑灭气体火焰。

③舱内货物着火

停止通风并关闭舱盖。

使用舱物处所固定的灭火系统。如果不可能,则用大量的水喷雾。

④货物暴露在火中

尽可能清除或抛弃可能着火的包件,否则用水冷却几小时。

⑤本类下述危险货物需要注意的特殊情况

对于联合国编号为 UN 1038(乙烯,冷冻液体),UN 1075(氧气,冷冻液体),UN 1965(烃类气体混合物,液体的,未另列明的),UN 1966(氢气,冷冻液体),UN 1972(甲烷,压缩的或天然气,冷冻液体,甲烷含量高的),UN 3138(乙烯、乙炔和丙烯混合物,冷冻液体,含乙烯至少71.5%,含乙炔不超过22.5%,含丙烯不超过6%),UN 3160(液化气体,有毒的,易燃的,未另列明),UN 3309(液化气体,有毒的,易燃的,腐蚀的,未另列明的),UN 3312(气体,冷冻液体,易燃的,未另列明的)的危险货物,突发或瞬间爆发(如爆炸)可能危及船舶安全。

对于联合国编号为 UN 1001(乙炔,溶解的),UN 3374(乙炔,无溶剂)的危险货物,乙炔具有潜在爆炸的危险,所以尤其危险。任何粗暴的操作或局部发热都可导致发生爆炸,用水冷却几小时,不要挪动容器,对于经过粗暴操作或局部发热的容器应抛弃。

(5)非遇水反应易燃液体(F-E)

①总体指导性措施

易燃气体在封闭的罐柜内受热,由于液体沸腾导致气体膨胀爆炸(BLEVE)而引发火灾,受热的或破裂的钢瓶可能急速向上飞出。用大量的水冷却罐柜。

尽可能在远离火源的安全防护位置上灭火。

尽可能阻止溢漏,关闭开着的阀门。

火焰可能看不到。

②舱面货物着火

a.包件

尽可能用多个水龙喷雾。

b. 货物运输组件

用大量的水冷却着火的运输组件和附近暴露于火灾中的货物。

③舱内货物着火

停止通风并关闭舱盖。

使用货物处所固定的灭火系统。如果不可能,则用大量的水喷雾。

④货物暴露在火中

尽可能清除或抛弃有可能着火中的包件,否则用水冷却几小时。

⑤本类下述危险货物需要注意的特殊情况

对于联合国编号为 UN 1162(二甲基二氯硅烷),UN 1250(甲基三氯硅烷),UN 1298(三甲基氯硅烷),UN 1717(乙酰氯),UN 2985(易燃的,腐蚀的,未另列明的氯硅烷类)的危险货物,货物遇水可产生氢氯酸,须远离其流出的污水。

(6)温控自反应物质和有机过氧化物(F-F)

①总体指导性措施

暴露的货物可迅速分解。船员应了解爆炸的危险性并采取相应的措施。

尽可能在远离火源的安全防护位置上灭火。

仅在救火期间切断电源。

尽可能检查温度,当货物温度升高时应采取措施警示船员。

一旦温度升高或冒烟,按照相关要求行动。

尽快地与货物厂商(发货人)联系。

②舱面货物着火

货物运输组件着火,用大量的水冷却着火的运输组件附近暴露于火灾中的货物。

火被扑灭停止冒烟后方可打开组件。如可能,恢复冷却。保持并监视险情。

③舱内货物着火

根据《国际危规》规定,不允许在舱内积载此类货物。如在舱内积载此类货物,联系专家,咨询处置措施。

④货物暴露在火中

a. 装有 IBC(国际散装运输危险化学品船舶构造和设备规则)的货物运输组件,包件用水冷却暴露于火灾中的组件。

火被扑灭后检查并恢复冷却。保持监视。

经常测试温度。

一旦温度上升或出现冒烟,应按相关指示采取措施。

b. 罐柜

液体可能从释放装置喷出,人员远离罐柜。

用大量的水冷却暴露于火灾的罐柜。

火被扑灭后,继续用水冷却罐柜的外层,检查冷却装置,保持对罐柜的监视,随时测温。

⑤温度上升

a. 装有 IBC 的货物运输组件,包件

如果超过控制温度,须检查冷藏装置(查阅使用手册)并修理。如不可能和/或温度控制无

法恢复,须与货物厂商联系。

如到了应急温度,但冷藏设备运行正常,应与货物厂商联系并考虑处理包装,让消防人员做好准备。

如果由于冷藏装置失效而达到应急温度,与货物厂商联系。达到应急温度时,有12h的时间修理冷藏装置和/或处理包装。12h后应与货物保持安全距离并待命防火。

b.罐柜

如果超过控制温度,须检查冷藏装置(查阅使用说明)并修理;如不可能和/或温度控制无法恢复,须与货物厂商联系。

如到了应急温度,但冷藏装置运行正常,应与货物厂商联系。保持安全距离,并考虑用软管从罐柜底部开口将内装物排出舷外清空罐柜。

如果由于冷藏装置失效而达到应急温度,只要货物温度不超过应急温度5 ℃,可以进行维修,否则考虑用软管从罐柜底部开口将内装物排出舷外清空罐柜。

⑥冒烟

a.装有IBC的货物运输组件,包件

消防人员待命,不能接近集装箱。当冒烟增加时,保持安全距离,做好消防准备。停止冒烟后,检查冷藏系统,按温度上升指南采取措施。

保持监视是否有新烟冒出。

b.罐柜

液体可能从释放装置喷出,人员要远离罐柜。

用水冷却暴露于火灾的罐柜。在有安全防护的位置上用水喷雾。

如果冒烟不太厉害或减压通风量不大而且温度低于应急温度,考虑用软管从罐柜底部开口将内装物排出舷外清空罐柜。

即便停止冒烟和减压通风,也须喷水冷却几个小时,并保持监视是否有新烟冒出。

(7)遇水反应物质(F-G)

①总体指导性措施

在火灾中,暴露的货物可能爆炸或其包装可能破裂。

尽可能在远处有防护位置上灭火。

立即用大量的水冷却火的热辐射和冷却附近已过热的货物。对此类物质水会促成燃烧或增强火势,发生强烈反应,不要用少量的水灭火。

②舱面货物着火

a.包件

不要使用水或泡沫,用干的惰性粉末状物质窒息灭火或让其燃烧。或者用大量的水冷却附近的货物,尽管在短时间内会加剧货物的燃烧。

b.货物运输组件

如果火尚未引燃附近的货物,让火继续燃烧。否则,用大量的水冷却燃烧着的运输组件,力求避免将水洒进集装箱。

③舱内货物着火

停止通风并关闭舱盖。使用固定的气体灭火系统。不要用水扑救舱内封闭处所里的货物。或者打开舱盖,用大量的水冷却附近的货物,尽管在短时间内火势会更猛。

④货物暴露在火中

尽可能清除或抛弃有可能着火的包件,或者用水冷却。

⑤本类下述危险货物需要注意的特殊情况

对于联合国编号为 UN 1415(非引火的锂),UN 1418(镁粉,或镁合金粉)的危险货物,非引火性的锂和镁粉要求使用干氯化锂或干氯化钠或石墨粉灭火,不得使用水和泡沫灭火。

(8)具有潜在爆炸危险的氧化物质(F-H)

①总体指导性措施

在火灾中,暴露的货物可能爆炸或其包装可能破裂。

船员应了解爆炸的危险并采取相应的措施。

尽可能在远处有防护位置上灭火。

突发或瞬间爆发(如爆炸)可能危及船舶安全。

②舱面货物着火

尽可能使用多个水龙喷雾。

③舱内货物着火

打开舱盖尽量通风。

固定的气体灭火系统可能对这样的火灾无效。

尽可能使用多个水龙喷雾。

④货物暴露在火中

不要移动已暴露受热的包件。

尽可能清除或抛弃可能着火的包件。包件没有直接着火,要在尽可能远处用水枪驱赶火势,防止其着火。如果货物着火了,消防人员须撤离至安全地方继续灭火。保持潮湿并在安全距离监控。尽可能将暴露于火中的货物与没有暴露于火中的货物分隔开来。

(9)放射性材料(F-I)

①总体指导性措施

非重要人员撤离舱室或下风区。

不要接触损坏的包件。

一旦怀疑放射性污染,限制消防人员以最短的时间进入。

对于配备辐射检测设备的船舶,测量辐射程度。

联系专家,咨询处置措施。

火灾扑灭后,用大量的水清洁船舶表面。

先清除救火人员外表污染后再脱掉防护服,隔离可能被污染的服装和设备。

可能被污染的人员要用热水、香皂清洁身体和头发,并将该水直接排出舷外。

记录可能被污染的人员姓名,以便去医疗机构进行检查。

火灾扑灭后,用船舶配备的辐射检测设备继续检测辐射程度。

②舱面货物着火

a. 包件

尽可能用多个水龙喷雾。

b. 货物运输组件

尽可能用多个水龙喷雾。

用大量的水冷却着火的运输组件和附近暴露于火灾的货物。

③舱内货物着火

停止通风并关闭舱盖,使用货物处所固定的灭火系统,或用大量的水喷淋。

④货物暴露在火中

尽可能清除或抛弃有可能着火的包件,或者用大量的水冷却几小时。

⑤本类下述危险货物需要注意的特殊情况

对于联合国编号为 UN 2977(六氟化铀,裂变的放射性物质)、UN 2978(放射性物质,六氟化铀,非裂变或意外的可裂变)的危险货物,化学危险性大于辐射危险性。遇湿生成有毒和腐蚀性气体。流出物可能具有腐蚀性,保持远离。

暴露在火里货物可爆炸,用水喷雾。

溢漏能看得到并产生刺激性蒸气,释放的蒸气可能与碳氢化合物(燃油)激烈反应。

对于联合国编号为 UN 3332(A 型包件,特殊形式,非裂变或意外的可裂变放射性物质)、UN 3333(A 型包件,特殊形式,裂变的放射性物质)的危险货物,如果确认里面的容器从包件露出来,不要碰它,远离,在有限的时间内停留在尽可能远的地方,以减少暴露于辐射中及接触其附近的材料。联系专家,咨询处置措施。

对于副危险标志第 4.2 类或第 4.3 类的危险货物,所有附带 4.2 类或 4.3 类副危险性标志的放射性物质(如引火性的铀或钍金属):

联系专家,咨询处置措施。

在舱面上:不能用水喷洒货物。用大量的水冷却附近的货物,尽管在短时间内火势会更猛。

舱内:停止通风并关闭舱盖,使用固定的灭火系统。不要在舱内用水喷封闭处所内的货物,或者,打开舱盖,用大量的水冷却附近的货物,尽管在短时间内火势会更猛。

(10)非控温自反应物质或有机过氧化物(F-J)

①总体指导性措施

暴露的货物可能剧烈分解。

船员应了解爆炸的危险性并采取相应的措施。

尽可能在远处有防护的位置上灭火。

暴露于火灾中的货物可能剧烈分解。

②舱面货物着火

货物运输组件着火,用大量的水冷却着火的运输组件和附近的货物。

火灾扑灭后继续用水喷淋集装箱数小时。完全停止冒烟后方可打开集装箱。之后,尽可能用水冷却集装箱或 IBC 至少 1h,或者每隔一段时间要检查货物。一旦再次冒烟,则继续喷水冷却。残留物清除至舷外。

彻底清扫该区域。
火灾扑灭后保持监视货物运输组件。
③舱内货物着火
根据《国际危规》规定，不允许在舱内积载此类货物，如舱内积载此类货物，联系专家，咨询处置措施。
④货物面临火灾
a. 装有 IBC 的货物运输组件、包件
用水冷却暴露于火灾中的组件。
火灾扑灭后保持监视运输组件。
一旦冒烟按相关指示采取措施。
b. 罐柜
液体可能从释放装置喷出，人员远离罐柜。
用水冷却暴露于火灾中的罐柜。
与货物厂商（或发货人）联系，持续冷却罐柜直到其温度低于 50℃。
随时测温，如温度上升，则用水冷却。
考虑用软管从罐柜底部的开口清空罐柜。
⑤货物冒烟
a. 装有 IBC 的货物运输组件、包件
用水冷却。
在有防护的位置上用水喷雾。
冒烟没有完全停止之前不要打开集装箱。之后，尽可能用水冷却包件或 IBC 至少 1h。或者，定期检查货物，一旦再次冒烟则继续喷水冷却。残留物清除至舷外。彻底清理该区域。
b. 罐柜
液体可能从释放装置喷出，人员远离罐柜。
用水冷却暴露于火灾中的罐柜。
在有防护的位置上用水喷淋。
即使不冒烟或停止减压通风，也要继续冷却直到温度低于 50℃，随时测温，如果温度上升，用水冷却。
考虑用软管从罐柜底部的开口清空罐柜。

15.2.5 船舶载运危险货物应急处置预案中的协调指挥

1) 协调指挥总体指导

（1）根据船舶载运危险货物发生溢漏、火灾的不同险情，按需要通知公安消防部门、化学品安全监督部门、过往船舶，组织、调用就近救助力量，指定搜救现场指挥，负责现场搜救的总体指挥工作，随时保持与海上搜救中心信息通畅。

（2）根据海况、险情规模和与岸上救助地点的距离，选派合适的船、艇、飞机转运遇险人员。

(3)根据危险货物的类别和对人命的危害程度通知医疗单位待命,做好接收伤员的应急准备,必要时,选派适任的医疗救护人员和救助设备到搜救现场抢救伤员。

(4)根据危险货物的类别和发生溢漏、火灾的程度,派专业人员进行检测应急环境对施救人员的危害程度,确保施救人员的安全。

(5)如果船舶可能发生次生、衍生和耦合等二次事故,按相应的预案采取行动。

(6)对搜救区域实施临时水域交通管制并发布航行警告。

(7)保持与船公司指派负责人的联系,获取专家关于危险货物应急反应措施的指导。

2)协调指挥行动

(1)险情一:危险货物发生溢漏、火灾,人员无危险

①遇险船

a.迅速按照本应急预案中提供的应急处置措施实施船舶自救;

b.确保旅客、船员和参加施救人员的安全;

c.尽量减少危险货物对船舶和环境带来的损害。

②救助船的施救

a.根据遇险船舶的请求、危险货物的类别和险情报告的内容配备适当的具有相关危险货物施救专业知识的人员、设备、测量仪器前往事发地施救;

b.确保施救人员的安全;

c.与属地搜救机构保持联系,随时掌握遇险船舶动态;

d.根据需要组织协调属地相关部门参与救援行动。

(2)险情二:危险货物发生溢漏、火灾,对船员、旅客、施救人员产生威胁

①遇险船

a.迅速按照本应急预案中提供的应急处置措施实施船舶自救;

b.旅客、船员从危险区域撤离到安全区域,参加施救的人员在确保安全的位置进行施救;

c.尽量减少危险货物对船舶和环境带来的损害。

②救助船的施救

a.根据遇险船舶的请求、危险货物的类别和险情报告的内容,配备适当的具有相关危险货物施救专业知识的人员、设备、测量仪器前往事发地施救;

b.确保施救人员的安全;

c.与属地搜救机构保持联系,随时掌握遇险船舶动态;

d.根据需要组织协调属地相关部门参与救援行动;

e.按照危险货物的类别和受到威胁的人员数量,准备医疗急救所需要的设备、药品;

f.配备具有专业经验的医疗人员,准备实施医疗急救。

(3)险情三:危险货物发生溢漏、火灾,船员、旅客、施救人员已经受到伤害待救

①遇险船

a.迅速按照本应急预案中提供的应急处置措施实施船舶自救;

b.旅客、船员从危险区域撤离到安全区域,参加施救的人员在确保安全的位置进行

施救；

　　c. 将已经受到伤害待救的人员转移到可进行医疗急救的地点；

　　d. 针对危险货物类别所需要采取的专门医疗急救措施，对受到伤害待救的人员进行医疗急救；

　　e. 尽量减少危险货物对船舶和环境带来的损害。

②救助船的施救

　　a. 根据遇险船舶的请求、危险货物的类别、险情报告的内容和已经受到伤害待救的人数，配备足够的具有相关危险货物施救专业知识的人员和医疗急救人员、设备、测量仪器、药品前往事发地施救；

　　b. 确保施救人员的安全；

　　c. 与属地搜救机构保持联系，随时掌握遇险船舶动态；

　　d. 根据需要组织协调属地医疗急救部门接收受到危险货物伤害待救的人员，参与救援行动。

（4）险情四：危险货物发生溢漏、火灾，险情无法有效控制，船上人员需要全部撤离，实施弃船应急预案

①遇险船

　　a. 船长或授权现场应急指挥员发出弃船信号或命令；

　　b. 实施弃船应急预案。

②救助船的施救

　　a. 海况施救条件许可，协调派出携带具有危险货物医疗急救专业经验的医务人员和相关救助设备的直升机前往事发地，直接将遇险人员救上飞机，送往施救基地；

　　b. 派出救助船舶前往施救，使遇险船上全部人员安全撤离危险区域。

15.2.6　船舶载运危险货物应急处置预案的维护和更新

　　建立定期测试、检查和更新应急程序（紧急应对应当定期检验。任何缺陷和隐患应当在预案和培训中改正）。特别是随着船舶运载危险货物联合国编号、应急措施、搜救技术的增加和更新，本应急预案中的各种应急程序要相应更新。

15.3　危险货物应急处置方法

15.3.1　泄漏危险货物分类

　　危险货物落水后的状态有四种，分别是挥发、漂浮、溶解、沉积。根据化学品在水中的物理特性（溶解性、密度、蒸气压），将其入水后的具体表现形式细分为12组。气态危险货物遇水按照溶解度来分类；液态危险品遇水依据危险品的溶解度、密度、蒸气压来分类，如图15-3和表15-1所示。

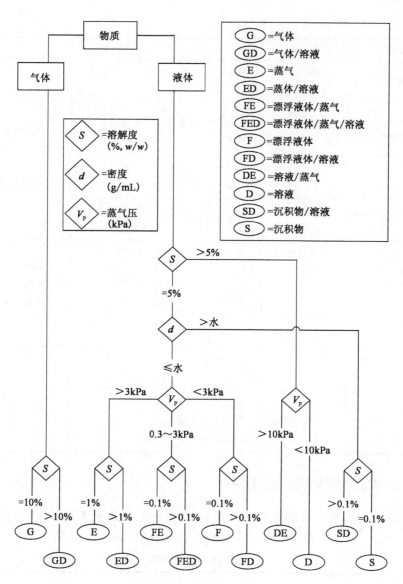

图 15-3 事故形态分类

泄漏危险品分类方式 表 15-1

	表现组名称	特 性	举 例	扩 散	处置方法
挥发	G（气体）	立即挥发	丙烷、丁烷、氯乙烯	空气中	使用分散均匀的水雾阻止、改向或驱散水溶或非水溶气团。例如：丁烷泄漏时，不能用水直接喷向泄露部分
	GD（气体/溶液）	立即挥发	氨	空气中 水体	
	E（蒸气）	漂浮、快速挥发	苯、己烷、环己烯	空气中	
	ED（蒸气/溶液）	快速挥发、溶解	甲基叔丁基醚、乙基乙酸	空气中 水体	

续上表

表现组名称		特性	举例	扩散	处置方法
漂浮	FE（漂浮液体/蒸气）	漂浮、挥发	庚烷、松节油、甲苯、二甲苯	空气中 水面	1. 使用泡沫覆盖减少挥发； 2. 使用吸附材料或其他处理剂； 3. 使用围油栏围控； 4. 使用回收设备（如撇油机）回收
	FED（漂浮液体/蒸气/溶液）	漂浮、挥发、溶解	乙酸丁酯、异丁醇、丙烯基乙酯	水面 空气中 水体	
	F（漂浮液体）	漂浮	动植物油、二戊烯、异癸醇	水面	
	FD（漂浮液体/溶液）	漂浮、溶解	丁醇、丙烯酸丁酯	水面水体	
溶解	DE（溶液/蒸气）	快速溶解、挥发	丙酮、一乙胺、环氧丙烷	空气中 水体	使用化学试剂与危险化学品发生化学反应，并将其溶液泵入驳船或其他储存容器加以回收
	D（溶液）	快速溶解	某些酸类、醇、乙二醇、胺类、甲基乙基甲酮	水体	
沉积	SD（沉积物/溶液）	沉积、溶解	二氯甲烷、1,2-二氯乙烷	水底 水体	使用挖掘设备回收
	S（沉积物）	沉积	煤焦油、氯苯、邻基二甲酸丁基苄酯、四乙基铅、四甲基铅	水底	

15.3.2 火灾危险品处理方法分类

火灾危险品着火后所使用的处理试剂基本上有五种，依次是雾状水、二氧化碳、干粉、砂土、泡沫，因此可以将火灾危险品按照五种处理方法来分类，如表15-2所示。

火灾危险品分类方式　　　　　　　　　　表15-2

处理试剂	举例	方式
雾状水	乙炔、丁醇、石脑油	向着火处喷射
二氧化碳	氯苯、甲醛、二甲苯	向火源处大量释放
干粉	汽油、乙炔、丙烯	撒向着火的地方
砂土	甲醛、氯苯、煤油	用掩埋的方式覆盖在着火处
泡沫	煤气、丙烯、丙烯醛	从上风向喷洒

按照火灾危险货物的化学性质来看，有可燃与不可燃之分。而可燃性物质又有易燃与非易燃的区别，甚至某些物质受热后会发生爆炸；有些不可燃物质在受热的情况下会促进燃烧，起着催化作用。具体危险货物分类对应表如表15-3所示。

具体危险货物分类对应表　　　　　　　　　　表 15-3

危险货物分类		具体危险品
易燃危险品	易燃气体	乙炔、煤气、丁烷、乙烷、丙烯、甲醛、乙烯、丙烷
	易燃液体	液化石油气、丙烯醛、苯、丁醇、乙酸丁酯、氯苯、煤焦油、环己烷、乙醇、乙苯、柴油、汽油、煤油、甲醇、原油、甲苯、乙酸乙烯酯、二甲苯、环己酮、过氧化氢
	易燃固体	三硝基甲苯、硫黄、沥青、黄磷白磷"PP"
易爆危险品		煤气、丙烯、丙烯醛、原油、二硫化碳、氯苯、煤焦油、汽油、二甲苯、丙烷、过氧化氢、烟花
非易燃危险品		氨、氯化苄、二氯甲烷、甲酸、硫化钠、水合肼、醋酸
不燃危险品	不燃	碳酸钡、钡化合物、盐酸、氢氧化钾、磷酸、四氯化硅、氢氧化钠溶液、硫酸、碱石灰、液态二氧化碳、氨溶液、氟硅酸钠、百草枯
	不燃但助燃	碳化钙、高氯酸钾、高锰酸钾、次氯酸钙、硝胺

15.4 危险品事故处置方法

15.4.1 泄漏危险品处置方法

危险化学品事故的安全应急方法主要包括三种技术,即预报方法、监测技术和最终的回收系统。表 15-4 根据危险化学品溢漏表现形式的不同组别,给出适用的应急反应方法和技术——F(Forcast 预报)、M(Monitoring 监测)和 C(Combating 应对)。

应急技术简称关系表　　　　　　　　　　表 15-4

简　称	技　术　称　呼
F1	预报空气中扩散
F2	预报水表面扩散
F3	预报水体中扩散
M1	监测空气
M2	监测水体
C1	应对水溶性气团
C2	应对水中漂浮物
C3	应对水中溶解物
C4	应对水体沉积物

1)气体或挥发性液体

船舶运输的气体和挥发性液体包括:氨、氯乙烯、氯气、甲烷、丙烷、丁烷、液化石油气(LPG)等。应对气体泄漏最有效的方法之一就是使用水雾;通过冷却热表面减少火灾、爆炸风险,扑灭火花和压制火焰的形成;阻止、改向或驱散水溶或非水溶气团;冲洗或击散水溶性气团。

Ⅰ　方法 F1——预报气体或挥发液体在空气中的扩散

方法 F1 适用于气体和大多数会产生蒸气团的挥发液体,包括 G 和 E 组别的所有细分类

(如 G,GD,E,ED,FE,FED,DE)。即使有计算机气体扩散模型的帮助,在实际应急中,预报气团扩散通常也是一个很漫长的过程。确保快速采取适当预防措施的最有效的方法通常是事先模拟某些局部场景。由于物质特性与特定气体环境的结合会导致特殊的表现形式,所以决不能依赖这种评估(预报)来代替监测。

Ⅱ 方法 M1——监测空气中存在的气体

事故发生后,系统化地监测空气中化学品的浓度是非常重要的。跟踪气体监测的主要目的就是确认哪些区域不需要人员防护或哪些公众必须疏散。通常,根据事先评估预报(气体)位置的不断变化采取这种监测技术。

在进入潜在危险区域时,三种参数应被监测:①氧气浓度;②可燃或爆炸气体范围;③有毒物质。

氧气浓度和可燃气体水平应同时检测,因为缺氧可能会影响可燃气体探测仪的正常功能。有毒气体可以由 trace-gas analyzers 探测,如 calorimetric tubes、photo ionization 和 flame ionization 探测仪,pH 和淀粉试纸。如果没有监测仪器,则应在事故现场设立安全疏散区域。应急反应人员应经过培训,以熟悉这些监测仪器的功能。形势的初始评估应由安全防护的人员进行。

Ⅲ 方法 C1——应对水溶性气团

这种方法主要应对 GD 分类组的水溶性气体,如氨气。少量和有限的 GD 气团可以用分散均匀的水雾驱散或冲散。这种措施也被用来保护应急反应人员。当液氨泄漏入水,部分将快速气化,但仍有 60% 溶解在水体中形成危险的碱性溶液。在有限的、敏感的且水交换量小的区域,需使用柔性的中和剂可以减轻氨的危害。

2)漂浮液体的溢漏

化学品溢漏漂浮扩散不断形成与空气的接触界面,其蒸气压过高将促使某些物质快速挥发并在空气中高度积聚,为了评估其火灾、爆炸和健康风险,监测其在空气中的浓度非常重要。

Ⅰ 方法 F2——预报水面漂浮物的扩散

这种方法适用 FE、FED、F 和 FD 分类组。可以使用和溢油相同的原理,通过矢量图解的方法计算扩散和漂移的趋势。但是除 F 分类组的化学品,大部分组别的物质在大约 10h 内将通过挥发或溶解而消失。考虑风和水流的相对影响对决定漂移位置至关重要。

Ⅱ 方法 C2——应对漂浮液体

漂浮液体可以使用:①泡沫覆盖减少挥发;②吸收材料或其他处理剂;③围油栏围控;④回收设备(如撇油机)回收;⑤以上各方法组合使用。

(1)泡沫:在应急反应操作期间,要特别关注对健康、火灾、爆炸的危害,用那些能够减缓蒸气挥发的化学泡沫覆盖这些溢漏出的物质,能够使危害大大地减小。在漂浮物上使用泡沫能够限制它在水表面的扩散并且使回收和操作更容易。

(2)吸附材料:吸附材料不适用于处理漂浮液体。由于结构特性,吸附材料会加速气体的挥发,从而导致更加危险的状况发生;并且不利于后处理,会造成对处理人员的二次污染,增加了使用难度和处理成本;此外,还会造成水体的污染,加大清理难度。因此,必须使用吸收剂产品。低黏度的有毒有害物质能够很快在水表面扩散成很薄的薄膜,为得到有效地吸收,使用高吸收率的吸收材料是很重要的。用围油栏控制溢漏物的扩散配合使用吸收材料和类似的试剂进行处理更为有效。

(3)撇油器：由于化学品在水表面的扩散和形成薄膜的速度较快，一般低黏度的漂浮物用撇油器回收效果不大，事先用吸收材料吸收一下，将使液体回收起来更容易些。此外，不是所有的撇油器都适用于回收事先已经吸附的溢漏物，当决定使用何种设备回收泄漏物时，重要是考虑物质的相容性。

针对 FE\FED\F\FD，根据预先试验数据来确定是否使用 Imbiber beades®（英必思）吸收剂产品。针对 FE\FED\F\FD 中可以使用 Imbiber beades®（英必思）吸收产品的泄漏事故，采取以下方案：

①检测气体，确定泄漏危险区域。
②用围油栏等把污染限制在最小范围。
③采用专用布放设备发射 Imbiber beades®（英必思）（可与消防泡沫混合，用消防泡沫枪发射，或者使用专门的发射设备）。
④用收油机或拖网回收 Imbiber beades®（英必思）颗粒。
⑤回收后的 Imbiber beades®（英必思）颗粒妥善储存，送到焚化炉焚烧处理。

3)溶解物的溢漏

泄漏的危险化学品溶解于水后呈现雾状或羽毛状，渐渐地形成溶解物并在水体中移动，监测其浓度以便跟踪其扩散和漂移，并评估其对环境、渔业、旅游和淡水取水口的危害。

Ⅰ 方法 F3——预报水中溶解物的扩散

这种方法仅适用于分类组为 D 类的物质。

表 15-5 列出了泄漏数量、水中浓度和扩散距离（米）的关系，用以评估溶解物的扩散，条件是水流缓慢且平稳。这种方法不适用于不流动的水（或几乎不流动）以及泄漏物密度与水相差很大或水流非常湍急的情况。

溶解物溢漏关系　　　　　　　　　　　　　　　　　　　　　　　　　　表 15-5

溢漏数量(t)	浓度($1g/m^3$)	浓度($1mg/m^3$)	溢漏数量(t)	浓度($1g/m^3$)	浓度($1mg/m^3$)
1	500	5 000	100	2 000	20 000
10	1 000	10 000	1 000	4 000	40 000

Ⅱ 方法 C3——应对溶解物的溢漏

(1)危险化学品的泄漏可用很多的反应试剂进行处理，目的是减缓或"中和"其对人类和环境的有害影响。化学试剂包括：中和试剂、氧化剂、减缓试剂、凝聚剂、吸附剂、合成试剂、离子交换剂等。上述试剂用来处理泄漏溶解物，并将其溶液泵入驳船或其他储存容器加以回收。

(2)处理试剂主要用于 D 分类组的物质，有时也用于其他具有溶解性的组别，如 GD、ED、FED、FD 和 SD。硫化铁作为一种减缓剂，可用于处理沉船泄漏的铬化合物，目的是将铬离子转化（或减少）为氧化状态，以减轻其毒性。活性炭经常被用作有机物质的吸附剂。中性酸能用来中和强性和中性碱，中性的碱能用于处理中性或强性的酸。

泄漏的酸——使用碳酸氢钠（$NaHCO_3$）

泄漏的碱——使用磷酸二氢钠（NaH_2PO_4）

(3)使用化学处理方法应与相应的环境保护主管机关磋商，其试剂用量应事先进行专家咨询。药剂的使用可以通过喷洒管或直接从袋中撒出。使用量的估算一般根据理论上中和溢漏化学品总量的药剂量再增加50%。

4)沉积物的溢漏

(1)沉积物的泄漏会严重污染海底,在某些情况下,应认真采取减轻污染的措施,回收沉没的货物或船舶需要复杂的处理系统,包括特殊的打捞作业和设备。

(2)沉积物的泄漏将扩散到海底,因此,绘制泄漏物的地图对于应急反应是非常重要的。图纸可以通过回声探测器绘制,也可由潜水设备或潜水员绘制,但应认真评估潜水员的风险,包括危险化学品和潜水设备的相容性。

Ⅰ 方法C4——应对沉积物

海底沉积物可以使用不同的挖掘(疏浚)技术和不同类型的挖掘(疏浚)设备回收,但不是所有的挖掘(疏浚)设备都适合从海底回收化学品。三种主要类型为:机械、液压和压缩空气,其中,压缩空气型疏浚设备已在很多事故中成功使用。

15.4.2 火灾危险品处置方法

1)易燃危险品

易燃危险品有气体、液体、固体之分。发生火灾时对这三种形态物质所采取的应急措施有所不同。

(1)易燃气体的处置方法

如果可能的话,首先将火源切断。然后用带支架的无人水龙或遥控的水枪从尽可能远距离外用大量的水冷却容器直到火完全熄灭。也可使用干粉或二氧化碳进行灭火。

(2)易燃液体的处置方法

常用的灭火剂有二氧化碳、化学干粉以及适合该液体的泡沫灭火剂。对于液体火灾,特别是石油火灾,最适宜的灭火剂是泡沫。使用泡沫时,应当使它均匀地逐渐地覆盖在燃烧表面,最佳的操作是将泡沫射向邻近火区的任何垂直面上,从而减弱喷射力量并建立连续的覆盖窒息层。如无垂直面可利用,就将泡沫顺风摆动扫射。对于小面积的易燃液体火灾,除泡沫外,也可用水雾或喷淋水,在火焰上用水雾或水花横穿来回扫荡灭火。用石棉毯、湿布及类似的东西窒息灭火和用化学干粉灭火也同样有效。对于已燃烧了一段时间的液体火灾,由于液体深层内部也已被加热,温度较高,不可能迅速冷却到停止蒸发的温度,同时为了防止着火液体飞溅外溢引起火灾蔓延,因此不允许用水柱直接喷向液面灭火,只能采用水雾或泡沫的方法灭火。

(3)易燃固体的处置方法

易燃固体着火,绝大多数可以用水扑救,尤其是湿的爆炸品和通过摩擦可能起火或促成起火的固体,以及丙类易燃固体等。就近可取的泡沫灭火器及二氧化碳、干粉等灭火器,也可用来应急。由于赤磷、黄磷、磷化钙等金属的磷化物等,本身或燃烧产物也大多是剧毒的,本身毒性很强,其燃烧产物五氧化二磷等都具有一定的毒害性,所以,应特别注意防毒。

2)易爆危险品的处理方法

爆炸品着火可用水、空气泡沫(高倍数泡沫较好)、二氧化碳、干粉等灭火剂施救,但最好的灭火剂是水,因为水能够渗透到炸药内部,在炸药的结晶表面开成一层可塑性的柔软薄膜,将结晶包围起来,使其钝化。由于炸药本身既有可燃物,又含有氧化剂,着火后不需要空气中氧的作用就可持续燃烧,而且在一定的条件下会由着火转为爆炸,所以炸药着火不可用窒息法灭火,首要的就是用大量的水进行冷却,禁止用砂土覆盖,也不可用蒸汽和酸碱泡沫灭火剂灭火;如在房间内或在车厢、船舱内着火时,要迅速将门窗、厢门、舱盖打开,向内射水冷却,万万不可关闭门窗、厢门、舱盖窒息灭火;要注意利用掩体,在火场上,墙体、低洼处、树干等均可作为掩体利用。

由于有的爆炸品不仅本身有毒,而且燃烧产物也有毒,所以灭火时应注意防毒;当有毒爆炸品着火时,应戴隔绝式氧气或空气呼吸器,以防中毒。

3)非易燃危险品的处理方法

使用水雾、合格泡沫灭火。在可能情况下,将装有危险品的容器移离危险区域。在可能的最远距离内,用大量的水冷却容器直到火完全熄灭,始终远离着火的容器。

4)不燃危险品的处理方法

此类危险品分为两类,一种是物质本身不燃且加热无任何反应;另一种是物质本身不燃但受热后助燃。

对于前者,可以不作任何处理;对于后者,可使用水雾或合格泡沫,尽可能在远离火源的安全防护位置上灭火。如无风险且可能情况下,将装有危险品的容器移离火灾区域。

15.5 危险货物应急处置注意事项

危险货物的品种繁多,性质各异,危险程度大小不一,而且大多数危险货物都具有一种以上的危险性。危险货物是在运输、装卸和保管过程中如果处理不当或发生事故,可能会引起人身伤亡、财产损失的物质或物品。危险品船可能发生如:火灾、爆炸、碰撞、搁浅等事故,在危险货物应急处置过程中,应注意如下事项:

15.5.1 风险因素

(1)危险因素

石油及其制成品具有易燃、易爆、挥发、流动等特性,油船发生火灾事故时,若不能及时扑灭,就会发生爆炸造成严重伤亡事故,危及船舶及港区安全。

(2)燃烧引起气体排放的危险因素

不完全燃烧会产生大量的一氧化碳、氮、硫等有害气体,同时,某些货物在燃烧或受热时会产生一些有毒气体危及人身安全。船上的舱室分隔较多,形成了许多独立的空间,各自密闭空气不流通,一旦可燃物质发生不完全燃烧,危险品船周围可能存在大量石油气体,如果有人在没有采取任何保护措施的情况下,贸然进入舱室,就很可能被灼伤,而且还有窒息的危险。一氧化碳中毒是火灾中人员中毒死亡的主要原因。实践表明,在空气中仅有 0.05% 的一氧化碳,人体就有中毒的危险,一氧化碳 5min 致人死亡的浓度为 0.5%～1%,大量一氧化碳和石油气体与空气混合还会进一步扩大燃烧甚至发生爆炸。

(3)天气变化引起的危险因素

在救助危险品船的过程中,由于天气变化引起因素也很多。油船由于火灾、碰撞等溢出的油类气体飘散,极易形成易燃、易爆的气体,如果风向不定、风浪大、风大、有雾、湿度大等,都会影响救助作业、救助船的安全。

(4) 水灭火对遇险船稳性的影响

稳性是船舶受倾斜力矩作用偏离其初始平衡位置，当倾斜力矩消失后，能自行恢复初始平衡位置的能力。当船舶稳性不足时，即船舶受倾斜力矩的作用大于稳性所提供的恢复力矩时，就有可能导致船舶的倾覆。当用大量的水对危险品船进行冷却灭火时，大量的水就有可能进入船舱或机舱，并对船舶的稳性产生影响，其主要表现在如下两个方面：首先，水灭火剂的使用会形成自由液面；再者，大量的水进入上层舱室会直接提高重心的高度而使稳性减小。

(5) 水域污染的影响

在救助危险品船舶时，可能发生的不安全因素还有严重的水域污染事故。当危险品船舶发生火灾、爆炸、碰撞、触礁、搁浅等事故后，大量的石油产品可能会流入水中，造成水域污染。因此，救助应做好船舶防污染工作。

15.5.2 安全救助措施

1) 做好船员救助工作

首先考虑的是救人，将被困人中救助到安全地带，救助船到达现场时，尽快实施人命救助，救助人员必须佩戴防毒面具或呼吸器，以避免中毒的危险；当发现舱室内有烟冒出时，在没有准确判断之前，不要贸然采取措施；进入舱室时，应在掩护下，蜷身进入。

如果发现有人出现头晕、恶心、发冷等中毒症状，应立即撤离现场，吸取新鲜空气，严重的应进行医疗急救（如有可能应送医院进行急救）。撤离时可用湿毛巾捂住口鼻，研究证明：毛巾折四折，即可过滤掉60%的烟气或毒气，并且可以保护呼吸道黏膜免受灼伤；用大量的冷却水冷却密闭舱室的外部。

2) 对火灾的控制

危险品最适宜的灭火剂是泡沫，它能均匀地流布于燃烧面上。现在的消防救助船上大都设有并灌装了泡沫灭火剂，此种设置一般具有很大的射程和喷量，消防船将泡沫射向靠近火区的垂直面上，这样会使泡沫向下流，取得的覆盖效果会更好，覆盖更连续。如果没有垂直面，也可将泡沫顺风摆动扫射。距离稍近，也可将泡沫缓慢地喷射到火焰的边缘上，慢慢地左右移动喷射，让泡沫自行扩散。在使用泡沫灭火时，应对灭火人员用喷雾水枪进行掩护，防止灼伤。

3) 对明火与防爆的监控

救助船靠在危险品船上进行作业或灭火时，应严禁一切明火，如：船员吸烟及打火机、厨房使用油炉及烟囱排出的火星，碰擦及作业产生的火星、火花等都会引起一定的危险。

4) 考虑天气因素影响

若风浪太大时，应注意船与船之间碰撞摩擦产生火花、钢丝绳时松时紧也会擦出火花、防止钢缆崩断或拉断桩头引起火花，应加强巡视与检查，增加缆绳、人员上岗、调整舷梯、备机待命等措施，若风浪确实太大时应果断撤场，等风小再靠。此时，必须加强测爆，要把观测到的情况及时报告救助指挥处，等天气好转、条件许可时再恢复作业。同时，要不间断地对危险品船、气象条件等进行监测。

5) 考虑自由液面的影响

(1) 自由液面

即使是危险品船舶，当发生火灾时，我们也不得不使用大量的水来进行冷却灭火。这样一来,就在被救船上的许多舱室内形成自由液面。正如我们在船舶货运中所讲的那样,自由液面对船舶稳性的影响表现在以下两个方面:一旦船舶发生横倾,水将向一侧移动,使重心升高;同时会产生一个横倾力矩使船舶继续横倾,直到船舶的恢复力矩等于船舶的横倾力矩时为止。

(2)灭火剂会使船舶的重心提高

在船舱内注水相当于在船舶上加载重物,假设我们在灭火时使用了 P t的水,其重心高度为 Z,KG_0 为原来的重心高度,D 为排水量,则船舶初稳心高度的改变量可用下列公式表示:$d_{GM} = P \times (KG_0 - Z)/(D+P)$。可见,$d_{GM}$ 的正负取决于消防水的重心高度。如果消防水的重心高度比原来的重心高度还高,则将会引起整个船舶重心高度升高,从而使船舶的稳性减小。作为救助船舶,应充分了解并保证遇险船舶的最小稳性,以防止被救船舶丧失稳性,以致倾覆沉没,造成更大的沉船和水域污染事故。可采取以下措施:

①及时进行排水。动船上的舱底水泵向舷外排水,若是机舱失火,排水泵无法使用时,应调用其他排水设备进行排水。

②减少盲目射水。在扑救过程中,消防人员应尽量抵近燃烧区灭火,将水流准确地射到火源上,并尽量不在死角处或向船下吊射灭火剂,以提高灭火效能,并可避免舱内积水过多。

③往压载舱灌水。船体发生倾斜时,应往相反方向一侧的压载舱内灌水,以使船体恢复平衡或减少倾斜角度。

④用缆绳系紧船艏艉。码头上扑救船舶火灾,当船体开始倾斜时,可用钢丝缆绳将船的艏艉系固于在码头上,以防船体发生左右摆动,以致倾覆。

⑤加固重物。甲板上、货舱内载有质量很大的物体时,应采用硬物加以塞垫、绳索捆绑、拴牢的方法,防止这些重物的滑动,船靠码头时,可用装卸吊机将它们卸到船下,以防止在船体发生倾斜时,这些物体也随之移动而进一步加剧船体倾斜角度,导致倾覆。

⑥调用浮吊救助。靠在码头上的船舶,如在扑救过程中发生倾斜,可调用港口浮吊前来救助。

6)用电安全的监控

被救助船照明一定要用防爆型的灯具,抽水、通风的电机、电缆、电线一定要绝缘良好无破损,电机员和安全监督人员对接头和有破损的地方一定要包扎好,加胶垫,防止短路与漏电产生火花引起爆炸。给被救助船上动力供电要慎之又慎,电机员要认真检查配电板,防止接错,防止倒转、防止短路,配电房、控制室一定要先鼓风、测爆后再通电,能用气动通风的一律用气动,以策安全。

7)对人行为的安全指导与舱室安全防范

除加强安全培训与教育外,还要对施工作业人员在工作和生活中违反操作规程,不遵守规章制度的行为做法有针对性进行指导,使其按章操作,杜绝违章,违纪事件的发生。如在被救助船甲板上工作时,不随便拖拉、敲打刚性物体,以免引起火花。

有风浪时,上落、高空、舷外作业注意安全的交代与安全防范措施的遵守,防止人为造成爆炸事故。旁靠难船救助、施工的船舶要做好气体进舱防范工作,关好不用的舱室门窗以及通风孔盖、机舱天窗等,防止下沉气体钻进舱室。要定时对这些舱室进行测爆,以防万一,做好安全防范工作是确保安全的前提,决不能图省事。

8)消防与安全防护器材的配备

为了确保救助人员安全的需要,油船上必须增配必需的消防器材与安全防护器材:干粉灭火器、CO_2 灭火器、防火服、氧气面罩、救生衣、防爆电筒、防爆对讲机、可燃气体测爆仪、浓度仪、测氧仪。

9)警戒船的守护

为了救助施工作业、过驳卸载、置换与吹气过程中的安全,必须有 1~2 艘拖轮在附近警戒与守护,防止来往船舶靠近,同时做好应急拖离、救生、消防准备工作。一旦发生意想不到的紧急情况,必须尽快拖离救助施工船、过驳船并使其远离油船,还要参与水上救生与消防以及油污的清除工作。

救助船通常靠在危险船的上风舷进行救助作业,易燃、易爆气体不会吹到救助船上,可以安全施工;若风向不定,变来变去,易燃、易爆气体极易被吹到救助船上去,这样是非常危险的,必须立即停止作业或离开。若风小或有雾时,易燃、易爆气体不能被风及时吹散,反而与雾水混合一同下沉到危险品船的甲板面上和救助船上,下沉的气体会聚集一团,若遇到明火或火星,极易发生燃烧或爆炸;同时,人吸入过多的石油气体会发生中毒。

15.5.3 安全救助建议

(1)成立安全监控小组

危险品船的救助必须成立安全监控小组,在安全总监领导下,把测爆、测氧、防爆、安全监督、巡视、值守等安全保障工作落实到专人负责,实施全过程安全监控,为安全救助提供保证。

(2)安全培训

实行参与人员全员安全培训是非常必要的,减少人为的不安全因素,是保证救助安全的基础,当危险品船舶发生不同险情需要救助时,应该按照当时的环境和情况、遇险的性质和各种应急预案进行救助,要充分考虑危险品船舶救助过程中的特殊性、易燃易爆性、复杂性、艰巨性和水域污染性。

(3)配备防爆、消防、防护器材

在油船(尤其是一级油船)救助过程中,必须使用防爆型通信、照明器材,不能用普通型替代,否则会因小失大,酿成事故。

(4)严格控制明火与供电安全

救助、打捞油船时明火应严格控制,不能图方便,在机舱内电焊、气割,在厨房内动用明火油炉以及在甲板面抽烟,这些都会造成不可估量的危险。对油船供电应小心谨慎地进行,必须经过详细检测与测爆,确认在正确无误的情况下才能供电,否则瞬间就造成灾难。

(5)测爆、测氧、安全监管

巡逻值守是安全救助的又一保证,不能无所谓,不能凭感觉,只有通过仪表测量才能进行作业,无论是在放气还是没有放气情况下都一样,坚持定时测爆和 24 h 监控与巡逻值守,确保万无一失。

(6)做好应急撤离工作准备

必须拟制应急计划和卸载过程中应急撤离部署表,公布张贴,标示好撤离线路,准备好救生、消防设备与器材处于随时可用状态,进行必要的应急撤离演习,使每个人都熟悉紧急撤离信号、组织指挥、撤离方向以及动作。一旦发生险情,安全有序地进行撤离,减少不必要的伤亡与损失。

(7)用专业技术和制度保证救助安全

现场成立指挥部,下设工程救助技术小组、安全监控小组(测爆、安全监督、巡视值守),卸载与过驳小组、协调小组。救助技术小组在编制救助、打捞方案时,要对油船现状及安全状况进行分析,征求安全监督部门意见,拟制安全防范措施、施工作业安全注意事项以及预防预控安全措施,从技术上保证救助安全。

安全监控小组应针对现场施救作业的安全需要拟制应急安全措施与计划,如施救现场安全注意事项、现场监测安全注意事项、应急撤离计划、卸载过程中的安全措施及注意事项、卸载过程中应急撤离部署表、救助现场船舶及难船消防器材布置计划、过驳过程中的安全措施及注意事项、警戒、应急救生、消防部署计划、安全培训计划、严禁明火作业与使用强功率电子通信设备的规定等,印发各船舶公布张贴。安全监督人员若在现场发现不遵守规定现象,应立即制止与纠正,加强施救现场监督与监控,确保救助作业安全。

本章复习思考题

1. 简述 EMS 指南中泄漏的分类。
2. 简述危险货物安全救助的一般措施。
3. 简述化学品溢漏后发生漂浮扩散的应急处置方案。

本章参考文献

[1] 国际海事组织. 国际海运危险货物规则[Z]. 36-12 版.
[2] 王海光. ISM Code 对船舶保险除外责任的影响[J]. 中国水运(学术版),2007:34-37.
[3] 中华人民共和国长江海事局. 长江危险货物应急处置手册[M]. 武汉:武汉理工大学出版社,2013.
[4] 葛育英. 第 36-12 版《国际海运危险货物规则》修订情况简介[J]. 海事法苑,2014,1:33-35.
[5] 危险货物事故医疗急救指南(MFAG).
[6] 交通运输部. 水路危险货物运输规则[Z]. 1996.
[7] 交通运输部. 中华人民共和国船舶载运危险货物安全监督管理规定[Z]. 2003.

附录 有关危险品运输管理和防污技术的国际公约、规则及国内法律、法规、标准目录

附录1 有关国际公约、规则

有关国际公约、规则表

序号	公约中文名称	签订日期和地点	公约生效日期	中国参加情况
1	1954年国际防止海上油污公约	1954-5-12 伦敦	1958-7-26	
2	1969年国际油污损害民事责任公约	1969-11-29 布鲁塞尔	1975-6-19	1980-1-30 交存接受书 1980-4-30 对中国生效
3	1969年国际干预公海油污事故公约	1969-11-29 布鲁塞尔	1975-5-6	1990-2-23 交存加入书 1990-5-24 对中国生效
4	国际集装箱安全公约	1972-12-2 日内瓦	1977-9-6	1980-9-23 交存加入书 1981-9-23 对中国生效
5	1972年集装箱关务公约	1972-12-2 日内瓦	1975-12-6	1986-1-22 交存加入书
6	防止倾倒废物和其他物质污染海洋的公约（伦敦倾废公约）	1972-12-29 伦敦	1975-8-30	1985-11-14 交存加入书
7	1973年干预公海非油类物质污染议定书	1973-11-2 伦敦	1983-3-30	1990-2-23 交存加入书 1990-5-24 对中国生效
8	1973年国际防止船舶造成污染公约及其1978年议定书附则I修正案	1973-11-2/1978-2-17 伦敦	1984-9-7	1986-1-7 默认接受 1986-1-7 对中国生效
9	国际海上人命安全公约	1974-11-1 伦敦	1980-5-25	1975-6-20 签署 1980-1-7 交存核准书
10	1969年国际油污损害民事责任公约的议定书	1976-11-19 伦敦	1981-4-8	1986-9-29 交存加入书
11	1973年国际防止船舶造成污染公约 1978年议定书	1978-2-17 伦敦	1983-10-2	1983.7.1 交存加入书 1983-10-2 对中国生效
12	联合国海洋法公约	1982-12-10 蒙特哥湾	1994-11-16	1982-12-10 签署 1996-6-7 交存批准书 1996-7-7 对中国生效

附录 有关危险品运输管理和防污技术的国际公约、规则及国内法律、法规、标准目录

续上表

序号	公约中文名称	签订日期和地点	公约生效日期	中国参加情况
13	修正1969年国际油污损害民事责任公约的议定书	1984-5-25 伦敦		1985-11-22 签署
14	1974年国际海上人命安全公约1988年议定书	1988-11-11 伦敦		1994-12-9 核准
15	控制危险废物越境转移及其处置的巴塞尔公约	1989-12-27 巴塞尔	1992-5-5	1990-3-22 签署 1991-12-17 交存批准书 1992-5-5 对中国生效
16	1974年国际海上人命安全公约1991年修正案	1991-5-23 伦敦		1994-1-1 对中国生效
17	1974年国际海上人命安全公约1995年修正案			默认接受， 1997-1-1 对中国生效
18	1974年国际人命安全公约1995年修正案			默认接受， 1997-7-1 对中国生效
19	1990年国际油污防备、反应和合作公约	1990-11-30 伦敦	1995-5-13	1998-3-30 交存加入书 1998-6-30 对中国生效
20	修正1969年国际油污损害民事责任公约的1992年议定书	1992-11-27 伦敦	1996-5-30	1999-1-5 交存加入书 2000-1-5 对中国生效
21	修正1971年设立国际油污损害赔偿基金国际公约的1992年议定书（仅适用于中国香港）	1992-11-27 伦敦	1996-5-30	1999-1-5 交存加入书 2000-1-5 对中国生效
22	1996年国际海运有害有毒物质的损害责任和赔偿公约	1996-5-3 伦敦		
23	有害和有毒物质事故防备、反应和合作议定书	2000-3-15		
24	2001年国际燃油污染损害民事责任公约	2001-3-23 伦敦		
25	控制船舶有害防污底系统国际公约	2001-10-5 伦敦		
26	国际船舶压载水及其沉积物控制和管理公约	2004-2-13 伦敦		
27	国际海运危险货物规则			
28	国际散装运输危险化学品船舶构造和设备规则			
29	国际散装液化气体船舶构造和设备规则			
30	固体散货安全操作规则			

附录2 有关国内法律、法规和规范

(一)《中华人民共和国海上交通安全法》
(二)《中华人民共和国海洋环境保护法》
(三)《中华人民共和国水污染防治法实施细则》
(四)《中华人民共和国海商法》
(五)《中华人民共和国港口法》
(六)《中华人民共和国环境保护法》
(七)《中华人民共和国放射性污染防治法》
(八)《中华人民共和国内河交通安全管理条例》
(九)《中华人民共和国防止船舶污染海域管理条例》
(十)《中华人民共和国民用爆炸品管理条例》
(十一)《中华人民共和国船员条例》
(十二)《中华人民共和国防治船舶污染内河水域环境管理规定》
(十三)《油船安全生产管理规则》
(十四)《拆解船舶监督管理规则》
(十五)《散装液体危险货物码头安全与防污染管理体系要求》
(十六)《危险化学品安全管理条例》
(十七)《水路危险货物运输规则》
(十八)《中华人民共和国船舶载运危险货物安全监督管理规定》
(十九)《船舶载运外贸危险货物申报规定》
(二十)《液货船水上过驳作业安全监督管理规定》
(二十一)《集装箱装运包装危险货物监督管理规定》
(二十二)《港口危险货物管理规定》
(二十三)《防止拆船污染环境管理条例》
(二十四)《中华人民共和国海洋倾废管理条例》
(二十五)《船舶载运散装油类安全与防污染监督管理办法》
(二十六)《中华人民共和国水污染防治法实施细则》
(二十七)《中华人民共和国防治海岸工程建设项目污染损害海洋环境管理条例》
(二十八)《中华人民共和国海上交通事故调查处理条例》
(二十九)《中华人民共和国固体废物污染环境防治法》
(三十)《中华人民共和国海洋石油勘探开发环境保护管理条例》
(三十一)《国内航行海船法定检验技术规则(2004)》
(三十二)《内河船舶法定检验技术规则(2004)》
(三十三)《散装运输危险化学品船舶构造与设备规范(1996)》
(三十四)《散装运输液化气体船舶构造与设备规范(1996)》
(三十五)《内河散装运输危险化学品船舶构造与设备规范(2001)》
(三十六)《内河装运危险货物船舶适装条件的检验暂行规定(1992)》

附录3 有关标准

有 关 标 准 表

序号	标准编号	标准名称
1	GB/T 16993—1997	防止船舶货舱及封闭舱缺氧危险作业安全规程
2	JT 154—1994	油船洗舱作业安全技术要求
3	JT 197—1995	油船静电安全技术要求
4	GB 13348—2009	液体石油产品静电安全规程
5	GB 15599—2009	石油与石油设施雷电安全规范
6	JTJ 238—1999	装卸油品码头防火设计规范
7	JT/T 458—2001	船舶油污染事故等级
8	GB 3552—1983	船舶污染物排放标准
9	GB 6944—2012	危险货物分类和品名编号
10	GB/T 7694—2008	危险货物命名原则
11	GB/T 12463—2009	危险货物运输通用技术条件
12	GB/T 191—2008	包装储运图示标志
13	GB 13690—2009	化学品分类和危险性公示 通则
14	GB/T 16483—2008	化学品安全技术说明书 内容和项目顺序
15	GB/T 190—2009	危险货物包装标志
16	GB/T 12268—2012	危险货物品名表
17	GB/T 12301—1999	船舱内非危险货物产生有害气体的检测方法
18	GB/T 15626—1995	散装液体化工产品港口装卸技术要求
19	GB 17379—1998	散装石油、液体化工产品港口储存通则
20	JT 416—2000	液化气码头安全技术要求
21	GB/T 16310.1—1996	船舶散装运输液体化学品危害性评价规范——水生生物急性毒性试验方法
22	GB/T 16310.2—1996	船舶散装运输液体化学品危害性评价规范——水生生物积累性试验方法
23	GB/T 16310.3—1996	船舶散装运输液体化学品危害性评价规范——水生生物沾染试验方法
24	GB/T 16310.4—1996	船舶散装运输液体化学品危害性评价规范——哺乳动物毒性试验方法
25	GB/T 16310.5—1996	船舶散装运输液体化学品危害性评价规范——危害性评价程序与污染分类方法
26	GB 16994—1997	油码头安全技术基本要求
27	GB 17422—2010	液化气体船舶安全作业要求
28	JT/T 311—1997	油船油舱静电测量方法

续上表

序 号	标 准 编 号	标 准 名 称
29	GB/T 25346—2010	船舶供受燃油程序及检测方法
30	HJ/T 397—2007	固定源废气监测技术规范
31	JT 154—1994	油船洗舱作业安全技术要求
32	JT/T 409—1999	船舶机舱舱底水、生活污水采样方法
33	GB/T 16310.1～5—1996	船舶散装运输液体化学品危害性评价规范
34	GB/T 16559—2010	船舶溢油应变部署表
35	GB 18180—2010	液化气体船舶安全作业要求
36	GB 18188.1—2000	溢油分散剂　技术条件
37	GB 18188.2—2000	溢油分散剂　使用准则
38	JT/T 465—2001	围油栏
39	JT/T 451—2009	港口码头溢油应急设备配备要求
40	JT/T 458—2001	船舶油污染事故等级
41	JTS 149—1—2007	港口工程环境保护设计规范
42	JTS 105—1—2011	港口建设项目环境影响评价规范
43	GB/T 19485—2014	环境影响评价技术导则